부처님의 생애

붓다

The Buddha

부처님의 생애

붓다

The Buddha

윤재웅 · 박기련 지음

동국대학교 출판문화원

서문

 이 책 『붓다·The Buddha』는 샤까모니 붓다의 일대기이다. 붓다는 80년 삶을 살았지만 삶의 시작은 전생부터 거론된다. 북방불교에서 전승되는 팔상도八相圖는 붓다의 삶이 수많은 전생을 거쳐 도솔천을 통해 내려오는 것으로 시작한다. 『붓다·The Buddha』의 기본 체제 역시 팔상도를 존중한다. 남방불교에서는 탄생·성도·전법·입멸을 주요 사건으로 기술한다. 이 네 가지는 팔상도에 포함되어 있다. 북방과 남방을 막론하고 붓다의 생애를 다루는 모든 경전의 마지막 사건은 붓다의 입멸이다. 인간 붓다의 육체 소멸을 연대기의 제일 마지막으로 다룬다는 점에서 위인들의 일반 평전과 크게 다를 바 없다.

 『붓다·The Buddha』의 가장 큰 특징은 붓다 삶의 마지막을 장식하는 열반을 붓다 연대기의 가장 앞쪽에 배치한다는 점에 있다. 장중하고 거룩한 입멸의 장면이 이 책의 서두를 장식한다는 점은 붓다의 생애에서 열반이 가장 중요한 사건이리는 역사의시과 관련이 깊다. 불기佛紀는 붓다의 탄생이나 성도가 아닌 입멸이 기준이다. 이는 불교가 기독교나 이슬람

교와 어떻게 다른지를 명징하게 보여준다.

입멸을 통해 도달한 완전한 열반은 타인을 위해 살아야 한다는 가르침에 극적으로 도달한 경우이다. 붓다는 성도도 중시했지만 전법을 더욱 강조했고, 온 삶을 다 바쳐 전법한 뒤에 입멸한다. 그런 점에서 붓다의 완전한 열반은 붓다 생애의 하이라이트이다.

『붓다·The Buddha』는 경전에 기초하여 서술하지만 현대 독자들을 위해 부분적으로 각색되었음을 밝힌다. 영화나 드라마 같은 현대 서사물의 구성 방식이며 문학적 묘사가 보강된 것이 특징이다. 지나치게 교훈적이거나 학문적인 성향을 지양하고 소설에 근접한 형태를 택했다. 경전 출처가 확실하지 않아도 사건의 개연성이 높다고 판단하면 세부 이야기들을 재미있게 조정했다. 미세한 차원이지만 팩트와 픽션의 성격이 결합한 팩션적 요소도 가미했음을 밝힌다.

산문체가 지속되어 가독성 떨어지는 문제를 보완하기 위해 게송을 적절하게 삽입한 점도 특색이다. 게송은 경전 원문에 가까운 직역도 있고, 서술의 재미를 위해 집필진이 창의적으로 참여한 경우도 있다. 일연스님의 『삼국유사』 찬시 사례를 참조했다.

여성성을 주목하고자 한 점도 특색이다. 『붓다·The Buddha』

는 기존의 일대기나 평전에 비해 비구니 제자들에 대한 서술 비중을 높였다. 이는 붓다의 무차평등 사상을 반영한 결과이다. 붓다 입멸 이전에 붓다의 양모인 고따미 장로니가 입멸하는 대목은 오늘의 수행자와 재가자들에게 새로운 안목과 영감을 제공할 것이다. 마하빠자빠띠 왕비와 붓다의 아내인 야소다라 역시 인간 붓다를 바라보는 내적 갈등의 주인공으로 재탄생했다. 성인의 가족들이 겪는 아픔과 슬픔, 그것을 초월하는 기쁨과 자유가 드러날 수 있도록 서사의 긴장을 유지하고자 했다.

붓다의 체험과 관련된 사건들 중 악마나 천신이 등장하는 방식은 고대 인도문학의 통상적인 수사법이다. 즉 개인 내면의 심리 묘사 대신에 범천이나 악마를 동원하여 등장인물의 내적 갈등을 객관화하는 방식을 택한다. 『붓다·The Buddha』는 이 방식을 기본적으로 따르되 등장인물의 내면 갈등이 드러나는 심리 묘사를 곳곳에 배치했다.

이상의 특성들이 『붓다·The Buddha』의 새로운 면모라 할 수 있겠다. 인간 붓다는 수많은 사람들과 교유하고 영향을 미쳐서 오늘에까지 현재진행형으로 살아간다.

2023년 봄, 해봉 자승스님이 이끄는 사단법인 상월결사가 인도 성지순례를 마치고 돌아왔다. 43일간 1,167km를 순례했다. 순례단은 길에서 먹고, 길에서 잤다. 붓다가 전법하는 방식을 고스란히 지켰다. 그 기록 사진들을 붓다의 연대기 속으로 결합시키며 붓다 당대의 공간성을 공유하고자 했다.

이 책은 해봉 자승스님의 큰 원력과 가르침에서 시작했다. 그리고 책이 나올 수 있도록 힘써주신 학교법인 동국대학교 이사장이자 건학위원장인 돈관스님의 지도와 배려 덕분에 독자 곁으로 왔다.

그밖에 바쁜 학사 일정에도 틈틈이 큰 도움을 준 황순일 불교대학장과 이자랑·김경래 교수에게도 깊은 감사의 인사를 전한다.

불기 2568년 5월 15일
윤재웅·박기련 합장

차례

서문   5

제1부 | 열반의 길

제1장 최후의 여정에 오르다

001 제자들에게 일곱 가지 법   23
　　[칠불퇴법七不退法]을 말씀하다
002 '붓다의 딸들'이 입멸하다   28
003 제자 목갈라나가 입멸하다   37
004 제자 사리뿟따가 입멸하다   43
005 기녀 암바빨리가 우바이가 되다   49
006 3개월 뒤에 열반에 들 것이다   60
007 릿차위족에게 바리때를 건네주다   68

제2장 대열반에 들다

008 최후의 공양을 받다   76
009 마지막 가사를 보시 받다   86
010 아난다가 소리 없이 울다   90
011 수밧다, 최후의 제자가 되다   97
012 최후의 설법을 하다   102
013 마침내 대열반에 들다   115

제2부 | 깨달음의 길

제3장 전생에는 이렇게 살다

014 굶주린 호랑이에게 몸을 보시하다 127
015 니그로다 사슴이 스스로 죽음을 청하다 130
016 비둘기를 위해 자기 몸을 보시하다 133
017 디빵까라 붓다가 샤까모니 탄생을 미리 말씀하다 139
018 '위하며 사는 삶'-열 가지 바라밀 150
019 제석천왕, 나찰이 되어 수행자를 시험하다 156
020 이제 붓다가 될 시기가 되었소 163

제4장 도솔천에서 이 세상으로 내려오다

021 왕비가 신기한 태몽을 꾸다 167
022 보살의 어머니가 늦은 나이에 아이를 가지다 172

제5장 룸비니 동산에서 나다

023 아기 붓다가 태어나다 176
024 아시따 선인이 슬퍼하다 183
025 어머니가 돌아가시다 190
026 숫도다나왕에게 근심이 생기다 196
027 소년 싯다르타가 처음으로 선정에 들다 201

제6장 태어나고 늙고 병들고 죽는다

028 후계자 수업을 하다 210
029 호화 별궁에서 살고 무예 겨루기를 하다 214
030 태자가 결혼하다 219
031 누가 어리석은 사람인가 227
032 늙음과 병과 죽음과 그 너머의 것들을 바라보다 233
033 태자의 아들이 태어나다 242

제7장 출가出家를 하다

034 불타는 집이 없는 곳으로 가자 248
035 왕성을 떠나다 255
036 왕자의 출가를 받아들이다 260

제8장 고행을 하다

037 출발은 고독하다 268
038 스승을 찾아서 떠나다 272
039 빔비사라왕과 약속을 하다 282
040 나의 스승은 나 자신 288
041 무섭게 고행하다 291
042 우유쌀죽 공양을 받다 299

제9장 깨달음에 이르다

043 뻽빨라나무 아래 앉다　　　　　　　　305
044 마왕이 나타나다　　　　　　　　　　311
045 깨달음에 이르다　　　　　　　　　　323
046 깨달음의 기쁨을 누리다　　　　　　　334
047 49일 동안 일어난 일들　　　　　　　340

제3부 | 전법의 길

제10장 가르침의 길에 나서다

048 어찌 모두를 구할 수 있으리　　　　　350
049 최초의 가르침을 펼치다　　　　　　　356
050 날라까가 붓다를 찾아오다　　　　　　375
051 부잣집 아들 야사는 왜 붓다의 제자가　　379
　　되었을까
052 길을 떠나라, 간밤의 꿈을 떠나라　　　390
053 부루나 존자가 순교하고 가전연이　　　392
　　고향에서 전법하다
054 깟사빠 삼형제가 귀의하다　　　　　　396

제11장 교단을 이루어가다

055 빔비사라왕을 다시 만나다　　　　　　408
056 사리뿟다와 목갈라나가 붓다의 제자가　421
　　되다

057 목갈라나가 깨달음을 얻다 431
058 디가나카가 재가신도가 되다 433
059 사리뿟따가 깨달음을 얻다 440
060 마하깟사빠가 귀의하다 446
061 수닷따 장자가 붓다의 제자가 되다 455
062 기원정사가 만들어지다 461
063 수부띠를 제자로 맞아들이다 466

제12장 붓다가 되어 고향에 돌아오다

064 숫도다나왕이 붓다에게 고향 방문을 474
 요청하다
065 가자, 까삘라와스뚜로 돌아가자 483
066 야소다라를 다시 만나다 495
067 동생과 난다를 출가시키다 504
068 아들 라훌라를 출가시키다 507
069 아버지께 가르침을 베풀다 512
070 어머니가 가사를 공양하다 518
071 샤까족 왕자들이 귀의하다 520
072 우빨리·아난다·아누룻다가 후일 526
 십대제자가 되다
073 샤까족과 꼴리야족이 물싸움을 하다 532
074 숫도다나왕이 세상을 뜨다 539
075 여인들이 구도에 나서다 547

제13장 교화의 바다가 펼쳐지다

076 세 곳에 귀의하다 558
077 네 가지 규범이 만들어지다 561
078 사념처가 수행의 기본이다 564
079 나도 밭을 갈고 씨를 뿌린 후에 먹는다 573
080 출가한 비구가 아이를 낳으면 어찌하는가 576
081 녹자모 강당이 만들어지다 581
082 왕비 케마가 출가하다 589
083 키사 고따미가 아들을 잃고 울부짖다 598
084 빠따짜라, 맨몸의 여인이 성자가 되다 603
085 웁빨라완나, 기구한 운명의 여인 609
086 순다리가 붓다를 유혹하다 615
087 찐짜가 붓다를 음해하다 618
088 천불의 아바타를 보여주다 621

제14장 이 사람을 보라

089 빠세나디왕이 귀의하다 631
090 지혜로운 신하가 왕을 깨우치다 643
091 물속에 가라앉은 돌은 떠오르라 축원해도 647
떠오르지 않는다
092 쭐라빤타카, 바보가 성자가 되다 649
093 거문고 줄로 비유하다 654
094 법을 보는 것이 여래를 보는 것이다 657
095 아들 비구가 어머니 비구니를 냉대하다 660

096 라훌라를 가르치다	664
097 사리뿟따가 사자후를 토하다	677
098 희대의 살인마를 교화하다	683

제15장 수난과 영광이 함께하다

099 왕들과 장군이 귀의하다	690
100 아난다가 위기에 처하다	695
101 우데나왕이 불상을 만들다	703
102 데와닷따가 비참하게 최후를 맞다	710
103 아자따삿뚜왕이 참회하다	721
104 나라가 망하지 않는 일곱 가지 준칙	735
105 샤까족이 멸망하다	740

제16장 육신 생명이 간 뒤 정신 생명이 이어져 오다

106 열반 뒤에 이런 일들이 일어나다	752
107 제1차 결집	761
108 제2차 결집	771

일러두기

『붓다·The Buddha』는 동국역경원에서 간행한 박경훈 편저 『부처님의 생애』(1978)를 저본으로 했다. 붓다의 생애를 구성하는 주요 사건들을 여기서 참조했지만 내용은 전면 개편했다. 이외에 여러 책들을 참고했다. 『부처님의 생애』(대한불교 조계종 교육원, 2010, 조계종출판사), 『샤카무니 붓다』(마성, 대숲바람, 2010), 『인간 붓다』(법륜, 정토출판, 2010), 『불타 석가모니』(와타나베 쇼코, 법정 옮김, 문학의 숲, 2010), 『붓다 순례』(자현, 불광출판사, 2014), 『불교성전』(동국대역경원, 2021), 『붓다 연대기』(이학종, 불광출판사, 2021), 『붓다와 39인의 제자』(이자랑, 한걸음더, 2021), 『굿바이 붓다』(정찬주, 동국대학교 출판문화원, 2022), 『청년 붓다』(고미숙, 북드라망, 2022), 『반야심경 역해』(김사철·황경환, 김영사, 2023), 『불교는 깨달음의 과학』(황경환, 현대불교신문사, 2023), 『아소까대왕』(정찬주, 불광출판사, 2023) 등이 대표적이다. 경전류는 『니까야』, 『아함경』, 『불본행집경』, 『본생경』, 『유행경』, 『대반열반경』 등을 비롯한 여러 종류를 참고했다. 끝으로 본문의 지명은 범어 표기를 원칙으로 하되, 일반적으로 잘 알려진 지명은 그대로 사용했다.

The Buddha

| 제1부 |

열반의 길

붓다를 기준으로 하는 시간 연대기[불기佛紀]는 붓다의 탄생이 아닌 입멸을 기준으로 한다. 왜 탄생이나 성도가 아닌 입멸을 기준으로 했을까. 서력기원인 서기西紀는 예수 탄생을 기준으로 한다. 이슬람력은 마호메트가 메디나로 옮겨간 서기 622년 7월 16일을 기원 원년 1월 1일로 정한다. 주요 종교마다 기원 원년이 다른 것은 교주의 삶에서 가장 중요한 사건이 무엇인가에 대한 평가의 차이 때문이다.

붓다의 생애는 열반(nirvāṇa)이 하이라이트이다. 영원한 대자유로 일컬어지는 니르바나는 불교 수행의 궁극적 목표이며 다시는 윤회하지 않는 해탈의 경지를 말한다. 열반은 두 가지 차원이 있다. 수행의 완성[성도成道] 차원이 첫번 째이다. 성도는 살아 있는 상태로 번뇌가 완전히 끊어진 경지를 말한다. 이를 유여의열반(유여열반)이라고 한다. 유여열반은 '받은 것이 남아 있는 열반'이라는 뜻이며, 아라한들의 경우 번뇌는 완전히 멸진되었지만 그의 수명이 남아 있는 한 과거 취착의 산물인 오온五蘊은 아직 잔류해 있기 때문에 유여열반이라 한다. 경전에서는 아라한들이 유여의열반을 얻은 후 "해야 할 일은 다했다", "더 이상의 생은 없다"는 등의 말로 자신의 상태를 선언한다.

두번 째는 타인에게 전법하는 봉사의 삶이다. 연료가 다 타기를 기다리며 다른 존재의 행복을 위해 법을 설하는 삶을 통해 오온이 완전히 소멸하는 입적 단계를 무여의열반(무여열반·완전한 열반·빠리니르와나parinirvāṇa, 반열반般涅槃)이라고 한다. 그러므로 완전한 열반의 참뜻은 개인의 성도가 아닌 중생을 위한 전법의 완성에 있다.

불멸 원년을 무여의열반에 두는 것은 무슨 이유 때문인가. 그것은 불교의 가르침이 개인 번뇌의 끊어짐(성도)이 아닌 타인을 위한 실천 행위(전법)를 통해 완성된다는 것을 말한다. 붓다의 80년 삶에서 수행 기간은 6년이고 전법 기간은 45년이다. 이 책이 연대기의 시간순차적 서술을 지양하고 붓다의 입멸을 먼저 부각시키는 것은 타인을 위해 살아야 한다는 '완전한 열반'의 의미를 보다 강화하기 위해서이다.

성도 이후 붓다의 당부는 첫째도 전법, 둘째도 전법이다. 초전법륜지인 사르나트에서 서른다섯의 붓다는 선언한다. "중생의 안락과 이익과 행복을 위해서 떠나라."

산 넘고 물 건너, 이 마을에서 저 마을로, 붓다는 45년간 전법에 힘쓴다. 여든이 되어 완전한 열반 직전의 붓다는 한 사람의 제자라도 더 가르치기 위해 노력한다. 온 삶을 다해 이웃을 위하는 일, 이것이 역사적 붓다의 위대한 가르침이다.

제1장

최후의 여정에 오르다

001. 제자들에게 일곱 가지 법[칠불퇴법七不退法]을 말씀하다

붓다는 지평선 위의 붉은 하늘을 바라보고 있었다. 불타는 노을이 스러지고 나면 밤이 찾아올 것이었다. 예외는 없었다. 붓다의 육신도 이제 곧 스러질 것이었다.

위대한 성자는 40년 이상 펼쳐 온 가르침을 요약하기로 했다. 그것은 제자들을 향한 당부의 형식으로 나타났다. 붓다는 자신의 입멸 이후 제자들이 길을 잃을까 염려했다. 최후의 여정을 떠나기 직전이었는데 나라와 나라 사이엔 비정한 전쟁이 그치질 않고 있었다.

만년의 붓다는 라자그리하의 그릿다꾸따산(Gṛddhakūṭa, 기사굴산祇闍崛山·영축산靈鷲山)에서 머무는 중이었다. 붓다는 여느 때처럼 산정에 좌정한 채 마가다국의 아자따삿뚜왕이 특파한 사신 왓사까라를 맞았다. 그는 왕이 이웃 나라인 와르지

왕사성 영축산

국(Vṛji, 왓지)을 무력으로 침공하려 계획을 세우고 있다고 붓다에게 아뢰었다.

붓다는 힘이 세다는 이유로 힘이 약한 나라를 정복하는 것은 옳지 않으며, 실제로 와르지국은 정복하기도 쉽지 않다고 침공 계획을 만류했다. 일곱 가지 이유를 들었다. 나라가 망하지 않는 일곱 가지 준칙, 칠불쇠법七不衰法은 국가를 단합시키는 힘이 인륜의 가치와 도덕의 숭상에 있다는 가르침이었다.

붓다는 몇 해 전 꼬살라의 침공으로 조국인 까삘라가 쇠망하는 것을 보았다. 샤꺄족은 주체성과 자긍심이 강한 종족이긴 했으나 와르지국과는 좀 달랐다. 샤꺄족이 교만했다면 와르지국 사람들은 서로를 공경하고 단합을 잘했다. 그러므로 마가다 왕국이 와르지국을 침공해서 승리하는 것은 꼬살라가 까뻴라를 복속하는 것처럼 쉽지 않을 것이라고 보았다.

"칠불쇠법이 있는 한 와르지를 정복하는 것은 불가능합니다."

사신은 돌아가 왕에게 이를 고했고 아자따삿뚜왕은 붓다의 말씀을 따랐다. 그러나 붓다 입멸 후에는 결국 와르지국을 정복하고 말았다. 붓다는 아자따삿뚜왕이 패권적 야욕을 억누를 수 있도록 대화의 형식을 통해 신하에게 법문을 설했다. 이 법문은 책의 끝부분에 등장하는 아자따삿뚜왕 편목에서 소개될 것이다. 칠불쇠법이 설해지고 난 뒤 붓다는 칠불쇠법에 상응하는, 승가가 쇠퇴하지 않는 일곱 가지 법에 대해서도 말했다. 이를 칠불퇴법七不退法이라고 부른다.

『대반열반경』에는 칠불퇴법이 다양한 형태로 전해온다. 비구들에게 말씀한 사례도 있고, 붓다의 열반 예고를 듣고 찾아온 릿차위족들을 향한 경우도 있다. 남아 있는 사람들을 위한 일종의 유훈이었다. 앞으로 불교가 쇠망하지 않으려면 어떻게 해야 하는가. 약소국이 강대국의 침공을 받아도 쇠망하지 않는 것처럼 붓다는 당신의 입멸 이후에도 불교가 쇠망하지 않을 수 있는 길을 열어 보여주고 싶었다.

"그대들은 마땅히 알아야 한다. 일곱 가지 법을 지니면 우리는 쇠망하지 않을 것이다. 첫째는 기쁨으로 화합하는 것이요, 둘째는 서로 깨우쳐 선업善業을 강론하는 것이요, 셋째는 계율과 예의를 지키는 것이요, 넷째는 부모와 어른을 공경하는 것이요, 다섯째는 친척끼리 화목하여 받드는 것이요, 여섯째는 나라에 있는 기념탑을 수리하고 공양하는 것이요, 일곱째는 불법佛法을 받들어 지키고 비구·비구니를 가까이 공경하며 우바새·우바이를 애호하는 것이다.

그대들은 또한 알아야 한다. 일곱 가지 법을 행하면 우리는 쇠망하지 않을 것이다. 첫째는 기쁘게 화합하는 것이 마치 물과 우유가 섞이는 것처럼 하는 것이요, 둘째는 항상 함께 모여 경과 법을 강론하는 것이요, 셋째는 계율을 지키는 것이요, 넷째는 스승과 어른을 공경하는 것이요, 다섯째는 대중을 잘 가르치는 비구를 사랑하며 공경하는 것이요, 여섯째는 시주하는 이에게 권유하여 삼보가 계실 곳을 짓도록 하는 것이요, 일곱째는 부지런히 더욱 정진하여 불법을 수호하는 것이다.

또한 비구에게는 일곱 가지 법이 있으니 반드시 수행하면 우리는 쇠망하지 않을 것이다. 첫째는 속인처럼 생업에 힘쓰지 않는 것이요, 둘째는 쓸데없는 이야기를 하지 않는 것이요, 셋째는 잠자기를 좋아하여 정근精勤을 그만두지 않는 것이요, 넷째는 세간의 이익 없는 일을 논하지 않는 것이요, 다섯째는 좋은 벗을 가까이하는 것이요, 여섯째는 삿된 생각을 내지 않는 것이요, 일곱째는 만약 불법에서 얻은 것이 있으면 앞으로 더 나아가기를 구하는 것이다.

이와 같은 일곱 가지 법을 받아 행하면 삶은 행복해지고 국토는 번창해질 것이다. 그대들은 지금부터 몸과 목숨이 다하도록 마땅히 받들어 지킴에 게으름이 없어야 한다."

일곱 가지 불퇴법의 사례는 다양한 형태로 나타난다. 요약하면 붓다의 가르침에 따라 화합하고 정진하라는 말씀이다. 일곱 가지의 종류가 무엇인지를 헤아리는 일보다 중요한 것은 그것을 실천하려는 태도이다.

'몸과 목숨이 다하도록 마땅히 받들어 지킴에 게으름이 없어야 한다.'

붓다는 온 삶을 다 바쳐 칠불퇴법을 지켜야 하는 절실함을 강조했다. 간절하게 발원하고 철저하게 수행하는 길만이 불교가 쇠망하지 않으리라고 했다. 화합과 정진이 요체였다.

인간 붓다의 80년 삶에서 최후의 여정을 분리하면 이 대목은 매우 의미심장하다. 붓다는 법문을 듣고 있는 당대의 사람

승가 공동체에서 자자(自恣)와 포살(布薩)은 곧 화합과 정진의 표상이다.
사진은 2023년 6월 조계사 대웅전에서 열린 직할교구 하안거 포살법회 모습이다.

들에게만 이야기하지 않았다. 시간과 공간을 뛰어넘어, 삶과 죽음의 경계를 초월하여 모든 중생을 향해 당부했다. 오늘의 언어로 바꾸면 이렇게 된다.

'화합하고 정진하라.'

002. '붓다의 딸들'이 입멸하다

붓다는 여든을 앞두고 있었다. 스물아홉에 출궁하여 보리수 아래서 깨달음을 얻은 후 40년 이상 전법에 매진해 온 삶이었다. 붓다는 대부분의 시간을 길에서 보냈다. 그는 걷고 또 걸었다. 두 다리가 전법의 일등공신이었다. 붓다는 현장을 중시했고 지금 이 순간을 강조했다. 발이 가장 바빴고 발이 가장 충직했다. 붓다는 맨발이었다. 흙길과 돌밭을 가리지 않았다. 왕궁과 노예의 집, 부호 장자와 가난한 걸인의 집을 차별하지 않았다. 살인자마저도 받아들였다.

그의 발이 그런 것처럼 붓다는 생명을 차별하지 않았다. 전통사상이나 종교와 많이 달랐다. 붓다가 중시한 것은 자유와 평등이었다. 자유가 욕망에서 벗어나 해탈에 이르는 개인 수행의 영역이라면, 평등은 차별 없는 세상을 구현하고자 하는 사회적 개념에 가까웠다. 2,500년 이상이 지나도 붓다의 차별 없는 사상은 놀랍고 거룩하고 불가사의하다.

붓다의 사상은 인도 전역에 강고하게 뿌리내리고 있는 신분제도를 혁파하는 토대를 제공했다. 성직자인 브라만, 왕족이나 정치가·군인인 끄샤뜨리야, 평민인 바이샤, 노예인 수드라 등은 계급 차이가 엄격했다. 하지만 붓다의 가르침 속에서 이들은 차별받지 않았다. 어떤 계급도 붓다의 제자가 될 수 있었고 남녀노소도 가리지 않았다. 붓다의 승가 공동체는 전통 신분제인 카스트제도를 개혁하거나 대체하는 자유와 평등의 새로운 싹이었다.

붓다는 하나의 신기원이었다. 2,500년도 더 전에 붓다 현상은 신드롬을 일으키며 인도 북부 지역을 중심으로 퍼져갔다. 30대 중반에 '위없이 높고 완전한 깨달음'에 이른 붓다는 무명의 어둠에 빠진 대중들을 향해 생로병사의 괴로움을 끊는 길을 일러주고 그 실천을 독려해 왔다. 그는 전법과 포교에 전념해 45년간 위대한 성자의 길을 걸어왔다.

붓다는 위대한 성인의 길을 갔지만 그의 가족들은 힘들었다. 그는 왕위를 계승하는 태자 자리를 버리고 출가자의 길을 선택했다. 부인도 있었고 아들도 갓 낳은 상태였다. 가족 중 누구도 그의 출가를 반기지 않았다. 그가 출가하자 가족들은

상월결사는 2020년 국난극복 자비순례, 2021년 삼보사찰 천리순례, 2022년 마음방생 평화순례, 2023년 인도순례를 봉행했다. 길에서 먹고 길에서 자며 순례자 모두 차별 없이 길을 걸었다. 사진은 2021년 삼보사찰 천리순례를 마친 해봉 자승스님의 발이다.

오랜 기간 고통스러웠다. 붓다는 가족이라는 혈연 공동체보다 더 큰 사랑을 발견하고 이를 모든 사람들에게 나눠주려 했다. 자연스레 가정사의 경계를 넘어갔다. 나중에는 가족들도 이를 겸허하게 받아들였다. 어머니도 부인도, 동생과 사촌들이며 하나밖에 없는 아들도 붓다를 따라 출가의 길을 걸었다. 그는 혈족 공동체를 종교 공동체로 재구성했다.

붓다 만년이 되자 이제 가까운 사람들이 하나둘 붓다의 곁을 떠나기 시작했다. 가을 낙엽이 지는 것처럼 이별의 시간이 다가왔다. 너나없이 열반의 길을 떠나기 시작했다. 붓다의 입멸을 차마 볼 수 없어 붓다보다 먼저 입멸하려는 게 이들의 공통점이었다.

최초의 비구니가 된 붓다의 모친 마하빠자빠띠 왕비는 원래 붓다의 이모였다. 언니인 마야 왕비가 붓다 출산 후 일주일 만에 세상을 떠나자 언니 대신 왕비가 되어 조카를 기르게 되었다. 29년을 궁성에서 함께 살았으니 양어머니이긴 했으나 친어머니와 다를 바 없었다. 마하빠자빠띠는 숫도다나왕과의 사이에서 아들과 딸을 각기 두었으나 싯다르타를 보다 더 사랑했다.

그녀는 세 가지 감정을 가슴에 품고 살았다. 태자가 출가했을 때의 비탄과 태자가 붓다가 되어 고향에 돌아올 때의 기쁨, 숫도다나왕과 사별했을 때의 슬픔을 가슴에 묻은 채 평생을 살아야 했다. 남편을 여읜 아내로서, 자식을 출가시킨 어머니로서 그녀의 삶은 쓸쓸하고 허전했다.

그녀는 붓다를 찾아가 세 번이나 출가를 간청했지만 거절당했다. 붓다가 수많은 샤까족 사람들을 출가시켜 떠난 후 그녀는 스스로 머리를 깎고 누더기를 걸친 채 붓다의 뒤를 따라가며 결사적으로 출가를 원했다. 함께 따라간 연인들이 5백 명에 이르렀다. 아난다가 적극적으로 지원하여 마침내 여인들도 출가할 수 있는 길이 열렸다. 그녀는 붓다로부터 승인을 받은 최초의 비구니가 되었다. 역사는 그녀를 '고따미 비구니'라 부른다. 샤까족 출신의 비구니란 뜻이다. 나중에 여성 장로가 되어 '고따미 장로니'라고도 불린다.

그녀는 비구니가 된 후 열심히 정진하여 절대평화의 경지인 아라한과를 얻었다. 그녀는 붓다가 꾸쉬나가라(Kuśinagara)에서 입멸한다는 소식을 접하고 어느 날 와이샬리(Vaiśālī)에 머물고 있는 붓다를 찾아왔다. 노쇠하여 걸음 옮기는 것조차 힘든 고따미 장로니를 붓다는 반갑게 맞이했다.

"어서 오세요, 고따미 장로니여. 건강은 괜찮으신가요?"
"세존이시여, 제게 평화와 행복의 길을 일러주신 스승이시여, 저는 세존을 만나 이 세상을 행복하게 지낼 수 있었습니다. 여인의 몸으로 출가하여 수많은 여인들이 붓다의 가르침에 따라 수행할 수 있는 길을 열었으니, 저는 이제 이승의 삶을 마감해도 좋을 듯합니다. 백년을 넘게 살아온 세월, 아무런 아쉬움도 후회도 없습니다. 더구나 저는 붓다의 어머니로 칭송받아 분에 넘치는 영광을 받으며 살았습니다. 이제 세존께 고하노니 아들 앞에서 아름다운 작별을 고하는 어미의 마음을 편안하게 받아주시옵소서. 세존이시여, 저는 이제 열반에 들고 싶습니다. 허락하여 주소서."

붓다는 고따미 장로니가 세연이 다해 머지않아 작별해야 한다는 것을 알았다. 따뜻한 슬픔의 감정이 두 사람 사이에 잠시 일었다. 붓다는 침묵으로 고따미의 열반을 승인했다.

"세존이시여, 제게 마지막 소원이 하나 있습니다."

"그것이 무엇입니까?"

"앞으로 비구니의 수계는 비구니가 할 수 있도록 해주소서."

"알겠습니다. 비구니가 비구니를 위해 계를 내리는 것을 허락하겠습니다."

"감사합니다, 세존이시여."

고따미 장로니는 그 길로 돌아가 붓다의 마지막 말씀을 실천했다. 새로운 비구니들에게 계를 내렸고, 비구니 승가에도 계사를 정해 법을 설하는 일을 이어 나가도록 했다. 그러고는 비구니 제자들이 지켜보는 가운데 평화롭게 열반에 들었다.

그러나 고따미 장로니가 평화로운 열반 직전에 놀라운 쌍신변雙身變의 이적을 보여준 이야기는 잘 전해지지 않는다.

『비유경』에 따르면 붓다는 마하빠자빠띠 고따미에게 입멸 전 비범한 신통을 요청했다. 이는 여성이 완전한 깨달음에 이를 수 있다는 것을 의심하는 사람들의 편견을 없애기 위함이었다고 전한다. 불교가 여성에게 수행 과정을 개방함으로써 남녀차별의 문제를 근본적으로 해결하려 한 최초의 종교라는 점은 여기서 입증되었다.

고따미 장로니는 입멸 전 몸에서 물과 불이 동시에 나오는 쌍신변의 신통을 행했다. 물론 고따미 장로니 혼자만의 신통력은 아니었다. 붓다의 허락으로 붓다보다 먼저 입멸한 비구니 제자들이 더 있었는데, 이 위대한 비구니들이 니르바나에 어떻게 이르렀는지 경전은 다음과 같이 묘사한다.

그때 마하빠자빠띠는 강당의 문을 닫고 종을 치고 트인 장소에서 좌선 천을 깔고 공중으로 솟아올랐다. 공중에서 앉고 눕고 서고 걷는 동안 그녀의 몸에서 불꽃이 나오고 물이 나왔다. 마하빠자빠띠가 몸의 각 부분에서 불과 물과 연기를 뿜는 많은 변화를 수행하고 원래 자리로 돌아와서 가부좌를 틀고 몸을 바르게 세우고 마음챙김을 모았다. 그녀는 첫 번째 몰입에서 출정하여 두 번째, 세 번째, 네 번째 몰입에 들어 마침내 완전한 소멸에 들어갔다.

그때 세상에 큰 지진이 일어났다. 시원한 바람이 사방에서 불어왔다. 천신들은 슬프게 울었다. 구름 없는 하늘에서 봄비가 내려 햇빛 속에 찬란하게 빛났다. 잠시 뒤 고귀한 천신들이 여러 종류의 연꽃 향기와 백단향 가루를 그녀의 몸에 뿌렸다.

그때 케마 비구니, 웁빨라완나 비구니, 키사 고따미 비구니, 사꿀라 비구니, 사마 비구니, 빠따짜라 비구니, 깟짜나 비구니(붓다의 아내였던 야소다라를 '밧다 깟짜나'라 부르기도 한다) 등 여러 비구니들이 각자 트인 장소에서 좌선 천을 깔고 공중으로 솟아올랐다. 공중에서 앉고 눕고 서고 걷는 동안 그들의 몸에서 불꽃이 나오고…(중략)

비구니들의 입멸 장면은 그 자체로 찬란한 소멸의 공연이었다. 한 편의 예술 작품이 무대 위에서 펼쳐지는 것처럼 입멸 현장에선 불과 물, 연기와 바람, 꽃과 향기가 흘렀고 좌선에서 공중 부양에 이르기까지 다양한 동작들이 펼쳐졌다. 쌍신변의 신통은 붓다만이 수행할 수 있다고 알려졌지만 고따미 장로니를 비롯한 많은 비구니들이 입멸하면서 쌍신변의 신통을 보여줬다는 것은 놀랍기만 하다.

어떻게 붓다만 위대했겠는가. 자유와 평화를 얻은 위대한 비구니들 역시 입멸 과정을 통해 이를 입증했다.

붓다의 성도와 전법의 특징은 열반에 이르는 법이 모두에게 열려 있다는 것이다. 어떤 계급, 어떤 인종, 어떤 성별이든 일곱 가지 보리분법菩提分法*을 바르게 실천하면 열반을 실현하게 된다. 이것은 붓다 사상과 실천의 보편성을 담보하는 획기적인 발견이다.

너나없이 붓다가 될 수 있다는 희망의 메시지가 실제라는 점은 붓다 당대 사회에 큰 반향을 불러일으켰다. 차별받고 억압받는 여성들이 아라한의 경지에 올라 위대한 입멸 과정을 보여준다는 점은 붓다의 삶을 기록하는 저술에서 진지하게 검토 되어야 한다. 그런 점에서 이 대목은 붓다 사상의 중요한 특징 중의 하나인 '무차평등'의 상징적 장면으로 해석하는 게 바람직하다.

붓다는 고따미 장로니 장례에 참석했다. 대중들의 만류에도 불구하고 붓다는 고따미의 법구를 직접 운구했다. 붓다는 화장터에 이르러 법구를 내려놓은 다음 그 위에 꽃과 향유를 뿌리며 게송을 읊었다.

---

* 깨달음에 이르게 하는 여러 가지 수행법(37조도품). 사념처·사여의족·사정근·오근·오력·칠각지·팔정도 등이 있다.

이 세상 모든 것은 덧없어라
한 번 나면 반드시 돌아가네.

나지 않으면 죽지도 않으리니
열반은 가장 큰 즐거움이어라.

붓다가 게송을 읊고 나자 법구 위에 불이 들어가고 연기가 솟아올랐다. 슬픔 때문인지 연기 때문인지 사람들 눈에 눈물이 비쳤다. 비구니들의 소멸은 아름답고 찬란했다. 잘 가신 분[선서善逝]의 제자들답게 모두들 그렇게 잘 갔다. 붓다 입멸 전 가까운 사람들이 이런 식으로 떠나기 시작했다.

003. 제자 목갈라나가 입멸하다

붓다의 비구 제자들도 붓다 입멸에 앞서 하나 둘 멸도에 들기 시작했다. 상수제자인 목갈라나와 사리뿟따가 그런 경우였다. 붓다 만년에 파란만장한 사건들이 연달아 일어났다. 꼬살라의 빠세나디왕이 그 아들인 위두다바 왕자의 쿠데타에 의해 축출되고 망명 중에 거리에서 객사하는 일이 일어났다. 마가다 왕국의 빔비사라왕도 그 아들인 아자따삿뚜 왕자에

목갈라나 존자 목상

의해 유폐된 후 죽었다.

붓다를 후원하던 강대국의 영향력 있는 왕들이 그 아들들에 의해 운명을 달리했다. 왜 그랬을까. 정치권력이란 부자지간에도 공유할 수 없다는 것을 이들 사건은 증언한다. 왕들은 비참한 최후를 맞아야 했다. 아들들은 그들대로 불안한 마음을 붙들기 위해 붓다 앞에 와서 참회했다. 정치권력과 종교권력이 가는 길이 그렇게 달랐다. 정치적 무력武力은 붓다라는 위대한 성자 앞에서 결국 순종해야만 했다.

그러나 붓다도 어찌할 수 없는 일들이 때때로 일어났다. 제자들이 붓다에 앞서 입멸하는 경우가 그랬다. 상수제자인 목갈라나가 길거리에서 폭행을 당해 그로 인해 입멸하는 사태는 붓다의 마음을 아프게 했다.

목갈라나가 혼자서 탁발을 하러 라자그리하의 한적한 마을에 들어서자 평소에 붓다와 붓다의 제자들을 질시하던 외도들과 일부 브라만들이 살인청부업자들을 꼬드겨 목갈라나를 해코지하기로 했다. 목갈라나가 저 멀리에서 다가오자 그들은 돌을 던지기 시작했다. 목갈라나는 피하지 않았다. 여기 저기에서 날아온 돌들은 마침내 성인을 거꾸러뜨렸다. 머리에서 피가 터지고 온몸에 상처를 입어도 돌은 계속 날아왔다. 목갈라나는 큰 상처를 입은 채 죽을힘을 다해 수행처로 돌아왔다. 사리뿟따는 크게 놀라며 그를 맞았다.

"아니, 백주 대낮에 이게 무슨 일인가?"

"외도들과 그들이 고용한 살인청부업자들이 내게 돌을 던졌네."

"자네는 신통제일인데 날아오는 돌을 왜 피하지 않았나?"

"전생의 숙업은 피할 수가 없는 법. 언젠가는 맞아야 할 일이어서 피하지 않았다네."

"그게 무슨 말인가?"

"나는 전생에 아내의 꼬임에 빠져 부모님을 죽이는 엄청난 죄를 저지른 바 있다네. 그 과보로 긴 세월 동안 지옥에서 벌을 받았지. 요행히 이번 생에 사람 몸을 받아 해탈의 기회를 얻었으니 그저 기쁠 뿐이라네. 그래도 전생의 죄가 지중한지라 이렇게 돌팔매질을 당해 죽음에 이르게 된 것이니 굳이 피하고 싶지 않았네. 이제 붓다께 나아가 입멸을 허락받아야겠네."

이윽고 목갈라나는 붓다 앞에 나아가 입멸을 허락해 달라고 고했다.

"세존이시여, 위대한 가르침으로 탐진치貪瞋癡 삼독三毒으로부터 해방 시켜주신 스승이시여, 저는 이제 물러나가 고향 집에서 조용히 멸도하고자 하옵니다. 허락하여 주옵소서."

"목갈라나여, 돌팔매질의 아픔을 잘 견디었다. 그대는 전생에서부터 나의 제자였고, 그때도 붓다에 앞서 입멸을 했노라. 그대의 멸도를 허락하노라."

이야기는 이렇게 했지만 붓다의 마음은 편치 않았다. 노쇠한 붓다의 눈에도 눈물이 얼비쳤다. 사랑하는 제자에 대한 한없는 연민이 가슴 깊은 곳에서부터 밀고 올라왔다. 목갈라나의 피습 소식은 금세 퍼져나갔다. 아자따삿뚜왕은 격분했다. 왕은 붓다의 상수제자인 목갈라나를 잊을 수 없었다. 특히 효심이 깊어 돌아가신 어머니를 아귀지옥의 고통에서 구해낸 일을 생각하자 위대한 성자에 대한 폭행 책임이 자기에게 있는 것 같았다. 왕은 목갈라나가 돌아가신 어머니 구했던 일화를 잠시 생각했다.

목갈라나는 흔히 목건련目揵連 또는 목련目連존자로 많이 알려졌다. 목갈라나는 어머니의 이름을 따서 지었다고 했다. 그의 어머니 이름이 목갈리 또는 목갈리니였다. 그는 마가다국 꼴리따(Kolita) 마을의 바라문 가문의 아들이었고 어려서 꼴리따로 불렸다. 아버지가 일찍 죽자 외아들인 꼴리따는 여러 지역을 돌아다니며 장사를 하여 큰 부를 얻었다.

 어머니는 죽은 남편과 외지를 다니는 아들을 위해 바라문식 제사를 자주 지냈는데 그것은 산 짐승을 신에게 바치는 것이었다. 아들은 이 사실을 알지 못했다. 어머니는 아들이 출가한 후 세상을 떠났다. 목갈라나는 이따금 모친이 그리웠다. 신통제일이었던 그는 세상을 떠난 어머니를 찾기 위해 지상과 천상과 저승을 두루 살펴보았으나 어머니가 잘 보이지 않았다. 목갈라나는 붓다 앞에 나아가 도움을 요청했다. 붓다는 한동안 침묵했다. 목갈라나가 거듭 요청하자 붓다는 마침내 이야기했다.

 "목갈라나여, 그대의 어머니는 살아 있을 때 삿된 도를 믿고 산 생명을 해치는 제사를 자주 지냈을 뿐만 아니라 삼보를 비방하곤 했다. 그 업을 받아 지금 아귀지옥에 빠져 있구나."

 "그렇다면 제 눈에는 왜 보이지 않습니까?"

 "친족의 정이 너의 눈을 가리고 있기 때문이니라."

 목갈라나는 애가 탔다. 떨리는 마음으로 아귀지옥을 찾아가니 굶주림으로 고통 받는 어머니가 거기 있었다. 목갈라나는 신통을 써서 산해진미의 풍성한 상을 차렸다. 그러나 어머니는 목구멍이 바늘구멍만큼 작아서 아무리 먹어도 주린 배를 채울 수 없었다. 참혹한 형벌이었다. 조금이라도 욕심을 내어 더 먹으려고 하면 음식이 모두 잿더미로 변해버렸다. 목갈라나는 목 놓아 울었다.

"어머니, 이게 무슨 일이십니까? 맛난 음식을 앞에 놓고도 어찌 잡수시지 못하십니까?"

"사랑하는 아들아, 나를 좀 구해다오. 내 배는 남산만 한데 목구멍은 바늘구멍만큼이나 작으니 너무 고통스럽구나."

그러나 신통제일의 목갈라나도 어머니의 고통을 해결할 수 없었다. 그는 다시 돌아와 붓다에게 간청했다.

"세존이시여, 어찌하면 저의 어머니를 구할 수 있습니까? 부디 말씀해주십시오."

"목갈라나여, 어머니를 구하려면 많은 수행자들이 도와야 한다. 하안거가 끝날 때 수행자들을 초청해서 어머니를 축원하도록 해라. 그 전에 수행자들에게 지극한 공양을 해야 한다."

목갈라나는 붓다의 가르침에 따라 하안거가 끝나는 음력 7월 15일에 수행자들에게 정성껏 공양을 올렸다. 공양을 받은 수행자들 역시 아귀지옥에 떨어져 고생하는 목갈라나의 모친을 위해 한마음으로 간절하게 기도했다. 그 공력으로 목갈라나의 모친은 물론 아귀지옥에 떨어져 고생하는 모든 이들이 풀려났다. 이날이 바로 백중날, 우란분절盂蘭盆節이 되었다. 그래서 백중일에는 아귀들이며 선망한 부모들을 위해 기도하는 풍습이 생겨났다.

아버지 빔비사라왕을 죽이고 왕좌에 오른 아자따삿뚜왕은 비록 불효자였지만 목갈라나의 효심에 대해서 만큼은 큰 감화를 받고 있는 터였다. 지옥에 가서 어머니를 구해 온 위대한 성자! 그런 위대한 성자가 길에서 폭행당해 입멸에 이르게 되자 왕은 심히 부끄러웠다. 범인을 색출하여 모조리 극형에 처했다.

폭행범에 대한 응징과 관계없이 목갈라나는 예정된 길을 갔다. 그는 붓다께 예를 고하고 혼자서 길을 떠나 고향의 어느 암굴에서 조용히 열반에 들었다. 지옥까지 찾아가서 고통받는 어머니를 구해 온 효자 아들은 그렇게 입멸했다.

004. 제자 사리뿟따가 입멸하다

목갈라나가 입멸하자 사리뿟따 역시 함께 입멸하기를 원했다. 그 역시 붓다의 입멸 시기를 알고 있었으므로 붓다에 앞서 입멸하기를 붓다에게 청원했다. 그러나 붓다는 제일제자인 사리뿟따의 청을 들어주지 않았다. 붓다는 좀 더 확인하고 싶은 것이 있었다.

"사리뿟따여, 그대는 어디에서 입멸하려 하는가?"

"세존이시여, 저의 모친께서 계시는 고향 날라까에 가서 열반에 들겠나이다. 모친은 일곱 자녀 모두가 아라한이 되었음에도 불구하고 아직 붓다의 가르침을 모르고 계시옵니다. 모친 제도를 제 마지막 소임으로 생각하고 그곳에서 열반에 들겠나이다. 허락하여 주시옵소서."

"사리뿟따여, 그대가 원하는 것을 행하라. 다만 도반들을 위해 마지막 설법을 해주도록 하라. 도반들은 앞으로 그대 같은 스승과 선배를 만나기 어려울 것이다."

사리뿟따는 혼신을 다해 법문을 했다. 많은 대중들이 감격 어린 모습으로 사리뿟따의 법문을 경청했다. 사리뿟따의 설법은 맑은 물과 같은 깨끗한 법문이기도 했고 사자후를 토하는 법문이기도 했다. 무소의 뿔처럼 혼자서 가는 자유로운 법문이기도 했다가 지옥 중생까지도 제도해야 진정한 보살도를 이룰 수 있다는 희생과 헌신의 법문이기도 했다. 사리뿟따는 대중을 향한 마지막 법문을 마치고 붓다께 경배를 올린 다음 고향 땅을 향해 걸어갔다. 많은 대중들이 눈물로 사리뿟따를 환송했다.

"잘 가세요, 사리뿟따여!"

"잘 가세요, 지혜제일의 존자이시여!"

"잘 가세요, 다시 태어나지 마소서!"

사리뿟따는 7일 동안 걸어서 고향마을에 도착했다. 어머니는 기쁜 마음으로 아들을 맞았지만 아들은 심한 설사병을 얻어 고생했다. 사리뿟따가 입멸한다는 소식은 하늘나라에도 전해졌다. 천신들이 날마다 찾아와서 예를 올렸다. 어머니는 사리뿟따가 태어난 방에 이상한 사람들이 자꾸 찾아오자 그들이 궁금해졌다. 어머니는 아들 방에 들어갔다.

"우바이여, 여기는 어떻게 오셨습니까?"

"밤마다 이상한 분들이 많이 찾아오는 듯해서 궁금합니다."

"그들은 천신들입니다. 여러 왕들이지요. 그들은 붓다와 그 제자들의 단체인 승가를 지켜줍니다."

"그렇다면 우리 아들이 천신들보다 더 높다는 말인가요?"

"그렇습니다. 저를 찾아온 이들 중에는 어머니가 주인으로 모시는 범천왕도 있습니다."

"그러면 우리 아들이 범천왕보다 더 훌륭하다는 말입니까?"

"그렇습니다, 우바이여!"

아들의 이야기를 들은 늙은 어머니는 그제야 붓다 가르침의 위력을 실감하기 시작했다. 그동안 자기가 섬기던 하늘의 신들이 붓다 승가를 모시는 외호부대라는 것을 깨닫게 되자 갑자기 환희심이 솟았다.

사리뿟따는 지금이 설법의 적기라고 생각했다. 그는 모친을 향해 설법을 시작했다. 지혜제일 아라한의 설법은 아집에 사로잡혀 있던 늙은 어머니의 슬기구멍을 크게 열었다. 어머니는 갑자기 머리가 환하게 밝아져서는 성자의 흐름에 들기 시작했다. 이어서 사리뿟따는 비구들을 다 불러 마지막 설법을 하고 깊은 선정에 들어 초선부터 4선에 이르는 길을 갔다. 신통만 보이지 않았을 뿐 위대한 비구니들의 입멸과 다를 바 없었다. 사리뿟따의 유해는 붓다가 머물고 있는 곳으로 돌아왔다. 입멸을 돕던 동생 쭌다(Cunda)가 아난다를 향해 말했다.

"존자시여, 사리뿟따께서 열반하셨습니다. 그분의 사리와 가사와 발우를 가지고 왔습니다."

아난다는 붓다에게 가서 세상이 무너지는 듯한 목소리로 말했다.

"세존이시여, 우리는 이제 어떻게 살아야 합니까? 세존께서도 열반에 이르신다는데, 상수제자인 사리뿟따와 목갈라나가 모두 먼저 입멸했습니다. 승가의 두 날개가 다 부러지고 말았습니다. 세존이시여, 저는 슬픔에 목이 메어 물도 넘어가지 않습니다."

사리뿟따와 목갈라나는 붓다도 인정한 최고의 제자들로서 승가의 두 기둥이었다. 게다가 그들은 비록 붓다의 제자였으나 붓다보다 연장자였다. 붓다와 함께한 세월만 해도 40년이 넘었다. 승가의 어른 중 어른이었다. 두 날개가 부러졌다는 아난다의 표현은 과장되지 않았다. 그래도 붓다는 아난다를 가르쳤다.

"아난다여, 무엇이 그리 슬픈 것이냐? 사리뿟따가 이 세상에 있는 계행과 지혜와 선정을 다 가지고 갔느냐?"

"아닙니다, 세존이시여."

"그러면 사리뿟따가 해탈과 해탈지견을 혼자서 다 가져갔느냐?"

"세존이시여, 그것도 아닙니다. 사리뿟따가 비록 입멸했다 하나, 계행과 지혜와 선정과 해탈과 해탈지견은 남아 있습니다."

"그런데 무엇이 슬프단 말이냐. 생기거나 일어나거나 나타난 것들은 모두 무너지는 법이니, 어떻게 무너지지 않을 수 있겠느냐. 사랑하고 아끼고 소중하게 여기는 모든 것들은 서로 떨어지게 마련이어서 늘 보존될 수 없는 법이다. 비유하면 큰 나무의 뿌리·줄기·가지·잎·꽃·열매에서 큰 가지가 먼저 부러지고, 대보산大寶山에서 큰 바위가 먼저 붕괴되는 것과 같아, 여래의 대중 권속에서 사리뿟따가 먼저 반열반한 것이니라. 사리불이 있는 곳에서는 내가 할 일이 없었고 공허하지 않았다.

아난다야, 사랑하고 아끼고 소중히 여기는 모든 것들은 서로 떨어지기 마련이니, 너는 이제 너무 근심하거나 괴로워하지 말라. 또한 사리뿟따가 너를 대신해 주지는 않을 것이니, 너는 마땅히 자기 밖에서 의지처를 찾아서는 안 되는 것이니라. 네 자신이 피난처가 되고 네 자신을 귀의처로 삼아야 하느니라. 진리를 피나처로 삼고 진리를 귀의처로 삼아야 하느니라."

붓다가 말한 '피난처'와 '귀의처'는 붓다 가르침의 중요한 핵심이다. 피난처는 '섬'[디빠, dipa]이란 뜻으로, 폭류로부터 구원받을 수 있는 공간을 뜻한다. 갑자기 비가 쏟아져 길이 없어지고 사나운 물길에 갇히게 되는 것이 진리를 모른 채 살아가는 사람들을 상징한다면, 섬은 위험으로부터 벗어나 피난할 수 있는 공간이기 때문이다. 그리고 귀의한다는 말은 탐진치貪瞋癡 삼독三毒을 끊어낸다는 의미가 있다.

'스스로를 섬으로 삼고 스스로를 귀의처로 삼아라. 진리를 섬으로 삼고 진리를 귀의처로 삼아라.'

그리고 '섬'을 뜻하는 산스끄리뜨어 디빠에는 어둠을 밝히는 빛 '등불'이라는 뜻도 있어, 이 표현이 중국에 와서 '자등명법등명自燈明法燈明'이 되었다. 한문으로 옮겨지는 과정에서 섬은 제외되고 등불이 채택된 것이다.

붓다는 자신의 제일제자인 사리뿟따의 유골을 바라보며 긴 게송을 읊었다. 다음은 기나긴 게송의 한 부분이다. 스승은 제자의 유골을 받들고 경의를 표했다. 수행의 승리였다. 열반은 거룩하고 아름다웠다.

보라, 이것이 사리뿟따의 조갯빛 유골이다.
보라, 이것이 위대한 수행자의 참모습이다.
지혜제일 사리뿟따 화상은 어디로 갔는가.
열반에 든 사리뿟따에게 경의를 표하노라.

경전에 따라서는 사리뿟따가 목갈라나보다 먼저 열반에 들었다고도 한다. 누가 먼저 입멸에 들었는지는 크게 중요하지 않다. 주목할 점은 두 제자가 붓다보다 먼저 입멸에 들었다는 것이다. 두 제자의 입멸을 본 붓다는 아난다를 향해서는 슬퍼하지 말라고 했으나 인간적 연민을 끊을 수는 없었다.
"두 제자의 멸도를 모든 비구들이 허전해 하는구나!"

005. 기녀 암바빨리가 우바이가 되다

붓다는 꾸쉬나가라로 가는 길에 와이샬리를 지나는 중이었다. 아름다운 와이샬리. 붓다는 암바빨리 생각이 났다. 암바빨리는 와이샬리 출신의 기녀였다. 어려서 와이샬리 외곽의 망고숲에 버려졌으므로 부모가 누군지도 모르는 고아였다. 망고지기가 데려다 길렀는데 미모가 출중하여 많은 남자들의 구애를 받았다.

암바빨리의 보석처럼 반짝이는 눈은 깊이를 모를 호수처럼 그윽했다. 누구든 그 눈을 바라보면 헤어나올 수 없었다. 비단에 싸인 젖가슴은 팽팽하여 터질 듯 아슬아슬했다. 다가오는 남자가 너무 많은 게 결국 문제였다. 여러 왕자들 사이에서도 인기가 높아 전쟁이 일어날 정도였다. 그녀는 어떤 남자에게도 속하고 싶지 않았다. 스스로 기녀가 되어 자유를 선언했다.

그녀는 미모를 앞세워 큰 재산을 모았다. 부자들이 그녀 앞에 와서 재산을 탕진하기가 예사였다. 암바빨리는 신분이 기녀임에도 불구하고 많은 시종들과 수행원을 거느렸다. 어느 날 그녀는 붓다가 머물고 있는 날란다의 빠와리까 망고숲으로 찾아갔다. 당대 최고의 미녀가 위대한 성자를 찾아간다는 소문이 돌자 이런저런 말들이 많았다.

"아무리 붓다라고 한들, 암바빨리 앞에선 초라해질 걸세."

"아니야, 암바빨리가 붓다를 이기지 못 할 걸!"

아난다는 자기도 모르게 침을 삼켰다. 전쟁을 일으킬 만큼 미모가 뛰어난 여인이 온다지 않는가. 붓다는 태연했다.

"암바빨리는 나중에 출가하여 비구니가 될 것이다."

아난다와 함께 잠시 동산의 안개 속을 산책하던 붓다가 말했다. 아난다는 그 말이 붓다의 말인지 안개의 말인지 헛갈렸다. 암바빨리가 비구니가 된다는 건 불가능한 일이라고 생각했다. 그런데도 붓다는 안개 속에서 길을 찾는 것처럼 암바빨리의 앞날을 예견하고 있었다.

잠시 뒤 암바빨리는 많은 수행원을 대동하고 화려한 가마에 탄 채 붓다를 만나러 왔다. 아난다는 공연히 가슴이 두근거렸다. 암바빨리는 상상 이상으로 뛰어난 미녀였다. 그 용모와 자태와 걸음걸이 하나하나가 치명적이었다. 아난다는 눈을 질끈 감았다. 암바빨리는 붓다에게 경배한 후 수행 비구니들을 애처로운 눈으로 바라보았다.

"세존이시여, 저 비구니들은 행복합니까? 아리따운 몸에 누더기를 걸치고 제대로 먹지도 못하면서 사는 게 과연 삶의 행복입니까?"

붓다가 말했다.

"암바빨리여, 어부가 게를 잡아 가마솥에 넣었습니다. 게는 어둡고 답답하긴 했으나 아직 물이 뜨겁지 않았으므로 별 불편함이 없었습니다. 그러나 불이 붙어 물이 뜨거워지게 되면 자기가 왜 거기 안주하여 가만히 있었는지 후회하게 됩니다. 암바빨리여, 뜨거운 물에 자신의 살점이 삶겨가는 것을 좋아하는 게가 있겠습니까?"

"그야 없겠지요."

"당신의 삶도 그렇습니다. 당신이 비록 아름다워도 그 시간은 잠깐입니다. 조만간 뜨거워질 물 속에 있는 게 신세와 다를 바 없습니다. 암바빨리여, 세상에 늙고 병들어 죽지 않는 사람이 있습니까?"

"그야 없겠지요."

"그렇습니다, 암바빨리여. 세상은 무상하고 변덕스럽습니다. 당신의 젊고 아름다운 날들도 예외가 아닙니다. 출가 비구니들은 이런 무상의 괴로움을 당하지 않으려고 절대평화를 찾는 이들입니다. 그들을 위해 경배하는 일은 백만금의 부를 쌓아두는 일보다 귀합니다."

암바빨리는 자존심이 상했다. 붓다의 말씀은 잘못된 데가 하나도 없었다. 그럼에도 불구하고 예쁜 것은 예쁜 것이고, 많은 재산은 언제까지나 변치 않을 것 같은 많은 재산이었다. 그것이 곧 암바빨리 자체라고 생각했다. 그녀는 물러나면서 붓다에게 대담한 제안을 던졌다.

"세존이시여, 들던 대로 세존의 덕화는 크고 높으십니다. 오늘은 물러가겠습니다. 그러나 저와 함께 여생을 보내시겠다면 저는 당신을 위해 모든 것을 드리겠습니다. 언제든 마음이 바뀌면 알려주세요."

암바빨리는 붓다와의 첫 만남에서 그렇게 물러갔다. 오랜 세월이 지났다. 그녀는 붓다가 전법을 하느라 여러 곳을 다니다 와이샬리에 있는 자기 소유의 망고숲에 머물고 있다는 소식을 접했다. 사실 붓다는 입멸을 위해 라자그리하의 그릿다꾸따산에서 꾸쉬나가라를 향해 가는 중 와이샬리에 잠시 들

와이샬리에는 지금도 아난다 불탑과 아쇼까 석주가 완벽하게 남아 있다.

른 상황이었다.

 붓다는 이른 아침 와이샬리 거리에서 탁발을 하고 돌아나오는 길에 언덕에 올라서 코끼리가 먼 곳을 바라보듯이 와이샬리를 바라보았다. 천상의 도시라며 붓다가 사랑했던 와이샬리. 화려하고 역동적인 도시가 오늘 아침 더욱 아련했다. 붓다는 열반에 이르는 마지막 길을 가는 중이었다. 언덕 위에 힘겹게 올라선 붓다는 와이샬리를 바라보며 상념에 잠긴 듯했다. 끊어질 듯 이어질 듯 바람의 노래가 들려왔다.

와이샬리는 예로부터 아름다운 도시
건축과 예술과 문화가 흥성하던 곳
공원과 연못만 7천 7백 개가 된다네.

와르지족과 릿차위족이 세운 연합국
와이샬리는 릿차위족의 수도였다네.
가뭄과 전염병으로 고통 받을 때
붓다를 모셔와 어려움 해결했었지.

그 붓다께서 여기를 떠나신다네.
거리 탁발 마치고 언덕에 올라
와이샬리를 아련히 굽어보신다네.

코끼리가 먼 곳을 바라보듯이
코끼리가 먼 곳을 바라보듯이

"아난다여, 저 아름다운 와이샬리를 보는 것도 이번이 마지막이구나!"

아난다는 붓다의 말을 바람결에 들었다. 어쩌면 붓다의 말이 바람 소리에 섞인 것인지도 몰랐다. 아난다는 붓다의 상념이 바람의 노래가 되어 자기 귀에 들렸던 것이라고 생각했다.

왜 하필 먼 곳을 바라보는 코끼리 생각이 났을까. 아난다는 와이샬리 언덕 위의 붓다를 바라보며 자기의 스승이 어딘가로 돌아가려는 늙은 코끼리처럼 여겨졌다.

붓다의 생애에 있어서 와이샬리 방문과 체류는 이제 마지막이었다. 기녀 암바빨리는 그런 시기에 붓다를 다시 만나러 가는 중이었다. 암바빨리는 몇몇 중년 부인들을 대동하여 붓다를 찾아갔다.

"암바빨리여, 오랜만이구려. 그런데 그대를 호위하던 많은 수행원들은 이제 다 어디로 갔습니까?"

"세존이시여, 이제 수행원들이 필요 없게 되었답니다. 누구 하나 제 몸에 관심을 두는 이가 있어야지요, 호호호."

"그것 보시오. 암바빨리여, 세월엔 장사가 없는 법이오. 그토록 아름다운 그대의 모습도 이제 빛을 잃어가지 않습니까. 당신은 아직도 당신의 모습이 아름답다고 생각하십니까?"

"세존이시여, 아닙니다. 피부는 주름이 잡히고 눈은 우물처럼 깊숙이 들어가기 시작했습니다. 균형이 잘 잡힌 몸매도 이제 말라비틀어진 나무처럼 볼품없이 되고 말았지요. 세존이시여, 젊었을 때나 지금이나 세존께서는 항상 변치 않는 가르침을 베풀고 계십니다. 세월이 아무리 흘러도 부서지지 않을 보배는 무엇입니까?"

"암바빨리여, 참된 수행으로 이루어진 공덕이 보배입니다.

바른 법은 아무리 세월이 흘러도 나를 지켜주는 기쁨의 원천입니다. 그것은 나 자신에 의지해야 하고 다른 누구에게 의지하면 안 되는 것입니다. 여인이 남자에게 의지하거나 재물에 의지하게 되면 언젠가 이별의 고통을 맞이하게 됩니다. 평생 나를 위해줄 것 같은 남자도 나이 들어 이별하게 되고 재물 역시 금세 흩어지고 말지요. 그러니 스스로를 보배로 삼고 섬으로 삼고 의지처로 삼아서 정진해야 합니다."

"세존이시여, 젊은 날엔 제가 오만하여 참된 진리를 보지 못했습니다. 이제라도 삼보三寶(붓다·붓다의 가르침·붓다의 가르침에 따르는 스님)에 귀의하여 붓다의 제자가 되고 싶습니다. 저를 받아주실 수 있으신지요?"

"그렇습니다. 암바빨리여, 지금이라도 행복한 삶을 찾으세요."

"세존이시여, 감사하옵니다. 저는 오늘 세존을 처음 뵙습니다."

그녀는 붓다의 가르침에 눈을 새롭게 뜨게 된 것을 그렇게 표현했다. 수십 년 전 붓다를 유혹했던 시간들은 바람과 함께 날아갔다. 와이샬리 지방의 안개처럼 그것은 사람들 기억 속에서만 흐릿하게 남아 있을 뿐이었다.

암바빨리는 붓다와 붓다의 제자들을 다음 날 점심 공양에 초청했다. 붓다는 공양 초청을 승낙했다. 암바빨리가 나가고 잠시 뒤 릿차위 사람들이 붓다를 뵈러 왔다. 그들은 붓다에게 예를 올리고 다음 날 점심 공양에 초청했다. 붓다는 암바빨리와의 약속 때문에 그들의 초청을 들어줄 수 없었다. 릿차위 사람들은 실망하며 말했다.

"세존이시여, 암바빨리는 믿을 수 없는 기녀입니다. 그녀는 오늘도 우리를 만나며 '오늘 세존을 처음 보았다.'고 거짓말을 했습니다. 옛날에 세존을 유혹하려 했다는 것은 세상이 다 아는 일 아니겠습니까. 그런데도 아무렇지도 않게 오늘 세존을 처음 만났다고 우리들에게 자랑을 하더군요. 그런 여자가 공양 초청을 하다니 우리는 믿을 수가 없습니다."

"그러던가요? 암바빨리가 오늘 나를 처음 만나다고 하던가요?"

"예. 우리들 두 귀로 똑똑히 들었지요. 아무래도 정신이 좀 이상한 여자가 아닌가 하는 생각이 들었습니다."

붓다는 빙그레 웃음을 지으며 릿차위 사람들에게 이야기했다.

"암바빨리가 나를 처음 보았다고 한 말은 사실입니다. 그것이 그녀의 진실한 마음입니다. 예전의 그녀는 자기의 아름다움에 도취되어 모든 남성들을 쥐락펴락 했습니다. 여러분들도 거기에 속하지 않았습니까. 하지만 이제 그녀는 누구의 환심도 사지 못합니다. 여러분은 예전엔 암바빨리를 찬미했지만 지금은 그러지 않습니다. 이유가 무엇입니까? 세월은 무상하다는 것. 아름다움은 영원하지 않다는 것. 영원과 불멸이 진리가 아니라는 것. 암바빨리는 이제 그것을 뼈저리게 깨달은 것입니다.

무상無常을 모르던 그녀와 무상을 아는 그녀는 다른 사람입니다. 무상의 도리를 모르던 그녀는 붓다를 만나지 못한 여인이요, 무상의 도리를 아는 그녀는 붓다를 처음 본 여인입니다. 암바빨리가 지금이라도 깨닫고 진리의 문에 들겠다고 하는 것은 가상한 일입니다. 누구도 암바빨리를 비난해서는 안됩니다. 암바빨리는 오늘 붓다를 처음으로 만났습니다. 그 말은 진실입니다."

릿차위 사람들은 붓다의 이야기를 듣고 부끄러웠다. 지금의 암바빨리는 예전의 암바빨리가 아니었다. 그녀는 더 이상 기녀가 아니었으며 붓다의 제자로서의 삶을 살려고 작정한 우바이였다. 릿차위 사람들은 암바빨리를 찾아가 사과하고 붓다 공양에 자기들도 함께할 수 있도록 부탁했다. 암바빨리는 선선히 응했다.

다음 날 공양을 마친 후에 암바빨리는 정식으로 자신 소유의 동산을 붓다 승가에 기증했다. 암바빨리의 숲으로 불리는 이 동산은 유마거사의 설법지로도 잘 알려진 대승불교의 발원지가 되었다.

암바빨리에게는 빔비사라왕과의 사이에 낳은 위말라 꼰단

냐라는 아들이 있었다. 그녀는 출가하여 아라한이 된 아들의 법문을 듣고 출가하여 훗날 아라한의 경지에 올랐다고 한다. 일찍이 붓다가 예언한 대로 이루어졌다.

"암바빨리는 나중에 출가하여 비구니가 될 것이다."

그녀가 지은 19개의 게송이 〈장로니게〉에 전하는데 그 몇 개를 보면 다음과 같다. 어떤 젊음과 아름다움이 이 노래에서 벗어날 수 있을까.

> 보석처럼 빛나고 반짝이던
> 나의 감청색 두 눈은 커다랬지만
> 늙어서 빛을 잃고 흐리멍덩해졌으니
> 진리를 전하는 붓다의 말씀은 모두 옳도다.
>
> 부드러운 산봉우리처럼
> 젊음이 한창일 때 나의 코는 아름다웠지만
> 늙어선 말라비틀어진 식물줄기와 같으니
> 진리를 전하는 붓다의 말씀은 모두 옳도다.
>
> 잘 만들어지고 마감도 잘 된 팔찌처럼
> 나의 귓불은 참으로 아름다웠지만

늙어선 주름지고 축 늘어졌으니
진리를 전하는 붓다의 말씀은 모두 옳도다.

006. 3개월 뒤에 열반에 들 것이다

붓다도 어느덧 팔순에 이르렀다. 팽팽하던 피부는 쭈글쭈글해지고 허리는 굽었으며 동작이 눈에 띄게 느려졌다. 살가죽은 늙은 낙타 발처럼 거칠어졌고 눈에는 눈곱이 자주 끼었다. 발목이 유난히도 더 가느다랗게 보이는 아침, 라자그리하에 머물던 붓다는 마지막 여정에 오르기로 했다. 평생 동안 붓다의 육체를 버티며 다니던 두 발만이 건장해 보였다.

붓다는 북쪽의 와이샬리를 향해 길을 나섰다. 와이샬리는 예전에 지독한 가뭄과 역병에 시달리던 와르지연맹의 수도였다. 붓다는 이곳의 가뭄과 역병을 해결함으로써 위대한 성자의 위신력을 펼쳐 보인 적이 있었다. 붓다 가는 길 어느 한 곳이라도 특별하지 않은 곳이 있을까. 와이샬리 역시 붓다에겐 여러 가지 추억이 있는 곳이었다.

태자의 신분을 버리고 출가하여 스승을 찾아 돌아다니다가 알라라 깔라마를 만난 곳이 바로 와이샬리였다. 마하빠자빠띠 왕비의 출가를 받아준 곳도 이곳이요, 그녀의 입멸 허락을 한 곳도 여기였으니 와이샬리는 비구니 교단이 탄생한 곳이기도 했다. 총사령관 시하 장군이 자이나교에서 불교로 개종한 곳도 이곳 와이샬리였다. 붓다께 공양을 올리는 사람들을 보고 원숭이들도 공양을 올린 곳이 이곳이요, 후일 붓다의 가르침을 새긴 아소까왕의 높다란 돌기둥이 세워져 지금까지 전해지는 곳도 여기였다. 와이샬리는 붓다 가르침의 내용을 다시 구성하는 제2차 결집이 일어난 곳이기도 하니 사실상 불교 전법의 중요한 거점 도시였다.

붓다는 이곳 와이샬리를 생의 마지막 경유지로 삼고서 암바빨리가 기증한 숲에서 머물렀다. 기녀 암바빨리가 젊은 시절부터 붓다를 위해 기증하려 마음먹은 곳이었다. 그러나 자신의 미모에 우쭐하던 이 기녀는 나이가 들어서야 붓다에게 귀의해 붓다 만년에야 이 망고숲을 기증하게 되었다. 붓다는 이곳에서 계·정·혜 삼학을 설법했다. 계율 지키기, 선정에 들기, 지혜 터득하기. 이 세 가지가 수행의 핵심임을 역설했다. 이를 알고 실천하면 해탈에 이를 수 있다고 했다.

"비구들이여, 너희들은 마땅히 계를 지니고 선정을 닦아 지혜를 깨달아라. 이 세 가지를 잘 지키는 사람은 덕망이 높고 명예가 드날리게 되리라. 음란한 마음과 성내는 마음과 어리석은 마음과 잡된 생각이 없어질 것이니, 이것을 일러 해탈이라 한다. 이 계행戒行이 있으면 저절로 선정禪定이 이루어지고, 선정이 이루어지면 지혜가 밝아지리니, 이를테면 흰 천에 물감을 들여야 그 빛이 더욱 선명하게 되는 것과 같다. 이 세 가지 마음이 있으면 도를 어렵지 않게 얻을 것이고, 지극한 한 마음으로 부지런히 닦으면 생을 마친 후에는 깨끗한 곳으로 들어갈 것이다. 이와 같이 실천하면 스스로 이 몸을 버리고 다시 나지 않은 줄을 알리라.

만약 계·정·혜의 이치를 머리로 알기만 하고 몸으로 실천하지 않으면 윤회에서 벗어나기 어려울 것이다. 그러나 이 세 가지를 갖추면 마음이 저절로 열리어 문득 지옥·아귀·축생·수라·인간·천상의 세상을 보게 되고, 온갖 중생들의 생각도 알게 되리라. 마치 시냇물이 맑으면 그 밑에 모래와 돌자갈의 모양을 환히 들여다볼 수 있는 것과 같다.

깨달은 사람은 마음이 밝으므로 보고자 하는 것이 다 나타난다. 도를 얻으려면 먼저 마음을 깨끗이 해야 하느니, 마치 물이 흐리면 속이 보이지 않는 것과 같다. 마음을 깨끗이 하지 못하면 거듭거듭 나고 죽는 윤회를 벗어나지 못하리라. 스승이 보고 말하는 것은 제자들이 마땅히 실행해야 할 것이다. 스승이라 할지라도 제자의 마음속에 들어가 생각을 잡아줄 수는 없기 때문이다. 생각과 마음이 깨끗한 사람은 스스로 도를 얻으리라. 여래는 깨끗함을 가장 즐거워하느니…."

비구들은 연로한 팔순의 붓다가 혼신을 다해 수행의 정도를 설파하는 동안 신심이 장하게 커졌다. 붓다에게 직접 설법을 듣는 일은 그래서 희유하고 또 희유한 경험인 것이다. 대중의 눈높이에 맞추어서 잘 알아들을 수 있도록 충분한 비유로 쉽고 정확하게 전달하는 게 붓다의 설법이었다. 이것이 붓다의 전법 철학이요 교육 방법이었다. 어디를 가든, 누구를 만나든 이런 원칙은 변하지 않았다.

붓다는 다시 와이샬리를 떠났다. 이후 여러 마을들에 들러 거기에 맞는 가르침을 베풀었다. 빠딸리 마을, 꼬띠 마을, 나디까 마을, 벨루와 마을들에 이르렀다. 붓다가 벨루와 마을에 도착했을 때 우기가 시작되었다. 붓다는 그곳에서 안거를 시작했다. 그리고 안거 중에 격심한 통증으로 한동안 고통을 겪자 옆에서 간병하던 아난다는 좌불안석이었다. 붓다는 얼마 지나지 않아 통증으로부터 회복이 되었다. 스승과 제자는 오랜만에 산책을 했다.

"세존이시여, 제가 가까이에서 모시는 동안 이렇게 심하게 편찮으신 적이 없었던 듯합니다. 잘 이겨내셔서 다행입니다. 하지만 언젠가 입멸하시기 전에 우리 승가에 말씀을 남겨주기는 하시겠지요? 저는 그것이 늘 마음에 쓰입니다."

"아난다여, 무슨 말을 듣기를 원하느냐? 내가 하는 말은 평소 그대로다. 나는 스스로 깨달은 사람이다. 누구로부터도 위임받은 바 없고, 또한 나 역시 누구에게 위임할 일도 없다. 모든 것은 오직 자기를 의지해서 공부하면 되는 것이다. 나라고 영원히 살겠느냐. 나도 이제 나이가 들어 몸뚱이는 얼기설기 엮여 있는 낡은 수레와도 같다. 붓다라고 하더라도 몸의 고통으로부터 자유로울 수 없지 않느냐. 나는 고통이 심할 때면 이따금 멸정에 들곤 한다. 아난다여, 나는 머지않아 입멸할 것이니라."

순간 아난다는 큰 충격을 받았다. 마침내 붓다의 입에서 입멸 소리가 나왔다. 이제 헤어져야 하는 것인가? 언젠가 그때가 오리라 생각은 했지만 붓다의 입멸은 너무 큰 사건이었다. 아난다는 밤마다 잠을 자지 못하고 끙끙 앓았다. 우기가 끝나고 붓다는 와이샬리로 다시 돌아왔다. 며칠 전, 아니 몇 주 전이었던가. 짜빨라의 신목神木(영묘, 또는 사당)이 있는 곳에서 붓다는 아난다에게 우데나(Udena), 고따마까(Gotamaka), 삿땀바카(Sattambaka), 바후뿌뜨라까(Bahuputraka), 사란다다(Sārandada), 짜빨라(Capāla) 등의 '성스러운 나무'의 훌륭함에 대해 이야기하면서 말했다.

"아난다야, 여기에 자리를 펴라. 나는 지금 등이 아프구나. 여기에서 잠깐 쉬어야겠다."

아난다가 늙은 스승을 위해 자리를 깔아드리자 붓다는 계속해서 말했다.

"아난다야, 신통력을 잘 닦으면 질병을 이길 뿐만 아니라 수명을 연장할 수도 있느니라. 나는 이미 그것을 닦았다. 그래서 마음만 먹으면 질병에 걸리지 않을 수도 있고 수명을 더 연장할 수도 있느니라. 아난다여, 너는 마땅히 알아야 한다."

붓다는 같은 이야기를 세 번이나 했다. 아난다는 그 뜻을 깊이 헤아리지 못했다. 목갈라나며 사리뿟따가 입멸한 데다가 붓다의 세연 역시 끝나는 게 아닌가 하는 평소의 걱정이 머리를 꽉 채우고 있어서 '마음만 먹으면'이라는 전제조건이 귀에 들어오지 않았다. 이 말씀은 붓다가 결심만 하면 생명을 더 연장할 수 있다는 이야기였다. 눈치 빠른 제자가 이를 빨리 알아듣고 간청하면 붓다는 당신의 생명을 조금 더 연장할 수도 있다는 뜻이었다. 그러나 붓다는 아난다가 아무 반응을 보이지 않자 이 정도 전법이면 의무를 다했다고 생각하고 자신의 멸도를 결심했다. 아난다는 '너는 마땅히 알아야 한다'는 붓다의 말씀을 새기기 위해 잠시 자리를 비웠다. 그때 마왕이 붓다를 찾아왔다.

"세존이시여. 당신은 아무런 욕심이 없습니다. 그러니 지금 열반에 드십시오. 지금이 바로 열반에 들 때입니다. 어서 빨리 열반에 드십시오."

붓다가 말했다.

"잠깐 기다려라. 나는 스스로 때를 안다. 여래는 아직 열반에 들지 않을 것이다. 내가 전에 말하기를 '나는 나의 비구 제자들이 출중하게 수행하고, 출세간법에 이르게 하는 법을 닦고 법을 따라 행하며, 자기 스승에게 속하는 것을 파악한 뒤 그것을 천명하고 명료하게 설명하며, 다른 삿된 교설이 나타날 때 그것을 법으로 잘 제압하고, 제압한 뒤 해탈을 성취하는 기적을 갖춘 법을 설할 수 있게 되기까지는 반열반(완전한 열반)에 들지 않을 것이다.'라고 했다. 이제 때가 되었다. 나는 3개월 뒤에 사라쌍수沙羅雙樹 사이에서 열반에 들 것이다."

마왕은 붓다가 3개월 뒤에 열반에 든다는 이야기를 듣고 크게 기뻐했다. 이때 땅이 크게 진동했다. 놀란 아난다가 뛰어와 붓다에게 이유를 물었다.

"참으로 괴이한 일입니다. 세존이시여, 땅이 크게 진동하는 것은 무슨 까닭입니까?"

"이 세상에서 땅이 크게 진동하는 것은 여덟 가지 인연 때문이다. 그중 하나가 여래가 열반에 들 때이니라. 나는 조금 전 마왕에게 3개월 후에 열반에 들 거라고 통보했느니라. 비구들을 다 불러 모아라."

아난다는 황망한 가운데 비구들을 모두 불러 모았다. 붓다가 말했다.

"비구들이여, 나는 이제 늙었다. 나이 여든이 되어 남은 수명도 아주 짧다. 낡은 수레가 가죽 끈에 묶여서 겨우 움직이는 것처럼 여래의 몸도 가죽 끈에 묶여서 겨우 살아간다. 나는 곧 그대들을 떠날 것이다. 나는 내 귀의처를 스스로 만들었다. 그대들도 그렇게 하라. 부지런히 정진해야 한다. 매 순간 깨어 있으라. 이 법과 계율 속에서 정진하면 윤회의 괴로움을 벗어날 수 있다. 그것이 수행의 완성이다. 다른 길은 없다."

아난다를 비롯한 비구들은 정신이 아득해졌다. 특히 아난다는 많은 비구들로부터 비난을 받았다. 붓다가 세 번이나 수명 연장을 말했을 때 간청했어야 했는데 이를 하지 못했다는 질책이었다. 아난다는 자기가 먼저 입멸하고 싶었다. 붓다와의 이별은 상상할 수도 없었다. 그 모든 책임이 자기에게 있다고 생각하니 하늘이 무너지는 것 같았다. 게다가 아난다는 아직 깨달음에 이르지도 못한 상태가 아닌가. 붓다 곁에서 이야기 듣는 것을 좋아하다 보니 스스로 정진하는 일은 부지런하지 못했다. 이 모든 불편함이 한꺼번에 몰려와 아난다는 격심한 불안증에 시달리기 시작했다. 많은 비구들 역시 우왕좌왕했다. 가슴을 치고 슬피 울면서 탄식하는 비구들도 많았다. 붓다는 그들을 달랬다.

"비구들이여, 걱정하거나 슬퍼하지 마라. 시작이 있으면 끝이 있느니라. 내가 갔다고 달라지는 것은 없다. 매 순간 정진하면서 깨어 있으라!"

붓다의 입멸 예고는 파장을 일으켰다. 고따미 장로니가 붓다를 찾은 이유도 여래의 멸도를 지켜볼 수 없는 안타까움에 대한 표현이었다. 붓다는 자신의 입멸을 알면서도 고따미 장로니의 법구를 직접 들었었다. 상수제자인 목갈라나와 사리뿟따의 유골도 본 터였다. 제자를 먼저 보내는 심정을 스승은 감내해야 했다.

각처에서 붓다를 보기 위한 방문이 잇따랐다. 그래도 붓다는 한 곳에 머물지 않고 열반지인 꾸쉬나가라를 향해 늙고 쇠약해진 몸을 움직여 길을 나섰다. 수행정진에 힘써야 할 비구들은 마음이 잡히지 않았다. 안개가 주둔군처럼 마을을 점령하고, 바람이 불고, 하늘이 보이고, 구름이 생겨나고, 다시 없어지고, 모든 것이 그런 식이었다. 순간순간 달라지는 게 세상이었다.

붓다의 몸 역시 그렇게 낡거나 닳고 있었다. 낡은 수레를 옮겨가는 것처럼 마지막 힘을 다해 붓다는 걸었다. 아무리 늙고 힘들어도 자기 발로 걸었다. 그것이 붓다의 운명이었다.

007. 릿차위족에게 바리때를 건네주다

이제 꾸쉬나가라가 가까운 거리에 있었다. 붓다는 마지막

붓다의 진신사리가 모셔졌던 릿차위족 사리탑 터. 지금은 터만 남아 있다.

힘을 다해 주변에 둘러 서 있는 제자들에게 말했다.

"비구들이여, 내게 질문할 것이 있는가. 시간이 있을 때 물어라. 내가 살아 있는 동안 궁금한 것들은 다 묻고 의문을 해결하라."

붓다가 곧 입멸한다는데 어떤 제자가 이러쿵저러쿵 질문할 것인가. 그들은 다가오는 커다란 슬픔 앞에서 질문할 엄두를 내지 못하고 있었다. 아난다가 용기를 내어 먼저 질문했다.

"세존이시여, 깨달음을 얻어 해탈에 이른 제자들과 세존과는 무슨 차이가 있습니까?"

"아난다여, 차이가 있기도 하고 없기도 하다. 여래와 제자가 차이가 있다면 제자가 아라한의 경지에 있을 때이다. 아라한은 열반에 이를 때 번뇌는 완전히 사라졌지만 그의 수명이 남아 있는 한, 과거 취착의 산물인 마음의 다섯 가지 현상, 오온五蘊이 아직 잔류해 있기 때문에 유여열반有餘涅槃에 머문다. 유여열반은 '받은 것이 남아 있는 열반'이라는 뜻이다. 무여열반無餘涅槃은 이러한 오온까지도 완전히 멸한 열반을 말한다. 여래가 이르는 무여열반이 완전한 열반이다. 이런 점에서 여래와 아라한은 차이가 있다.

그러나 아난다여, 여래와 제자는 차이가 없기도 하다. 진리 안에서는 모두가 동등하다. 차이가 있다면 여래는 단지 과거의 붓다들이 성취한 깨달음의 길을 발견해 가르친 것이며, 제자들은 여래를 따라 그 길을 왔다는 것뿐이다. 여래는 길을 발견한 사람이요, 제자들은 그 길을 따라 함께 걸어 온 사람이다. 먼 미래에도 이런 일은 똑같이 일어날 것이다."

아난다는 붓다에게 깊이 감동했다. 승가 공동체는 함께 길을 가는 동지라는 뜻이었다. 붓다는 마지막 순간까지 한 사람의 제자라도 더 가르치기 위해 병들고 지친 몸을 바쁘게 움직였다. 아난다는 자꾸만 눈물이 나서 앞을 볼 수 없었다. 그는 절절한 마음으로 기도했다.

'세존이시여, 당신이 이 세상에 계시지 않는다는 것은 상상할 수 없습니다. 세존이시여, 거룩한 님이시여, 부디 아무 일

없기를 바라나이다.'

 그때 릿차위족 사람들은 붓다가 입멸을 위해 꾸쉬나가라로 향하고 있다는 소식을 듣고 붓다의 행렬을 뒤따라왔다. 붓다가 그들에게 되돌아가라고 해도 그들은 붓다의 뒤를 자꾸만 따라왔다. 마침내 께사리아에 이르러 붓다는 당신의 바리때를 그들에게 건넸다. 릿차위족들은 붓다의 간곡한 설득 끝에 더 이상 따라오지 않았다. 그들은 붓다가 다시 오리라는 징표로 바리때를 주었다고 생각했다. 릿차위족들은 거기에 7층탑

께사리아 발우탑을 걷고 있는 상월결사 인도순례단

을 세웠다. 이 탑은 발우 모양을 하고 있었으므로 께사리아 발우탑이라고도 불린다. 이 탑이 선 자리는 아노마(Anomā)강 인근의 아누쁘리야(Anupriyā) 망고숲 근처였다. 싯다르타 태자가 출궁하여 처음으로 치렁한 머리털을 자른 곳. 이른바 첫 삭발지였다.

샤꺄족 출신의 붓다가 릿차위족에 대해 특별한 관심을 보인 데에는 내력이 있었다. 릿차위는 와이샬리를 수도로 하고 공화국 체제를 갖춘 와르지국을 대표하는 종족의 이름이다. 그들은 끄샤뜨리야였으며 붓다는 그들의 공화국 체제를 승가가 쇠퇴하지 않은 것과 견줄 정도로 칭송하곤 했다. 이들 종족의 이름에 얽힌 신화가 있어 다음과 같이 전한다.

와라나시(Vārāṇasi)의 왕비가 아기 대신에 살점덩어리를 낳게 되자 몰래 통에 담아 강에 버렸다. 어떤 선인이 그 살점덩어리를 가져다가 돌봤는데 거기서 사내아이와 여자아이가 태어났다. 선인이 두 아이를 먹이면 음식이 위胃로 들어가는 것이 투명하게 다 보였다고 한다. 그래서 마치 피부가 없는 것처럼 간주되었기 때문에 '릿차위(Licchavi)'라고 불렸다고 한다. 혹은 그 피부가 너무 얇아 피부 속이 다 보였기에 '릿차위'라고 불렸다고도 한다. 그들은 다른 아이들로부터 따돌림을 당했으며 그러자 사람들은 그들이 16살이 되자 둘을 결혼시켰다고 한다. 이런 이유로 그들의 종족은 와르지(Vṛji) 라고 불렸으며 이후 16쌍의 쌍둥이를 낳아서 후손들이 크게 번창하였다. 릿차위족의 수도가 와이샬리(Vesāli)라 불리게 된 이야기이다.

와이샬리는 붓다가 사랑한 도시였다. 극심한 가뭄을 해결해준 도시이기도 했다. 그곳의 주인공들이 바로 릿차위족이었다. 붓다는 릿차위족들에게 단순한 스승이 아니었다. 그런 붓다가 입멸한다고 하자 릿차위족들은 너무도 간절하게 붓다를 따라왔던 것이다. 께사리아에 이르러 붓다의 바리때를 받고서야 그들은 붓다를 보내주었다. 릿차위족과 이별한 얼마 후 붓다는 아난다를 불러 말했다.

"아난다여. 히란냐와띠강 저쪽 언덕, 꾸쉬나가라 근처에 있는 말라족의 살라숲으로 가자."

"그렇게 하겠습니다. 세존이시여."

8대 성지 중 하나인 와이살리는 붓다 당시 고대 인도 16개국 중 하나였던 릿차위 공화국의 수도였다. 이곳에서 붓다가 여성 출가를 처음으로 허용하여 비구니 승단이 최초로 생겼으며, 붓다가 마지막 안거를 보내면서 입멸을 예고하고 열반지인 꾸쉬나가라로 떠났다.

제2장

대열반에 들다

008. 최후의 공양을 받다

최후의 여정에 오른 붓다는 벌써 여러 날을 걸었다. 3개월 전에 예견한 입멸의 날이 어느덧 코앞에 닥쳤다. 그는 지친 몸을 이끌고 아난다와 함께 빠와 마을에 이르러 금세공을 업으로 하는 쭌다의 망고숲에 머물렀다. 쭌다의 할아버지와 아버지는 농기구를 만드는 대장장이 일을 했다. 그 아들 쭌다는 금세공을 해서 돈을 많이 벌어 큰 망고동산을 사들였다. 그는 신분 차별을 하지 않는 붓다의 가르침에 귀의해 일찍부터 수행자들을 위해 공양을 베풀곤 했다. 붓다가 쭌다의 망고동산에 머문다는 소식을 듣자 쭌다는 붓다를 찾아가 경배를 올리고 설법을 들었다.

음식을 베푸는 사람은
남에게 큰 힘을 주는 사람

의복을 베푸는 사람은
남에게 아름다움을 주는 사람

탈 것을 베푸는 사람은
남에게 편안함을 주는 사람

등불을 베푸는 사람은
남에게 밝은 눈을 주는 사람

집을 베푸는 사람은
남에게 모든 것을 주는 사람

붓다의 가르침을 베푸는 사람은
남에게 윤회를 끊어주는 사람

세상에 모든
아름다운 사람은

이렇게
남을 위하는 사람

쭌다의 마지막 공양을 표현한 불화

 붓다의 목소리는 망고동산에 불어오는 바람결보다 부드러웠다. 오늘의 설법은 한 편의 시 같았다. 반복과 리듬이 있었으며 구성과 배치가 빈틈없고 아름다웠다. 환희심이 절로 솟았다. 붓다는 '남을 위하는 삶은 아름다운 삶'이라 노래했다. 쭌다는 기쁜 마음으로 붓다와 제자들을 다음 날 점심 공양에 초대했다. 약속한 시간이 되자 쭌다는 붓다를 위해 진귀한 음식을 만들어 공양을 올렸다. 붓다는 그 음식을 한번 맛보고는 공양물에 대해 물었다.

 "쭌다여, 이것은 무슨 음식이냐?"

 "세존이시여, 수까라맛다와(sūkaramaddava)라 합니다."

 "애썼구나. 하지만 이 음식을 소화할 수 있는 사람은 천상과 이 지상에 여래밖에 없다. 이 음식을 내 앞으로 다 가져오고 다른 비구들에게는 주지 마라."

쭌다는 귀한 수까라맛다와를 소화할 수 있는 사람은 여래밖에 없다는 이야기를 듣고 마음이 기뻤다. 공양을 마친 붓다가 말했다.

"쭌다여, 구덩이를 파서 남은 수까라맛다와를 다 묻어버려라."

귀한 공양물을 버리라니, 쭌다는 순간 자기 귀를 의심했다. 그러나 붓다의 분부는 지엄했다.

"잘 알겠습니다, 세존이시여."

수까라맛다와는 전단향나무에서 나는 진귀한 버섯요리라고도 하고, 야생 멧돼지 고기라고도 한다. 붓다가 그 음식을 맛보고 다른 비구들에게 주지 말라고 한 것은 비구들이 익숙하지 않은 요리를 먹고 탈이 날 것을 염려했기 때문이었다. 이로 보면 돼지고기 요리가 맞는 듯하다. 공양을 마친 붓다는 보시를 베푼 쭌다를 위해 다시 설법을 하고 망고숲으로 되돌아왔다. 오는 길에 배가 아프기 시작했다.

"아난다야, 여기에 자리를 펴라. 쉬어가도록 하자."

"세존이시여, 어디 불편한 데가 있으신지요?"

"쭌다의 공양물 수까라맛다와가 사실은 여래를 불편하게 했느니라."

아난다는 정신이 번쩍 들었다.

"그런 음식을 아시고도 드셨습니까?"

"여래는 쭌다의 공양하려는 마음을 먹었느니라."

"이 일로 병을 얻으신다면 큰일입니다."

"아난다여, 걱정하지 마라. 여래의 열반은 이미 정해졌느니라. 그리고 이것은 여래의 마지막 공양이 될 것이니라."

아난다는 쭌다의 공양물이 여래의 육신을 불편하게 한다는 말에 놀랐지만 이를 알고도 공양을 받은 붓다가 더욱 놀라웠다. 비록 몸을 불편하게 해도 공양의 마음이 크면 용납할 수 있다는 게 붓다의 생각이었다. 하지만 육체의 고통은 고스란히 공양을 받는 사람의 몫이었다.

붓다는 잔기침을 하다가 피가래를 올렸다. 아난다는 붓다의 주치의인 지와까를 대동하지 않은 게 후회스러웠다. 지금 당장이라도 사람을 보내 지와까를 불러와야겠다고 마음먹었다.

"세존이시여, 지와까를 부르겠습니다."

"아니다. 그럴 필요 없다. 여래는 어떤 고통이 와도 견딜 수 있느니라."

"그래도 많이 힘들어 보이십니다."

"이미 열반일도 정해졌고, 시간도 얼마 남지 않았느니라. 난 괜찮다."

아난다는 눈시울이 붉어졌다.

'저토록 힘드신데 참고 계신다. 다른 사람들에게 폐를 끼치고 싶지 않으신 게다. 지금 붓다의 몸은 젊은 날의 몸이 아니지 않은가.'

붓다는 바람 빠진 헝겊자루처럼 피부의 탄력은 떨어지고 근육도 말라서 앙상한 나뭇가지처럼 여윈 상태였다. 게다가 설사와 복통이 겹쳐 찾아왔다. 아난다가 조심스레 자리를 펴자 붓다가 자리에 앉으며 말했다.

"아난다여, 쭌다는 여래에게 음식물을 공양했다. 그에게는 무슨 복이 있겠느냐?"

"세존이시여, 쭌다가 비록 공양을 올렸으나 아무런 복이 없을 것입니다. 오히려 후회할 것입니다. 여래께서 그 집에서 마지막 공양을 받으시고 열반에 드시기 때문입니다."

"아난다야, 그런 말은 하지 마라. 쭌다가 바친 공양은 여래의 마지막 공양이 되었으나 그것 때문에 쭌다가 후회할 필요는 없다. 여래가 '위없이 높고 완전한 깨달음'을 얻으려 할 때 처음으로 받은 공양과 입멸에 앞서 받은 최후의 공양은 그 공덕이 가장 큰 것이니라. 쭌다는 자기가 드린 공양으로 여래가 완전한 열반[무여열반無餘涅槃·반열반般涅槃(반열반은 반만 열반 한 것이 아닌 빠리니르와나Parinirvāṇa, 완전한 열반의 음사)]에 드는 걸 알고 충격에 빠질지도 모른다. 그래서는 안 된다. 아난다야, 너는 지금 쭌다에게 가서 이렇게 말하여 그의 자책감을 없애주어야 한다.

'도반 쭌다여, 여래께서는 그대가 드린 탁발 음식을 마지막으로 드시고 완전한 열반에 드시게 되니 이건 그대의 공덕이고 그대의 행운입니다. 도반 쭌다여, 모든 곳에서 두루 결실을 가져오고 모든 곳에서 두루 과보를 가져오는 두 가지 탁발 음식이 있습니다. 이 음식들은 다른 탁발 음식들을 훨씬 능가하는 더 큰 결실과 이익을 가져다줍니다. 나는 이와 같은 이야기를 세존의 면전에서 직접 듣고 세존의 면전에서 직접 받아 지녔습니다.

도반 쭌다여, 그 둘이 무엇이겠습니까? 그 탁발 음식을 드시고 여래께서 위없이 높고 완전한 깨달음을 얻으시는 것과 그 탁발 음식을 드시고 여래께서 완전한 열반에 드시는 것입니다. 이 두 가지 탁발 음식은 다른 탁발 음식들에 비해 더 큰 결실과 이익을 가져다줍니다.'

이렇게 이야기하면 쭌다는 더 이상 마음 아파하지 않을 것이다."

아난다는 쭌다에게 되돌아가 붓다의 말씀을 전했다. 쭌다는 자신이 제공한 공양으로 붓다가 심한 배앓이를 한다는 이야기를 듣자 몸 둘 바를 몰라 했다. 그리고 그 때문에 붓다가 입멸에 이르게 된다는 이야기를 듣자 아연실색할 수밖에 없었다. 혹시 식중독을 일으켰던 건 아닐까? 그것이 원인이 되어 입멸하신다면 이 큰 죄업을 어떻게 씻어야 한단 말인가? 쭌다는 눈앞이 캄캄해졌다. 그러나 또 한편으론 자신의 공양이 가장 뛰어난 두 공양 가운데 하나임을 설명 듣고 안심이 되기는 했다. 그래도 쭌다는 못내 죄송하고 송구스러웠다. 붓다의 이야기가 자꾸만 귀에 감돌았다.

'이 음식을 소화할 수 있는 사람은 천상과 이 지상에 여래밖에 없다. 이 음식을 내 앞으로 다 가져오고 다른 비구들에게는 주지 마라.'

깊은 뜻이 있는 이야기였다. 수행 비구는 물론 하늘의 신들도 이 공양을 소화하기 어렵다고 했다. 그러나 귀한 공양물이니 아무리 몸이 힘들어도 당신은 공양주의 뜻을 헤아려 견디겠다는 뜻이었다. 쭌다는 붓다의 무량 자비심에 머리가 아득해졌다.

붓다가 돼지고기 요리를 처음 먹은 것은 아니었다. 와이샬리에 있을 무렵 탁발을 위해 욱가 장자의 집에 갔을 때 욱가 장자는 쌀꽃 모양의 과자와 대추를 넣은 돼지고기 요리를 공양으로 올렸다. 그때 욱가가 말했다.

"세존께서는 연민하는 마음을 내셔서 이것을 받아주소서."

고기를 보시하는 것은 문제가 되지 않았다. 붓다는 음식의 종류보다는 공양하는 마음을 중시했다. 공양물을 받는다는 것은 단순히 보시의 대상이 된다는 뜻이 아니었다. 베푸는 이에게 복을 지을 수 있는 기회가 생긴다는 점에서 좋은 일이었다. 그런 점에서 '연민하는 마음'은 공양주가 복을 짓도록 해 달라는 표현이기도 했다.

팔순의 붓다는 망고숲의 거처로 돌아왔지만 여전히 격심한 고통에 시달렸다. 심한 설사로 밤잠마저 이루기 어려웠다. 붓다는 고통을 잊기 위해 의식을 완전 소멸시키는 멸정 상태에 들어야 했다.

쭌다는 붓다에게 왜 수까라맛다와를 공양했을까. 그것이 정말 배앓이의 직접적인 원인이 되었을까. 여기에 대해서는 이견이 분분하다. 분명한 건 붓다를 위하려는 쭌다의 선의였다. 붓다가 이미 열반일을 예고한 상태였기 때문에 신심 깊은 쭌다는 어떻게든 붓다를 위해 건강에 도움이 되는 공양을 올리고 싶었다. 그는 부드럽게 만든 돼지고기 요리를 특식으로 만들어 붓다와 그 제자들에게 올렸다. 평소 음식이 아닌 별식 섭취가 오히려 문제가 생길 수 있다면 이런 경우에 해당했다.

하늘의 신들 역시 붓다의 열반을 늦추고 싶었다. 그래서 일설에는 신들이 수까라맛다와에 자신들의 염원을 불어넣었다고 한다. 과유불급過猶不及, 지나친 것은 모자라는 것보다 못하다는 말처럼 땅에서나 하늘에서나 붓다를 위한 마음이 지나쳤던 것이다. 수까라맛다와는 결론적으로 붓다를 불편하게 했다. 그런데 이 불편함은 열반 직전의 팔순의 붓다에게 찾아온 평생의 가장 큰 고통 가운데 하나였다. 일부 경전에 따르면 붓다의 배앓이는 전생의 경험과 관련이 깊었다.

붓다는 과거 어느 생에 아주 유명한 의사였다. 어떤 부호가 아들의 병을 치료해 주면 돈을 많이 주겠다고 말해놓고 완쾌되자 치료비를 자꾸 미루었다. 그러자 의사는 부호의 아들에게 일부러 설사하는 관장약을 주어 병이 나게 했다. 그 과보로 붓다가 되었어도 설사의 고통을 당한 것이라고 한다.

어떤 사람들은 수까라맛다와가 붓다 배앓이의 직접적인 요인이 아니라 오히려 꾸쉬나가라까지 걸어갈 수 있는 영양소를 주었다고도 했다. 그러나 이는 확실하지 않다. 붓다는 빠와에서 꾸쉬나가라까지 이르는 약 9km의 여정에서 무려 스물다섯 번이나 휴식을 취해야 했다. 심한 배앓이가 확실했다. 공교롭게도 쭌다는 배앓이의 원인 제공자로 오해를 받을 만했다. 『디가 니까야』의 주석서인 『슈망갈라윌라시니』라는 책에는 수까라맛다와를 이렇게 설명하고 있다.

"돼지고기는 너무 어리지도 않았고 너무 늙지도 않은 일등급 돼지의 신선한 고기라고 설명하였다. 사람들은 그것이 부드러우면서도 즙이 많다고 했는데, 쭌다가 그것을 준비하고 조심스럽게 요리했다는 의미이다. 그러나 4대륙과 그 주변의 섬 2천 개의 신들은 영양소와 진액을 그것에 주입했다."

이 설명에 따르면 수까라맛다와는 식재료 상태와 영양소와 소화에 있어서 별 문제가 없다. 문제가 있다면 붓다의 몸 상태에 익숙하지 않는 과도한 영양이 제공됨으로써 평소에 앓고 있던 지병을 촉발시켰을 가능성이다. 그렇지 않으면 두 가지 음식의 보시 공양[이종시식二種施食]과 평등한 과보[평등과보平等果報]를 설명하기 어렵다. 분명한 것은 붓다가 쭌다로부터 최후의 공양을 받을 무렵 등도 아프고 배앓이도 심하게 하였으며, 이런 병고를 끌어안고서 열반지를 향해 계속 걸어갔다는 사실이다.

009. 마지막 가사를 보시 받다

다음 날 아침이 밝아오자 붓다는 아난다를 불러 꾸쉬나가라를 향해 다시 길을 떠났다. 마른 나뭇가지 같은 발목이 천천히 움직였다. 피부에 핀 작은 검버섯 하나가 '툭' 하고 떨어졌다. 길을 떠난다고는 했지만 기운이 예전 같지 않았다. 큰길을 벗어나 나무 그늘 아래 이르러 붓다는 힘든 몸을 잠시 쉬어야 했다.

"아난다야, 좀 쉬어야겠다. 가사를 네 겹으로 접어 깔아다오."

붓다는 쉬는 동안 심한 갈증을 느꼈다.

"아난다야, 목이 마르구나. 나는 물을 마시고 싶구나."

아난다는 근처의 까꿋타(Kakutthā)강으로 갔다. 그러나 온통 흙탕물이었다. 필시 많은 수레가 강을 지나갔으리라 생각하고 아난다는 돌아와서 붓다에게 고했다.

"세존이시여, 물이 더러워 마실 수 없습니다."

그러자 붓다는 다시 말했다.

꾸쉬나가라로 가는 길에 있는 까꿋따강

"아난다여, 나는 물을 마시고 싶구나."

아난다는 물이 맑아질 때까지 기다릴 심산이었다. 아난다는 강을 향해 다시 걸어갔다. 그는 상류 쪽으로 갈 수밖에 없었다. 아난다가 물을 떠오는 동안 붓다는 심한 복통과 갈증으로 인해 나무 아래서 다시 멸정에 들었다. 그동안 폭우가 쏟아졌다. 번개와 천둥이 치고 많은 사람들이 여기 저기 나무 아래로 모여 비를 피했다. 붓다는 여전히 멸정 상태에 들어 의식을 끄고 있었다.

그때 꾸쉬나가라에서 빠와 쪽으로 달려오고 있는 한 무리의 마차가 있었다. 한 사내가 내려서 멸정에 들어 있는 붓다를 발견하고 다가왔다. 붓다의 멸정이 끝나기를 기다렸다가 그는 말했다.

"스승이시여, 저는 알라라 깔라마를 받드는 제자 뿌구사 말라뿟따라고 합니다. 그분으로부터 직접 배우지는 않았어도 그분의 가르침을 전해 듣고 그에 따라 수행하고 있습니다. 저는 알라라 깔라마가 명상에 들어 있을 때 5백 대의 수레가 지나가도 아무 소리를 듣지 못하고 보지도 못하였다는 이야기를 들었습니다. 이것은 대단한 삼매의 경지가 아니겠습니까. 그런데 스승이시여, 오늘 보니 스승께서는 천둥 번개에도 끄떡없이 앉아 계셨습니다. 혹시 알라라 깔라마에게 배우셨습니까?"

"반갑습니다. 뿌꾸사여, 나는 한때 그의 제자였습니다. 지금부터 50년 전쯤이었지요. 그러나 나는 그분 곁을 떠났습니다. 그분이 도달한 세계보다 더 높은 세계를 찾아 떠났지요. 나는 마침내 그것을 찾았습니다."

"스승이시여, 그것이 무엇인지 제게도 가르쳐주소서."

"뿌꾸사여, 천둥과 번개와 5백 대의 수레가 만들어내는 소리를 견디는 것보다 어려운 게 있습니다. 갈망과 증오와 미혹의 세 가지 독을 탐진치貪瞋癡라 부릅니다. 이 세 가지에 흔들리지 않는 능력이 더 어려운 최고의 능력입니다. 자기를 이기는 자, 그가 진정한 승리자입니다."

뿌꾸사는 위대한 성자를 만나리라고는 꿈에도 생각하지 못하다가 우연한 길에 진귀한 설법을 듣게 되었다. 붓다는 자기를 이기는 수행의 덕목에 대해 말하고 진정한 자유를 얻을 수 있는 방법을 간명하게 일러주었다. 뿌꾸사는 붓다에게 제자되기를 간청했다. 붓다는 이를 허락했다. 뿌꾸사는 부드럽고 윤기가 나는 금색 가사 두 벌을 붓다에게 바쳤다. 이 역시 붓다가 보시 받은 마지막 가사였다.

"스승이시여, 존경의 마음을 받아 주소서."

"뿌꾸사여, 고맙습니다. 한 벌은 내게 주고 다른 한 벌은 아난다에게 주시면 좋겠습니다."

아난다가 마침 바리때 가득 물을 떠 와 붓다는 갈증을 해결했다. 붓다는 아난다에게 뿌꾸사의 보시 뜻을 전하고 금색 가사를 건넸다. 아난다는 새 금색 가사를 붓다에게 입혀드렸다. 오후의 잔광이 붓다의 얼굴 위로 슬쩍 지나갔다. 붓다는 맑고 쓸쓸했지만 더욱 빛나는 모습이었다. 아난다는 생각했다.

'내가 붓다를 모신 25년 동안 얼굴이 저렇게 빛나는 것은 처음이다.'

아난다는 붓다에게 그 까닭을 물었다. 붓다가 말했다.

"여래의 얼굴이 보통 때보다 빛나는 데는 두 가지 인연이 있다. 하나는 여래가 처음으로 도를 이루었을 때이며, 다른 하나는 열반에 들 때이다."

010. 아난다가 소리 없이 울다

살라숲에 이른 붓다는 다시 아난다를 불렀다.

"아난다여, 한 쌍의 살라나무 사이에 북쪽으로 머리를 둔 침상을 만들어라. 피곤하구나, 누워야겠다."

"그렇게 하겠습니다, 세존이시여."

침상이 만들어지자 붓다는 발과 발을 포개고 마음을 챙기고 알아차리면서[정념정지正念正知] 오른쪽 옆구리로 사자처럼 누웠다. 한 쌍의 살라나무는 때아닌 꽃들로 만개했다. 마치 여래께 예배를 올리려는 듯 만개한 꽃들은 여래의 몸 위로 떨어지며 날렸다. 붓다는 아난다를 불러 다시 말했다. 붓다의 말씀은 리듬이 강해서 노래처럼 들렸다.

아난다여, 보라!
여래께 예배를 올리기 위해서
한 쌍의 살라나무는 때아닌 꽃들로 만개하여
여래의 몸 위로 떨어지며 흩날리고 덮이는구나.

여래께 예배를 올리기 위해서
하늘나라의 만다라 꽃들이 허공에 떨어져
여래의 몸 위로 떨어지고 흩날리고 덮이는구나.

여래께 예배를 올리기 위해
하늘나라의 전단향 가루가 허공에 떨어져
여래의 몸 위로 떨어지고 흩날리고 덮이는구나.

여래께 예배를 올리기 위해
하늘나라의 음악이 허공에 연주되고

여래께 예배를 올리기 위해

하늘나라의 노래가 울려퍼지는구나.

아난다여,
그러나 이러한 것으로는
여래를 존경하고 예배하는 것이 아니니라.

아난다여,
비구나 비구니나 청신사나 청신녀가
진리의 가르침에 따라 도를 닦는 것이
여래를 존경하고 숭상하는 최고의 예배이니라.

아난다는 스승의 최후를 직감하고 있었다. 스승은 마지막까지 의연하고 자상했다. 아난다는 복받쳐 오르는 설움을 감당하기 힘들었다. 그는 조용한 곳으로 가서 소리 없이 울고 있었다. 동료 비구가 다가와 아난다에게 물었다.
"아난다여, 무슨 일로 눈물을 보이고 있습니까? 혹시 세존께 무슨 일이라도 있는 겁니까?"
"아닙니다. 나는 세존을 가까이 모신 지 어언 25년이나 되었습니다. 그럼에도 정진에 게을러서 아직 깨달음에 이르지도 못하고 범부에 머물러 있습니다. 이제 세존께서 곧 입멸하실텐데 나는 어떻게 해야 할지 모르겠습니다. 그래서 감당 못

꾸쉬나가라 살라나무 숲 열반당

할 슬픔에 눈물을 흘리고 있는 것입니다. 난 지난 25년간 도대체 무얼 한 것일까요? 후회막급입니다."

아난다는 문득 라자그리하의 그릿다꾸따산[영축산靈鷲山] 동굴에서 정진하고 있는 마하깟사빠를 떠올렸다. 그가 그리웠다. 그는 두타행제일의 비구로서 붓다 승가의 맏형이었다.

오래전 마하깟사빠는 아난다를 위해 이렇게 조언했다.

"아난다여, 고생이 많지요? 세존께서는 그대가 옆에서 시봉드는 걸 늘 고맙게 생각하고 계신다오. 하지만 세존께서는 그대가 정진해서 아라한이 되는 걸 더 바라신답니다."

"사형님, 감사합니다. 저는 샤꺄족이자 세존의 사촌동생으로서 거룩한 분을 가까이에서 모시고 있는 것만으로도 행복하답니다."

"아난다여, 그렇지 않습니다. 세존께서 열반에 드시고 나면 그 뒤는 어찌하겠소?"

"사형이시여, 저도 아라한과를 얻을 수 있습니다. 저는 세존께서 어떻게 절대평화에 이르셨는지 남김없이 들어서 다 기억하고 있답니다. 저보다 세존의 말씀을 많이 들은 사람은 없습니다."

"아난다여, 아는 것과 수행하는 것은 다르다오. 때 늦지 않게 정진해야 합니다. 세존께서 언제까지 기다려 주시지 않습니다."

아난다는 피눈물이 솟았다. '아는 것과 수행하는 것은 다르다! 붓다의 가르침을 다른 사람들에게 앵무새처럼 옮겨서 무얼 하겠는가. 스스로 실천하여 붓다의 경지에 오르지 않는다면 아무 소용없는 게 붓다 가르침의 핵심이 아니던가. 천 번 만 번 맞는 말이다. 그럼 어떻게 해야 하는가.'

아난다는 그것이 통한의 아픔으로 느껴지다가 문득 붓다가 들려주던 게송이 떠올랐다.

> 잠 못 드는 사람에게 밤은 길고
> 피곤한 나그네에게 길이 멀 듯이
> 진리를 모르는 어리석은 이에겐
> 생사의 밤은 길고도 멀어라.
>
> 보기에는 예쁘고 사랑스런 꽃이
> 빛깔만 곱고 향기가 없듯
> 아무리 훌륭하고 아름다운 말도
> 행하지 않으면 보람이 없네.

아난다는 혼자서 중얼거렸다.
'아무리 훌륭하고 아름다운 말도 행하지 않으면 보람이 없네.'
아난다는 쥐구멍 속이라도 들어가 숨고 싶었다. 듣기만 듣고 알기만 알 뿐 실제로 수행하지 않은 세월이었다. 부끄러움을 넘어 처참했다. 아난다가 보이지 않자 붓다는 아난다를 다시 찾았다.
"세존이시여, 아난다는 조용히 울고 있습니다."
"그를 어서 데려오너라."

아난다는 붓다 앞으로 다가와 큰 소리로 울며 스스로를 자책했다. 열심히 정진하지 못한 것을 후회하고 붓다가 떠난 뒤의 사태를 걱정했다. 붓다는 아난다를 가까이 불러 다정하게 말했다.

"아난다여, 너는 오랫동안 내 곁에서 나를 도와주었다. 너는 누구보다 내가 한 말을 가장 많이 들었을 것이다. 내가 입멸하고 나면 내가 어디서 무슨 말을 어떻게 했는지 똑똑히 기억했다가 여러 사람의 검증을 받아 기록하도록 하여라. 그것이 너의 소명이다. 너의 수행도 조만간 큰 진전을 볼 것이다. 너는 통찰과 지혜를 얻어 해탈에 이르게 될 것이다. 아무 걱정하지 마라."

아난다는 흐르는 눈물을 점점 더 주체할 수 없었다. 붓다와 결별해야 하는 시간이 다가오는 중이었다. 아난다는 붓다의 열반 장소가 아주 작은 마을이라는 점에 대해 아쉬움이 있었다. 그래서 마지막으로 붓다에게 질문했다.

"세존이시여, 꾸쉬나가라는 아주 작은 마을입니다. 주변 큰 도시로 옮기시는 게 어떻겠습니까?"

"아난다여, 그렇지 않다. 이 마을은 작은 마을이 아니다. 이전에 마하 수닷사나왕이 다스리던 꾸샤와띠(Kuśāvatī)가 있던 자리가 바로 이곳이다. 꾸샤와띠는 규모가 크고 번성한 곳이었다. 나는 전생에 이곳의 왕이 된 적도 있었다. 여기에서도 나는 왕위를 버리고 출가를 했었다. 그러니 마을 규모로 붓다의 열반지 이야기를 문제 삼는 것은 온당하지 않다. 이 땅은 내 전생의 고향이다. 나는 이곳 고향 땅에서 받은 은혜를 조금이라도 갚아야 한다. 이제 내가 왜 이곳에서 열반에 드는지 알겠느냐. 아난다여, 나는 내일 새벽에 열반에 들 것이다. 내가 열반에 든다는 것을 꾸쉬나가라의 말라족에게 공식적으로 알려라. 이제 때가 되었다."

아난다는 솟아오르는 슬픔을 주체할 수 없었다. 그리고 마지막으로 입멸 후 붓다를 모시는 장례 절차와 유골 수습 문제를 어떻게 해야 할지 물었다. 붓다가 말했다.

"아난다여, 출가자들은 그런 생각에 휘둘려서는 안 된다. 그대들은 오로지 본래의 목적을 이루기 위해 분투노력하라. 내가 입멸하고 나면 인연 있는 여러 재가신도들이 나의 유해를 잘 처리해 줄 것이다. 비구들은 사람 죽은 의례에 지나치게 개입해서는 안 된다. 오로지 수행하고 정진하라."

011. 수밧다, 최후의 제자가 되다

붓다가 열반에 든다는 소문이 말라족 사이에 삽시간에 퍼졌다. 사람들이 구름처럼 몰리고 천신들도 내려와 붓다 옆을 지키고 있었다. 그때 덩치가 큰 우빠와나 존자가 붓다의 앞에 서서 부채질을 하고 있었다. 붓다는 우빠와나 존자를 물리쳤다. 아난다는 그 이유가 궁금했다.

"아난다여, 여래를 친견하기 위해 신들은 꾸쉬나가라 근처에 있는 말라족의 살라숲을 가득 채우고, 대략 열 곳의 세계로부터 모여들었다. 이 지역은 머리카락 한 올 들어갈 틈이 없을 만큼 큰 위력을 지닌 신들로 채워지지 않은 곳이 없다. 아난다여, 신들은 이렇게 푸념한다. '우리는 여래를 친견하기 위해 참으로 멀리서 왔다. 여래·아라한·정등각께서는 세상에 드물게 태어나신다. 오늘 밤 삼경에 여래의 완전한 열반이 있을 것이다. 그런데 큰 위력을 가진 덩치 큰 비구가 여래의 앞을 막고 서 있어 우리는 여래의 임종을 친견할 수가 없구나.' 그러니 우빠와나 비구는 그들의 앞을 가리지 말고 자리를 비키도록 하라."

그때 구름처럼 몰려든 사람들 가운데 나이든 방랑 수행자가 있어 아난다에게 붓다를 만날 수 있도록 간청했다.

"세존을 꼭 만나 뵙고 싶나이다. 허락해 주옵소서."

아난다는 단호하게 거절했다.

"세존께서는 지금 많이 피곤하십니다. 미안하지만 뵈올 수가 없습니다."

그러나 그는 막무가내였다. 붓다는 이들이 옥신각신하는

이야기를 들었다.

"아난다여, 나이 든 수행자를 막지 마라. 그를 내게 데려오라. 그는 나를 괴롭히지 않을 것이다. 그는 내게 지혜에 대해 물을 것이니라. 그는 이미 수행 경험이 풍부하니 내가 하는 이야기를 금세 알아들을 것이니라."

가까스로 허락을 받은 방랑 수행자는 마침내 붓다 앞에 이르렀다.

"세존이시여, 저는 방랑 수행자 수밧다라고 합니다. 몸도 많이 힘드신데 저 같은 떠돌이 수행자의 질문을 받아주시니 감사함이 이를 데 없습니다."

"수밧다여, 무엇이든 물어보라."

"세존이시여, 세상에는 이러저러한 많은 사람들이 성자로 추앙받고 있습니다. 그들은 정녕 깨달음에 이른 사람들입니까? 그것을 누가 인증합니까?"

"수밧다여, 잘 들으라. 세상에 아무리 많은 가르침이 있다고 하더라도 '여덟 가지의 올바른 길'을 걸어가지 않으면 그것은 가르침이 아니니라. 붓다의 제자들만이 이것을 알고 실천하느니라."

"세존이시여, 그 길이 무엇입니까?"

"그것은 내가 깨달음을 얻은 후 사슴동산에서 다섯 비구에게 처음으로 가르침을 전하던 내용이다. 처음이 마지막과 이렇게 이어지는구나. 그 길에 대해 이야기해주마."

 붓다는 깨달음을 얻은 후 첫 다섯 비구에게 들려주던 이야기를 생의 마지막 순간 새로운 제자에게 똑같이 해주었다. 그것은 성스러운 네 가지 진리[사성제四聖諦]와 여덟 가지의 올바른 길[팔정도八正道]에 대한 가르침이었다. 붓다는 그 짧은 시간 동안 계·정·혜 삼학에 대해서도 가르쳤고, 괴로움을 해결하는 법칙인 12연기를 깨우쳐 주었다.

 수밧다는 평소 수행이 잘 되어 있는 상태여서 어렵지 않게 알아들었다. 세상의 성자들이 아무리 많이 있어도 그가 진정한 성자인지를 판별하는 방법은 그 제자들을 보라는 말씀에 이르러서는 무릎을 쳤다. 그중에서도 팔정도가 핵심이었다. 수밧다는 붓다의 마지막 가르침을 되뇌었다.

 "수밧다여, 어떤 법과 율에서든 여덟 가지의 올바른 길이 없으면 거기에는 사문도 없다. 거기에는 두 번째 사문도 없다. 거기에는 세 번째 사문도 없다. 거기에는 네 번째 사문도 없다…."

 수밧다는 붓다로부터 큰 가르침을 받고 붓다로부터 구족계를 받았다. 그는 붓다의 마지막 제자가 되었다. 붓다와 수밧다는 이런 대화를 마지막으로 나누었다.

 "수밧다여, 그대가 나의 법에 귀의해서 비구가 되려면 4개월을 기다려야 한다. 대중들이 그 시간 동안 당신을 살펴야 하기 때문이다. 그러나 이 모든 것은 그대의 마음과 실천에 달려 있다. 간절하게 발원하면 언제든 가능하지 않겠는가."

"세존이시여, 4개월이 아니라 4년도 기다릴 수 있습니다. 기다린 뒤에 구족계를 받겠습니다."

대화 끝에 붓다는 게송을 읊었다. 이 게송은 붓다 스스로 읊은 '붓다의 생애'였다.

내 나이 스물아홉에
도를 찾아 출가했네.

수밧다여, 그로부터
50년 세월이 지났네.

계·정·혜의 세 수행을
혼자 깊이 생각하고

언제든 쉬 실천하는
바른 가르침 설했네.

이것만이 사문의 길
다른 무엇은 없다네.

늙은 방랑승 수밧다여
진리를 찾는 수행자여

여래가 열반에 들기 전
마지막 구족계를 주노라.

붓다는 수행의 핵심을 한 편의 게송을 통해 다시 강조했다. 수밧다는 그릇이 작지 않았다. 발원도 컸다. 4개월씩 기다릴 필요가 없었다. 수밧다는 붓다 입멸 직전에 붓다로부터 계를 받았다. 붓다는 편안한 열반 대신 늦은 밤까지 한 사람의 제자라도 더 가르치기 위해 애썼다. 이것이 붓다의 길이었고 80년 삶이었다. 누구라도 가리지 않고 가르쳤다. 45년 전법 기간 중 제일 마지막에 제자가 된 이는 나이 든 외도였다.

012. 최후의 설법을 하다

아난다는 붓다의 등 뒤에 서서 평상을 어루만지며 흐느꼈다. 붓다는 뒤에 있는 아난다를 앞으로 불러냈다. 그리고 모든 비구들에게 말했다.

"비구들이여, 과거의 붓다를 시봉한 제자들과 미래의 붓다를 시봉할 제자들 모두는 아난다와 같다. 과거의 붓다를 시봉한 제자들은 말을 듣고서야 붓다의 뜻을 알았다. 그러나 아난다는 나의 눈만을 보고도 여래의 뜻을 안다. 또 아난다에게는 네 가지 특별한 능력이 있다. 비구들을 기쁘게 하는 재능이 그 첫 번째 재능이다. 비구들은 아난다를 보기만 해도 기뻐한다. 또한 아난다가 비구를 위해 설법을 하면 그들 모두는 기쁨에 충만해진다. 이것은 아난다의 두 번째 특별한 재능이다. 비구니·우바새·우바이는 아난다를 보기만 해도 기뻐한다. 이것은 아난다의 세 번째 재능이다. 아난다가 비구니·우바새·우바이에게 설법을 하면 그들은 하나같이 기쁨으로 충만해진다. 이것은 아난다의 네 번째 재능이다. 이상의 네 가지가 아난다의 특별한 재능이다."

아난다는 대중 앞에서 붓다로부터 칭찬을 들으니 부끄러웠다. 붓다가 말한 대중을 기쁘게 하는 능력은 사실 아난다의 이름 뜻이었다. 그는 태어날 때부터 용모가 아름답고 출중했으며 성장하면서는 더욱 빛났다. 출가자와 재가자 가릴 것 없이 아난다를 보기만 해도 기쁜 마음이 생긴다는 붓다의 말씀에는 이런 뜻도 있었다. 아난다는 좋아하고 있을 수만은 없었다. 질문해야 할 사안이 많았다.

"세존이시여, 지금까지는 모든 사람이 붓다를 따르고 공양을 올려서 복을 받았습니다. 이제 붓다께서 떠나시면 우리는 누구를 따르고 누구에게 공양을 올려야 합니까?"

"비구들이여, 여래가 비록 가고 없어도 진리는 남아 있느니라. 또한 네 가지 착한 일을 받들어 행하면 그대들에게 복이 내릴 것이니라. 첫째는 중생이 굶주려 있으면 그들을 위해 공양을 하고, 둘째는 중생이 병들어 고통 받고 있으면 그들을 편안하게 해줄 것이며, 셋째는 가난하고 고독한 자들을 잘 보살펴주도록 하고, 넷째는 청정 수행자들이 있으면 그들에게

최후의 설법을 표현한 불화

옷과 밥을 공양하고 잘 지켜주는 것이니라. 이 네 가지 법을 잘 지키면 여래에게 공양하는 것과 같으니라."

우리 이웃 중에 굶는 사람, 병든 사람, 가난하고 고독한 사람, 청정 수행자들이 모두 붓다의 살아 있는 화신이라는 말씀이었다. 모든 제자들이 숙연해졌다. 아난다는 계속해서 질문했다.

"세존이시여, 지금 세존께서는 저희들과 함께 계십니다. 그리고 여러 곳에서 장로들과 비구들이 모여와 있습니다. 지금은 여래로부터 여러 가지 가르침을 받을 수 있습니다만 여래께서 멸도하신 다음에는 여기 모인 장로와 비구는 오지 않을 것입니다. 가르침을 원해도 가르침을 받을 곳이 없게 되기 때문입니다. 그때는 어찌하면 좋습니까?"

사실은 비탄에 잠긴 모든 제자들의 심정이었다. 아난다가 대신해서 질문했을 뿐이다. 붓다는 제자들의 마음을 위로했다.

"아난다야, 걱정하지 마라. 너희는 모두 네 가지를 생각하라. 첫째, 여래가 태어난 곳 둘째, 여래가 성도한 곳 셋째, 여래가 법륜을 굴려 처음 설법한 곳 넷째, 여래가 열반에 든 곳을 생각하라. 너희는 이 네 가지를 통해 여래를 기억할 것이며, 그 가르침을 기억할 것이며, 여래의 공덕을 생각할 것이다. 또 사람들은 네 곳에 모여 탑사塔寺를 쌓고 예경할 것이다."

자신이 걸어온 발자취를 기념하라는 뜻이었다. 모두가 길이었다. 붓다는 길에서 태어났고 길에서 성도했으며, 길에서 가르침을 전했고 이제 막 길에서 입멸하려는 것이었다. 그것이 붓다의 삶이고 붓다의 길이라는 이야기였다. 단순했다. 아난다의 뇌리를 강하게 때리는 메시지는 바로 이것이었다.

'내가 걸어온 길 위의 삶을 기억하라.'

아난다는 마음 한구석에 불편한 질문이 남아 있었다.

"세존이시여, 찬나 비구는 원래 태자의 마부 출신으로 처음부터 고집이 셉습니다. 붓다 입멸 뒤에는 어떻게 대하는 것이 좋습니까?"

"내가 멸한 뒤에도 찬나 비구가 위의를 지키지 않고, 가르침과 계율에 따르지 않으면 벌을 내려라. 모든 비구들은 그가 무어라 하든 아무런 대꾸도 하지 말며, 서로 오고 가지도 말며, 함께 가르치거나 일하지 말라."

고집이 센 찬나 비구는 종종 문제를 일으켰다. 뒤에 아난다가 5백 비구와 함께 찬나 비구를 문책하기 위해 그에게 갔을 때 그는 뜻밖에도 두려운 나머지 기절을 했다. 깨어난 그는 새사람이 되어 열심히 수도해서 아라한의 경지에 올랐다. 알고 보면 이 모든 게 붓다의 법력이었다. 붓다는 찬나를 바로 세우는 방법으로 엄한 계율을 적용했다. 붓다는 찬나와의 인연을 중히 여기어 마지막 침상에 누워서도 그를 구제할 방법을 찾은 것이다. 붓다는 비구들에게 계속 말했다.

"비구들이여, 붓다와 붓다의 가르침과 붓다의 가르침에 따르는 스님들에 대해서 의심이 있거나 도에 대해 의심이 있는 비구는 지금 질문하라. 이때를 놓치면 뒷날 후회하리라."

붓다는 세 번 확인했다. 아무도 묻는 사람이 없었다. 붓다는 부끄러워서 묻지 못하는 사람은 친한 친구를 통해서 물어도 좋으니 물으라고 거듭 말했다. 대부분의 비구들은 흔들리지 않는 믿음을 가지고 있었으므로 잠자코 있었다.

밤이 깊어 갔다. 1천 2백의 비구들은 숨을 죽이고 스승의 열반을 지켜보고 있었다. 보름달이 떠올라 느릿느릿 중천을 가로질러 갔다. 산과 들과 강물은 달빛을 받아 은은히 빛나고 있었다. 대중들은 가슴에서 치미는 자기 슬픔과 싸우는 중이었다. 붓다는 최후의 설법을 했다.

"비구들이여, 이것이 지상의 마지막 법문이다. 내가 열반에 든 뒤에는 계율을 존중하며, 어둠 속에서 빛을 만난 듯이, 가난한 사람이 보물을 얻은 듯이 소중하게 여겨야 한다. 계율은 너희들의 큰 스승이며, 내가 세상에 더 살아있다 해도 이와 다름이 없기 때문이다.

청정한 계율을 지닌 비구는 장사를 하지 말며, 하인을 부리지 말며, 짐승을 기르지 말며, 불구덩이를 피하듯이 재물을 멀리하라. 또 사람의 길흉을 점치지 말며, 주술을 부리거나 선약仙藥을 만들지 마라. 또 권세를 가진 사람과 사귀어 서민을 괴롭히지 말고, 바른 생각으로 남을 구제하여라. 또 자기의 허물을 숨기거나 이상한 행동과 말로 사람들을 미혹하지 마라. 음식과 의복 등을 보시 받을 때는 알맞게 받고 축적해서는 안 된다.

비구들이여, 계는 해탈의 근본이니라. 이 계를 의지하면 모든 선정이 이로부터 나오고 괴로움을 없애는 지혜가 나온다. 그러므로 비구들이여, 너희는 청정한 계를 무너트리지 마라. 청정한 계를 가지면 좋은 법을 얻을 수 있지만, 청정한 계를 지키지 못하면 온갖 좋은 공덕이 생길 수 없다. 계는 가장 안온한 공덕이 머무는 곳임을 알아라.

비구들이여, 너희가 계율에 머물게 되었을 때는 눈과 귀와 코와 혀와 몸의 오관五官을 잘 다스려 재물욕과 색욕과 식욕과 명예욕과 수면욕의 다섯 가지 욕망에 빠지지 않도록 해야 한다. 마치 소치는 목동이 회초리를 쥐고 소를 밭에 들어가지 못하도록 단속하는 것과 같이 하라. 오관은 마치 사나운 말과 같아서, 재갈을 단단히 물리지 않으면 수레를 사납게 끌어 사람을 구렁텅이에 내동댕이칠 것이다. 사나운 말은 잠시 해를 끼치지만 오관이 가져온 해는 후세에 길이 미친다.

음식을 받았을 때는 마치 약을 먹듯이 하고, 좋고 나쁜 것을 가리지 마라. 주리고 목마른 것을 채울 정도면 족하다. 낮에는 부지런히 착한 법을 닦아 익히고 밤에는 경전을 읽어라. 세월을 헛되이 보내서는 안 된다. 지은 죄를 부끄러워할 줄 알고, 인욕할 줄 알며 교만한 마음을 버려야 한다. 아첨하지 말라. 꾸준히 정진하여 자기의 마음을 조복調伏해야 한다.

비구들이여, 욕심이 적으면 근심도 또한 적다. 욕심이 많으면 구하는 것이 많으므로 번뇌가 많고 크니라. 고뇌를 벗어나고자 하면 만족할 줄 알아야 한다. 만족함을 아는 것은 즐거운 일이다. 그러나 만족할 줄을 모르는 사람은 설사 많은 재물을 가지고 있어도 마음은 가난하며, 만족할 줄 아는 사람은 가난한 듯하나 마음은 부유하다. 이것을 소욕지족少欲知足이라 한다.

비구들이여, 고요한 안락을 얻고자 하면 몸과 마음이 한가로워야 한다. 부디 마음속의 분별과 망상과 바깥의 여러 가지 대상을 버리고 한적한 곳에서 부지런히 정진하라. 부지런히 정진하면 어려운 일이 없을 것이다. 마치 낙숫물이 떨어져 돌에 구멍을 내는 것과 같이 끊임없이 정진하라. 한결같은 마음으로 원수와 도둑을 멀리하듯 방일함을 멀리하라. 나는 방일하지 않았기 때문에 스스로 더없이 높고 밝은 절대평화를 이루었다.

여래의 가르침은 지극한 것이니, 너희들은 가르침에 따라 부지런히 행해야 한다. 나는 의사와 같아 좋은 처방을 가르쳐 준다. 약을 먹고 안 먹는 것은 의사의 허물이 아니다. 나는 길을 가리키는 사람이다. 가고 안 가고는 너희들의 책임이다. 비구들아, 이것이 여래 최후의 설법이니라. 모든 현상은 소멸한다. 게으르지 말고 정진하라."

전법을 위해 걷고 또 걸었을 붓다의 발

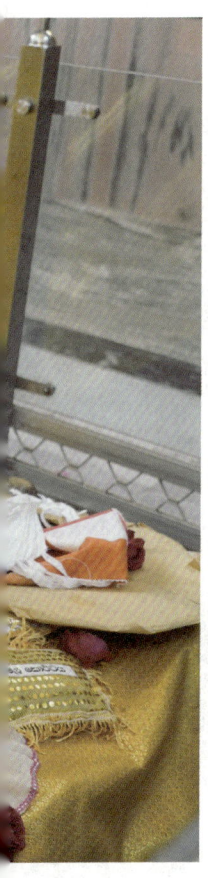

　　붓다는 늙어서도 청춘이었다. 팔순 노인의 마지막 말이 용맹정진이었다. 늘 들려주던 이야기인데도 오늘 밤은 더욱 사무치게 들렸다. 아난다에겐 더욱 그랬다. '게으르지 말고 정진하라.' 붓다는 언젠가 말했다. 이것이야말로 인간으로 태어나서 갈 수 있는 유일한 길이라고 했다. 그리고 그는 실제로 그 길을 걸었다. 출가 때부터 꼽으면 무려 50년간을 수행하고, 깨닫고, 깨달은 법을 전했다. 그것이 붓다의 80년 생애였다.

　　그 어떤 증거보다도 확실한 건 붓다의 발이었다. 두툼하고 넓은 그 발은, 무수한 상처와 딱지와 고름이 지나간 뒤의 깨끗한 하늘과 같은 그 발은, 이제 지상의 고행을 더 이상 이어갈 필요가 없었다. 붓다의 포개진 두 발에 달빛이 부드럽게 흘러내렸다. 세상에 어느 빛이 파란만장한 붓다의 발을 이처럼 부드럽게 어루만질 수 있을까.

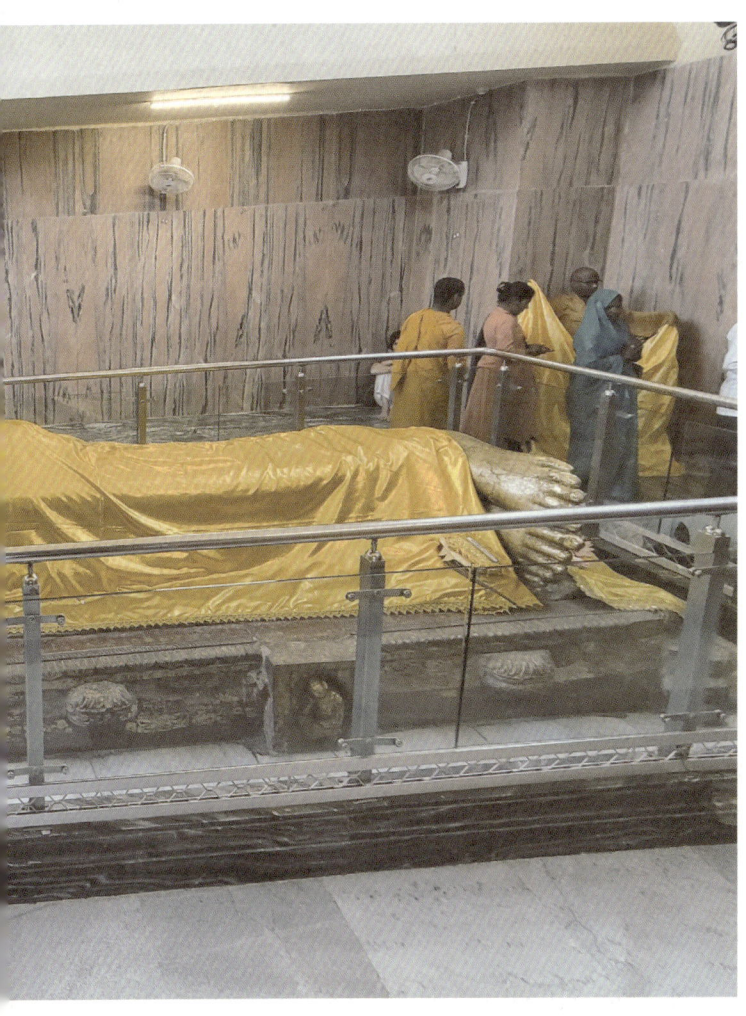

인도 꾸쉬나가라 열반당의 붓다 열반상

수고했어요
수고하셨습니다.

이 마을 저 마을
먼 길 다니시느라

물집과 때먼지와
피고름이 잡히셨지요.

깎아놓은 상아 같던
튼튼한 두 발이

이제 늙은 낙타 발처럼
푸석거리네요.

제 몸의 빛을
나눠 드릴게요.

제 몸의 빛으로
씻어 드릴게요.

잘 가세요, 붓다여!
잘 가세요, 붓다여!

푸른 허공 가운데를 무한폭포처럼 흘러내리는 달빛의 노래였다.

013. 마침내 대열반에 들다

깊고 푸른 밤이었다. 지상의 슬픔은 강물이 되어 출렁거렸다. 숲 전체가 거대한 슬픔의 물결 속에 잠겨 갔다. 붓다는 아무 말도 없었다. 얼마나 지났을까. 아난다가 작은 소리로 아누룻다에게 물었다.

"세존께서는 열반에 드셨습니까?"

아누룻다가 말했다.

"아직 들지 않으셨소. 아난다여, 세존께서는 지금 초선과 제2선과 3선을 지나 제4선인 상수멸정想受滅定에 드시는 중입니다. 나는 옛날에 붓다로부터 4선에서 일어나 곧 열반에 드신다는 말씀을 직접 들은 적이 있습니다."

아누룻다는 천안통天眼通을 가진 수행자였다. 지나치게 열심히 정진하는 바람에 육체의 눈을 잃었지만 간절한 바람으로 노력하여 천안이 열리게 되었다. 천안통을 가진 수행자는 다른 이들이 못 보는 것을 볼 줄 알았다. 이를테면 아누룻다는 지금 막 도리천에서 마야부인이 내려오는 장면을 보고 있었다. 그는 아난다에게 작은 소리로 속삭였다. 아난다는 실명한 아누룻다를 신기한 듯 바라보았다.

"아난다여, 세존의 모친이신 마야부인께서 지금 막 도리천에서 내려오셨다네. 황망한 표정을 지으시더니 우리 세존의 가사와 바루를 어루만지며 통곡하고 계신다네. 아난다여, 그 소리가 얼마나 구슬픈지 아시겠나? 함께 온 천신들도 제 옷을 찢으며 슬퍼하고 있다네. 아난다여, 지금 이 봄 숲속의 풀과 나무들이 함께 울어주는 게 들리는가? 봄 되어 새로 눈 뜨는 생명들이 성자의 스러지는 생명을 다 같이 슬퍼하는군 그래. 참으로 거룩하고 아름다운 장관 아닌가. 아난다여, 나는 갑자기 눈이 뜨거워지네. 이게 무슨 일인가? 내 눈에도 눈물이 흐르는 게 혹시 보이시나?"

아누룻다의 눈에 정말로 눈물이 흘러내렸다. 실명하고 처음 있는 일이었다. 아누룻다는 현생의 몸을 가진 채 천신의 경지로 올라간 듯했다. 아난다 역시 눈물이 굴러떨어질 정도로 눈자위가 슬픔으로 달아올랐다. 밤공기는 차고 선선했지만 슬픔의 온도는 뜨거웠다.

아누룻다는 아난다에게 붓다의 입멸 단계를 차례차례 들려주었다. 붓다는 초선부터 4선을 거쳐 상수멸정 단계에 이르는 과정을 반복하고 있었다. 성도 과정과 열반 과정이 다를 바 없었다. 그러다 어느 순간, 아누룻다가 짧게 소리쳤다.

"보라! 붓다가 눈을 뜨셨다네."

아난다는 아누룻다의 이야기를 듣고 깜짝 놀랐다. 붓다를 바라보니 정말로 눈을 뜨고 있었다. 붓다는 저 눈으로 무엇을 보려 하는가.

'세존이시여, 거룩한 님이시여, 아난다가 여기 있습니다. 저를 바라보소서!'

아난다는 자기도 모르게 붓다와 하나가 되고 싶었다. 그건 붓다의 눈을 바라보는 누구나 마찬가지였다. 붓다는 모든 생명을 똑같이 바라보았다. 아무런 차별이 없었다. 그것은 살아 있는 모든 생명을 한결같은 마음으로 바라보는 붓다의 따뜻한 슬픔이었다. 붓다의 마지막 유산! 이 세상에 따뜻한 슬픔보다 위대한 슬픔은 없었다.

이윽고 땅이 크게 흔들렸다. 맑은 하늘에 마른번개가 치고 먼 하늘에서 천둥이 울렸다. 여기저기에서 곡소리가 들리기 시작했다. 애욕을 완전히 끊지 못한 비구들은 팔을 뻗어 마구 흔들면서 울부짖고, 또 어떤 비구는 다리가 잘린 듯 넘어지면서 이리저리 뒹굴었다. 그러나 애욕을 완전히 끊어버린 비구들은 마음 챙기고 알아차리면서 침착하게 읊조렸다.

"형성된 것들은 무상하다. 여기서 슬퍼함이 무슨 소용이 있겠는가?"

살라나무 꽃들이 무더기로 떨어지면서 바람에 흩날렸다.

푸른 밤의 허공에 두 제자의 게송이 조용히 울려퍼졌다. 아누룻다의 게송이 먼저 들려왔다.

> 중생을 구원하시는 이
> 들숨 날숨을 거두셨네.
>
> 욕망 여읜 위대하신 이
> 마지막 열반에 드셨네.
>
> 이제 흔들릴 일 다시 없고
> 고통에 빠지지도 않으리.
>
> 모든 불이 꺼진 듯한
> 궁극의 적멸을 이루셨네.

아난다 역시 게송을 지어 붓다에게 바쳤다.

> 자비하신 큰 스승님
> 아난다만 남겨두고
> 홀로 열반에 드셨네.

이제 나는 어이 하나.
길 잃은 두려움으로
털끝이 모두 일어서네.

이십오 년 모신 세월
잠깐인 듯 흘러가니
님 더욱 사무치어라.

캄캄한 밤이 잠시 대낮처럼 환해졌다. 아누룻다가 큰 소리로 말했다.

"잘 가신 분! 위대한 성자께서 지금 막 입멸하셨습니다."

이 시각 이후로 불기佛紀가 시작되었다. 2월 초봄의 보름달이 꽃잎 진 높디 높은 하늘을 천천히 지나갔다. 붓다의 생애는 열반이 궁극의 목표였다. 붓다는 지상의 사람들에게 궁극의 목표를 몸소 가르쳤다.

인도 북부의 도시 꾸쉬나가라는 붓다가 열반한 장소이다. 붓다 사후 중요한 불교 유적이었으나 이슬람 문화가 이 지역에 들어오면서 잊혀졌다가 19세기 말에 복원되었다. 6m에 이르는 붓다의 열반상이 모셔져 있는 열반당 외부 모습.
상월결사 인도순례단은 2023년 2월 9일부터 43일간 붓다의 길을 따라 순례했다.

The Buddha

| 제2부 |

깨달음의 길

제2부 깨달음의 길

제2부는 전생의 삶, 탄생과 출가와 고행과 깨달음에 이르는 과정을 보여준다. 붓다는 '위없이 높고 완전한 깨달음에 이른 사람'이란 뜻이다. 붓다는 스스로 깨어난 사람, 여래는 진리의 세계에서 온 사람, 전생의 많은 붓다들과 같은 사람, 혹은 가고 옴이 없는, 즉 생사를 뛰어넘은 '진리의 화신'이란 뜻이다. 제1부가 '전법을 이루고 잘 가신 분'의 주제를 가졌다면 제2부는 '위없이 높고 완전한 깨달음에 이른 분'의 주제를 가진다.

누가 붓다가 될 수 있는가? 붓다의 전생을 보면 베푸는 공덕이 있어야 한다는 것을 알 수 있다. 현생에 깨달음에 도달했다면 그것은 금생만의 용맹정진의 결과가 아니요, 전생부터의 누적된 보시공덕 덕분이라는 이야기이다. 누구든 깨달음에 도달하고 싶다면 마땅히 보시부터 행해야 한다는 이야기이기도 하다. 여기 소개하는 전생담은 가장 널리 알려져 있는 사례들이다.

붓다의 깨달음의 주요 내용 중에는 세상 모든 것들이 고유한 자기 성질 없이 서로 의존하며 살아간다는 '연기緣起'가 있다. 이는 붓다의 발견과 상관없이 우주에 언제나 존재하는 법칙이다. 여기에 따라 '나'라고 하는 실체가 없다는 제법무아諸法無我 이론이 나오고, 모든 것은 영원불멸하지 않다는 제행무상諸行無常 이론이 나온다. 연기와 무아와 무상을 모르면 무명無明의 어둠속에 묻혀 삶 전체가 괴로움에서 벗어날 수 없게 된다.

  괴로움에서 벗어날 수 있는 실천적 방법은 '여덟 가지의 올바른 길[팔정도八正道]'이다. 팔정도는 붓다의 깨달음에 이르기 위한 삶의 보편적 실천 수행이다. 제2부는 이런 내용들이 씨줄과 날줄처럼 엮여 있다.

제3장

전생에는 이렇게 살다

014. 굶주린 호랑이에게 몸을 보시하다

옛날 마하라단나라는 왕이 다스리는 나라에 마하부나, 마하제바, 마하살타라는 세 왕자가 있었다. 세 왕자 모두 슬기롭고 씩씩했다. 어느 날 세 왕자는 산행 중 우거진 대숲 속에서 놀라운 광경을 목격했다. 커다란 호랑이가 갓 낳은 새끼 일곱 마리를 품고 앉아 있는 것이었다. 자세히 보니 새끼들은 눈만 겨우 뜬 채 꼼지락거리고 있었고, 어미는 금방 죽을 것처럼 탈진해 있었다. 첫째인 마하부나 왕자가 말했다.

"불쌍해라. 이 호랑이는 새끼들에게 젖도 먹이지도 못했나 봐. 어미도 아무것도 먹지 못한 것 같은데 젖이 나올 리 없겠지. 에고, 이 새끼들을 어찌할까. 저렇게 있다가 배가 너무 고프면 새끼들을 잡아먹을지도 모르겠는 걸!"

막내인 마하살타 왕자가 물었다.

"형님, 호랑이는 뭘 먹고 살아요?"

"응, 살아 있는 동물을 먹지. 호랑이는 죽은 동물은 절대로 먹지 않는단다."

그러자 둘째인 마하제바 왕자가 말했다.

"형님, 이 호랑이는 지금 죽어가잖아요. 기운 없어 죽어가면서 어떻게 산 동물을 잡아먹겠어요. 어떤 동물이 이 호랑이를 측은하게 생각해서 목숨을 일부러 바치면 몰라도…."

"그런 일은 없다. 아무리 불쌍해도 누가 굶주린 호랑이에게 목숨을 바치겠느냐?"

세 왕자는 불쌍한 호랑이 가족들을 구해주고 싶었지만 특별한 방법이 없었다. 그들은 안타까운 마음으로 호랑이 곁을 떠나지 못하고 있었다. 그때 셋째 마하살타 왕자가 비상한 결심을 했다.

'내가 불쌍한 호랑이의 밥이 되어 줄 거야. 이 몸을 저 어미 호랑이에게 던져서 일곱 마리 새끼들까지 구해 낼 거야.'

셋째 왕자는 형들을 향해 말했다.

"형님들 먼저 돌아가세요. 저는 조금 뒤에 가겠습니다."

마하부나 왕자와 마하제바 왕자가 궁궐로 돌아간 후에 마하살타 왕자는 호랑이 가족이 있는 곳으로 다시 돌아갔다. 왕자는 굶주린 어미 호랑이의 먹이가 될 생각이었다. 그는 옷을 벗어서 나뭇가지에 걸어놓고 호랑이 앞으로 걸어갔다.

'배고픈 호랑이야, 나를 잡아먹어라. 그리고 기운을 내서 새끼들에게 젖을 먹여 살려라. 저 가여운 것들을 그냥 죽게 할 순 없지 않겠느냐.'

 그러나 호랑이는 왕자를 향해 달려들 기미를 보이지 않았다. 왕자는 호랑이가 배고픔에 지쳐 자기를 먹을 수 없는 거라고 생각했다. 왕자는 옆에 있는 단단한 대나무 가지를 하나 골라 자신의 목을 힘껏 찔러서 피가 흐르게 했다. 따뜻하고 신선한 피 냄새를 맡은 호랑이는 왕자의 목에서 흘러내리는 피를 받아먹기 시작했다. 기력을 회복하기 시작한 호랑이는 마침내 왕자의 목을 물어 숨통을 끊은 다음 그 몸을 먹기 시작했다. 한 점의 살도 남기지 않고 모두 먹어버린 호랑이는 왕자의 머리털과 흰 뼈만 고스란히 남겨 놓았다.

 그때 하늘에선 오색 꽃비가 내리고 아름다운 향기가 숲속에 가득히 내려왔다. 자신의 생명을 던져서 굶주림에 시달리는 호랑이 가족을 구해준 마하살타 왕자의 영혼은 인간이 갈 수 있는 최고의 세계로 날아갔다.

 막내 왕자가 스스로 호랑이 먹이가 된 것을 알게 된 왕과 왕비는 슬프게 울며 숲속에 가서 죽은 왕자의 사리를 주워모아 그 자리에 칠보탑을 세웠다. 『묘법연화경』 「견보탑품」에 이르기를, 그때 부처님께서 보리수신에게 이렇게 말씀하셨다.

 "호랑이에게 몸을 바친 마하살타 왕자는 지금의 내 몸이며,

그때의 어미 호랑이는 지금의 야소다라 공주이며 일곱 마리 새끼 호랑이는 지금의 다섯 비구와 사리불과 목건련이니라."

『금광명경』의 「사신품捨身品」이나 『현우경』의 「마하살타이신시호품摩訶薩埵以身施虎品」에도 같은 이야기가 있다.

015. 니그로다 사슴이 스스로 죽음을 청하다

옛날 와라나시에서 브라흐마닷타왕이 나라를 다스리고 있을 때였다. 보살은 사슴으로 태어났는데 날 때부터 몸이 온통 황금빛이었다. 그는 5백 마리 사슴에게 둘러싸여 숲에서 살고 있었다. 사람들은 이 사슴을 니그로다 사슴이라 불렀다.

그때 브라흐마닷타왕은 사슴 사냥에 미쳐 사슴고기 없이는 밥을 먹지 않았다. 일도 못하게 백성들을 불러다가 날마다 사슴 사냥을 나가는 것이었다. 백성들은 의논 끝에 궁전 뜰에 사슴의 먹이와 물을 마련해 두고 숲에서 사슴 떼를 몰아다 넣은 뒷문을 닫아 버렸다. 왕은 뜰에 갇혀 있는 사슴 떼를 바라보며 흐뭇해했다. 그 속에서 황금빛 사슴을 보고 그 사슴만은 다치지 않도록 시종들에게 명했다.

이때부터 왕은 끼니때가 되면 혼자 나가 사슴 한 마리씩을

니그로다 사슴 이야기를 표현한 불화

활로 쏘아 잡아왔다. 사슴들은 활을 볼 때마다 두려워 떨면서 이리 뛰고 저리 뛰다가 화살에 맞아 죽어갔다. 니그로다 사슴은 사슴들이 화살에 맞아 피를 흘리며 신음하는 것을 보고, 이제부터는 차례를 정해 스스로 처형대에 오르기로 했다. 다른 사슴들에게 상처를 입히지 않기 위해서였다.

이날부터 왕은 몸소 활을 쏘지 않아도 되었고, 자기 차례가 된 사슴은 제 발로 걸어가 처형대에 목을 대고 가로누웠다. 그러면 요리사가 와서 그 사슴을 잡아갔다. 그런데 하루는 새끼를 밴 암사슴의 차례가 되었다. 이런 사정을 안 니그로다 사슴은 '당신은 새끼를 낳은 다음에 오시오. 내가 대신 가겠소.' 하고 처형대로 나갔다.

황금빛 사슴이 누워 있는 것을 본 요리사는 왕에게 달려가 그 사실을 알렸다. 왕은 뜰에 나와 니그로다 사슴을 보고 말했다.

"나는 너를 죽일 생각이 없는데 어째서 여기 누워 있느냐?"

"왕이시여, 새끼 밴 사슴의 차례가 되었기에 내가 대신 죽으려고 합니다."

브라흐마닷타왕은 속으로 크게 뉘우쳤다.

"니그로다여, 자비심이 많구나! 사람들 중에도 너처럼 자비심 가진 이를 아직 보지 못했노라. 이제 너로 인해 내 눈이 뜨이는 것 같구나. 일어나라, 너와 암사슴의 목숨을 살려주리라."

"왕이시여, 둘만의 목숨은 건질 수 있다 하더라도 다른 사슴들은 어찌 되겠습니까?"

"좋다, 그들도 구해 주리라."

"사슴들은 죽음을 면했지만 다른 네 발 가진 짐승들은 어찌 되겠습니까?"

"좋다, 그들의 목숨도 보호하리라."

"네 발 가진 짐승은 안전하게 되더라도 두 발 가진 새들은 어찌 되겠습니까?"

"좋다, 그들도 보호하리라."

"왕이시여, 새들은 안전하지만 물속의 고기는 어찌 되겠습니까?"

"착하다, 니그로다. 그들도 안전하게 해주리라."

보살은 왕에게 생명 있는 모든 것들의 안전을 간청하여 눈을 뜨게 한 후 다른 사슴들과 함께 숲으로 돌아갔다.

016. 비둘기를 위해 자기 몸을 보시하다

옛날에 시비왕尸毗王이 있었다. 목숨을 바쳐 중생을 구하고자 하는 큰 발원을 가지고 용맹정진했다. 마치 어머니가 자식 사랑하듯이 중생을 자애로 대했다. 이때 하늘의 왕 제석천은 모든 것을 완전히 꿰뚫어 아는 위대한 성인을 찾고자 했으나 뜻을 이루지 못했다. 비수갈마毘首羯磨라는 한 마술사가 왕 앞에 나아가 말했다.

"하늘의 왕께서는 근심하지 마소서. 시비왕이라는 대보살님이 계시는데, 보시·지계·인욕·정진·선정·지혜의 육바라밀을 두루 원만히 갖추셨으니 머지않아 부처님이 되실 것입니다."

시비왕 이야기를 표현한 부조

그러자 하늘의 왕이 말했다.

"좋다. 그가 정말 보살행이 있는지 가서 시험해 보자. 그대는 비둘기가 되고 나는 매가 되어 내가 그대를 뒤쫓을 테니 그대는 짐짓 두려워하는 모습으로 왕의 겨드랑이 속으로 들어가 보라."

곧이어 비수갈마는 비둘기로 변신했고 제석천은 매로 둔갑하여 급히 비둘기를 뒤쫓았다. 비둘기는 왕의 겨드랑이 속으로 숨어들어 공포에 질린 모습으로 온몸을 부들부들 떨었다. 매가 가까운 나무 위에 내려앉아 시비왕한테 말했다.

"왕이여, 내 비둘기를 내놓으시오. 비둘기는 내가 받은 먹이오."

왕이 대답했다.

"이 비둘기는 내가 전부터 받은 것이지 그대가 받은 게 아니오. 내가 일체중생을 모두 제도하겠다고 발원할 때 이미 이 비둘기를 받았다오."

그러자 매가 반문했다.

"일체중생을 제도하겠다면 나는 어쩌란 말이오? 나는 저 비둘기를 잡아먹어야 살 수가 있소. 비둘기를 돌려주지 않으면 나를 제도할 수 없는 거랍니다. 나의 배고픔은 어찌하겠소?"

왕이 말했다.

"나는 나한테 찾아와 깃드는 중생들을 반드시 구하여 보호해 주기로 서원하였소. 그대가 무얼 먹어야 하는지, 내 또한 먹여 주리라."

매가 대답했다.

"나는 막 죽인 신선한 고기를 먹어야 하오."

이 말을 듣고 왕은 잠시 생각에 잠겼다.

"이런 고기는 얻기 어렵겠군. 산목숨을 죽이지 않고서야 어디서 얻는단 말인가? 내가 어떻게 한 생명을 죽여 다른 한 생명한테 줄 수 있겠는가?"

왕은 신하한테 칼을 가져오게 한 다음, 자신의 허벅지 살을 베어 매한테 주려했다. 그러자 매가 왕에게 말했다.

"왕이여, 당신 살점을 스스로 베어 낸다고! 비둘기 한 마리 때문에! 좋소, 받아들이다. 그런데 조건이 있소. 신선한 살점을 나한테 주더라도 마땅히 공정해야 하오. 살코기의 무게가 비둘기 몸무게와 똑같게 떼어 주시오!"

왕은 저울을 가져오라고 한 뒤 자신의 베어 낸 살점과 비둘기를 나란히 달았다. 비둘기의 몸이 무겁게 기울고 왕의 살점은 가볍게 올라갔다. 왕은 신하한테 두 허벅지 살을 모두 베어 달도록 했는데 역시 비둘기보다 가벼워 모자랐다. 두 장딴지, 두 발뒤꿈치, 두 젖가슴, 목덜미, 어깨죽지, 등짝까지 차례로 살을 발라내고, 온몸의 살점이란 살점은 남김없이 긁어내어 저울에 달아도 비둘기보다 가벼웠다. 이상했다. 온몸의 살점을 죄다 발라냈는데도 비둘기 몸이 왕의 살점보다 여전히 무거웠다. 왕은 피로 뒤범벅된 손으로 자기 몸 전체를 저울 위로 밀어 올렸다. 매가 말을 걸었다.

"왕이시여! 왜 이러시오? 그냥 비둘기를 나한테 돌려주시오."

"비둘기가 날아와 나한테 깃들었으니 결코 그대에게 넘겨주지 않으리라. 나는 일체중생을 구하리라고 스스로 약속하고 다짐하였소."

그리고는 손으로 저울을 부여잡는데, 보살의 살이 다 떨어져 나가고 힘줄이 끊어져 더 이상 뜻대로 몸을 가눌 수 없게 되었다. 그러자 스스로를 독려하며 마음속으로 되뇌었다.

"그대는 강해야 한다. 일체중생이 근심과 고통의 바다에 빠져 허우적거리는데, 그대 혼자서 일체중생을 건지고자 서원을 세웠거늘, 어찌 게으름 피우고 정신을 놓는단 말인가?"

왕은 지극한 한마음으로 저울 위에 올라가려고 애를 쓰면서 사람들한테 자기를 부축해 달라고 말했다. 천신·용왕·아수라·사람들이 모두 찬탄했다.

"조그만 새 한 마리를 위해 이러다니, 보기 드문 일이도다!"

그때 천지가 여섯 번 진동하고 바다가 크게 파도치더니 고목에 꽃이 피어났다. 천상에서 향기로운 비와 아름다운 꽃을 흩뿌리는 가운데, 천녀天女들은 '저 보살님은 반드시 성불할 것이다!'라고 노래로 찬탄했다.

>보살 보살이 나셨네.
>참으로 훌륭한 보살
>
>굳세고 또 굳세시네.
>저토록 용감하시네.
>
>보살 보살이 나셨네.
>참으로 거룩한 보살
>
>땅과 하늘이 노래하니
>내일은 부처님 되시리.

마침내 매가 비둘기한테 속삭였다.
"여러모로 시험해도 이처럼 목숨을 아끼지 않으니 진짜 보살이시도다."
비수갈마가 제석천에게 말했다.
"하늘의 왕이시여, 그대는 신통력이 있으니 왕의 몸을 회복시킬 수 있지 않겠습니까?"
제석천이 대답했다.

"굳이 내가 나설 필요가 없소. 왕은 스스로 '크나큰 환희심으로 목숨까지 아끼지 않고 일체중생을 감동시켜 부처님 도를 구하도록 이끌겠다.'고 서원하였소. 그 서원이라면 무슨 해결책이 없겠소."

제석천이 왕에게 물었다.

"그대는 살을 발라내어 몹시 아프고 괴로울 텐데 후회하지 않습니까?"

왕이 "내 마음은 환희만 있을 뿐 번뇌도 없고 회한도 없소."라고 답하자, 제석천이 "누가 그대 마음에 회한이 없는 줄 믿는단 말이오?"라고 반문했다. 이때 왕은 진실한 서원을 한 번 더 밝혔다.

"내가 살을 발라내어 피가 흘러도 성내지 아니하고 번민하지 아니하며, 한마음으로 부처님 도를 구하는 게 진실하다면 내 몸은 마땅히 즉각 예전처럼 본래 모습을 되찾으리라!"

말이 떨어지기 무섭게 왕의 몸은 본래대로 되돌아갔다. 인간과 천상에서 이 모습을 보고 모두 크게 기뻐하며 찬탄했다.

"이 대보살님은 반드시 부처님이 되시리니, 우리들은 마음을 다해 공양을 올려야 하리. 원컨대 일찍 부처님 도를 이루시어 우리들을 보살피게 하소서!"

이 모습을 보고 제석천과 비수갈마는 각각 천상으로 돌아갔다.

017. 디빵까라 붓다가 샤까모니 탄생을 미리 말씀하다

아주 오랜 옛날 수메다(Sumedha, 선혜善慧)는 부잣집 아들로 태어났다. 하지만 부모 모두 수메다가 어릴 때 많은 재산을 남기고 죽었다. 살림을 맡은 집사가 장례를 마치고 말했다.

"도련님, 이 많은 재산은 다 도련님 것입니다. 7대조 할아버지 때부터 내려온 대단한 재산입지요."

집사는 집안 재산목록을 하나하나 설명했다. 수메다는 귀담아듣지 않았다.

'돌아가신 조상님들은 이 많은 재산을 한 푼도 가져가지 못했다. 재산을 쌓아 놓기만 하면 뭐 하는가. 조금 벌면 더 벌고 싶고 재산이 많이 쌓일수록 우쭐해지기만 할 뿐 가난한 이웃에겐 별 좋을 게 없다네. 장차 자식에게 물려준다면 형제 간에 더 많이 가지려고 싸움만 할 것이야. 그런 재산은 오히려 화근덩어리지!'

수메다는 재산에 대한 집착 대신 더 소중한 것을 찾고자 했다. 수메다는 성안의 가난한 사람들을 불러 자신의 모든 재산을 나눠주었다. 수메다는 인생의 부귀영화보다 더 귀중한 삶을 원했다. 부귀영화는 부질없었다. 세상에 변하지 않는 것은 아무것도 없었다. 아름다운 미인도 나중에는 눈구멍 뚫린 백골이 되지 않던가. 절대권좌의 제왕도 죽어서는 벽을 메우는 흙부스러기로 되돌아가기 마련이다.

    태어나는 몸은 언젠가는 무너지네.
    무너지는 사실만 분명한 고통일세.

    인생은 나고 늙고 병들고 죽게 마련
    나는 이 같은 굴레를 벗어나리라.

    나고 늙고 병들고 죽음이 없는
    영원한 대자유를 찾아 떠나리라.

수메다는 멀리 흰 눈에 덮여 빛나고 있는 히말라야를 향해 걸어갔다. 그는 신성한 산의 아름다운 기슭에서 홀로 수행했다. 익힌 곡식을 먹지 않았고 과일과 풀잎으로 배를 채우며 정진했다. 수메다는 스스로의 내면을 살피는 가운데 우주와 하나 되는 기쁨을 누렸으며 여러 가지 신통력도 얻게 되었다.

그 무렵 디빵까라 붓다(The Buddha Dīpaṃkara, 연등불燃燈佛)가 세상에 출현했다. 이 붓다의 이름인 디빵까라는 '등불을 켜다'라는 뜻이다. '어둠을 밝혀주는 빛의 성자'라는 의미도 되겠다. 디빵까라 붓다가 출현할 무렵 지진이 난 것처럼 온 세계가 진동하더니 서른두 가지 상서로운 징조가 나타났다. 수메다는 깊은 명상에 잠겨 있느라 그 징조를 알지 못했다.

디빵까라 붓다는 번뇌가 다한 많은 수행자를 데리고 람마왓티(Rammavatī, 희락喜樂)의 수닷사나(Sudassana, 선현정사善現精舍)에 머물고 있었다. 왕과 왕족을 비롯한 많은 사람들이 디빵까라 붓다를 찾아가 경배하고 향과 꽃을 공양하며 설법을 들었다. 그중에 디빵까라 붓다를 공양에 모시려는 이들도 있었다.

디빵까라 붓다가 전생에 보살이었던 때의 이야기를 표현한 부조

연등불께서
여기로 오신다네.

마을 길
깨끗이 쓸고 닦아

정성 다 해
공양을 준비하세.

부처님 오시는 길
새로운 길

우리 맘 닦는 길
빛나는 길

수메다는 모처럼 숲에서 나와 거리를 걸어가는 중이었다. 그는 사람들이 기쁜 표정으로 길을 쓸고 있는 모습을 보면서 이유를 물었다.

"이보시오, 무슨 좋은 일이 있으시오?"
"디빵까라 부처님께서 오시는 중이지요."
"지금 세상에 부처님께서 계십니까?"

"그럼요. 그분은 높고 바른 깨달음을 얻으시고는 거룩한 가르침의 말씀을 전하시지요. 여러 고장을 다니시다가 얼마 전부터는 여기서 가까운 수닷사나에 머물고 계신답니다. 우리가 그분을 공양에 초청했지요."

수메다는 가슴이 설렜다. 마음속에서 노래가 절로 나왔다.

부처님 소리, 세상에선 듣기 어렵네.
부처님을 직접 뵙기란 더욱 어렵지.

구만리 하늘에서 떨어지는 바늘이
겨자씨 위에 꽂히는 게 더 쉽다네.

부처님을 뵙고 설법 듣는 일은
얼마나 드물고 귀한 인연이런가.

나도 부처님 오시는 길에 나가
인연 따라 좋은 일을 해보겠노라.

수메다는 생각했다.
'모든 부처님은 재물 공양을 바라지 않으신다. 성인은 법공양을 칭찬하시지만 나는 아직 법의 참뜻을 깨우치지 못했구

나. 이제 좋은 꽃을 부처님께 바치고 미래세의 성불을 원하리라.'

수메다는 꽃가게에 가서 주인에게 말했다.

"이 꽃을 내게 파시오."

"죄송합니다만 팔 수 없습니다. 대왕님께서 꽃다발을 팔지 못하도록 엄명을 내리셨지요. 왕께서만 부처님께 직접 공양하신답니다."

수메다는 여러 꽃가게를 다녔지만 꽃을 살 수 없었다. 그러다가 어느 뒷골목에서 푸른 옷을 입고 물을 긷는 여자 노비를 만났다. 그녀는 일곱 송이의 우발라꽃을 병 속에 몰래 숨기고 있었다. 수메다는 신통력으로 병 속의 꽃이 저절로 드러나도록 했다.

"에그머니나, 이게 무슨 일이지?"

수메다는 빙그레 웃으며 그녀에게 말했다.

"푸른 옷의 여인이여, 내가 5백 금전을 줄 테니 그대가 가진 우발라꽃 일곱 송이를 내게 줄 수 있겠소?"

"안 됩니다."

"왜 안 된다는 말이오?"

"존자님은 듣지 못하셨나요? 디빵까라 부처님께서 성에 오셔서 이 땅의 주인이신 대왕님의 공양을 받으려 하십니다. 대왕님께서는 부처님을 존중하사 공덕을 세우고자 하시지요. 나라에 영을 내려 모든 향유나 꽃다발을 허가 없이 팔지 말라고 하셨습니다. 오직 대왕님만이 꽃 공양을 하실 뿐입니다. 하지만 우리 옆집 꽃가게 딸이 내게 큰돈을 받고 이 꽃 일곱 송이를 몰래 주었지요. 저 역시 대왕의 금지명령을 어겼습니다. 그래도 저는 이 꽃을 디빵까라 부처님께 공양하겠습니다."

수메다는 난감했다. 그래도 포기할 수 없었다.

"그대가 말하는 사정은 나도 알겠소. 그러면 5백 금전을 받고 내게 우발라꽃 다섯 송이만 주고 두 송이는 그대가 가지면 안 되겠소?"

"존자님은 이 꽃을 가져다 무엇에 쓰시렵니까?"

"물 긷는 여인이여, 목마른 이를 도와주는 여인이여, 내게 꽃을 파소서. 꽃 파는 일은 나를 돕는 일이랍니다. 부처님께서 세상에 나오시는 일은 듣기도 어렵고 보기도 어렵지요. 이제 부처님을 직접 뵙게 되었으니 나는 이 꽃을 사서 부처님께 드리고 그 공덕으로 미래세에 절대평화의 완전한 깨침을 구하고자 합니다."

수메다가 간절한 마음을 보이자 그녀는 엉뚱하고 대담한 제안을 했다.

"제가 존자님을 뵙자니, 몸과 마음이 용맹하여 진리를 사랑하고 정진하실 분처럼 보입니다. 존자님은 내생에 반드시 절대평화의 완전한 깨침을 이루겠습니다. 하지만 존자시여, 그대가 성도하시기 전까지 세세생생 제가 그대의 아내가 되도록 허락하신다면, 그대가 도를 이루고 난 뒤 저는 머리 깎고 출가하여 그대의 제자가 되어 부처님 도를 닦겠습니다. 저를 아내로 맞아들이겠다는 약속을 해주신다면 저는 지금 다섯 송이의 꽃을 드릴 것이요, 그렇지 않으면 꽃을 드리지 못하겠습니다."

"꽃의 아가씨여, 보살행을 하는 사람은 중생을 불쌍히 여겨 편안하게 해주려는 마음을 냅니다. 누구든 와서 구하는 게 있으면 인색하게 굴지 않지요. 심지어는 목숨까지도 보시합니다. 앞으로 내가 모든 재산과 보물을 보시하려 할 때 그대가 방해하지 않겠다고 원을 세우면 나는 붓다가 되기 전까지 그대를 내세의 내 아내로 맞이하겠소."

"좋습니다. 저도 약속을 지키겠나이다."

여인은 5백 금전을 받고 우발라꽃 다섯 송이를 수메다에게 주고 나머지 두 송이도 함께 보시했다. 그때 디빵까라 붓다께서 멀리서부터 오는 중이었다. 수메다는 일곱 송이의 우발라꽃을 붓다가 오는 길에 뿌리고 서원했다.

> 내가 미래세에 부처님이 될 때
> 연등 부처님처럼 깨닫게 하소서
> 대중도 다를 바 없게 하소서

흩뿌린 꽃이 허공 중에 머물러
꽃잎은 아래로 드리어 내리고
꽃줄기는 위로 뻗치게 하소서

부처님 머리 위에 꽃일산 되어
꽃 장식 햇빛 가리개를 이루어
부처님 따라가고 멈추게 하소서

 그것은 붓다가 오는 길에 기적이 일어나기를 바라는 수메다의 마음이었다. 그의 간절한 발원이 통했는지 뿌린 꽃들은 땅에 떨어지지 않았다. 붓다의 머리 위에 햇빛 가리개처럼 떠서 붓다의 발걸음을 따라 움직이고 있었다. 누가 보아도 아름답고 찬란했다.
 사람들은 또한 좋은 의상을 가져다 길 위에 펼쳐 붓다의 발에 흙먼지가 묻지 않도록 했다. 수메다는 가진 게 사슴 가죽뿐이라 디빵까라 붓다를 위해 그 가죽을 깔았다. 그러자 사람들은 수메다의 사슴 가죽을 걷어 멀리 던져 버렸다.
 '부처님 발 앞에 죽은 짐승의 가죽을 깔다니!'
 수메다는 마음이 더 간절해졌다.
 '디빵까라 부처님이시여, 저를 어여삐 여기시고 사랑하지 않으십니까?'

이런 생각을 하자 디빵까라 붓다는 신통력으로 길 한쪽을 진흙탕으로 바꿨다. 사람들은 모두 진흙탕 길을 피해 갔다. 수메다는 새로운 발원을 했다.

이런 진흙탕 속에
부처님을 어찌 모시리.

진탕길 가시면
부처님 발이 더럽혀지리니.

나는 이제 냄새나는
이 육신을 바쳐서

진흙탕 길 위에
큰 다리를 만들어 드리리.

부처님께서 내 몸을 밟고
건너시게 하리.

이 언덕에서 저 언덕 건너듯
건너시게 하리.

수메다는 입었던 옷을 벗어 진흙탕 위에 깔았다. 진흙탕이 다 덮이지 않자 자기 몸을 엎드린 다음 붓다를 위해 다리를 만들었다. 그런데도 진흙탕이 다 덮이지 않자 수메다는 자기의 긴 타래머리를 풀어 진흙탕에 깔면서 발원했다.

'원컨대 디빵까라 부처님과 제자들은 내 몸과 머리털을 밟고 이 진흙탕을 건너소서.'

'원컨대 미래세에 성불할 때는 디빵까라 부처님과 똑같이 되게 하시고, 이러한 공덕으로 천상과 인간의 스승이 되게 하소서.'

그리고 마지막으로 또 서원했다.

'이 목숨이 다하더라도 디빵까라 부처님께서 내게 수기를 하지 않으시면 진흙탕에서 결코 일어나지 않겠나이다.'

디빵까라 붓다는 이 모든 과정을 보고 대중을 향해 말했다.

"여러분, 진흙 위에 엎드려 고행하고 있는 이 젊은이가 보입니까? 지금 이 사람은 내세에 부처가 될 결심으로 엎드려 있습니다. 그는 아득한 전생에서부터 많은 공덕을 쌓아 이제 보살이 되었습니다. 먼 미래에 까삘라와스뚜(Kapilavastu)의 숫도다나왕을 아버지로 하고, 마야부인을 어머니로 하여 태어나서는 샤까모니 붓다가 될 것입니다. 이 사람은 부처의 씨앗이요, 부처의 싹입니다."

018. '위하며 사는 삶' - 열 가지 바라밀

디빵까라 붓다와 함께하는 공양 시간은 모두 끝났다. 사람들은 디빵까라 붓다를 가까이에서 바라볼 수 있었고 그분의 음성을 직접 들을 수 있었다. 어디에서 그런 성스러운 모습과 아름다운 목소리를 들을 수 있었던가. 사람들은 가뭄 끝에 단비를 맞는 풀잎처럼 싱그러웠으며 본래부터 가지고 있던 생기를 되찾기 시작했다. 그것은 위대한 성자만이 미칠 수 있는 감화력이었다.

디빵까라 붓다 공양 행사에서 가장 큰 보답을 받은 이는 수메다였다. 수메다는 아득한 미래세에 반드시 성불하리라는 디빵까라 붓다의 말씀을 사람들과 함께 들었다. 간절한 발원으로 진흙길 위에 엎드려 붓다가 자신의 몸을 밟고 가도록 한 선업 때문이었을까? 비단 그런 이유만으로 붓다의 수기를 받을 수 있었을까?

수메다가 진흙길 위에 엎드린 것은 '위하며 사는 삶'의 한 모습일 뿐이었다. 수메다는 오랜 전생부터 착한 삶을 살아왔다. 착한 삶을 이야기로만 하지 않았다. '위하며 사는 삶'을 실천했다.

'다른 이를 좋게 하라. 그게 나를 좋게 하는 것이니라.'

이런 삶을 사는 이들을 보살이라고 부른다. 그런 점에서 수메다는 보살이었다.

그는 붓다가 되기 위해서는 착하게 살아야 한다는 쉽고 단순한 가르침을 직접 실행했다. 아무리 더러운 진흙길이어도 디빵까라 붓다는 발을 더럽히지 않고 건널 수 있었지만 수메다는 스스로를 희생해서 붓다의 가는 길을 편안하게 하고자 했다. 이 같은 행위는 '여러 가지 착한 일을 적극적으로 하라 [중선봉행衆善奉行]'는 가르침이기도 했다. 샤까모니 붓다 전생의 여섯 붓다를 포함한 일곱 붓다가 노래한 시를 「칠불통계게七佛通戒偈」라고 하는데 그 내용은 다음과 같다.

나쁜 일일랑 애당초 하지를 말고	諸惡莫作
착한 일들일랑 적극적으로 할 것이며	衆善奉行
고요히 내면을 잘 살펴 알아차려라	自靜其意
이것이 일곱 붓다들의 가르침이다	是諸佛敎

수메다 보살이 진흙 위에 엎드리듯이 누군가를 위해 도움을 주고자 베푸는 것을 보시라고 한다. 보시는 타인을 위한다는 전제 조건이 있는 수행법이다. 열심히 수행하여 완성에 이르는 것을 바라밀波羅蜜이라고 한다면 이날 수메다 보살의 실천행은 명백히 보시바라밀이었다.

공양이 끝나자 사람들은 모두 돌아갔다. 거리도 조용해졌다. 수메다 보살은 자신의 바라밀을 관찰하기 위해 쌓인 꽃더미 위에 가부좌를 하고 앉았다. 그때 하늘에서 아름다운 소리가 들렸다. 천신들이 동쪽에서 몰려와 합창을 했다.

> 수메다 보살이여, 그대가 옛날부터
> '바라밀을 관찰하리라'며 앉을 때에는
> 반드시 그 징조가 나타났었지요.
> 오늘도 그 징조가 모두 나타났습니다.
>
> 당신은 반드시 부처가 되리니
> 우리는 잘 알고 있지요.
> 당신 또한 아시지 않나요?
> 부디 굳센 마음으로 정진하세요.

이번에는 서쪽 편의 천신들도 노래했다. 얼마나 장엄하고 웅장한지 산과 강물과 공중 전체가 성스러운 소리로 떨렸다.

> 저 분은 부처의 씨앗이요
> 여래의 새싹이도다.
>
> 우리가 디빵까라 부처님

가르침 알아듣지 못해
이승에서 제도 받지 못하면

오는 세상에 가서는
저 보살님 만나 제도 받으리.

수메다는 디빵까라 붓다의 말씀과 천신들의 노래를 듣고 더욱 힘을 얻었다.

'부처님 말씀은 거짓이 없다. 공중에 던져진 흙덩이가 땅에 떨어지는 것처럼, 태어난 것은 반드시 죽는 것처럼, 밤이 지나면 어김없이 해가 뜨는 것처럼, 부처님 말씀은 틀림이 없다. 나는 반드시 부처가 될 것이다.'

수메다는 붓다가 되는 길이 무엇인가를 다시 생각해 보았다. 그는 먼저 공간을 생각했다.

'부처가 되는 길은 어디에 있는가, 위에 있는가, 아래에 있는가. 동서남북 어디에 가면 찾을 수 있는가.'

온 법계를 두루 찾았으나 붓다가 되는 길이 특정한 장소에 있지 않다는 것을 알았다. 그는 붓다가 되는 길이 마음의 수행과 그 실천에 있다고 보았다. 그가 처음으로 발견한 것은 보시바라밀布施波羅蜜이었다. 그는 스스로에게 다짐하며 말했다.

'수메다여, 너는 먼저 보시바라밀을 완성해야 한다. 이미 쏟아진 물을 아까워하지 않는 것처럼 재산과 명예와 생명까지도 아까워해서는 안 된다. 수메다여, 네게 와서 구하는 이에게 모두를 보시해라. 그리하여 아무것도 가진 것 없이 보리수菩提樹 밑에 앉아라. 그러면 너는 반드시 부처가 될 것이다.'

그는 보시바라밀을 완성하기로 결심했다. 그러고 나서 부처가 되는 수행법이 더 있을 것이라 생각했다. 수메다는 옛날의 보살들이 행한 여러 가지 수행을 꿰뚫어 알아차렸다. 그리하여 지계바라밀持戒波羅蜜을 두 번째로 찾았으며, 이어 인욕忍辱과 정진精進과 선정禪定과 반야般若와 방편方便과 원願과 힘[력力]과 지혜[지智]의 열 가지 바라밀을 차례로 발견했다. 그는 이 열 가지 바라밀을 성취하기로 결심했다.

'이 세계에서 보살이 부처가 되는 길은 열 가지 바라밀뿐이다. 이 열 가지 바라밀은 허공에 있는 것도 아니요, 땅에 있는 것도 아니다. 오직 나의 마음 안에 있는 것이다.'

열 가지 바라밀이 마음속에 있음을 꿰뚫어 알아차린 수메다는 그것을 두 번 세 번 거듭 관찰하여 굳히고, 다시 차례를 따라 살피고, 거꾸로 거슬러 올라가면서 연구했다. 끝을 잡아서는 처음을 밝히고, 처음을 잡아서는 끝을 결정하고, 중간을 잡아서는 처음과 끝을 알고, 처음과 끝을 잡아서는 중간을 밝혔다.

그가 이 같이 열 가지 바라밀을 생각하고 있을 때 그 법의 위력으로 말미암아 폭풍속의 나무처럼 산하대지가 크게 떨렸다. 사람들은 두려움에 떨면서 디빵까라 붓다를 찾아가 여쭈었다.

"세존이시여, 이것은 용의 장난입니까? 아니면 귀신이나 야차나 천신들의 장난입니까? 우리는 두렵습니다. 땅이 흔들리는 까닭을 말씀해 주십시오."

디빵까라 붓다가 말씀했다.

"두려워 마라. 땅이 떨린다고 해서 재앙이 오지는 않는다. 이것은 오히려 복을 알리는 징조이니라. 수메다 보살이 오는 세상에 부처가 되기 위하여 바라밀의 성취를 결심하였기 때문에 그 법의 위력으로 생긴 일이니라."

사람들은 디빵까라 붓다의 말씀을 듣고는 기뻤다. 또한 어떤 이들은 수메다 보살을 찾아가 공양하고 예를 올리기도 했다. 천신들도 천상의 꽃과 향을 보살에게 공양하며 찬탄했다.

거룩한 수메다 보살이여
오늘 연등붓다 발 아래서
높고 큰 서원 세우셨나니
원만성취를 바라나이다.

두려움이나 큰 놀람 없이
몸에는 조그만 병도 없이
열매 맺는 꽃나무처럼
바른 깨달음에 이르소서.

보살은 모든 인간과 천신들의 찬사를 받고 '나는 열 가지 바라밀을 완전히 행하여 오랜 세월이 지난 뒤에 부처가 되리라' 하고 굳게 결심했다. 그리고 히말라야 산기슭의 조용한 곳에 묻혀 지내면서 정진하고 또 정진했다.

수메다 보살은 디빵까라 붓다 다음에 오는 여러 붓다의 세상에서 또 다른 신분으로 태어났다. 그때마다 서원을 세우고 바라밀을 성취하기 위해 정진을 게을리하지 않았으며, 붓다로부터 '오는 세상에 붓다가 될 것'이라는 수기를 받았다. 뿐만 아니라 붓다가 나투지 않는 시대에 태어나서는 법을 구하기 위해 자기 목숨도 돌보지 않았다.

019. 제석천왕, 나찰이 되어 수행자를 시험하다

디빵까라 붓다의 시대가 간 지 아주 오랜 뒤, 붓다가 나투지 않는 어느 때였다. 수메다 보살은 설산동자의 몸을 받아 수행자가 되어서는 히말라야 기슭에서 열심히 정진하고 있었다. 이 모습을 보고 환희歡喜라고 하는 천신이 제석천왕에게 말하였다.

"제석帝釋이시여, 세상에는 착한 이들이 많습니다. 그들은 뭇 목숨붙이들인 중생을 위해 자기 한 몸을 아끼지 않고 한량없는 고행을 닦는답니다. 또한 그들은 거듭거듭 태어나고 죽는 괴로움을 너무 많이 보고서는 이를 애통해 하지요. 그래서 바다와 육지에 보배가 가득 차 있더라도 탐내지 않으며 침 뱉듯이 버립니다. 그런 이들은 재물이나 사랑하는 처자나, 자기의 머리·눈·골수·손·발·팔·다리·집·코끼리·말·수레·노복·하인 따위를 모두 버리며, 천상에 나는 것도 바라지 않고 오직 모든 중생이 편안하기를 바랄 뿐입니다. 지금 저기 있는 설산동자는 마음이 깨끗하여 세상의 먼지에 더렵혀지지 않고 모든 번뇌가 아주 없어졌습니다. 조만간 오직 위없는 부처의 깨달음을 구하게 될 것입니다."

"환희여, 만약 그대의 말과 같다면 저 설산동자는 세상의 모든 중생을 거두어 줄 것이다. 만약 이 세상에 부처님 나무가 있다면 모든 천신과 세간의 사람과 아수라가 갖는 번뇌의 독기를 덜어 줄 것이며, 모든 중생이 부처님 나무의 서늘한 그늘에 가 있으면 번뇌의 독기가 모두 소멸할 것이다. 저 설산동자가 만약 오는 세상에 부처가 된다면 우리도 한량없이 뜨거운 번뇌를 없애게 될 것이다. 그러나 그러한 일은 믿을 수 없다. 한량없는 중생이 위없는 부처의 깨달음을 구하는 마음을 내었다 하더라도 조그마한 인연만 만나도 그 마음이 흔들리기 때문이다. 마치 물속의 달이 물이 흔들리면 따라서 흔들리는 것과 같다. 보리심菩提心 내기는 어려워도 물러서기는 쉬운 것도 같은 이치다.

참으로 많은 사람들이 어렵사리 발심했다가도 쉽게 동요한다. 정진 수행이 그렇게 어렵다. 저 수행자는 고행을 닦으면서 번뇌를 없애 마음이 안정된 듯 보이지만 나는 믿을 수 없다. 나는 지금 그에게 가서 위없는 부처의 깨달음이라고 하는 무거운 짐을 감당할 수 있는지 시험해 보려 한다. 수레는 두 바퀴가 있어야 짐을 실을 수 있고, 새는 두 날개가 있어야 날아다닐 수 있다. 고행하는 사람도 그와 같아서 한쪽 바퀴와 같은 계戒를 그가 굳게 지닌 것은 알지만, 다른 한쪽 바퀴와도 같은 깊은 지혜가 있는지를 알아보아야겠다. 만일 그에게 깊은 지혜가 있다면 그는 무거운 짐을 감당할 수 있을 것이다.

마치 물고기가 많은 알을 낳지만 고기가 되는 것은 적고, 암마라庵摩羅나무가 꽃은 많으나 열매가 적은 것처럼 중생도 마음 내는 이는 많지만 이를 끝까지 성취한 이는 아주 적다. 자, 나와 함께 가서 시험해 보기로 하자."

말을 마친 제석천왕은 험상궂고 흉악한 나찰羅刹로 변신한 다음 설산동자가 있는 히말라야로 갔다. 나찰은 눈을 감고 앉아 참선하는 설산동자 앞에 서서 지난 세상의 붓다가 설한 게송의 반을 읊었다.

　　이 세상 모든 일은 덧없으니
　　그것은 곧 나고 죽는 법이네.

설산동자는 시를 듣고 마음속으로 무한한 기쁨을 느꼈다. 자리에서 일어나 사방을 둘러보았으나 험상궂게 생긴 나찰 이외에는 아무도 보이지 않았다.

'저렇게 무서운 얼굴을 한 나찰이 아름답고 오묘한 시를 어떻게 읊을 수 있을까? 저 시는 마치 불 속에서 연꽃이 피고 햇볕 속에서 찬물이 흘러나오는 것 같네. 그러나 또 알 수 없는 일이지. 저 나찰이 과거에 부처님을 뵙고 그분의 시를 들었을는지도….'

그는 이렇게 생각하며 나찰에게 물었다.

"당신은 과거 부처님께서 말씀하신 시의 앞 구절을 어디서 들었습니까? 당신이 읊은 시 구절을 듣고 내 마음은 연꽃이 피는 것처럼 열렸습니다."

"나는 잘 모르오. 여러 날 굶어 헛소리를 했을 뿐이오."

"그런 말씀 마십시오. 당신이 만일 그 시 전부를 내게 일러주신다면 나는 일생토록 당신의 제자가 되겠습니다. 물질의 보시는 없어지게 마련이지만 법의 보시는 없어질 수 없습니다."

"수행자여, 당신은 지혜는 있어도 자비심은 없는 듯하오. 자기 욕심만 채우려 하고 남의 사정은 모르고 있질 않소. 나는 지금 배가 고파 죽을 지경이오."

"당신은 대체 어떤 음식을 먹습니까?"

"내가 먹는 것은 사람의 부드러운 살덩이이고 마시는 것은 사람의 따뜻한 피요. 그것을 구하지 못해 이렇게 괴로워하고 있소."

"그러면 당신은 내게 그 시의 나머지 반을 들려주십시오. 나는 그것을 다 듣고 내 몸을 당신에게 드리겠습니다. 나는 이 무상한 몸을 버려 영원한 몸과 바꾸려 합니다."

"허튼소리 마시오. 겨우 시의 반쪽을 듣기 위해 소중한 몸을 버리겠다니!"

"당신은 참으로 어리석습니다. 나는 썩어 없어질 무상한 몸 대신 금강석처럼 굳센 몸을 얻으려는 겁니다. 증인도 많지요. 역대의 모든 부처님들께서 증명해 주실 것입니다."

"그러면 똑똑히 들으시오. 나머지 반을 읊으리다."

그리고 나찰은 시의 후반을 외웠다.

나고 죽음이 다 없어진 뒤
열반 그것은 즐거움이어라.

설산동자는 이 시를 듣고 환희심이 더욱 솟았다. 시의 뜻을 깊이 생각하고 음미한 뒤에 벼랑과 나무와 돌에 새겼다. 그리고 높은 나무 위에 올라가 떨어지려 했다. 그때 나무의 신이 그에게 물었다.

"수행자여, 이 시에는 어떤 공덕이 있습니까?"

"이 시는 과거 모든 부처님께서 말씀하신 것입니다. 내가 목숨을 버려서라도 이 시를 들으려는 이유는 나 하나를 위해서가 아니라 모든 중생을 이롭게 하기 위해서입니다."

설산동자는 최후로 이런 생각을 했다.

'세상의 모든 인색한 사람들에게 내 몸을 버리는 이 광경을 보여주고 싶다. 조그만 보시로 마음이 교만해진 사람들에게 내가 한 구절의 시를 얻기 위해 목숨을 기꺼이 버리는 모습을 보여주고 싶다.'

마침내 설산동자는 몸을 날려 나무에서 떨어졌다. 그런데 몸이 땅에 닿기도 전에 나찰은 곧 제석천의 모습으로 되돌아와 공중에서 그를 받아 땅에 내려놓았다. 천신들이 수행자의 발에 예배하고 그 지극한 구도의 정신과 서원을 찬탄했다.

장하시네, 장하시네
당신은 보살 중의 보살
중생의 이익을 위해
진리의 등불 켜시네.

장하시네, 장하시네
목숨 던지시는 부처님
감히 당신을 시험한 죄
참회하오니 받아주소서.

새로이 오는 세상에서
높은 깨달음 이루시어
당신은 성불하시리니
그때는 저희를 구하소서.

설산동자는 이 같이 자기 몸을 아끼지 않았다. 오랜 세월을 수행하여 열 가지 바라밀을 성취한 다음, 부처가 될 인연이 성숙하자 도솔천에 올라가 때를 기다렸다. 이때 보살의 이름은 세따께뚜(Setaketu, 호명護明)였다. 세따께뚜라는 이름은 '깨달음을 구하는 수많은 중생을 보호하고 그 가는 길을 밝혀준다'는 뜻인데, 일생보처보살一生補處菩薩이라고도 했다. 이 말은 수많은 생을 윤회하다가 부처가 되기 바로 직전의 보살을 일컫는다. 보처補處란 현재 비어 있는 부처의 자리를 메운다는 뜻이니, 붓다가 되는 무한한 과정 중의 가장 마지막 단계를 말함이다.

020. 이제 붓다가 될 시기가 되었소

세따께뚜 보살이 도솔천에 있을 때 이 지상에 부처님이 태어나신다는 예고가 있었다. 그것은 이 세상에 새로운 질서가 나타난다는 예고이며, 위대한 왕인 전륜성왕轉輪聖王이 나타난다는 예고였다. 온 법계의 천신들은 어떤 사람이 부처가 되리라는 것을 이미 알고 있었으므로 보살을 찾아가 부처가 되어 줄 것을 간청했다.

"보살님, 당신이 열 가지 바라밀을 완전히 행하여 성취한 것은 제석천의 영광을 구하거나, 마왕魔王·범천梵天·전륜왕 등의 영광을 구하기 위한 것이 아닙니다. 세계의 모든 중생을 구제하기 위한 일체의 지혜를 얻기 위해서입니다. 지금이 바로 당신께서 우주의 진리를 깨치실 때입니다. 그러니 사람 몸으로 태어나시어 용맹정진하시고 마침내 다시는 윤회하지 않는 절대평화의 경지를 깨치소서."

그러나 보살은 천신들의 간청을 잠시 보류하고 태어날 시기와 태어날 나라와 지방과 가계家系와 어머니와 수명의 다섯 가지 조건들을 세밀하게 관찰했다. 우선, 인간의 수명이 너무 길 때는 붓다가 나타날 적당한 시기가 아니다. 그때의 중생들은 나는 것과 늙는 것과 죽는 것을 절실하게 느끼지 못하기 때문이다. 따라서 붓다의 설법이 지니는 세 가지 특징을 이해하지 못한다. 그들에게는 이 세상에 영원불변하는 '나'라는 실체는 없고[제법무아諸法無我], 생겨난 모든 것은 사라지며[제행무상諸行無常], 모든 행위가 괴롭다[일체개고一切皆苦]는 것을 설명해 주어도 무슨 말인가 의심하지도 않고, 알려 하지도 않으며 믿으려고도 않는다. 때문에 붓다의 설법을 이해하지 못하고, 이해하지 못하면 교화는 효력이 없다. 그러므로 인간의 수명이 너무 긴 때는 적당한 시기가 아니다.

또, 인간의 수명이 너무 짧을 때도 적당한 시기가 아니다. 그때의 중생들은 번뇌에 가득 차 있기 때문이다. 번뇌에 가득 차 있으면 가르침을 들어도 곧 잊어버린다. 이때도 적당한 시기가 아니다. 인간의 수명이 너무 길지도 짧지도 않은 때가 붓다가 나타나기에 알맞은 때다. 보살은 이 같이 시기를 관찰한 다음, 지금이 적당한 시기라고 생각했다.

다음으로 태어날 고장을 관찰하고 인도의 까뻴라와스뚜가 적당하다고 결정했다. 다음에는 가계를 관찰했다. 그는 우선

인간세계로 내려갈 때가 되었음을 알리는 인드라 제석천

옛날의 붓다들이 태어난 가계를 살핀 다음 이렇게 생각했다.

'모든 붓다는 사람들의 존경을 받는 집안에 태어난다. 지금 인도의 까삘라와스뚜에는 통치 계급인 끄샤뜨리야가 세상 사람들의 존경을 받고 있고, 그중에서도 샤까(Sākyas)족이 으뜸이다. 나는 샤까족 중의 숫도다나왕을 아버지로 해서 태어날 것이다.'

그리고 어머니에 대해서 생각했다.

'부처의 어머니는 애욕이 없고, 수많은 세월 동안 바라밀을 완전히 행하고, 세상에 나서는 계율을 깨뜨린 일이 없어야 하는데 마야 왕비는 그에 손색이 없도다. 나는 마야 왕비를 어

머니로 해서 태어나리라.'

이렇게 결정한 다음 세따께뚜 보살은 천신들의 간청을 받아들였다.

"여러분, 이제 붓다가 될 시기가 되었소."

제4장

도솔천에서 이 세상으로 내려오다

021. 왕비가 신기한 태몽을 꾸다

샤까족의 나라 까뻴라는 강대국 사이에 끼어 있는 약소국이었다. 그 무렵 인도에는 주요 16국가가 있었으나 까뻴라는 거기에도 들지 못할 정도로 작은 나라였다. 서쪽에 자리한 꼬살라(Kosala)는 까뻴라를 실질적으로 지배하는 강대국이었고 남쪽의 마가다(Magadha)국은 새로 떠오르는 신흥강국이었다. 이 강대국들은 강력한 중앙집권제를 선택하고 절대권력을 가진 패권적 제왕의 영도 하에 힘이 약한 나라들을 복속시켰다.

약소국들은 강력한 왕권 체제보다는 공화정을 유지했다. 주권이 특별한 한 사람에게 의존하지 않고 소수 파벌의 합의에 따라 운영되는 과두寡頭 정치적 특성이 있었다. 합의와 타협과 공존공영의 원칙에 의해 나라가 유지되기는 했으나 국력이 약한 게 문제였다. 샤까족의 나라는 전제왕권 국가에 비하면

마야 부인의 태몽을 표현한 부조

영토가 작고 군사력도 약했다. 언제라도 침략당할 수 있는, 여러 마리의 맹수들 사이에 끼어 있는 토끼 신세 같은 처지였다.

그래도 샤까족의 나라 까삘라 왕국은 한 혈통으로 이루어진 자긍심을 바탕으로 평화를 사랑하고 종족의 자주정신을 소중하게 여겼다. 까삘라 왕국은 이웃 꼴리야국과 종족혼인을 통해 번성해 나가는 부족국가였으며 농업을 위주로 하는 농경국가이기도 했다.

왕국의 수도는 까삘라와스뚜(Kapilavastu)였다. 까삘라와스뚜를 통치하던 당시의 지도자는 숫도다나왕이었으며 마야 왕비가 그의 아내였다. 이들 부부는 나이가 많이 들도록 아이가 없었다. 왕가에 후사가 없다는 점은 한 가정만의 문제가 아니라 종족의 계승과 국가의 안위에 관한 문제였다. 왕과 왕비는 왕국의 영광을 이어갈 왕자 탄생을 간절하게 원했다.

6월이면 열리는 까뻴라와스뚜 축제가 막 끝나가던 때였다. 사람들은 축제로 한창 들떠 있었다. 마야 왕비는 축제가 시작되기 전부터 몸가짐을 조심했다. 술은 입에 대지 않고 화환과 향으로 몸을 꾸몄으며, 조용한 마음으로 축제를 즐기고 있었다.

축제가 끝나는 날 아침, 마야 왕비는 일찍 일어나 향내 나는 맑은 물에 목욕을 하고 많은 황금을 풀어 보시했으며 여덟 가지 재계[팔관재계八關齋戒]를 지켰다. 하루 일을 마친 왕비는 여느 날보다 일찍 침전에 들어가 침대에 누웠다. 부드러운 바람결과 함께 혼곤한 잠결이 왕비의 몸을 감쌌다. 왕비는 꿈속에서 사천왕을 보았다. 덩치가 우람한 거인이었다.

사천왕은 왕비가 누워 있는 침대를 히말라야 설산에 있는 커다란 살라나무[사라수沙羅樹] 밑으로 옮겼다. 시원한 그늘 아래 부드러운 바람이 불어오자 초록의 나뭇잎들이 악기 소리를 내며 흔들리고 있었다. 하늘나라의 왕비들이 열을 지어 마야 왕비를 기다리고 있었다. 그들은 미소지으며 마야 왕비를 바라보더니 이윽고 왕비를 연못으로 데려가 인간의 때를 씻겨

주었다. 그리고 천신의 옷을 입히고 향을 바른 다음, 천상의 꽃으로 몸을 꾸몄다. 마야 왕비는 꿈속에서도 행복했다.

> 내 몸은 아름답구나.
> 인간의 때가 씻기고
> 꽃으로 새로 피었네.
>
> 새로 꽃이 피면
> 어느 바람결에도
> 열매를 맺는 법.
>
> 마야여, 너는 이제
> 착한 마음의 겨자씨를 심어
> 수미산 같은 열매를 가지리.

왕비가 꽃단장을 한 주변 멀리에는 아름다운 설산이 웅장하게 서 있었고, 산 아래 널따란 벌판 한 가운데에는 황금궁전이 빛나고 있었다. 하늘나라의 왕비들은 마야 왕비를 황금궁전으로 모시고 가서 천신의 침대에 눕혔다.

그때 보살은 흰 코끼리가 되어 산 위를 거닐고 있었다. 여섯 개의 이빨을 가진 흰 코끼리는 은빛 찬란한 코를 세워 흰 연꽃 한 송이를 높이 들고 우렁차게 소리 질렀다. 꿈속의 흰 코끼리는 미래 영원을 이끌려는 힘찬 기상으로 황금궁전을 향해 나아갔다. 그러고는 마야 왕비가 누워 있는 침대 주위를 오른쪽으로 세 번 돈 다음, 왕비의 오른쪽 옆구리를 헤치고 아기집 속으로 들어가 자리를 잡았다. 그 순간 세계가 크게 떨리더니 서른두 가지의 상서로운 징조가 나타났다.

온누리에 찬란한 빛이 가득 차더니 앞을 보지 못하는 이가 눈을 뜨고, 소리를 듣지 못하는 이가 소리를 듣고, 말문이 막힌 사람이 말을 하기 시작했다. 결박된 모든 이는 사슬에서 풀려났다. 지옥의 불도 다 꺼졌다. 아귀들은 굶주림과 목마름이 없어졌다. 축생들은 두려움을 느끼지 않고, 중생들은 병이 없어졌으며, 모두가 서로 정답게 되었다. 사방이 밝게 트였다. 부드럽고 시원한 바람이 불어왔다. 온갖 빛깔의 아름다운 연꽃이 흐드러지게 피었다. 공중에는 하늘의 음악이 울려 퍼지고, 세계는 하나의 꽃이 된 것처럼 향기에 감싸였다. 이때 도솔천에 있는 천신들은 상서로운 징조가 나타난 것을 보고 일생일대의 큰 변화가 일어날 것을 알아차렸다.

"이보시게. 우리는 오랜 세월 세따께뚜 보살님과 함께 도솔천에서 지내오지 않았나. 우리는 보살님께 고귀한 가르침을 듣고 괴로움의 고통에서 근본적으로 벗어나고자 하였네만 보살님께서 이제 인간세계로 내려가셨으니 이곳에서는 그분의 가르침을 더 이상 들을 길이 없겠네. 어찌하면 좋겠나?"

"보살님은 인간 세상에서 반드시 부처가 된 다음 진리의 가르침을 널리 전할 것이니 우리도 하늘의 즐거움에만 빠져 있을 게 아니라 인간세계로 내려가세나. 부처님의 가르침을 듣고 널리 전하도록 하세나."

"그게 좋겠네."

"우리도 내려가세나."

천신들의 의견은 이렇게 모아졌다. 그들은 앞서거니 뒤서거니 인간 세상으로 내려와 준비된 여인들의 아기집 속에 들기 시작했다.

022. 보살의 어머니가 늦은 나이에 아이를 가지다

잠에서 깨어난 왕비는 숫도다나왕에게 꿈 이야기를 했다. 왕은 기뻐하며 말했다.

"왕비, 상서로운 일이 일어날 모양이오. 내 나이 오십을 지났고 왕위에 오른 지도 삼십 년이 가까운데 후사가 없어 걱정이더니, 왕비의 꿈은 후사를 이을 태몽이 틀림없는 듯하오. 꿈풀이를 잘하는 유명한 바라문을 불러 물어보도록 합시다."

왕은 곧 전국에 명령하여 예순네 명의 유명한 바라문을 모이도록 했다. 왕은 그들 바라문에게 맛있는 음식 공양을 베풀고 새로 지은 옷과 값진 물건들을 선물한 다음, 왕비의 꿈에 대해서 물었다. 이야기를 들은 바라문들은 말했다.

"대왕님, 감축드리오이다. 이 꿈은 왕비께서 왕자 아기를 잉태하신 꿈이오이다. 만약, 왕자께서 왕위를 계승하면 나라를 크게 번성시키고 세계를 평정할 위대한 전륜왕轉輪王이 될 것이며, 집을 떠나 출가하게 되면 세상의 번뇌를 없애는 부처가 될 것입니다."

왕과 왕비는 기뻤다. 오래도록 아기가 없어 걱정하던 마음이 눈 녹듯 사라졌다. 마야 왕비는 꿈속에 본 흰 코끼리를 생

출산을 위해 이동하는 마야부인을 표현한 부조

각하면서 자신의 옆구리를 다시 한 번 손으로 어루만져 보았다. 왕은 그런 왕비를 흐뭇하게 바라보았다.

왕비는 보살을 잉태한 뒤로는 몸과 마음을 정갈하게 지켰다. 귀한 생명과 인연을 맺은 이 시기에는 무엇이든 지키는 게 중요했다. 왕비가 스스로를 철저히 지키자 하늘나라의 왕들은 보살과 어머니를 수호하기 위해 까삘라와스뚜의 왕궁을 지켰다. 이웃 나라의 병사들은 물론 마왕과 잡귀들도 얼씬하지 못했다. 나라 안은 태평하고 비바람도 순조로웠다. 풍년이 이어졌고 백성들은 안락했다. 왕비에 대한 백성들의 존경과 사랑은 날로 높아졌다. 왕자 탄생에 대한 기대도 그만큼 컸다. 사람들은 왕비의 순산을 기원했다.

"모쪼록 왕비님께서 순산하셔야 할 텐데…."

"나이 들어 아이를 가지셨으니 위험할 수도 있는데…."

왕비의 회임은 까삘라와스뚜에 새로운 분위기를 불러일으켰다. 현재의 공화정 체제를 대체하는 전제왕권 강화에 대한 요청이 터져 나왔다. 그 길만이 위급한 국제 정세에 대처할 수 있는 유일한 길이라고 생각하는 사람들 중에는 왕족과 대신들도 많았다. 이들은 신에 대한 제사와 숲속 수행을 통해 영향력을 유지하던 바라문들과는 달랐다. 새로운 여론은 현실 판단을 냉철하게 했다. 그러기 위해서라도 특별한 왕이 필요했다. 전설의 전륜성왕. 민족과 국가의 안녕과 번영을 위해서는 위대한 왕이 탄생해야 했다. 그것이 샤까족의 꿈이었다. 왕비의 회임은 그 꿈의 새로운 가능성에 불을 당겼다. 반드시 왕자여야 했다. 그것이 모든 샤까족의 희망이었다.

위대한 왕자님이 나오실 테니
우리도 강한 나라가 되어 보세

꼬살라도, 마가다도 넘보지 못할
커다란 흰 코끼리의 전륜성왕

우리는 위대한 왕을 기다린다네
세계를 정복하는 우리는 샤까족

해산달이 가까워지자 왕비는 풍속에 따라 친정에 가서 아기를 낳을 계획이었다. 그녀는 왕에게 나아가 말했다.
"아기 낳을 때가 되었습니다. 이제 친정이 있는 꼴리야(Koliyā)성으로 가서 샤까족의 왕손을 낳고자 합니다."
왕은 기꺼이 승낙했다. 왕은 사람들을 시켜 꼴리야성으로 가는 길을 잘 고치게 한 다음, 황금수레에 왕비를 태워 보냈다. 왕은 대신과 병사들로 하여금 왕비를 보호하게 하고, 많은 궁녀들로 하여금 시중을 들게 했다.

제5장

룸비니 동산에서 나다

023. 아기 붓다가 태어나다

늦은 봄 화창한 날씨였다. 왕비 일행은 까삘라와 꼴리야의 경계에 이르렀다. 저 멀리 히말라야의 웅장한 봉우리들이 흰 눈을 이고 우뚝우뚝 솟아 있었다. 일행이 도착한 작은 동산에는 이름 모를 꽃들이 한창이었다. 뭇 새들은 왕비 일행을 축복하는 듯 지저귀며 날아다녔다. 왕비가 말했다.

"여기가 어디냐?"

"룸비니 동산입니다."

"아름답구나. 잠시 쉬어가자."

마침 가까운 곳에 무우수無憂樹나무 꽃이 활짝 피어 진한 향기를 내뿜고 있었다. 무우수는 '슬픔이 사라진 나무', '근심이 없는 나무'라는 말뜻을 가지고 있었다. 왕비는 자기도 모르게 나무를 바라보며 기도를 올렸다.

나무야, 네가 근심이 없다면
내게 근심 없는 마음을 다오.

나는 세상 근심을 없애주는
위대한 왕자를 낳고 싶단다.

왕비는 황금수레에서 내려 꽃나무 가까이 다가섰다.
'잊고 싶다. 세상 모든 근심 걱정…'
그녀는 화창하게 피어 있는 꽃가지를 향해 손을 뻗쳤다. 그때였다. 왕비가 갑자기 산기를 느낀 건 꽃가지에 손이 닿는 순간이었다. 왕실 궁녀가 급히 소리쳤다.
'서둘러라!'
일행은 바쁘게 움직였다. 나무 아래 휘장을 치고 임시 산실을 마련했다. 왕비는 속마음으로 기도했다.
'마음 실은 손이 가 닿으니 바라는 일이 이루어지려나 보네!'
'헌데 어쩌나! 여기는 궁전도 아니고 길 한복판인 걸!'
진통은 빨리 진행되었다. 왕비는 '근심이 없는 나무' 꽃가지를 잡고 선 채로 아기를 낳았다. 청정한 마음을 가진 하늘의 왕 대범천이 황금 그물을 가지고 와서 아기를 받았다. 사람들 눈에는 잘 보이지 않았다. 아기는 비단에 싸인 진주처럼 빛나

부처님의 탄생. 무불상주의 표현으로
부처님을 신하 4명이 든 수건 위의 발자국으로 표현하고 있다.

는 몸으로 어머니의 태를 매끄럽게 빠져나왔다.

그때 임시로 만든 산실 앞의 땅에서 두 줄기 물이 솟아올랐다. 하나는 차고 다른 하나는 따뜻했다. 산모는 이 물로 몸을 씻었다. 갓 태어난 아기도 마찬가지였다. '뿌스까리니(puṣkariṇī) 연못'으로 불리는 이 물은 지금도 있는데 '싯다르타의 연못'이라는 뜻이다.

잠시 뒤 시종들이 룸비니의 동남쪽을 흐르는 기름강[유하油河]의 향유로 아기를 목욕시켰다. 이 장면이 그대로 전승되어 '부처님 오신 날' 아기 붓다를 물로 씻어주는 관욕灌浴 문화로 이어지게 된다. 『맛지마니까야』에는 천신들이 하늘에서 내려오는 차고 따뜻한 두 줄기 물길로 아기의 몸을 씻어주었다고 한다. 땅에서 솟는 샘물에 대응하는 이야기 구조를 만들기 위해서 창안되었을 가능성이 크다. 천신들은 힘든 산고를 이겨낸 왕비를 향해 말했다.

"왕비님, 기뻐하십시오. 왕자님이십니다! 위대한 태자께서 출생하셨습니다."

사천왕은 부드러운 양피 옷을 가져왔다. 황금 그물에 싸인 아기에게 이 옷을 입힌 다음, 아기를 사람들 손으로 옮겨 땅에 내려서도록 했다. 아기는 동쪽을 바라보았다. 동쪽은 크고 환하게 트여 눈이 시원했다. 하늘에서는 상서로운 빛줄기가 아기를 향해 뻗쳐오고 있었다. 모두가 천막 산실을 향해 꽃과

붓다가 태어난 장소인 네팔 룸비니 마야데비 사원의 내부

향을 올리며 아기의 탄생을 찬탄했다.

> 하늘의 꽃들을 공양하오며
> 부처님 탄생을 기뻐합니다.
>
> 지상의 향들을 공양하오며
> 부처님 탄생을 찬탄합니다.
>
> 위대한 보살을 낳으시고도
> 인간의 피곤함 없으시리니
>
> 이제 샤까의 마야부인님은
> 성스러운 어머니가 되셨네.

아기는 동쪽을 향해 걸음을 떼기 시작했다. 옮기는 발걸음마다 연꽃이 솟아올랐다. 희고 커다란 햇빛 가리개, 보배 총채, 흰 옷에 걸친 아름다운 구슬 목걸이들…. 사람들은 전륜성왕을 상징하는 물건을 들고서 아기를 뒤따랐다.

아기는 일곱 걸음을 내디딘 뒤 멈춰 섰다. 한 손은 하늘을, 다른 한 손은 땅을 가리키며 외쳤다. 그 소리는 땅을 떨게 하고 하늘까지 뻗치더니 마침내 지옥 전체를 울렸다.

천상천하天上天下
유아독존唯我獨尊

삼계개고三界皆苦
아당안지我當安之

이 세상에
존귀한 것은 오직 나!

세상이 고통 속에 있으니
내가 편안하게 하리라.

  세상 모든 고통 없애는 부처님만이 위대한 성인이라는 선언이었다. 또한 이런 뜻도 있었다. 모든 생명이 차별 없이 존귀하다는 생명 존중의 선포! 신 중심, 계급 중심의 당대 사회에서 하나하나의 생명이 그 어딘가에 예속되지 않고 스스로 존엄하다는 사상은 새로운 세상의 도래를 의미했다.

  아기가 일곱 걸음을 걸었다는 이야기는 사실이라기보다 상징적인 사건으로 해석하는 게 합리적이다. 불교는 이 세상을 여섯 가지의 단계[육도六道]로 구분한다. 모든 생명체는 천상·인간·수라·축생·아귀·지옥의 세계를 끊임없이 오가며 살아간다. 한 개체의 생명이 소멸한 뒤 다른 개체의 생명으로 다시 태어난다. 지구 중력권 안에서 물이 수증기가 되었다가 구름이 되었다가 비가 되어 내리고 또는 눈이 되고 얼음이 되고 하는 현상과 비슷하다.

이렇게 무한 반복하며 살아가는 삶을 윤회라고 부른다. 윤회가 곧 괴로움[고苦]이며 이를 벗어나는 게 해탈이다. 해탈은 여섯 세계라는 무한 반복 순환 궤도에서 튕겨 나가는 경지이다. 물의 에너지 변이체들이 지구 중력권을 벗어나는 것과 유사한 특성을 가진다. 다시는 순환 반복하는 궤도 속으로 돌아오지 않는다.

이런 생각이 아기의 걸음걸이에 반영되었다. 아기가 일곱 걸음을 걸은 것은 육도윤회를 벗어나 '한 걸음 더' 나아가 해탈에 이른다는 불교의 핵심 사상을 상징적으로 표현한 것이다.

024. 아시따 선인이 슬퍼하다

왕비의 해산 길을 보살피던 까삘라 왕국의 수행원들은 수레를 돌려 아기와 왕비를 모시고 까삘라성으로 돌아가기 위해 출발했다. 무사히 해산을 하고 건강한 왕자까지 탄생했으니 왕비의 친정인 꼴리야성까지 굳이 갈 필요가 없었다. 왕비의 수레보다 한 걸음 앞서 성에 도착한 궁녀는 왕에게 왕자 탄생 소식을 전했다.

"오오, 이렇게 기쁠 수가! 왕자임이 분명하렷다? 왕비도 건강하더냐?"

"여부가 있겠습니까. 왕비와 왕자님 모두 건강하십니다."

"조상님 감사합니다. 제 나이 오십이 넘어 왕자를 가지게 되었으니 이제라도 조상님 뵈올 면목이 생깁니다. 왕자로 하여금 장차 이 나라를 더욱 강성하게 하겠나이다. 힘 약한 나라의 서러움을 씻어내도록 하겠나이다. 조상님이여, 부디 보살펴주소서."

왕은 샤꺄족 사당에 들어가 조상께 감사의 예를 올리고 서둘러 왕비 일행을 마중하러 갔다. 왕궁에 가만히 앉아서 기다릴 수 없었다.

왕의 기쁨은 무엇에도 비길 수 없었다. 왕자를 맞이한 백성들 역시 왕자 탄생을 경축하며 기쁨을 한껏 누렸다. 골목길의 아이들은 바라문의 예언으로 동요를 만들어 불렀다. 한 아이가 1절을 부르면 다른 아이가 2절을 부르는 식이었다.

새 왕자님이 태어나셨으니
우리는 이제 근심이 없네.

샤까족은 왕위를 계승하고
이 나라는 강성대국이 되리.

새 왕자님이 태어나셨으니
우리는 이제 걱정이 없네.
그분은 왕위를 버리고 나가
모두를 구하는 성자가 되리.

이 무렵, 히말라야 깊숙한 곳에 한 도인이 살고 있었다. 세상과 인연을 끊고 수도에만 전념하는 은거자였다. 그는 많은 백성들의 존경과 흠모를 받는 아시따(Asita) 선인仙人이었다. 아시따 선인은 멀리 까삘라성에 서린 서기瑞氣와 서른두 가지 상서로운 징조를 자기 수행처에서 보았다. 샤까족의 나라에 특별한 왕자가 탄생한 것을 알았다. 선인은 어린 조카 날라까(Nālaka)를 데리고 왕궁으로 가서 왕자를 뵙고자 청했다. 왕은 흔쾌히 허락했다. 왕자의 상相을 보아 달라는 조건이 붙었다.

백발이 성성한 선인은 왕자를 두 팔에 안았다. 그리고는 얼굴을 유심히 들여다보았다. 이윽고 선인은 왕자를 자리에 눕힌 다음 일어나서는 왕자를 향해 합장 예배했다. 왕과 대신들과 거기 모인 사람들은 아시따 선인의 행동을 숨죽이며 지켜

보고 있었다.

'대인의 거룩한 모습을 완전히 갖춘 아기다.'

선인의 눈은 빛났다. 미소는 얼굴 가득 번져갔다. 그가 아는 한 이 같이 훌륭한 보살은 태어난 적이 없었다. 먼 미래의 일정 기간에도 태어나지 않을 것이 분명했다. 선인은 생각했다.

'이 보살은 부처가 될 것인가 전륜성왕이 될 것인가. 수만 년을 거듭 태어난다 해도 전륜성왕이나 부처님의 모습 중 한 가지라도 갖추기 어려운데, 이 보살은 두 가지 모습을 다 갖추고 있으니 참으로 불가사의한 탄생이다. 그러나 이 보살은 반드시 부처가 될 것이니 나는 장차 부처가 될 보살을 눈앞에 보고 있구나!'

선인의 얼굴에는 감격이 넘쳤다. 그러나 다음 순간 그는 또 이렇게 생각하며 게송을 읊었다.

나는 너무 오래도록 살았구나, 어쩌면
하늘의 구름보다 오래 떠도는지 몰라.

늙고 병들어 이제 죽음의 땅으로 가리니
아기보살이 위대한 성자가 되었을 때
붓다의 설법 직접 들을 수 없어 애통해라.

훌륭한 보살이 붓다 되시는 걸 못 보다니
수천 생을 살아도 붓다 뵙기 어려운데
좋은 인연을 금생의 발아래 두고도
거룩한 말씀을 직접 들을 수 없다니

낡은 헝겊 자루 같은 내 몸뚱이가
오늘 아침 바람에 더욱 애달프구나!

선인의 얼굴은 갑자기 흐려지고 슬픔으로 일그러지기 시작했다. 조금 전까지 기쁨으로 빛나던 두 눈에서는 눈물이 주르륵 흘렀다. 사람들은 놀라고 당황했다.

'무슨 일이지? 설마 나쁜 징조라도 있는 건가? 위대한 성자가 저토록 비통해 하시다니 이게 무슨 일일까?'

참다못한 왕이 먼저 말을 꺼냈다.

"아시따 선인, 조금 전까지는 기뻐하며 웃으시더니 이제는 어찌하여 눈물을 보이시는지 그 까닭을 말씀해 주시오. 왕자에게 무슨 좋지 않은 일이라도 있습니까?"

"아닙니다. 대왕마마, 아무런 문제도 없습니다. 왕자는 온 세계를 지배하는 전륜성왕도 갖추지 못한, 부처님만이 지니는 서른두 가지 위인의 상과 여든 가지 훌륭한 상을 다 갖추었습니다. 왕자는 출가하여 위대한 성자가 될 것입니다. 하지만 저는 너무 늙어 오래지 않아 죽을 것입니다. 왕자가 위대한 깨달음을 이루는 것을 볼 수 없고, 또 그 가르침을 듣고 제도 받을 수 없다는 것을 생각하니 이런 안타까운 일이 어디 있겠습니까. 그것이 슬퍼서 저도 모르게 그만 눈물을 흘리고 말았습니다."

왕은 왕자가 전륜왕보다 뛰어난 상을 지녔다는 선인의 이야기가 기뻤다. 많은 바라문들이 이미 태몽 꿈풀이 때부터 하던 이야기가 아닌가. 왕위를 이으면 세계를 통일하는 위대한 제왕이 된다고 말이다. 약소국의 설움을 안고 있던 까삘라의 국왕으로서는 꿈에 그리는 세상이 펼쳐지는 것이다. 그러나 왕자는 위대한 성자가 될 수도 있다고 했다. 그 조건은 왕위를 버리고 출가 수행자가 되는 것이었다. 일반 사람들에게는 이 길이 좋은 길일 수도 있지만 왕의 입장에서는 왕자가 왕위를 버리고 출가한다는 상황은 끔찍한 일이었다.

새로 태어난 왕자에 대한 바라문과 도인의 예언은 대체로 일치했다. 오늘 아시따 선인은 보다 확실하게 말했다. 전륜성왕도 갖지 못한 위대한 특징을 가졌으니 이 왕자는 반드시 붓다가 된다고 했다. 그리고 자기는 이 아기보살이 붓다가 될 때까지 살지 못하는 것을 알고 그것이 너무 아쉽다고 눈물을 보이는 중이었다. 왕은 기쁘기도 했고 불안하기도 했지만 내색하지 않았다. 왕은 아시따 선인을 위해 잔치를 베풀고 많은

아시따 선인의 방문.
무불상주의 표현으로 부처님을
신하가 든 수건 위의 발자국으로 표현하고있다.

금은과 비단옷을 주었다. 그러나 선인은 거절했다.

"대왕마마, 저는 이미 늙었습니다. 제 목숨은 아침 이슬과 같고 저녁 안개와도 같습니다. 금은과 좋은 옷은 가져 무엇 하겠습니까. 가난하고 병든 백성들에게 나눠주시면 대왕마마와 왕자님의 복덕이 커지실 것이옵니다."

선인은 이렇게 말하고 자리에서 일어나 왕궁을 나왔다. 돌아오는 길에서 아시따 선인은 조카에게 말했다.

"날라까야, 오늘을 잊지 말거라. 너는 아직 젊지 않느냐. 왕자가 출가하여 부처가 되는 것을 볼 수 있을 것이다. 너는 왕자가 부처가 되거든 출가하여 그의 제자가 되어라."

025. 어머니가 돌아가시다

왕자가 태어난 지 닷새째 되는 날이었다. 아기의 이름을 짓는 의식이 거행되었다. 왕은 손수 왕자의 머리를 씻겼으며, 네 가지 향을 왕궁에 바르고 여러 가지 꽃을 뿌렸다. 유명한 바라문 8백 명을 전국 각지에서 초대하여 온갖 맛난 음식 공양을 올린 뒤에 왕은 특별히 가려 뽑은 여덟 바라문으로 하여금 왕자의 상을 보게 하였다.

왕은 새로 태어난 왕자가 출가하여 붓다가 되지 않고 전륜왕이 된다는 이야기를 듣고 싶었으리라. 여덟 바라문은 보살이 어머니의 태 안에 있을 때 꿈풀이를 했던 예순네 명 바라문들의 대표였다. 그들 가운데 일곱은 왕자의 상을 보고 이렇게 말했다.

"이러한 모습을 갖춘 이는 가정에 있으면 전륜왕이 될 것이며, 집을 떠나면 부처가 될 것입니다."

그리고 전륜왕의 영광을 하나하나 친절하게 설명했다. 꿈풀이 때보다 상세했다. 젊은 바라문 꼰단냐[교진여憍陳如]만은 예외였다.

"왕자님은 결코 가정에 머물지 않을 것입니다. 이분은 번뇌의 껍질을 확실히 벗고 마침내 붓다가 될 것입니다."

왕은 꼰단냐 바라문에게 물었다.

"왕자가 집을 버리고 출가하는 원인은 무엇이오?"

젊은 바라문 꼰단냐는 잠깐 침묵했다. 이걸 말씀드려야 하나 망설였던 것이다. 그러나 위대한 성자의 운명을 놓고 왕 앞에서 자기가 본 것을 이야기하지 않을 수 없었다.

"대왕이시여, 꼰단냐가 본 것을 말씀 올리겠나이다. 비록 외람되어도 제 혀를 나무라지 마소서. 대왕마마, 왕비께서는 이 세상에 오래 머물지 않으실 것이옵니다. '근심 없는 나무'의 꽃가지를 잡고 왕자님을 처음 출산하실 때에는 무탈하셨으나 전생의 숙연으로 인해 일찍 운명하실 것이옵니다. 왕자는 어머니 없이 다른 이의 보살핌 속에서 성장하게 되오며 자라면서 어머니의 죽음을 깊이 생각하게 되옵니다. 그리고는 인생의 무상함을 깨닫고 그 원인과 결과를 살피려 하실 것입니다. 대왕께서 아무리 막으려 하셔도 생로병사의 근본 문제를 해결하려는 왕자님의 높은 뜻을 어찌할 수 없사옵니다. 왕자님은 마침내 나지 않고, 늙지 않고, 병들지 않고, 죽음이 없는 도를 얻기 위해 궁성을 떠나 출가할 것입니다."

왕은 젊은 바라문 꼰단냐의 말이 마음에 걸렸다. 특히 왕비의 이른 죽음이 왕자의 출가 원인이 된다는 말은 듣지 않는 것만 못했다. 그러나 다른 일곱 바라문들이 전륜왕에 좀 더 방점을 두고 이야기했으므로 왕은 꼰단냐의 말에 크게 괘념치 않기로 했다.

바라문들은 새로 태어난 아기의 이름을 짓기 위해 머리를 맞대고 상의했다. 왕자의 이름은 싯다르타(Siddhārtha)로 정해졌다. '모든 일이 이루어진다'는 뜻이었다. 왕은 새 왕자의 이름이 만족스러웠다. 왕은 왕자 탄생을 공식적으로 선포하고 죄수를 사면하였으며, 많은 재물을 풀어 가난한 백성을 위해 보시했다. 왕궁과 나라 안팎의 여러 일들이 잘 이루어졌으며 백성들은 행복했다.

그러나 왕의 마음 한쪽은 어쩔 수 없이 우울했다. 왕비가 오래 살지 못하리라는 젊은 바라문의 이야기가 자꾸만 마음에 걸렸다. 왕은 이렇게 행복한 나날 중에 왕비가 이승을 떠난다는 것을 믿을 수 없었다. 태자를 낳은 지 7일이 되는 날, 왕은 왕비의 침전을 찾았다.

"몸은 좀 어떠시오? 아기가 모유는 잘 먹습니까?"

왕비는 지금까지 살아오는 동안 그 어느 때보다 다정하고 사랑스러운 눈빛으로 왕과 왕자를 바라보면서 부드러운 목소리로 말했다.

"대왕님, 저는 오랜 옛날 도솔천 내원궁에서 행복한 나날을 보내다가 이 땅에 왔습니다. 제가 온 이유는 오직 보살을 잉태하기 위해서였지요. 수많은 세월 동안 쌓은 인연으로 우리는 이 세상에서 부부가 되어 보살을 낳게 된 거랍니다. 지금은 그 숙원을 성취하여 인연이 다하였으니 저는 이제 다시 도솔천으로 돌아가야 하옵니다."

왕은 놀라고 슬퍼서 어찌할 바를 몰랐다.

"부인, 어린 태자를 두고 부인이 먼저 떠나시다니, 어찌하여 그 같은 말씀을 하시오. 그대와 내가 함께 정을 나눈 이 세상이 저 하늘의 도솔천보다 못하다는 말씀입니까. 나는 그대를 사랑하오. 늙은 나를 보아서라도 이러시면 안 됩니다."

왕은 애절한 마음으로 부인을 향해 호소했다. 보살을 낳는 게 이 세상에 온 이유란다. 그러면 부부로서의 애틋한 정은 중요하지 않다는 것인가. 아기만 나으면 하늘나라로 돌아가겠다는 말은 왕 자신에게는 너무 가슴 아픈 이야기였다.

"대왕님, 변하는 모든 것은 인연을 좇아 만났다가 인연이 다하면 헤어지는 것이오니 슬퍼하지 마십시오. 태자의 양육은 제 동생인 마하빠자빠띠(Mahāpajāpati)에게 맡기십시오. 이도 또한 전생부터 정해진 인연이옵니다."

붉고 아름다운 동백꽃이 툭 하고 송이 채로 떨어지듯 한목숨이 떨어졌다. 임종의 순간은 꽃이 지는 순간처럼 아름답고 고요했다. 마야 왕비는 말을 마치자 홀연히 이승을 떠났다. 왕의 슬픔은 이루 말할 수 없었다. 입술을 깨물며 사랑하는 아내를 위해 기도를 올렸다. 살아서는 얼굴 마주 보고 못다 한 말이었다.

나의 연인, 사랑하는 그대여, 마야여!
전생부터 정해진 인연이 다 무엇이요.

그대 대신 새로 난 왕자를 본다한들
이승의 아름다운 인연 어찌 잊으리오.

하늘의 만다라꽃 핀 정원에 가시거든
그대 고운 눈빛처럼 이따금 뿌려주시오.

전생의 인연 때문이라고 했지만 젖먹이 아이를 떼어놓고 산모가 먼저 간 이유는 여러 가지가 있겠다. 그중에 가장 큰 것은 안락한 왕궁이 아닌 길에서 아이를 낳은 후 충분한 휴식 없이 왕국으로 돌아온 까닭이었다. 산모의 몸조리는 지중해서 누구도 예외가 없는 법이다. 무탈하게 출산했다고는 하나 예로부터 산모의 출산은 생명이 오락가락하는 위험한 일이었다. 더구나 산후조리가 충분하지 않은 상태로 수레를 타고 길을 나서는 일은 위험천만한 일이었다. 아기는 왜 하필 길 가는 도중에 태어났을까.

일설에 태자가 어머니의 옆구리를 통해 세상에 나왔다는 이야기를 미루어 지독히 위험한 난산을 거론하기도 한다. 그러나 이런 이야기는 고대 인도의 신분을 나타내는 문화가 출산 풍속에 반영된 결과일 뿐이다. 『웨다(Veda)』경전에 따르면 사람은 신격인 브라흐마(Brahmā, 범천梵天)의 신체에서 각각 출생하는데 계급에 따라서 태어나는 위치가 다르다. 성직자인 바라문 계급은 입으로, 왕족인 끄샤뜨리야 계급은 옆구리로, 평민인 바이샤 계급은 허벅지와 무릎을 통해, 그리고 최하층민인 수드라 계급은 발바닥을 통해 태어난다. 이로 보면 까삘라의 왕자가 그 어머니의 옆구리를 통해 태어났다는 이야기는 아기의 신분을 나타내 주는 설화인 셈이다.

왕비는 사랑하는 지아비와 젖먹이 갓난아이를 남겨두고 가뭇없이 떠났다. 호사다마好事多魔라 했던가. 하나의 큰 기쁨 뒤에 또 다른 큰 슬픔이 찾아왔다. 자연의 법칙인지도 몰랐다. 까삘라 왕국은 왕자를 얻은 대신에 왕비를 떠나보냈다.

어머니가 이승을 떠난 뒤 왕자는 이모 마하빠자빠띠의 정성스러운 양육을 받으며 자랐다. 이것은 마야 왕비의 여동생이 언니를 대신하여 왕비가 되었다는 뜻이며, 왕자의 양육도 자연스레 돌보게 되었다는 의미이다. 이 모든 것은 까삘라 왕국의 풍습이었다.

026. 숫도다나왕에게 근심이 생기다

왕자의 양육을 맡은 마하빠자빠띠는 자기 배를 앓아 왕자를 낳지 않았으나 헌신적으로 돌보았다. 왕의 특별 명령으로 서른두 명의 시녀들이 태자를 돌보는 임무를 도왔다. 그러나 마하빠자빠띠는 여간해서는 시녀들에게 왕자를 맡기지 않았다. 그녀는 왕자를 손수 씻기는 일을 좋아했다. 까시(Kāśi) 지방에서 나는 전단향을 따뜻한 물에 풀어 아침저녁으로 왕자를 씻기는가 하면, 역시 같은 지방에서 생산되는 최고급 비단으로 옷을 만들어 입혔다.

왕자는 총명하고 상상력이 풍부했다. 성격은 원만하고 인자했으며 사람을 차별하지 않고 사랑을 베풀었다. 왕자는 어린 나이에도 무슨 일에나 열심이었고 철저했다. 새벽 일찍 일어나 자신이 할 일을 미리 해내는 성품이었다. 왕자는 또한 반듯했다. 사람을 볼 때는 언제나 고개를 들어 그 눈을 바로 바라보았으며, 함부로 말하거나 경솔하게 행동하지 않았다. 식사 예절도 깍듯해서 음식물을 허투루 낭비하거나 흘리지 않았다.

재상의 아들 깔루다이와 후일 왕자의 마부가 되는 찬나는 왕자와 동갑내기 친구인데다가 생일까지 같았다. 왕자는 찬나를 비롯한 친구·친척들과 함께 왕궁의 뜰에서 씩씩하게 뛰놀았다. 왕과 왕비의 낙은 굳센 니그로다 나무처럼 성장하는 왕자를 바라보는 일이었다.

왕자가 열 살이 되었을 때 왕궁 안에서 작은 파문이 일어났다. 그것은 작은 움직임이었지만 점점 커져서 까삘라 왕국을 덮어버렸다. 왕자의 친구와 몇몇 친척들이 옹기종기 모여 이야기를 나누는 가운데 왕자가 상상도 못 한 이야기가 귀에 들려왔다.

"우리 왕자님은 왕비마마가 자기를 낳아준 엄마가 아니라는 걸 모른대."

"그래? 친어머니가 출산 직후에 돌아가신 걸 아직 아무도 알려주지 않은 거야?"

"왕자님을 낳으실 때 많이 힘드셨다며?"
"그것 때문에 돌아가신 거야?"
"다들 쉬쉬하지만 그런가 봐."
"우리도 이런 말 입 밖에 내면 안 되는데…"

이야기를 우연히 듣게 된 왕자의 가슴에 파도가 일기 시작했다. 자기를 낳은 후유증으로 어머니가 돌아가셨다니! 지금의 어머니가 친어머니가 아니고 길러준 어머니라니! 왕자는 얼굴조차 모르는 돌아가신 어머니에게 미안하기도 했고 어머니가 그립기도 했다. 현재의 어머니는 그럼 무언가. 진짜 어머니가 아니라면 양어머니는 어머니가 아닌 것인가. 왕자는 갑자기 혼란스러워졌다.

분명한 건 한 생명이 탄생하면서 한 생명이 떠났다는 사실이다. 모든 면에서 반듯하고 씩씩하던 왕자는 점차 말이 없어졌다. 또래의 친구나 친척들이 자기들끼리 은밀하게 주고받은 이야기 때문에 왕자는 시름에 잠기는 시간이 많아졌다. 열 살 소년이었지만 왕자는 죽음의 문제에 맞닥뜨려 정면 대결하려는 마음의 씨앗을 심게 되었다.

어머니는 왜 나를 낳고 돌아가셨나
내가 이 세상에 나오지 않았으면
돌아가실 일도 없으셨을 텐데

나로 인해 귀한 목숨을 버리셨도다.

이 괴로움이 어찌 내게만 있겠는가
누구도 예외 없이 이별해야 하는 법
나고 늙고 병들고 죽는 길은
영원히 피할 수가 없다네.

왕자는 존경과 복종의 대상이기도 했지만 질투의 대상이기도 했다. 왕자는 모든 면에서 출중하고 완벽했다. 도무지 따라갈 수가 없었다. 그렇다고 어찌 감탄만 하겠는가. 또래 소년들의 질투심이 왕자의 아픈 곳을 파고들었는지도 모른다.

'왕자는 모든 면에서 뛰어나지만 친엄마는 없지! 우리 엄만 진짜 엄만데!'

으슥한 곳에서 말을 주고받던 소년들의 마음속에는 이런 모습도 있었다. 사람살이의 자연스러운 현상이었다. 이 사건 이후로 왕자의 태도가 내성적으로 바뀌자 숫도다나왕의 근심도 커졌다. 꼰단냐 바라문의 예언이 아지랑이처럼 아른아른 떠올랐다.

"대왕마마, 왕비께서는 이 세상에 오래 머물지 않으실 것이옵니다. '근심 없는 나무'의 꽃가지를 잡고 왕자님을 처음 출산하실 때에는 무탈하셨으나 전생의 숙연으로 인해 일찍 운명하실 것이옵니다. 왕자는 어머니 없이 다른 이의 보살핌 속에서 성장하시게 되오며 자라면서 어머니의 죽음을 깊이 생각하게 되옵니다. 그리고는 인생의 무상함을 깨닫고 그 원인과 결과를 살피려 하실 것입니다. 대왕께서 아무리 막으려 하셔도 생로병사의 근본 문제를 해결하려는 왕자님의 높은 뜻을 어찌할 수 없사옵니다."

백색의 설산. 히말라야 산 기슭에 자리 잡은 까삘라성에도 봄은 왔다. 여기저기 봄꽃들이 활짝 피기 시작했고 새들은 하늘을 마음껏 날아다녔다.

'나무야, 네가 근심이 없다면 내게 근심 없는 마음을 다오. 나는 세상 근심을 없애주는 위대한 왕자를 낳고 싶단다.'

마야 왕비가 아쇼까 나무를 향해 마음속으로 기도하며 낳은 아들은 그러나 세상의 모든 근심을 없애기 전에 자기 근심에서 헤어날 줄 몰랐다. 봄 들판에 고개를 내미는 새싹처럼 왕자의 슬픔은 그의 삶을 뚫고 나와 자라나기 시작했다. 숫도다나왕은 분위기 전환이 필요했다. 왕자의 마음을 돌릴 수 있는 일이라면 뭐든 해야 했다.

'태자로 책봉하자. 그리고 왕궁 바깥 세상을 구경시켜 주자. 지금까지와는 전혀 다른 세상의 모습을 보면 기분이 좋아질지도 모른다.'

『불설중허마하제경』에는 이렇게 기록되어 있다.

싯다르타가 열두 살이 되던 2월 8일, 왕은 사해의 물을 태자의 머리 위에 붓고 칠보 도장을 맡기면서 큰북을 치며 소리 높여 외쳤다.

"싯다르타를 태자로 삼노라!"

027. 소년 싯다르타가 처음으로 선정에 들다

왕은 태자 책봉식을 거창하게 치루고 곧바로 이를 백성들에게 선포했다. 때마침 '농민의 날' 행사가 다가왔다. 왕은 태자와 신하들을 데리고 들판에 나가 첫 삽을 흙에 꽂았다. 농업국인 까삘라 왕국의 밭갈이 시작을 알리는 전통 풍습이었다. 그 전에 이미 왕명이 떨어졌다.

"이번 축제일에는 태자도 함께할 것이니라. 준비를 철저히 하라. 길거리를 깨끗이 치우고 병자들과 노인들이 눈에 띄지 않도록 할 것이며, 제단은 아름답고 화려한 꽃들로 장식하라."

태자는 왕궁을 벗어나 농부들이 사는 마을까지 내려갔다. 왕궁 밖의 전원 풍경은 싱그럽고 아름다웠다. 사방 천지에 초록이 눈부시고 시냇물은 즐거운 소리를 내며 흘러갔다. 꽃과

쟁기축제와 붓다의 첫 선정을 표현한 불화

새와 벌과 나비들이 이 아름다운 세상의 주인공 같았다. 태자는 농부들이 땀 흘리며 일하는 모습을 가까이에서 지켜보았다. 그들은 벌 나비들보다 힘들어 보였다. 모습은 초췌하고 피부는 검고 거칠었으며 얼굴 표정에는 근심과 괴로움만 어른거렸다. 태자는 일행에서 조용히 빠져나와 농부들 곁으로 다가갔다.

"농사일이 많이 힘드시지요?"

"귀한 집 자제분이신 모양인데, 우리같이 천한 사람들 밭일 하는걸 뭐하러 보러 오셨나요. 도련님은 우리들한테 관심 가지지 마시고 부모님 말씀 잘 듣고 성안의 일이나 잘 돌보시지요."

"그래도 좀 쉬어가면서 하세요."

"일하지 않고 쉬면 세금은 누가 낸답니까? 나라에서 모두 거둬 가는데. 우리는 뼈빠지게 일해도 남는 게 없어요. 이 나라의 왕자님은 장차 전륜성왕이 되셔서 부강한 나라를 만들고 백성들 모두를 평안하게 해주실 거라던데, 언제나 그런 날이 올는지 원….”

싯다르타는 농부들의 처지가 자기와는 많이 다르다는 것을 알게 되었다. 성 밖을 벗어나 고생하며 사는 사람들의 모습을 처음 본 터였다. 농사일이 평화롭고 행복해 보였지만 실상은 그렇지 않다는 것도 알았다.

뜨거운 햇볕 아래서 고된 일을 하고 있는 농부들을 본 싯다르타의 마음은 잠시 어두워졌다. 왕족과 귀족들은 맛난 음식과 아름다운 옷과 좋은 집에서 행복하게 사는 반면, 농부들은 거친 음식과 지저분한 옷과 움막 흙집 같은 곳에서 불행하게 살고 있었다. 사람이라고 다 같은 사람이 아니었다. 차별이 있었고 계급으로 나뉘었다. 태자의 눈에 눈물이 그렁그렁 차오르기 시작했다. 모든 것을 냉정하게 통찰하던 태자에게 순수한 연민이 처음 찾아온 순간이었다.

그때 농부의 쟁기 끝에 파헤쳐진 흙 속에서 벌레가 꿈틀거렸다. 새 한 마리가 갑자기 날아들더니 벌레를 쪼아 물고 공중으로 날아갔다. 순식간에 한 생명이 사라졌다. 살아 꿈틀거리던 생명이 눈앞에서 금세 사라지는 장면은 충격적이었다.

저 벌레는 왜 새한테 먹혀야 하나? 새는 또 저 벌레를 먹지 못하면 굶주려 죽을 거 아닌가? 이번에는 삶과 죽음에 대한 거대한 의문이 태자의 몸을 휩싸고 돌았다. 태자는 가슴이 답답했다. 머릿속은 온통 헝클어지고 목이 콱 메어 와 울음도 나오지 않았다. 어머니의 죽음을 알고 난 뒤의 충격이 채 가시기도 전에 더 큰 마음의 불길이 일어나기 시작했다.

태자는 그곳에 더 이상 머물 수 없었다. 방금 눈앞에서 일어난 일을 생각하면서 일행을 떠나 숲으로 발길을 옮겼다. 태자가 가는 길은 은밀하고 조용해서 아무도 눈치채지 못했다. 숲속 깊숙이 들어가니 아름다운 나무가 보였다. 잠부나무(jambu, 염부수閻浮樹)였다. 나무는 땅과 하늘을 이어 주는 기둥 같았다. 시원한 그늘을 드리워 걱정거리가 많은 사람들의 머리를 식혀주는 듯했다. 바람이 부드럽게 불어오자 나뭇잎들이 속삭였다.

> 사랑하는 아들아,
> 무슨 문제가 있니?
>
> 마음이 그렇듯이
> 몸에 열이 있구나.

여기는 시원한 그늘이니
내 품에 와서 쉬어라.

그 소리는 마치 세상을 떠난 다정한 어머니의 목소리와도 같았다. 마음속에서 어머니의 목소리가 들리자 슬픔이 밀려오기 시작했다. 그리고 어린 태자의 가슴에 여러 갈래의 문제가 한꺼번에 뒤얽혔다. 먹고살기 위해 뙤약볕 아래서 땀을 흘리며 일하던 농부들, 흙속에서 나와 꿈틀거리던 벌레, 그 벌레를 물고 사라진 날짐승 등 모든 것이 뚜렷하게 눈에 어른거렸다.

'어째서 살아 있는 것들은 서로 먹고 먹히며 괴로운 삶을 이어가야만 할까? 무슨 이유로 그렇게 살아가야 하는 것일까?'

그의 눈에는 삶 자체가 괴로움이었다. 한번 의문을 품기 시작하면 끝까지 파고드는 성미였던 소년 싯다르타는 깊은 생각에 잠긴 채 다른 일은 모두 잊어버렸다.

행사가 끝나 왕을 모시고 궁중으로 돌아가려던 신하들은 어린 태자의 모습이 보이지 않자 안절부절못했다. 사방으로 흩어져 여기저기 찾아 헤맨 끝에 큰 나무 아래 앉아 깊은 명상에 잠겨 있는 태자를 보았다. 모습은 단정했고 거룩했다. 신비한 빛이 태자 주변에 은은히 어리어 신하들은 감히 태자에게 말을 걸 수가 없었다. 왕 역시 태자를 불러일으키지 못했다. 한참을 지나 왕은 조심스레 아들 곁으로 다가가서 말했다.

"싯다르타야, 그만 일어나서 궁으로 돌아가자."
태자에게는 그 소리가 들리지 않았다. 대신에 하늘에서 아름다운 노랫소리가 들려왔다.

> 사랑스러운 싯다르타 태자님
> 오늘의 명상을 잊지 마세요.
>
> 먼 훗날 마음이 힘드시면
> 생각하고 또 생각하세요.
>
> 이 나무 아래의 깊은 고요
> 이 나무 아래의 아름다운 빛
>
> 이제는 자리에서 일어나
> 하늘과 땅을 이어보세요.
>
> 모든 생명이 이어져 있다는 걸
> 떨쳐 일어나 보여주세요.

태자는 비로소 왕의 얼굴을 쳐다보고 나무 아래에서 일어섰다. 그 모습이 마치 아름답고 풍성한 잠부나무가 그런 것처럼 하늘과 땅을 이어주는 기둥 같았다. 태자의 기품과 기상이 이와 같았다.

부왕의 마음은 무겁고 답답했다. 모든 일을 잊어버리고 명상에 잠긴 어린 아들에게서 벌써 성자의 모습이 보이지 않는가. 한편으로는 대견스러웠지만 다른 한편으로는 태자가 자기에게서 멀어질 것만 같아 안타까웠다. 왕궁으로 돌아온 후로 태자는 때때로 깊은 명상에 잠기곤 했다. 그것을 본 왕은 태자가 출가할까봐 자나깨나 걱정이었다. 왕은 신하들에게 물었다.

"태자가 장차 출가할 것 같은가?"

"네 가지 징조가 염려되옵니다."

"그게 무엇인가?"

"늙은 사람과 병든 사람과 죽은 사람과 출가한 사람입니다."

왕은 놀랐다. 그것은 젊은 꼰단냐가 일찍이 예언한 바였다. 하지만 왕은 그 길이 비록 정해진 길이라 해도 사람이 마음먹으면 얼마든지 바꿀 수 있다고 생각했다. 왕에게는 현실을 바꿀 수 있는 실질적인 힘이 있었다.

"앞으로 늙은 사람과 병든 사람과 죽은 사람과 출가한 사람이 태자의 눈에 띄지 않도록 경계하라. 태자는 부처가 될 필요가 없다. 나는 나의 태자가 전륜성왕이 되어 우리나라를 강성대국으로 만드는 것은 물론 이 세계를 통치하는 것을 보고 싶다."

네팔 남부 테라이 지방에 있는 룸비니는 붓다가 탄생한 곳으로 불교 4대 성지 중 하나이다. 폐허로 방치되던 곳이었으나 1895년 독일 고고학자인 포이러(Feuhrer)에 의해 세상에 알려졌다. 1997년 유네스코가 세계문화유산으로 등록했다.

제6장

태어나고 늙고 병들고 죽는다

028. 후계자 수업을 하다

싯다르타의 친구들은 공부할 나이가 되자 하나 둘 이웃 지방으로 유학을 떠났다. 왕족이나 귀족의 자제들은 작은 나라인 까삘라를 떠나 큰 나라의 대도시로 가서 공부하곤 했다. 라자그리하(Rājagṛha), 와라나시(Vārāṇasī), 사왓티(Śrāvastī) 등에서는 철학과 종교에 관한 활발한 논쟁이 벌어지고 있었고, 북서쪽에 자리한 간다라의 수도 탁실라는 그리스와 인접한 곳이어서 각종 문물 교류가 왕성하게 일어나고 있었다.

태자의 친구들이 공부하러 떠나자 싯다르타 역시 바깥 세상에 대한 호기심과 새로운 학문에 대한 열정이 타오르기 시작했다. 그러나 부모님의 반대가 완강했다. 자유분방한 도시로 유학 보내면 태자는 분명히 그 분위기에 물들어서 제왕의 학문은 물론 샤까족의 전통문화도 돌아보지 않을 것 같았다.

"태자야, 너는 장차 이 왕국을 이어받아 통치해야 한단다. 네 친구들은 왕이 될 수 없기 때문에 준비가 많이 필요하지 않지. 자기가 공부하고 싶은 걸 마음껏 배워도 문제가 없단다. 하지만 태자야, 너는 왕이 될 공부를 게을리하면 안 된다. 장차 너의 손에 나라와 민족의 운명이 달려 있다는 걸 왜 모르느냐. 외국 문물이 궁금하면 유학하고 돌아온 친구들을 가까이 두고 국정 운영의 고문으로 임명하면 되지 않겠느냐. 이제 곧 네게 좋은 선생님을 소개해 주마."

왕은 본격적으로 싯다르타에게 후계자 수업을 시켰다. 전륜성왕으로서 갖추어야 할 교양과 전쟁에 대비한 무술 연마가 주요 교육 내용이었다. 나라에서 가장 뛰어난 학자인 위슈와미뜨라를 비롯한 여러 학자들을 모셔왔다. 일곱 살 무렵부터 학교에서 만난 위슈와미뜨라는 『웨다』와 우빠니사드에 정통한 학자인데다가 64종의 문자를 비롯한 온갖 학식에 사통팔달의 지혜를 가진 대석학이었다.

글을 가르치던 첫날, 스승은 태자의 총명함에 놀랐다. 태자는 인도의 가장 오래된 고전인 『웨다』 성전을 줄줄 욀 만큼 기억력이 비상했다. 글을 막 배워 깨치는 수준이 아니라 이미 배운 글로 새로운 문장을 짓고 옛 문헌을 연결시킬 수 있을 정도로 영특했다. 스승은 제자가 칭찬과 찬탄의 대상이 아니라 존경과 경외의 대상이란 걸 금세 깨달았다. 자기도 모르게 하늘을 향해 조용히 읊조렸다.

> 태자의 총명함은 전무후무하도다.
> 이런 학생을 어떻게 만날 수 있나.

> 하나를 가르치면 열을 아는구나.
> 머지않아 더 가르칠 게 없으리.

싯다르타의 학문은 나날이 깊어 갔다. 군사학의 대가인 크샨띠데와가 태자에게 무예와 병법을 가르쳤다. 싯다르타는 칼과 창을 다루는 무술과 씨름을 익히고, 코끼리와 말을 타는 방법, 마차를 다루고 병사를 움직이는 방법 등을 익혔다. 또한, 천문을 비롯한 제사와 문법과 고전에 이르는 다양한 학문을 배워갔다. 태자는 분명히 세계를 통일할 전설의 전륜성왕이 될 그릇이었다. 왕과 대신들과 백성들은 총명한 태자를 생각하며 강성대국으로 성장할 까뻴라 왕국의 미래를 꿈꾸었다.

그 사이 유학을 다녀온 친구들도 많이 있었다. 싯다르타는 이들을 통해 먼 지방의 최근 소식을 접할 수 있었다. 전통 학문과 새로운 학문, 학문과 학문 사이의 교류 등에 대해서도 귀담아 들었다. 그럴 때마다 싯다르타의 지적 갈증은 심해졌다. 그래도 꾹 눌러 참아야 했다.

숫도다나왕은 나라 안 곳곳을 시찰하는 순행 업무에 태자를 종종 대동했다. 그것 역시 후계자 수업과 무관하지 않았다. 지방의 지리적 특성과 산물의 종류와 백성들의 사는 모습 등을 두루 익혀두는 것은 제왕 수업에 필수적인 과정이라고 생각했고 태자 역시 이를 받아들였다. 태자는 이런 여행에 친구들을 동참시키곤 했다. 친구들이나 친척들 중에는 여행길의 숲에서 사냥을 즐기는 이들도 있었다.

한번은 태자의 사촌 데와닷따가 커다란 새총에 돌을 걸어 백조를 쏘아 떨어트렸다. 백조는 마침 싯다르타 근처에 떨어져 괴로워하고 있었다. 데와닷따는 혈기왕성한 청년답게 백조를 잡은 솜씨를 뽐내며 싯다르타에게 다가왔다.

"태자마마, 제 솜씨가 좋지 않습니까? 하하하, 오늘은 한 방에 성공했지 뭡니까. 이걸 가져다가 멋진 박제를 만들어서 태자님께 선물하려는데 괜찮으시겠습니까?"

"데와닷따, 그러면 이 고통스러운 새가 죽을 게 아니냐. 난 살아 있는 목숨을 빼앗을 순 없으니 너에게 백조를 줄 수가 없다. 치료해서 살려주자."

"태자마마, 그러면 새 사냥꾼들은 어떻게 살아야 합니까. 사냥은 그들의 직업입니다. 마찬가지로 큰 짐승이 작은 짐승을 잡아먹는 것도 그들의 운명이지요. 저마다 생명이 고귀하다 해도 먹고 먹히는 것은 자연의 법칙 아니겠습니까. 그러니 제가 잡은 백조는 제 것이고 그것은 제 마음대로 할 수 있는 권리가 있는 것이지요. 어서 제게 돌려주십시오."

"데와닷따, 사냥꾼이 새를 잡는 것과 네가 새를 잡는 것은 다르다. 사냥꾼은 직업으로 하는 것이지만 너는 재미로 하지 않느냐. 산목숨을 빼앗는 동기가 다르다는 말이다. 그리고 이 백조가 어떻게 너의 소유가 되느냐. 이 백조의 주인은 바로 백조 자신이니라. 그렇지 않느냐. 탁실라에서는 그런 학문이 성행하느냐?"

데와닷따는 태자에게 더 이상 할 말이 없었다. 그러나 그는 태자가 샤까족의 고리타분한 전통주의와 엄격한 도덕주의에서 좀처럼 벗어나지 못하는 점을 걱정하기도 했다. 바깥 세상을 두루 구경했으면 하는 마음만 더 크게 들었다.

029. 호화 별궁에서 살고 무예 겨루기를 하다

태자의 나이 열여섯이 되었다. 싯다르타는 사춘기 소년시절이 지나 어느덧 훤칠한 청년으로 성장했다. 누가 보기에도 늠름했다. 그러나 태자는 고민에서 좀처럼 벗어날 수 없었다. 그는 너무나 근원적인 문제에 맞닥쳐서 쩔쩔매는 중이었다.

'생명은 왜 태어나고 늙고 죽는가.'

'죽어서는 어떻게 되는가. 무엇이 진정으로 행복한 삶인가.'

그는 인생의 목표보다는 목적을 더 깊이 생각하는 중이었다. 전륜성왕이 목표라면 목적은 무엇인지 답답하고 캄캄하기만 했다. 왕궁 안의 어느 스승도 태자의 고민을 해결해 줄 수 없었다. 태자는 스스로 마음의 문을 닫아걸고 혼자 생각하는 시간이 많아졌다.

왕은 인생의 즐거움과 보람을 돌아보지 않은 채 깊은 사색에 잠겨 있는 태자를 어떻게 하면 기쁘게 해줄 수 있을까를 고민했다. 결론은 환락의 제공이었다. 태자가 출가할 생각 자체를 할 수 없도록 호화롭고 화려한 생활을 누리게 했다. 왕은 태자를 위해 여름철과 우기철, 겨울철을 지낼 수 있는 세 채의 별궁을 따로 지었다. 궁전마다 아름다운 궁녀와 무희들을 두고 태자를 모시도록 했다. 그 궁전에는 태자 이외의 남자는 들어가지 못했다. 이곳에서 태자는 왕이 예상한 대로 열락에 빠져 지냈다. 봄·여름·가을에 따라 그에 알맞은 궁전을 옮겨 다니면서 노래와 춤을 즐기며 지냈다. 싯다르타는 훗날 붓다가 된 후 태자 시절을 이렇게 회상했다.

"나는 이루 말할 수 없이 호사스런 나날을 보냈다. 아버지의 왕궁에는 커다란 연못이 있었는데 거기에는 형형색색의 연꽃이 피어 있었다. 나는 까시 지방에서 나는 향밖에는 쓰지 않았다. 내가 입던 옷감 역시 까시에서 생산되는 것이었다. 내가 밖으로 나갈 때는 언제나 양산을 들어주는 시종이 있었다. 게다가 나는 겨울과 여름과 장마철에 따라 편리하도록 꾸며진 궁전을 세 채나 가지고 있었다. 나는 아름다운 여자들에게 둘러싸여 장마철에도 지루하지 않게 보낼 수 있었다. 이 모두가 나를 즐겁게 하기 위해 마련된 것이었다."

이것들은 모두 육체의 즐거움이요 감각의 쾌락이었다. 그렇게 하면 행복할 줄 알았다. 숫도다나왕은 마음의 행복보다는 몸의 즐거움으로 젊은 태자를 붙잡아 두고자 했다. 젊은 청년의 몸은 응당 이런 쾌락에 불이 잘 붙게 마련이었다. 태자도 처음에는 쾌락을 즐겼다. 그러나 그것은 근원적인 행복이 아니었다. 쾌락에 빠질수록 쾌락 자체가 점점 싫어졌다. 사실상 역효과였다. 왕의 계획은 성공하지 못했다. 태자는 마음 깊은 곳에서 인생의 근원적인 행복을 더 간절하게 찾았다.

그러는 사이 문제는 또 다른 곳에서 터졌다. 민심이 동요했다. 태자가 나라를 돌볼 후계자 수업은 하지 않고 쾌락에 빠져 지낸다고 발 없는 소문이 나라 전체를 떠돌았다.

"싯다르타 태자가 향락에 빠져 지내면서 아무런 무예도 익히지 않고 있다는데, 이러다가 전쟁이라도 난다면 어찌할 것인가. 나랏일이 걱정이네, 쯧쯧쯧."

안 좋은 소문은 삽시간에 퍼지고 좋은 소문은 좀처럼 알려지지 않는다고 했던가. 싯다르타 태자에 대한 소문이 꼭 그랬다. 사람들은 싯다르타 태자가 어릴 때부터 온갖 학문을 익히고 소년시절부터 각종 무예와 병법이며 전쟁 전술을 익혀온 것에 대해서는 잘 알지 못했다. 시간이 흐르면 자세히 알려질 줄 알았으나 그렇지 않았다. 하지만 흉흉한 소문은 히말라야 설산의 눈덩이 굴러가듯 커져만 갔다. 어느 날 왕과 태자가 나란히 앉았다.

"태자야, 우리 친족들조차 네가 아무런 무예도 익히지 않고 향락에만 빠져 있다고 한다. 민심도 마찬가지다. 나라의 앞날을 걱정하는 소리가 여기저기서 많이 들린다. 이런 헛소문을 어떻게 하면 잠재울 수 있겠느냐?"

"아바마마, 저 또한 그런 소문을 들었습니다. 하지만 저는 더 이상 익힐 무예가 없습니다. 우리 친족들조차 저를 의심하고 불안해 하니 왕국 전체에 알려서 제 무예를 검증할 수 있도록 윤허하여 주옵소서. 모든 사람들이 보는 가운데 태자다움을 보여드리겠습니다."

그리하여 나라 전체에 무예 겨루기 대회가 공포되고 일주일 뒤에 나라 안의 빼어난 젊은이들이 무예를 겨루게 되었다. 활쏘기를 겨루는 곳에는 커다란 쇠북 7개를 100보 밖에 벌려 놓았다. 많은 무사들이 북을 쏘았으나 맞추지 못했다. 태자의 사촌동생 데와닷타는 화살 하나로 쇠북 3개를 꿰뚫었다. 마지

화살을 쏘는 태자를 표현한 불화

막 궁사로 나선 태자는 화살 하나로 7개의 쇠북을 모조리 꿰뚫었다. 함성이 진동하는 가운데 태자는 다시 2백 보 밖에 있는 무쇠로 만든 일곱 마리의 돼지를 쏘아 꿰뚫어 버렸다. 엄청난 괴력이었다. 힘으로도 태자는 나라에서 으뜸이었다.

태자는 열두 가지 무예를 차례로 시험했다. 한 가지 무예라도 태자를 이긴 참가자는 아무도 없었다. 왕은 흐뭇한 미소를 지었다. 더 바랄 게 없었다. 태자야말로 대장군이요 지략가이며 나라의 보배였다. 헛소문은 오히려 전화위복이 되었다. 사람들은 태자의 면모를 자신들의 두 눈으로 확인했다. 샤까족을 비롯한 대신들과 백성들은 태자를 옛날보다 한층 더 존경하게 되었다.

그러나 왕궁 경기장 안에 밝은 환호만 있는 것은 아니었다. 빛이 있는 곳에는 그늘이 따르는 법이다. 대회에 참가한 데와닷따는 무예 겨루기에서 진 것이 못내 분했다. 그러던 차에 사람들의 존경심이 태자에게 쏠리는 것을 보고 불타는 시기심을 누를 길이 없었다.

030. 태자가 결혼하다

태자에 대한 흉흉한 민심은 수그러들었지만 정국이 안정된 것은 아니었다. 왕은 태자비 간택 계획을 세웠다. 태자를 혼인시켜야만 출가의 불안으로부터 확실히 벗어날 수 있다고 믿었다.

'아내를 얻고 아이를 낳으면 출가할 생각을 하지 않겠지. 아내의 다정한 목소리와 아이의 행복한 웃음소리가 넘치는 화목한 가정을 이루면 거기에서 행복을 찾겠지.'

숫도다나왕의 생각은 이러했다.

싯다르타 태자비를 간택하는 연회를 여노라.
몸과 마음이 깨끗하고 아름다운 젊은 여인들은
누구든 연회에 나와 인연을 맺을 수 있노라.

인연이 있는 여인은 태자비가 될 것이며
좋은 날을 골라 가장 성대하게 혼인하리라.
그리고는 머지않아 나라의 국모가 되리라.

 태자비 간택을 위한 연회가 공표되자 샤까와 꼴리야의 왕족 귀족들이 많은 딸들을 다투어 추천했다. 숫도다나왕이 꽃바구니를 5백 개나 준비한 것을 보면 연회에 참가한 신붓감이 얼마나 많았는지 짐작 가능하다.
 싯다르타의 외숙부 숩빠붓다의 딸 야소다라(Yasodharā)도 뒤늦게 연회에 참석했다. 야소다라는 싯다르타의 외가쪽 사촌 누이이자 데와닷따의 손위 누이이기도 했다. 야소다라는 성격이 활달하고 자유분방했다. 야소다라는 부모의 간곡한 설득에 마지못해 가긴 갔지만 이미 늦어서 꽃바구니도 받지 못했다. 그녀는 거의 마지막으로 태자 앞을 향해 스스로 걸어 나갔다. 꽃바구니는 이미 다 떨어졌다. 태자는 자신 앞에 당당하게 걸어 나온 아리따운 여인 앞에서 잠시 무안했다. 어쩔 줄 몰라 하던 태자는 자신이 끼고 있던 반지를 빼서 그녀에게 끼워주었다. 여기저기서 탄성과 탄식이 흘러나왔다.
"뭐야, 이거? 우린 그럼 들러린가?"
"늦게 나타난 사람이 오히려 반지를 받다니!"

하지만 이것이 최종 간택은 아니었다. 결혼에 별 관심도 없는 태자에게 이번 연회는 일종의 예행연습 비슷했다. 싯다르타도 야소다라도 결혼은 일생일대의 큰 사건이었다. 왕의 명령이라고 무조건 따를 수도 없었다. 무엇보다 자신의 선택이 중요했고, 그 전에 상대방에게 서로 마음이 끌려야 했다. 야소다라는 수백 명이 모인 연회에서 태자의 반지를 받았으니 군중의 주목을 한몸에 받게 되었다. 그녀는 마음이 내키지 않았지만 태자를 향해 천천히 고개 숙여 인사를 했다.

"태자마마, 소녀에게 반지를 주시니 감사하옵니다."

'그렇다고 내 마음까지 다 준 것은 아직 아니오.'

싯다르타는 빙그레 웃으며 눈으로 이렇게 말했다.

'저도 아직 제 마음을 드린 것은 아니랍니다.'

야소다라 역시 작은 보조개가 살짝 들어간 얼굴에 미소를 지으며 사랑의 밧줄을 밀고 당겼다.

야소다라의 모친인 아미따(Amitā)는 숫도다나왕의 여동생이었으므로 왕족 가문이었다. 샤까족과 꼴리야족은 친족 간 결혼을 용인했으므로 족보가 복잡하게 뒤엉켰다. 아미따는 싯다르타의 고모이기도 했지만 외숙모이기도 했다. 그녀는 야소다라가 혼인을 통해 샤까족의 정통성을 이어나가는 데에는 반대하지 않았으나 싯다르타의 사람됨과 운명에 대해서는 걱정이 많았다. 집으로 돌아온 야소다라를 불러 연회의 일을 물은 다음 딸의 마음을 확인해 보고 싶었다.

"애야, 싯다르타가 너를 정말 좋아하는 것 같으냐?"

"잘 모르겠습니다."

"좋아하니까 반지를 주지 않았겠느냐?"

"그분의 눈빛과 태도는 따뜻하고 인자한 것 같았어요. 하지만 야소다라만을 사랑해 평생 배필로 맞겠다는 느낌은 받지 못했습니다."

"그렇구나. 태자는 수행자나 유학생들과 만나 이야기하는 것을 좋아한다더구나. 아무튼 조금 더 시간을 두고 생각해 보자꾸나."

"예, 어머니."

간택은 숫도다나왕만 하는 것은 아니었다. 여러 날이 지난 뒤 숩빠붓다 역시 인근 지역에 신랑 구하기 경연대회가 열릴 것이라고 알렸다. 그것은 전통이었으며 야소다라에게도 선택권을 주기 위한 조치였다. 종목은 활쏘기로 정해졌고 그 대회에서 싯다르타는 압도적인 실력으로 우승했다. 100보 밖에서 과녁에 열 번 다 명중시킨 참가자는 싯다르타밖에 없었다. 야소다라는 마음속 깊이 싯다르타를 생각하고 있었으나 막상 경기가 시작되자 가슴이 두근거리기 시작했다.

무예 겨루기는 박진감이 넘쳤다. 팽팽한 긴장감과 승패가 갈리는 확실함과 관중들의 환호소리가 경기장 분위기를 달구고 있었다. 싯다르타가 최종 승자로 결정되자 야소다라는 우승자를 바라보며 자기도 모르게 두 손을 가슴에 모았다. 구릿빛 피부, 시원한 눈빛과 부드러운 목소리가 더욱 매혹적으로 느껴졌다. 태자는 신분과 지위가 아니라 공정한 겨루기와 월등한 성취를 통해 야소다라의 마음을 사로잡았다.

> 그대가 열 번을 쏘고 또 쏘아
> 백 보의 과녁을 정확히 맞히듯
> 제 가슴의 문을 두드리셨네요.
>
> 저는 이제 당신의 짝이 되어
> 평생을 사랑하며 함께 하겠어요.
>
> 죽음도 우리를 가르지 못할지니
> 여러 생을 거듭 태어난다 해도
> 저는 당신의 아내로 살겠나이다.

그 옛날 수메다 존자에게 꽃을 건네준 여인의 목소리가 하늘 어느 모퉁이에 저장되어 있다가 동아줄 풀리듯 스르르 풀리어 야소다라의 마음속으로 들어왔다. 일설에는 수메다 존자에게 꽃을 전한 전생의 여인이 금생에 싯다르타의 첫째 태자비인 고피카(Gopika)라고도 한다. 고피카에게 아이가 없자 다시 야소다라와 혼인을 하게 되고 뒤이어 다시 셋째 태자비인 미가자(Migaja)를 얻었다고도 한다. 싯다르타에게 세 명의 부인이 있었던 셈이다. 그중 후손을 낳은 부인이 야소다라였다.

무예 겨루기의 최종 승자가 싯다르타 태자로 결정되자 야소다라의 마음속에도 먼 먼 전생에 수메다 존자에게 꽃을 전한 여인의 마음이 찾아왔다.

> 존자시여, 그대가
> 성도하시기 전까지
>
> 세세생생 제가 그대의
> 아내가 되도록 허락해 주신다면
>
> 그대가 도를 이루고 난 뒤
> 저는 머리 깎고 출가하여
>
> 그대의 제자 되어

부처님 도를 닦겠습니다.

저를 아내로 맞겠다는
약속을 해주신다면

저는 지금 다섯 송이의
꽃을 드릴 것이요,

그렇지 않으면
꽃을 드리지 못하겠습니다.

 그것이 누구의 노래인들 무슨 상관인가. 수많은 시간과 광대한 공간 속을 떠돌다 새로 몸 받은 이에게 전해지는 것은 인연 따라 일어나는 일 아니겠는가. 야소다라는 자신도 모르는 사이에 불쑥 이런 마음이 생기는 것을 부끄러워하지 않았다.
 '어쩔 수 없구나. 태자님은 나의 낭군이요, 나는 태자의 아내일 수밖에 없구나!'
 야소다라의 마음 노래에 싯다르타 역시 눈빛 노래로 이렇게 화답했다.

야소다라여, 어여쁜 나의 신부
그대만을 나는 영원히 사랑하리.

지아비로서 아내를 지키고 아끼며
행복한 가정을 함께 이루어가리.

어떤 기쁨도 우리를 넘지 못하고
어떤 슬픔도 우리를 가르지 못할지니

여러 생을 거듭 태어난다 해도
나는 당신의 지아비로 살아가리.

이렇게 하여 샤까족과 꼴리야족의 혈족 혼인은 싯다르타와 야소다라에게도 이어졌다. 두 청춘남녀는 젊고 아름다웠으며 까뻴라와스뚜의 여름 별궁에서 성대한 결혼식을 거행했다. 잔치가 끝나고 돌아가는 길에 야소다라의 어머니 아미따는 딸의 손을 잡고 말했다.

"사랑하는 나의 딸아, 너는 이제 독립했다. 지금부터 친정 일일랑 잊어라. 하지만 까뻴라와 꼴리야의 평화와 우애를 위해 노력하고, 남편을 도와 힘 약한 나라가 힘 센 나라의 침략을 받지 않도록 지혜를 모아다오. 싯다르타가 출가할지도 모른다는 소문이 오래 전부터 떠돌더라만 그런 일이 생기더라도 너는 결코 낙심하지 말거라. 전륜성왕의 길이 좋은 것인지, 위대한 성자의 길이 좋은 것인지 우리 짧은 생으로 다 알지 못할 것이다. 모든 건 운명이다. 헤쳐나가는 것이다."
"예, 어머니."

야소다라는 뒤돌아가는 부모님의 모습이 보이지 않을 때까지 오래도록 서서 한참을 울고 있었다. 새신랑 싯다르타 태자는 그런 신부의 어깨에 손을 올려 자기 가슴 쪽으로 가만히 끌어당겼다. 서편 하늘 저녁노을이 유난히 붉은 빛으로 타오르고 있었다.

031. 누가 어리석은 사람인가

결혼생활은 평온하고 행복했다. 아름다운 태자비 야소다라는 육체와 영혼 모두를 바쳐 싯다르타를 사랑했다. 싯다르타와 야소다라는 왕손이 빨리 생기기를 바랐다. 그것은 왕과 왕비도 마찬가지였다.

신혼 중에도 세 채의 별궁은 그대로 운영되었다. 왕은 싯다르타가 출가할 생각을 아예 할 수 없도록 무한쾌락을 계속 지원했다. 아름다운 춤과 노래와 사람을 도취시키는 술이 늘 준비 되었다. 무희와 가수들은 새벽마다 지쳐 쓰러져 흉한 모습으로 잠들어 있었다. 좋은 쾌락도 한두 번이지 반복을 거듭하면 지겨워지는 법이다. 싯다르타는 물론 야소다라마저도 이런 쾌락이 싫어졌다. 그럴수록 인생은 더 허무했고 마음을 가라앉히고 살펴보는 일이 간절해졌다.

사람은 누구나 태어나고 늙고 병들고 죽는다. 어머니의 죽음 소식으로부터 촉발된 슬프고 그리운 감정이 냉철한 이성과 논리로 다듬어지는 중이었다. '농민의 날' 행사 때 보았던 차별과 불평등의 경험도 인간 세상에 광범위하게 퍼져 있다는 것을 알았다. 신분제가 확고한 계급사회라는 점도 싯다르타에겐 가슴 아픈 문제였다. 근본적인 문제부터 제도적인 문제에 이르기까지, 싯다르타는 사람의 삶 전반에 대해 깊이 사색하곤 했다.

모든 문제들 가운데 가장 근원적인 문제는 역시 나고, 늙고, 병들고, 죽는, 모든 인간이 겪을 수밖에 없는 생명의 법칙이자 굴레였다. 태자는 누구보다 출중한 무예 솜씨를 가졌지만 그의 진정한 싸움 상대는 적국의 병사가 아니라 거대하고 확고부동한 생로병사의 굴레이자 법칙이었다.

법칙을 탐구하기 위해서는 마음을 가라앉혀 생각을 다듬어야 했다. 왕은 태자가 사색에 자주 빠져 있다는 보고를 받을수록 불안했지만, 야소다라는 그런 태자를 이해할 수 있었다.

태자가 쾌락 저 너머의 보이지 않는 문제와 결사 항전하기 위해서 체급을 키워나가고 있다는 것을 가장 가까이에서 살피는 사람이었기 때문이다.

그녀는 남편을 온전히 가질 수 없다는 것을 직감적으로 알아차렸다. 그러자 마음에 슬픔의 그늘이 조금씩 자라나기 시작했지만 그것이 그녀를 병들게 하지는 않았다. 싯다르타가 전륜성왕이 되어 현실적 권력을 차지하기 보다는 위대한 성자가 되어 과거와 현재와 미래의 영원한 권세를 가지게 된다면 그녀 역시 지아비의 새로운 제자가 되어 새 삶을 살 것도 같았다.

붓다의 결혼식을 표현한 불화

싯다르타는 사랑스러운 아내를 위하여 자신의 준비된 마음을 알게 모르게 보여주리라 마음먹었다. 태자는 말이 별로 없었지만 아내와는 진지한 대화도 곧잘 나누곤 했다. 그는 일부러 가르치려하지 않으면서도 아내를 조금씩 가르쳤다. 왕국의 스승 위슈와미뜨라로부터 배운 치밀한 논리술로 아내와 대화할 수는 없는 일이었다. 그는 아내가 관심을 가질만한 이야깃거리를 꺼냈다.

"부인, 이 세상의 사람들을 둘로 나눈다면 어떻게 나눌 수 있겠소?"

"남자와 여자 아닐까요?"

"난 그렇게 생각하지 않소."

"그럼, 무얼까요? 부자와 가난한 사람? 건강한 사람과 병든 사람?"

"그것도 아니라오."

"그럼 뭘까요? 태자님 생각이 궁금해요. 어서 말씀해주세요."

"깨어 있는 사람과 잠들어 있는 사람이지. 깨어 있는 사람은 지혜로운 이고, 잠들어 있는 사람은 어리석은 이라오. 그러니까 정답은 지혜로운 사람과 어리석은 사람!"

"에이, 뭐에요! 태자님은 늘 진지한게 탈이에요!"

"야소다라여, 안타깝게도 우리는 대부분 어리석은 사람들이랍니다."

"그럼 저는요?"

야소다라는 눈을 동그랗게 뜨고 싯다르타를 올려다보며 말했다. 싯다르타는 사랑스러운 아내의 볼을 어루만지며 그녀의 얼굴을 지그시 바라보았다. 그때 야소다라의 귀에 다정한 목소리가 들렸다. 웨다 경전의 시를 읊조릴 때 들을 수 있는 낭랑하면서도 묵직한 저음이었다.

> 어리석은 이들은 늙은이를 싫어하네.
> 자신도 늙는다는 걸 알지 못하네.
> 나는 보고 또 생각해서 알았노라.
> 목숨붙이는 늙는 것 피할 수 없고
> 언젠가는 늙을 것을 알기 때문에
> 늙은이를 싫어하지 않는다네.
> 늙은이가 곧 나이기 때문이네.
> 앞날이 창창한 까삘라의 젊은이여
> 젊다고 자만하면 스스로 무너진다네.
>
> 어리석은 이들은 병자를 싫어하네.
> 자신도 병든다는 걸 알지 못하네.

나는 보고 또 생각해서 알았노라.
목숨붙이는 병을 피할 수 없고
언젠가는 병들 것을 알기 때문에
병든 사람을 싫어하지 않는다네.
병든 이가 곧 나이기 때문이네.
앞날이 창창한 까삘라의 젊은이여
건강을 자만하면 스스로 무너진다네.

야소다라는 싯다르타의 노래에 감동을 받았다. 별궁에서 듣는 감미로운 쾌락의 노래와는 달랐다. 그것은 하늘 깊은 곳에서 흘러내리는 시원한 물줄기 같았고, 땅에서 그치지 않고 솟아오르는 샘물처럼 풍요로웠다.

태자의 말에 따르면 보는 자는 지혜로운 자요, 보지 못하는 자는 어리석은 자였다. 어리석음은 무명의 어둠이며, 지혜는 밝은 빛의 세계였다. 그러니 태자가 말하는 두 부류의 사람은 무명의 어둠 속을 헤매는 사람과 지혜의 빛 가운데 사는 사람인 셈이었다. 싯다르타는 명석한 논리로 인생을 간명하게 정의했다.

모든 게 다
본질적인 건 아니다.

지혜를 깨치느냐
그렇지 못하느냐

이것만이 일생일대의
중요한 사건이다.

이것만이 빛의 길이요
사람의 길이다.

위대한 출가의 결심이 어찌 즉흥적으로 이루어지겠는가. 이런 지혜의 씨앗이 지금 여기 마음밭에 뿌려지지 않고서야 장차 어찌 깨달은 사람이 되겠는가. 인간의 지식으로는 헤아릴 수 없는 수많은 전생담도 중요하지만 지금 이 순간의 결단과 실천이야말로 싯다르타에겐 가장 현실적인 해결책이었다. 그런 점에서 쾌락이 넘쳐나는 왕궁은 역효과만 날 뿐이었다.

032. 늙음과 병과 죽음과 그 너머의 것들을 바라보다

태자의 궁 생활은 불편함이 없어도 제한적이었다. 돌아다니는 공간, 만나는 사람도 늘 비슷했다.

"아바마마, 성 밖에 별궁이 있다 하셨지요? 거기는 어떤 곳인지 살펴보고 싶습니다. 장차 왕이 되려면 여러 모습을 보아야 하지 않겠습니까?"

왕은 태자의 행동을 일방적으로 제한할 수만은 없었다. 그도 그럴 것이 태자는 명민한 청년이었으며 나랏일에 대해서도 관심을 가져야 할 나이였다. 왕은 태자의 별궁 행차에 따른 특별 지침을 내렸다.

'준비했던 전륜성왕 전용의 마차를 대령하라. 별궁에 이르는 길을 깨끗하게 청소하라. 별궁은 향수와 꽃과 깃발로 장식하라. 노인과 병든 사람은 물론 장애가 있는 불구자들이 거리에 나타나지 않게 하라.'

숫도다나왕의 네 가지 지침에 따라 모든 게 일사불란하게 이루어졌다. 태자는 흰 연꽃 빛깔의 네 마리 말이 끄는 화려한 수레를 타고 동쪽 성문을 나섰다. 그때 천신들 중 한 사람이 내려와 스스로를 노인의 모습으로 바꾸었다. 태자는 깨끗하게 청소된 길 복판으로 한 늙은이가 비틀거리며 오는 것을 보았다. 노인의 얼굴은 주름져 일그러지고 이는 빠졌으며, 머리털은 흰 파뿌리처럼 아무렇게나 헝클어져 있었다. 허리도 심하게 굽어 지팡이를 짚고서도 온몸을 떨고 있었다. 노인의 움푹 파인 눈에서는 눈물이 흐르고 눈곱이 누렇게 끼었으며 콧물과 침까지 흘리고 있어 차마 볼 수 없는 모습이었다.

태자는 이토록 심하게 늙은 사람을 본 적이 없었다. 그것은 늙음의 극한이었고 소멸하는 생명의 안간힘이었다. 노인은 지혜롭거나 고상하거나 우아하지 않았다. 안타깝고 서글프고 비참했다. 충격을 받은 것은 시종도 마찬가지였다. 왕의 명령으로 대비를 했음에도 불구하고 이런 일이 생긴 데 대해 그는 몹시 당황했다.

"저토록 늙은 사람은 본 적이 없구나. 저 사람은 왜 저토록 비참한 모양을 하고 있느냐?"

시종은 아무 말도 하고 싶지 않았다. 혹시라도 자기가 한 말이 왕의 귀에라도 들어가면 벌을 받을 게 뻔했다. 하지만 태자가 출가해서 하루빨리 깨달음에 이르기를 바라는 천신들은 시종의 귓속에 들어가 속삭였다.

'주인께 거짓말을 하면 안 됩니다. 감출 게 없어요. 세상은 있는 그대로를 보면 됩니다. 명심하고 따라해 보세요. 있는 그대로!'

시종은 그 소리가 자기의 양심에서 나는 소리인 줄 알았다. 그는 위대한 순수함을 지닌 태자 앞에서 거짓을 말할 수 없었다.

"태자마마, 사람이 늙으면 누구나 저렇게 된답니다. 나이 먹으면 점점 기운이 빠지면서 숨이 차 헐떡거리게 되고, 눈이 어두워져 앞을 잘 못 보게 되며, 이가 빠져 굳은 것은 먹을 수도 없습니다. 그래서 결국에는 저렇게 초라하게 되고 말지요."

태자의 마음에 어두운 그늘이 드리워졌다.

'사람이 늙으면 누구나 저렇게 된다?'

싯다르타는 침통하게 혼잣말을 했다.

'나도 생각은 해보았지만 실제로 내 눈으로 보니 늙는다는 건 너무 서럽구나!'

"내 몸도 언젠가는 늙어서 쭈그러지겠구나! 부드럽고 매끈한 내 피부도 바람 빠진 풍선처럼 되고 말겠구나!"

천신의 마음을 배운 시종은 자신도 모르게 태자의 말을 받았다.

"그렇습니다, 태자마마. 이 세상에 태어난 사람이면 태자이건 시종이건 신분의 높고 낮음을 가릴 것 없이 누구나 저런 노인의 모습을 면할 수 없습니다. 그런데도 사람들은 흉하게 변한 늙은이를 싫어하지요. 미래의 자기 모습인데 말입니다."

시종의 말을 듣고 난 태자는 한동안 멍하니 먼 하늘을 바라보다가 힘없는 소리로 말했다.

"수레를 왕궁으로 돌려라!"

모처럼의 나들이길에서 되돌아선 태자의 마음에는 또 한 겹의 어둠이 내렸다. 싯다르타의 번민하는 모습을 본 부왕은 아시따 선인의 예언대로 싯다르타가 혹시나 출가하지 않을까 전전긍긍했다. 부왕은 태자의 생활이 전보다 한층 더 호화롭고 기쁨에 차도록 마음을 썼다.

어느 날, 태자는 다시 별궁의 동산으로 가기 위해 남쪽 성문을 나섰다. 그때 천신은 다시 병든 사람으로 변하여 태자 앞에 나타났다. 몸은 여위고 얼굴은 고통으로 일그러졌으며, 고통을 이기지 못한 신음소리는 창자를 에이는 듯하였다. 병자는 자기의 똥오줌 속에 누워 악취를 풍기면서 가쁜 숨을 몰아쉬고 있었다. 태자는 다시 시종에게 물었다.

"저 사람은 왜 저러고 있느냐?"

시종은 이번에도 솔직하게 대답하지 않을 수 없었다.

"태자마마, 저 사람은 지금 병에 걸려 앓고 있습니다. 육신을 가진 사람은 한평생 사는 동안 전혀 앓지 않고 지낼 수 없습니다. 앓는다는 건 괴로운 일이지요. 저 사람은 지금 아픔을 못 이겨 신음하고 있는 중입니다."

충격에 빠진 태자는 그 자리에서 다시 깊은 생각에 잠겼다.

'사람은 왜 병에 걸려 고통을 받아야만 할까? 늙음의 고통이나 질병의 고통은 왜 생기는 것일까? 그러한 고통에서 벗어나는 길은 없을까?'

그날도 태자는 도중에서 돌아오고 말았다. 날씨는 맑게 개어 화창했지만 태자의 눈에는 모든 것이 병들어 빛이 바래 보였다.

그후 어느 날, 태자는 별궁의 동산으로 가기 위해 이번에는 서쪽 성문을 나섰다. 왕은 태자가 나들이길에 불길한 일을 목격하고 침울한 생각에 잠길까 못내 걱정이었다. 태자가 지나가는 이번의 길목에는 포장을 쳐 길 밖을 가리고 아무도 그 길에 나가지 못하게 했다. 그러나 천신은 태자가 지나는 길에 죽음을 보여주었다. 죽은 사람의 친척들이 그를 붙들고 슬피 통곡하며 울부짖는 모습을 본 태자는 시종에게 물었다.

"저것은 무엇이냐?"

"사람이 죽은 시체입니다."

"죽는 게 무엇인가?"

그때 태자 앞에 천신이 나타나 말했다.

"순수한 영혼의 주인이시여, 위대한 성자의 씨앗이시여, 그대는 어머니가 세상을 떠나 슬퍼하신 적이 있지 않으십니까. 죽음이란 아름다운 세상과 이별하는 것입니다. 이별은 누구도 피할 수 없는 길이지요. 이 길에서는 아무도 벗어날 수 없습니다. 사람이 태어나는 것은 지수화풍地水火風의 네 가지 요소가 만나 이루어지는 것입니다. 그렇게 태어난 사람은 늙고, 늙으면 병들며, 병들면 죽어 지·수·화·풍의 네 가지 요소로 각각 돌아가지요. 그것은 혼이 육체를 떠나 생명의 불이 꺼지는 것입니다. 죽으면 부모형제와 헤어져야 하고 사랑하는 모든 사람을 다시는 보지 못합니다. 인간의 목숨은 풀잎의 이슬과도 같아 순간에 스러지고 말지요. 인간의 세상살이는 귀하거나 천하거나, 모두가 죽음 앞의 한바탕 꿈에 지나지 않습니다. 누가 죽지 않고 영원히 살겠습니까. 태자여, 눈을 뜨고 분명히 보세요. 눈을 떠서 또렷하게 보세요."

말을 마친 천신은 홀연히 사라졌다. 싯다르타는 혼란스러웠다. 지금 자기가 들은 말이 시종의 입을 통해 나온 말인지 자기 마음 안의 또 다른 자기가 한 말인지 꿈속의 소리 같기만 했다. 하지만 태자의 가슴속에서 어떤 결의가 굳어가는 것은 어쩔 수 없었다.

태자는 한동안 야외에서 머물다가 별궁에는 가지 않고 수레를 돌려 되돌아왔다. 해가 기운 뒤에야 수레가 돌아오는 것을 보고 부왕은 흐뭇하게 생각했다. 그러나 수레가 가까이 다다랐을 때 심각하게 어두워져 있는 싯다르타의 얼굴이 보였다. 이날부터 그는 혼자 있는 시간이 더욱 잦았다. 태자의 귓전에는 천신의 말이 떠나지 않았다.

"태자여, 눈을 뜨고 분명히 보세요. 눈을 떠서 또렷하게 보세요."

며칠 뒤 싯다르타는 북쪽 문을 거쳐 밖으로 나갔다. 북쪽 성문을 나서자 우람한 수목들이 숲을 이루고 있었다. 숲속으로 난 오솔길로 텁수룩한 머리에 다 해진 누더기를 걸친 사람이 걸어오고 있었다. 옷은 비록 남루하지만 걸음걸이는 의젓

사문유관(四門遊觀)을 표현한 불화

했고 얼굴에는 거룩한 기품이 감돌며 눈매가 빛났다. 수레 가까이 온 그 사람은 태자를 쳐다보았다. 그 모습이 너무도 의젓했으므로 태자는 자신도 모르게 수레에서 내려 그에게 머리를 숙였다.

"당신은 어떤 분이십니까?"

그 사람은 낭랑한 음성으로 대답했다.

"나는 세상의 모든 일을 버리고 집을 나와 도를 닦는 수행자입니다. 출가사문出家沙門이라고 하지요."

사문은 전통적인 브라만교의 수행자가 아니었다. 웨다에 의존하지 않고 고행이나 명상을 통해 인생의 문제를 직접 해결하려는 자유로운 수행자들을 가리켰다. 당시에는 상업이 발달하고 대도시가 흥성하면서 자유로운 사상가들이 생겨나는 분위기였다. 사문들 중에는 명상, 고행, 유행遊行 등을 특화하는 이들이 많았는데, 싯다르타 태자에게 다가온 그 사문은 명상과 유행에 전념하는 수행자였다. 싯다르타는 그에게 다시 물었다.

"출가하면 무엇이 좋습니까?"

"나는 일찍이 세상에서 늙음과 질병과 죽음의 고통을 자신과 이웃을 통해 맛보았습니다. 그리고 모든 것이 덧없다는 것을 알았지요. 부모와 형제를 이별하고 집을 떠나 고요한 곳에서 이 고통으로부터 벗어나기 위해 수도를 하는 게 나의 일입니다. 내가 가는 이 길은 세속에 물들지 않는 평안의 길이랍니다. 나는 이제 그 길에 이르러 영원한 평안을 얻었습니다."

이 말을 남기고 사문은 태자의 곁을 떠나 휘적휘적 가버렸다. 사문의 말을 듣고 난 싯다르타의 가슴에는 시원한 강물이 흐르는 듯했다. 그의 눈에는 감격의 눈물이 맺혔다. 사문의 뒷모습을 바라보는 태자의 마음에 굳은 결심이 더 크게 자리 잡았다.

싯다르타가 까삘라성 바깥으로 나갔다가 네 가지의 사건을 경험하게 된 것을 사문유관四門遊觀이라고 부른다. 동서남북 곳곳에서 늙음과 병듦과 죽음과 출가 사문의 모습을 보고 마침내 출가의 결심을 굳히는 사건이다. 그러나 싯다르타의 출가는 마지막까지 쉽지만은 않았다. 장애물이 생겼고 그를 속박하는 인연이 이어졌다.

033. 태자의 아들이 태어나다

싯다르타의 나이 스물아홉이 되었다. 야소다라와 결혼한 지도 10년이 넘었다. 어느 날 그는 생각했다.

'결혼 때문에 출가가 10년 이상 늦어졌구나. 이러다가는 몇 해가 더 늦어질지 모른다. 나는 자꾸 늙어 갈 테고 죽음으로 가까이 갈 텐데……'

싯다르타의 마음은 초조해졌다. 이대로 살다 죽는다면 아무런 보람도 없으리라 생각하자 그의 앞에 새로운 길이 보이기 시작했다. 사문유관 때의 경험이 더욱 강렬하게 다가왔다. 싯다르타는 혼자서 외쳤다.

'그렇다! 나도 출가사문의 길을 찾아 나서자.'

이렇게 마음을 정하고 나니 초조함이 사라지고 괴로움도 조금씩 누그러졌다. 이제 싯다르타에게는 출가 시기만이 문제였다. 그러나 자기가 떠난 뒤의 일을 생각하니 걱정이 밀려왔다.

'부왕의 실망이 얼마나 클 것인가. 다행히 이모인 마하빠자빠띠에게서 태어난 동생이 있으니 왕위를 계승하는 문제는 걱정이 없다. 그러나 내가 출가해 버린 걸 아신 부왕을 얼마나 애통해 할 것인가. 그리고 나의 아내 야소다라는 또 얼마나 슬퍼할 것인가.'

싯다르타는 매일매일 잠을 이룰 수 없었다. 후일 붓다는 이때의 심정을 이야기했는데 그걸 전하는 바람결이 노래처럼 사람들에게 들려주었다.

나는 아직 젊은 청년이었네.
머리칼은 검고 치렁치렁하며
청춘의 즐거움 한껏 누렸지.

제왕의 자리가 앞에 있었지만
나는 자유와 절대평화를 찾아
인생의 찬란한 봄을 등졌도다.

부모와 아내가 눈물로 만류했네만
왕궁을 나와 홀로 머리 깎은 후
나는 출가사문의 길을 떠났노라.

숫도다나왕은 아시따 선인이나 꼰단냐의 예언이 실현되지 않기를 바랐다. 태자가 자기의 왕위를 이어받아 훌륭한 제왕이 되기를 간절히 원했던 것이다. 모든 소원을 이루게 하는 사람이라는 뜻에서 태자의 이름을 싯다르타라고 지은 것도 왕의 소원 때문이 아니었던가. 그러나 '모든 일이 다 이루어지라'는 왕의 바람과는 달리, '모든 것을 버리겠노라'며 출가를 결심한 태자는 예고도 없이 숫도다나왕 앞에 나타났다.

"아바마마, 저는 아무래도 사문의 길을 가야겠습니다. 출가를 허락해 주십시오."

왕은 눈앞이 캄캄했다. 가슴이 벌벌 떨렸다. 그러나 정신을 차려야 했다. '나는 왕이기 이전에 아버지 아닌가!' 아버지는 다시 한 번 아들의 뜻을 돌려 보려고 했다.

"사랑하는 태자야, 무슨 소원이든 들어줄 테니 제발 출가할 뜻만은 버려다오."

"그러시다면 제게 한 가지 소원이 있습니다."

"오, 그 소원이 무엇이냐?"

"이 소원만 이루어 주신다면 저는 출가의 뜻을 버리겠습니다."

숫도다나왕의 얼굴이 밝아졌다.

"어서 소원을 말해 보아라."

왕의 표정과는 달리 싯다르타의 얼굴은 돌처럼 굳어 있었다. 나직하면서도 힘 있는 말이 그의 입에서 흘러나왔다.

"아바마마, 제 소원은 죽음을 뛰어넘는 일입니다. 늙고 죽어가는 고통에서 벗어날 수 있는 방법을 가르쳐 주시면 저는 이 자리에서 출가의 뜻을 버리겠습니다."

왕은 어처구니가 없었다. 그러나 진지하고 슬픈 태자의 표정을 보자 화를 낼 수도 없었다. 모든 소원을 들어주겠다던 왕도 어쩔 도리가 없었다. 국왕인 자신도 늙음과 죽음 앞에서는 무기력하다는 것을 인정해야 하지 않는가.

"안 된다. 절대로 안 된다. 그리는 못 한다!"

왕은 절망에 빠져 비명에 가까운 소리를 질렀다. 태자는 일단 자리에서 물러났다.

'아바마마, 너무 슬퍼하지 마옵소서. 태자는 전륜성왕의 길보다 더 높고 바른 길을 가고자 하나이다. 조만간 제가 보이지 않더라도 상심하지 마옵소서.'

돌아나오는 길에 이렇게 혼잣말을 했다. 마음의 준비도 굳게 되었고 왕에게도 출가의 결심을 알린 뒤라 싯다르타는 이제 왕궁을 떠날 기회만을 찾고 있었다. 태자는 아내 야소다라와 이모인 마하빠자빠띠에게는 출가의 결심을 말하지 않기로 했다. 연약한 여인들의 가슴에 상처를 주고 싶지 않았다.

그 무렵 싯다르타는 명상과 요가에 부쩍 많은 관심을 보였다. 그는 성문 밖 암자에 가서 이 분야의 전문 수행자와 잘 어울렸다. 태자의 관심은 언제 왕위를 이어받아 국력을 부강하게 하는가가 아니라 인간의 궁극적인 자유가 무엇인지에 대한 문제였다. 야소다라도 그런 태자를 말릴 수 없었다. 싯다르타는 정기적으로, 또는 부정기적으로 성 밖 숲속 생활을 했다. 그는 이미 절반의 수행자였다.

어느 날 궁전 안에 기쁜 소식이 전해졌다. 야소다라가 마침내 아들을 낳은 것이다. 숫도다나왕의 기쁨은 이루 말할 수 없었다. 큰 잔치를 베풀고 왕손의 탄생을 축하하도록 했다. 그런데 정작 이 경사를 기뻐해야 할 싯다르타는 보이지 않았다. 해가 지고 어둠이 내릴 무렵에야 그는 궁전으로 돌아왔다. 그날도 숲속에 들어가 온종일 혼자 명상에 잠기다 돌아오는 길이었다. 궁전 앞에 이르러 사람들이 웅성거리며 즐거워하는 광경을 보자 싯다르타는 비로소 궁중에 경사가 난 줄 알았다.

"태자마마에게 새 왕자가 생기셨다!"

"만세, 만세!"

"까삘라의 미래를 축복하세, 축복하세!"

자기에게 아들이 생겼다는 소식을 들은 싯다르타는 '오, 라훌라(Rāhula)!' 하고 탄식했다. 라훌라는 '장애障碍'라는 뜻이다. '출가할 길에 아이가 생기다니!' 태자가 탄식한 말은 그대로 아이의 이름이 되었다. 숫도다나왕의 지엄한 명령으로 싯다르타가 출가하지 못하도록 '속박한다'는 의미의 이름이기도 했다.

일설에는 아이를 낳을 때 일식 현상이 일어나서 태양을 가리는 장애물이라는 뜻이 붙었다고도 하고, 자기는 진리를 잘 이해하지만 다른 사람들이 진리를 이해하지 못하는 점에 대해 설명하지 못하는 특성을 가진 부류를 가리키는 이름이라고도 해석했다. 이는 나중에 라훌라가 출가하여 겪은 사건과 일치한다. 그는 수행 중에 깨달음에 이르자 붓다에게 찾아와 점검받는다.

"붓다시여, 저도 깨달음에 이른듯 하옵니다."

"라훌라야, 네가 깨달은 것을 다른 사람에게 설명할 수 있느냐?"

"말로 설명하기 어렵나이다."

"라훌라야, 깨달은 바를 다른 사람에게 설명할 수 없다면 진실로 깨달은 것이 아니니라. 더욱 정진하도록 하여라."

이런 면으로 보면 라훌라는 다양한 맥락과 여러 가지 사건을 함축하고 있는 이름이라 할 수 있겠다.

싯다르타는 아들이 태어났다는 소식에 탄식했지만 한편으로는 이제야말로 기회가 왔다고 결심했다. 당시 인도의 풍습으로는 대를 이을 후계자가 있어야 출가가 떳떳하게 여겨지던 터였다.

제7장

출가出家를 하다

034. 불타는 집이 없는 곳으로 가자

라훌라는 모두의 기쁨이었다. 싯다르타만 제외하면 말이다. 싯다르타라고 해서 새로 태어난 아기가 왜 기쁨이 아니겠는가. 아이를 바라보면 바라볼수록 혈육의 정이 끌리어 모든 사랑을 주고 싶었다. 그것은 매우 강렬했다. 의지만으로 조종이 되지 않았다. 몸이 저절로 반응했다. 아기가 눈을 맞추고 옹알이를 하면 그 순간이 바로 극락임을 믿고 싶었다. 사랑의 이름으로 평화와 행복이 있는 순간! 극락은 어쩌면 공간이 아니라 시간이라는 생각이 들기도 했다. 하지만 이 아이도 언젠가는 늙고 병들어 죽게 마련이다. 시간이 어찌 영원의 이름으로 지속되겠는가. 태어나면 늙고 병들고 죽게 마련이니 모든 생명과 다를 바 없는 것이다.

그런 점에서 싯다르타는 단호했다. 아기의 이름을 짓는 순간부터 야소다라는 짐작했다. 왕손이 생겼으니 태자는 더욱 자유로울 터였다. 아들을 얻고 남편을 떠나보낸다면 싯다르타와 마야부인의 이별과 별 다를 바도 없었다. 그녀는 눈물을 자주 훔쳤다. 울다가 지쳐 잠드는 날이 점점 많아졌다. 어느 날 그녀는 모든 풍경들이 제 얼굴을 찢으며 우는 불길한 꿈을 꾸었다.

천지가 우르릉 소리를 내며 크게 떨렸다……. 제석천의 깃발이 거센 바람에 날려 땅에 뒹굴더니 하늘의 별들이 한꺼번에 쏟아졌다……. 놀란 태자비가 뜰에 나갔지만 마부 찬나는 커다란 햇빛 가리개를 들고 나가버렸다……. 여봐라! 누구 없느냐!! 큰 소리로 외쳐 불러도 아무도 오지 않았다……. 태자비의 머리털이 느닷없이 빡빡 깎이고, 몸에 걸친 보배구슬은 떨어져 냇물에 흘러가고 있었다……. 손으로 잡으려 해도 그것들은 손가락 사이로 빠져나갔다……. 물 위에 허리를 굽힌 태자비는 자기 몸에서 옷이 저절로 벗겨지는 것을 보았다……. 실오라기 하나 걸치지 않은 자기의 알몸이 물에 비치고 있었다……. 부끄러워 주위를 살피는데, 앉은 자리가 땅 속으로 꺼지며 손발이 떨어져 나가 공중에 떠다니고, 그녀가 누웠던 침대는 네 다리가 부러지더니 주저앉고 말았다……. 온갖 보배로 된 산은 무너지고, 궁전 뜰의 나무들은 바람에 꺾어졌으며, 밝은 해와 달은 빛을 잃고, 궁전에 있던 등불들은 모두 성 밖으로 떼를 지어 몰려 나갔다……. 성을 지키는 신장들의 울부짖는 소리가 진동하더니 마침내 까뻴라와스뚜는 광막한 황야가 되었다…….

야소다라는 소스라치게 놀라며 잠에서 깨어났다. 이튿날, 야소다라는 싯다르타에게 꿈 이야기를 했다. 불길한 징조를 이야기함으로써 태자의 출가 결심을 되돌리고 싶은 마지막 하소연인지도 몰랐다. 싯다르타는 겉으로 표현하지 않았지만 마음이 크게 흔들렸다.

'내가 만약 출가를 결행하면 어떻게 될 것인가. 야소다라의 꿈은 앞날의 일을 미리 보여주는 예고편인가. 집안은 풍비박산 나고 일가친척들은 사문이 될 것이며 강대국의 침략을 받아 샤까족이 멸족된다면….'

태자는 가슴이 먹먹해졌다. 왕이 되어 나라를 튼튼히 지키는 게 국가와 종족을 위한 도리가 아닐 것인가 다시 생각해 보았다. 생각할수록 야소다라가 가여웠다. 싯다르타는 그녀를 위로해 주어야 했다.

"야소다라여, 꿈은 허망한 것이오. 마음이 약하면 마왕이 그 틈을 비집고 들어와 사람을 흔들어 놓는다오. 그대는 내가 혹시 출가할까 걱정하는지 모르지만, 새로 아이도 생겼는데 내 어찌 아비의 도리를 다하지 않겠소. 그대 홀로 남아 아이를 키우는 일은 없도록 할 것이니 슬퍼하거나 근심하지 마시오. 그대는 웃는 모습이 가장 아름답소. 이제 내 앞에서 마음껏 웃어 보시오. 오늘은 아바마마께서 라훌라 탄생을 위한 특별 연회를 여시겠다고 하니 즐거운 마음으로 함께합시다."

야소다라는 행복했다. 거짓말이라도 이 순간만큼은 믿고 싶었다. 태자님과 함께라면 못 할 게 없었다. 아기 아버지가 출가하여 가족과의 인연을 끊는 것보다는 그게 나았다.

'그래. 이제는 더 이상 울지 말자. 모든 게 하늘의 뜻대로 될 테지.'

야소다라는 눈물로 얼룩진 얼굴을 깨끗이 씻고 나와서 싯다르타의 얼굴을 정면으로 마주 보았다. 그리고는 천천히 다가가 그의 입술에 자신의 입술을 댄 다음 싯다르타의 귓속에 대고 일생일대의 가장 간절한 목소리로 소곤거렸다.

오, 영원한 내 사랑!
당신은 나만의 사랑!

5백 여인 제치고
내게 준 이 반지

당신은 생각하세요.
날 잊지 마세요.

옆에 가까이 있어도
언제나 그리운 님

우리는 한시라도
헤어질 수 없어요!

싯다르타는 야소다라를 어느 때보다 힘껏 안아주었다. 싯다르타의 눈에도 눈물이 맺혔다.

히말라야 산기슭에 봄바람이 불어왔다. 얼었던 겨울 하늘의 찬 공기가 풀리기 시작하더니 나무마다 새로 움트는 꽃향기가 퍼지고 있었다. 서편 하늘에 초승달이 조각배처럼 걸려 있었고, 먼 숲에서는 밤부엉이 소리가 이따금 들려왔다. 아름다운 봄밤이었다.

까삘라와스뚜에서는 왕궁 연회가 열렸다. 싯다르타는 야소다라와 나란히 앉아 맛있는 음식을 먹으면서 무희들의 춤과 노래를 즐겼다. 무용과 음악에 능숙한 무희들은 하늘의 선녀처럼 꾸미고 갖가지 악기를 들고 와서 솜씨를 뽐내고 교태를 부렸다. 부부는 오랜만에 박수를 치면서 즐거워했다. 밤은 점점 깊어 갔다.

 싯다르타는 평소의 연회 때보다 술을 많이 마셨다. 아무리 많은 술을 마셔도 취하지 않는 태자였지만 오늘은 긴 의자에 몸을 기대어 먼저 잠이 들었다. 태자가 잠에 취하자 태자비도 침전에 혼자 들었다. 잠든 태자의 몸을 흔들어 깨울 수는 없는 법이었다. 잔치는 자연스레 끝났다. 피곤에 지친 악사들과 무희들도 여기저기 쓰러져 잠들었다. 넓은 방 안에는 향기로운 등불만이 고요히 타고 있었다.

 얼마 뒤 태자가 잠에서 깨었다. 그는 가부좌를 틀고 앉아서 호흡을 다듬었다. 무희들이 악기를 버려둔 채 여기저기 널브러져 자고 있는 모습이 보였다. 어떤 여자는 입을 벌리고 침을 흘리며 자고 있었고, 어떤 여자는 사지를 내던지듯이 활개를 편 채 잠들어 있었다. 얼굴의 화장은 지워져 얼룩졌고 이를 갈거나 코를 골거나 잠꼬대를 하며 자는 여인도 있었다. 어떤 여자는 옷이 헤쳐진 채 속살이 다 드러난 추한 모습이었다. 공연할 때의 아름다움과 요염함은 온 데 간 데 없고 인간 본능의 적나라한 모습만 드러났다. 모두가 가엾고 슬픈 사람들이었다. 싯다르타는 연민어린 시선으로 이들을 다시 한 번 바라보았다.

 '다른 사람을 즐겁게 해주려 본인들은 얼마나 힘들었을까!'

 싯다르타는 이곳 욕망과 쾌락의 한복판에서 한시라도 빨리

붓다의 출가 결심을 표현한 불화

떠나고 싶었다. 아름답게 꾸며진 큰 누각도 온갖 해골들이 사방에 어지러이 뒹굴고 있는 묘지처럼 보였다. 이 세계 전체가 마치 불타는 집처럼 느껴졌다. 그는 태자비의 침소로 발길을 돌렸다. 방 안에는 향기로운 등불이 타고 있었다. 이제는 끝이다. 여기의 끝이 저기의 시작이다. 불타는 집이 없는 곳, 나는 그 숲으로 갈 것이다. 아내와 아들에게 작별 인사를 하자.

싯다르타는 잠든 아내와 어린 아기를 번갈아 바라보았다. 세상에서 가장 행복하고 평화로운 기운이 어머니와 아기의 잠든 얼굴에 깃들어 있었다.

'야소다라여, 모쪼록 슬퍼하지 말고 잘 지내시오. 아가야, 너도 무럭무럭 잘 자라거라.'

한 여인의 남편이자 한 아이의 아버지인 싯다르타는 그의 가족을 향해 이렇게 눈으로 이야기했다. 그러고는 곧바로 고개를 돌렸다.

035. 왕성을 떠나다

싯다르타는 밖으로 나와 낮은 목소리로 마부 찬나를 불렀다.
"찬나야, 깐따까를 데려오너라. 저 하늘의 잠든 별도 깨지 않도록 조용히 해야 한다."

깊고 푸른 밤의 정적 속에서 깐따까의 늠름하고 흰 몸체가 다가왔다. 싯다르타는 애마 깐따까의 등에 조용히 올랐다.

'찬나야, 이제 떠나자! 성 밖으로 나갈 준비는 잘 해두었겠지?'

전해오는 이야기로는 숫도다나왕이 태자의 출가를 막기 위해 모든 성문을 철저히 봉쇄하자 태자가 말을 탄 채 성벽을 뛰어넘었다고 하지만, 실은 동문을 지키는 병사들에게 찬나를 통해 오래 전부터 당부를 해 둔 터였다.

"태자가 성문을 어떻게 나갔느냐고 조사하면 너희는 무조건 모른다고 해라. 간밤에 이상한 소리가 있어 고개를 들어보니 태자님의 말이 천신의 도움을 받아 성벽을 훌쩍 뛰어넘는 걸 보았다고 하거라. 그러면 너희들 목숨만은 보전할 수 있을 것이다."

싯다르타 태자가 말을 타고 성문을 빠져나가는 것을 아무도 몰랐다는 게 왕실 수비대의 공식 입장이었다. 동문의 병사들은 알고도 모른 척했다. 그것만이 그들이 살길이었다. 성문을 나올 때 태자는 맹세했다.

> 나는 하늘에서 태어나기를 원치 않네
> 많은 중생이 삶과 죽음의 고통 속에 있지 않은가.
> 이를 구제하기 위해 까삘라성을 나가는 것이니
> 생사 문제를 해결하기 전에는 다시 돌아오지 않으리.

싯다르타는 마침내 오랜 세월을 두고 갈망하던 출가를 결행했다. 태자의 행차치고는 외로운 길이었다. 하지만 어쩌랴. 출가사문의 길은 일생일대의 중대사이고 혼자서 가는 고독한 길인 법이다.

싯다르타는 성을 벗어나자 길을 재촉했다. 말발굽 소리가 밤하늘에 울려퍼졌다. 이따금 숲에서 밤새들의 울음소리가 들려올 뿐 태자와 찬나는 한마디 말도 없었다. 아노마강을 건너 아누쁘리야 망고숲에 도착하자 먼동이 트기 시작했다. 새벽의 맑은 강바람이 상쾌하게 불어왔다. 싯다르타는 말에서 내려 찬나의 손을 잡으면서 부드럽게 말했다.

"찬나야, 수고했구나."

이 길이 태자의 출가임을 알아차린 찬나는 흐느껴 울었다. 찬나는 태자가 여러 날 전부터 은밀하게 출궁 지시를 해서 별궁에 가는 줄로만 알았다. 아들까지 새로 낳은 샤까족의 태자가 설마 출가 수행자가 되리라고는 상상하지도 못했다.

싯다르타는 강물에 얼굴을 씻고 허리에서 칼을 뽑아 치렁치렁한 머리칼을 손수 잘랐다. 찰기 있게 빛나는 태자의 검은 머리칼들이 강물 위로 뭉텅뭉텅 떨어져 내렸다. 샤까족 까삘라 왕자의 영광과 화려한 세월들이 물결과 함께 가뭇없이 사

출가 후 머리카락을 자르는 붓다를 표현한 부조

라지는 중이었다.

'아, 존귀하신 태자님께서 숲속의 수행자가 되기 위해 고결한 머리카락을 스스로 자르시다니! 대왕님이나 태자비께서 이 모습을 보신다면 피눈물을 흘리실 텐데, 이를 어쩌면 좋나!'

찬나는 눈물을 흘리며 말없이 지켜보았다. 싯다르타는 몸에 지녔던 패물을 떼어 찬나에게 내주며 말했다.

"이 목걸이를 부왕께 전하여라. 그리고 싯다르타는 죽은 것으로 생각하시라고 말씀드려라. 내 뜻이 이루어지기 전에는 죽는 한이 있더라도 돌아가지 않을 것이다. 나는 왕위 같은 세속의 욕망은 털끝만큼도 없다. 다만 생로병사의 괴로움에서 벗어나기 위해 이 길을 걷는다고 말씀드려라."

그리고 다른 패물을 주면서 아울러 부탁했다.

"이것은 나를 길러준 마하빠자빠띠 왕비 이모님과 사랑스러운 아내인 야소다라에게 전하여라. 내가 출가사문이 된 것은 세속을 떠나기 위해서가 아니라 지혜와 자비의 길을 찾기 위해서라고 말해다오."

그때 마침 사냥꾼이 그들 곁을 지나갔다. 태자는 사냥꾼을 불렀다. 그리고 입고 온 호화스러운 태자의 옷을 벗어서 사냥꾼에게 주고 사냥꾼의 해진 옷을 얻어 입었다. 머리를 깎고 해진 옷을 걸친 싯다르타는 누가 보아도 까삘라의 태자가 아니었다. 그는 영락없는 사문의 모습이었다.

"찬나야, 여기서 헤어지기로 하자. 만나면 헤어지는 게 이 세상 인연 아니냐. 그럼 잘 가거라."

찬나는 자리에 주저앉아 통곡했다.

"태자마마, 저는 가지 않겠습니다. 언제까지고 마마를 모시도록 해 주십시오."

"그럴 수는 없다."

"태자마마, 부모님의 은혜를 생각하셔야 합니다. 낳아주고 길러주신 부모님에게 효성을 다하는 것보다 뛰어난 가르침은 없습니다. 정숙하고 현명한 부인이며 갓 태어난 아들을 떠나시는 일도 온당하지 않습니다. 태자님은 지금 아들과 남편과 아버지의 세 가지 도리를 저버리시는 겁니다. 게다가 백성들에게도 온화하고 다정하셨는데 이제 그들 모두를 떠나신다니 이를 누가 옳은 일이라고 하겠습니까. 마음을 돌려 어서 돌아가셔야 합니다."

"나는 돌아가지 않는다. 내가 살 곳은 집이 아니라 길이다. 나는 이제부터 길을 갈 것이고 길에서 살 것이니라."

"길에서 사는 건 쉽지 않습니다. 어떻게 살아가시렵니까?"

"밥을 얻어먹으며 살 것이다. 나를 걱정하지 않아도 좋다. 인간은 혼자 태어나서 홀로 죽는 것이 운명이다. 나의 결심은 움직일 수 없다. 어서 돌아가거라."

"태자마마께서 걸인처럼 밥을 빌어먹으며 사시겠다구요?

이게 대체 무슨 일입니까? 왜 사서 고생을 하시려는 겁니까? 그리고 숲속에는 호랑이 같은 맹수와 무서운 독벌레도 많습니다. 누가 마마를 해치지 않는다고 보장할 수 있습니까. 옆에 모시고 전처럼 시중을 들겠습니다. 소인은 혼자서 돌아갈 수 없습니다. 이대로 돌아가면 대왕께서 반드시 저를 벌하실 테니, 태자마마, 제발 저를 살려주소서."

"아니다. 찬나야, 너는 벌 받지 않을 것이다. 내 말을 들어라. 죽음과 이별은 인간의 숙명이니 누구도 피해 갈 수 없는 법이다. 자, 여기서 헤어지기로 하자. 어서 가거라."

싯다르타는 마지막으로 타고 온 백마 깐따까를 쓰다듬어 주었다.

"깐따까야, 그동안 나를 위해 수고가 많았다. 너도 잘 가거라."

백마 깐따까도 태자와의 이별을 서운해하는 듯 앞발굽을 치면서 눈물을 흘렸다. 애끓는 말 울음소리가 새벽 강가에 오래도록 울려퍼졌다. 태자는 뒤돌아보지 않고 숲속으로 걸어 들어갔다.

036. 왕자의 출가를 받아들이다

태자가 떠난 것을 알게 된 까삘라성은 발칵 뒤집어졌다. 왕과 왕비와 태자비를 비롯한 모든 궁중 사람들이 충격과 슬픔에 빠졌다. 태자가 안 보인다! 말과 마부도 안 보인다! 출가하러 멀리 떠나신 거구나! 샤까족의 해가 사라지다니! 전륜성왕의 꿈은 이제 꿈으로 끝나고 마는가! 까뻴라와스뚜의 민심 역시 급속도로 떨어지고 있었다.

"믿을 수 없어. 태자님이 뭐가 부족해서 출가를 하신다지?"

"왕위에 오르신들 꼬살라나 마가다를 어쩌겠어. 우린 강대국들 틈에 끼인 약한 나라잖아."

"맞아. 전륜성왕이 다 뭐람! 그건 처음부터 바라기 어려운 꿈이지."

"그래서 출가하신 게 아닐까?"

"야소다라 태자비만 안됐군 그래. 사랑스럽고 아름다운 분이신데."

"날벼락 맞으신거지 뭐."

찬나는 여드레 만에 돌아왔다. 돌아와서 태자의 유품과 당부의 이야기를 사람들에게 전해야 했다. 찬나는 죽을 때 죽더라도 태자의 소식을 전하지 않을 수는 없었다. 이 또한 그의 소임이었다.

깐따까의 울음소리가 들리자 사람들은 활기를 되찾았다. 마하빠자빠띠 왕비와 태자비 야소다라는 태자가 돌아온줄 알고 맨발로 뛰어나왔다. 그러나 왕궁으로 돌아온 것은 태자의 마부와 말뿐이었다.

"태자님께서는 아누쁘리야 망고숲 근처의 아노마 강가에서 혼자 머리를 깎으시고, 찬나와 깐따까를 뒤로 하신 채 숲속으로 들어가셨습니다. 소인이 눈물로 말려 보았지만 태자님의 뜻이 워낙 강하셨습니다. 이 불충한 죄인을 죽여 주시옵소서."

짐작은 했지만 기가 막혔다. 마하빠자빠띠 왕비는 손발과 함께 목소리까지 심하게 떨렸다.

"오, 이건 현실이 아니다. 꿈이다. 어리석은 찬나여, 너는 정말 태자를 저 험한 숲속에 홀로 두고 왔느냐. 몸에는 항상 여러 가지 향을 바르고, 가장 좋은 음식만 먹던 태자의 식사는 어찌 되겠느냐. 걸인처럼 밥을 빌어먹는다구? 그게 가당키나 한 이야기냐? 부드럽고 깨끗한 잠자리 대신에 밤이슬 내리는 찬 숲속에서 태자가 어찌 지낸단 말이냐. 늘 시종들이 있어 아무런 불편함이 없던 태자의 고운 손발은 또 어찌 되겠느냐. 찬나야, 너는 대체 생각이 있는 것이냐 없는 것이냐. 맹수와 독충이 들끓는 험한 산속에서 우리 태자가 어찌 지낼 것이며, 더럽고 냄새나는 옷을 입은 채 가시덩쿨에 누워 어찌 잠을 잘 것이냐. 아, 어리석은 찬나여, 너는 태자가 걱정도 안 되어 혼자서 돌아왔느냐. 이건 분명 꿈일 것이다."

찬나는 엎드려 울면서 자초지종을 설명하고, 자신의 힘으로는 어찌할 수 없었다고 거듭거듭 말했다. 야소다라는 찬나의 이야기를 듣고 가슴을 쳤다. 그녀는 집 떠난 지아비를 향해 혼잣말로 넋두리를 했다.

"내 사랑 싯다르타여, 저는 지금까지 사랑하는 마음 하나로 당신을 모셨습니다. 어찌하여 저를 버리고 혼자 가셨습니까. 옛부터 왕위를 버리고 숲속에 들어가 수행한 사람은 많았습니다. 그들은 아내와 자식을 데리고 숲속에 함께 살면서 수도를 했다고 들었습니다. 부부가 함께 머리를 깎고 출가하여 고행을 했다지요. 또 부부가 함께 신들에게 제사 지내어 쌓은 공덕으로 죽어서는 하늘에 태어났다는 이야기도 들었습니다. 당신은 저를 버리고 혼자서 하늘에 태어나 천녀와 즐겁게 지낼 생각이었습니까? 내 사랑 싯다르타여, 라훌라의 아버지여, 우리는 정녕 당신에게 버림받은 것인가요?"

야소다라는 영혼이 모조리 뽑힌 사람처럼 괴로워하고 울부짖다가 혼절하고 말았다. 한참 후에 정신이 돌아온 그녀는 비장한 목소리로 구슬프게 읊조렸다.

오늘부터 나는 죄인이다.

궁전은 창살 없는 감옥이니
태자를 다시 만나기까지는
침상에 누워 자지 않으리라.

향을 뿌린 물에 목욕도 않으리라.
몸을 가꾸거나 화장도 하지 않을 것이며
맵시 있는 옷도 입지 않으리라.

보석이나 꽃으로 몸을 장식하지 않고
맛있는 음식도 입에 대지 않으리라.
다시는 머리도 손질하지 않으리라.

내 몸은 비록 궁중에 살지만
산 속에 사는 심정으로 살아가리라.
이 길만이 태자와 함께 사는 길이니

오늘부터 나는 태자비가 아니다.

 숫도다나왕은 태자의 출궁 이후 신전에 들어가 밖에도 나오지도 않고 기도하는 중이었다. 깐따까의 울음소리가 요란하여 나와 보니 돌아온 것은 마부 찬나뿐이었다. 찬나는 죽을 각오로 태자의 물건들을 왕 앞에 내어놓았다. 왕은 찬나가 가져온 태자의 물건들을 보자 정신을 잃고 쓰러졌다. 잠시 뒤 깨어난 왕 역시 비탄에 잠긴 목소리로 말했다.
 "아, 나의 아들아, 나는 너를 위해 계절에 알맞은 궁전들을 지어주었다. 너는 어찌하여 즐거움을 버리고 인적 없는 황야에서 짐승들과 살면서 숲생활을 하려느냐. 아, 나의 아들아, 그 옛날 바라문들이 너의 장래를 예언했을 때 나는 기뻐서 너의 발아래 절을 하였다. 싯다르타야, 전륜성왕아, 네가 다시 돌아만 온다면 나는 너의 발아래 열 번이라도 절을 하겠노라."

생살이 찢어지는 듯한 아픔이 찾아왔다. 그러나 이 사태를 어찌 되돌릴 것인가. 방법이 없었다. 왕은 신들을 향해 더욱 애절하게 발원했다.

"신들이시여, 까삘라의 왕이 발원하오니 내 아들이 바라는 바를 이루도록 도와주소서. 내 아들은 세속의 모든 이익을 버리고 출가사문의 길로 나아갔습니다. 험한 길로 나아가 성인의 길을 성취하고자 하오니 그가 구하고자 하는 일이 빨리 이루어지도록 해주소서. 까삘라의 늙은 왕은 신들께 엎드려 비옵니다."

왕은 여든을 넘기고 있었다. 나라를 다스리기에는 이미 너무 많은 나이였다. 샤까족의 왕국은 이제 어떻게 될 것인가.

상월결사 인도순례에서는 순례단이 걸어가는 마을 곳곳마다 순례를 응원하며 구경나온 사람들이 함께했다. 사진은 순례단을 향해 손을 흔드는 엄마와 아기에게 손인사를 건네는 해봉 자승스님의 모습이다.

제8장

고행苦行을 하다

037. 출발은 고독하다

싯다르타는 태자의 신분을 버리고 출가하여 마침내 수행자가 되었다. 그는 희망을 안고 숲속으로 들어갔다. 옛날부터 훌륭한 선인이 살았다는 아누쁘리야 숲. 그 숲속 알맞은 곳을 찾아 좌선을 시작했다.

늘 꿈꾸던 일을 하리라.
오래 묵은 태자의 숙제!

나고, 늙고, 병들고, 죽는
근본 문제를 해결하리라.

영원한 대자유를 위해

걸림이 없이 살리라.

불어오는 저 바람처럼
불어가는 저 바람처럼

수행자가 이렇게 다짐을 하자 그의 마음 깊은 곳에서 환희심이 솟아오르기 시작했다.

새로운 수행자를 맞아 숲의 새들도 지저귀고 있었다. 이름 모를 풀잎과 나뭇가지들은 바람에 흔들려 사각거렸다. 멀리 혹은 가까이에서 짐승들의 괴이한 울음소리도 들렸다. 코끼리거나 원숭이이거나 동굴박쥐인지도 몰랐다.

숲은 살아 있었다. 절반은 고요했고 절반은 은은한듯 시끄러웠다. 조화 속이었다. 고요함과 시끄러움의 그 어떤 가운데쯤에서 소살거리는 소리가 조화를 이루며 낯선 수행자를 포근히 감싸고 있었다. 싯다르타는 눈을 지그시 내리뜨고 호흡을 조절하면서 단전에 힘을 주었다. 죽어도 물러서지 않겠다는 굳은 결심으로 최초의 싸움에 임했다.

해가 높이 솟아 머리 위에서 빛났다. 목이 마르고 배가 고파왔다. 싯다르타는 꿈쩍하지 않았다. 그의 얼굴은 맑고 조용하게 빛났다. 황혼이 밀려오고 어두운 밤이 되어도 수행자는 자리를 떠나지 않았다. 싯다르타는 자신의 호흡을 관찰했다.

들숨과 날숨이 느껴졌다. 어느 순간 숨소리마저 사라지는 평화로운 집중 상태가 찾아왔다. 사마디(samādhi, 삼매三昧)였다. 하지만 이런 평화로운 몰입 상태는 오래가지 못했다. 과거의 온갖 기억들이 되살아나 머릿속을 어지럽혔다. 통제가 되지 않았다.

저 사람은 왜 저토록 비참한 모양을 하고 있느냐?
데와닷따여, 이 백조의 주인은 바로 백조 자신이니라.
태자마마, 소녀에게 반지를 주시니 감사하옵니다.
아바마마, 제 소원은 죽음을 뛰어넘는 일입니다.

불쑥불쑥 밀고 오는 과거의 장면들을 잊으려고 애쓸수록 마음의 평화로운 상태는 툭툭 끊어졌다. 첫밤을 새고 나자 자신감이 조금 생겼지만 번거로운 기억들은 여전히 지워지지 않았다. 여러 날 동안 비슷한 상태가 계속되었다.

숲속의 수행자에게 육체의 고통이 찾아오는 건 어쩔 수 없었다. 허기가 들면 흐르는 개울물을 마실 뿐 아무것도 먹지 않았다. 어떤 날 밤에는 비가 내렸고 비가 개고 나서는 쌀쌀한 바람이 숲을 몰아쳤다. 비에 흠뻑 젖은 싯다르타는 이가 딱딱 부딪치도록 추위에 떨었다. 쾌락과 안온이 넘쳐나는 별궁, 부왕께서 태자만을 위해 지어준 세 채의 별궁 생각이 절로 났다.

의지를 가지고 제압하려 해도 떠오르는 생각을 막기는 어려웠다. 한세상 살아온 육체의 습성 때문이었다. 싯다르타의 육체는 스물아홉 해만에 견디기 힘든 시련에 직면했던 것이다. 마음은 따뜻한 방을 멀리하고자 해도 몸이 원했다. 그는 일주일을 같은 자리에 꼬박 앉아 있었다. 그러나 그가 꿈꾸던 깨달음의 경지는 오지 않았다. 이게 맞는 수행법인가?

싯다르타는 초심 수행자였다. 혼자서 진리를 구하는 것보다 수행의 힘이 뛰어난 사람들에게 가르침을 받아야겠다고 마음먹었다. 조급하게 굴어서도 안 되겠다고 생각했다. 마음의 여유를 가지는 게 현명한 방법이라고 생각했다. 싯다르타는 여드레 만에 자리를 떨치고 일어났다.

숲에서 가까운 마을로 밥을 빌러 내려갔다. 출가 이후 얻어먹는 첫 번째 식사였다. 싯다르타는 탁발로 얻은 밥을 먹다가 토하고 말았다. 이 음식 저 음식이 뒤섞여 역겨운 냄새가 났고 이를 견딜 수 없었다. 부끄러운 일이었다. 마음에서 출가 수행승들의 시가 떠올랐다. 시를 읊조리자 싯다르타는 가까스로 욕지기를 참을 수 있게 되었다.

> 수행자는 공양 음식을 가려서는 안 되오.
> 이 사람은 스스로 끼니를 만들지 않으니
> 이웃이 주는 대로 감사히 먹어야 한다오.

수행자는 거친 공양도 참아야 하느니
역겨운 음식도 기쁘게 삼키지 않으면
보시한 이의 공덕을 사라지게 한다오.

싯다르타는 점차 수행승 본연의 모습으로 변해가고 있었다. 여윈 얼굴에 해진 옷을 걸쳤지만 눈빛만은 형형하게 빛났다. 몸 전체에서는 맑고 깊은 의지가 풍겨 나왔다. 배고프고, 목마르고, 뼈마디가 결리고, 밀려오는 졸음과 싸우는 일은 육체의 고통을 넘어가는 일종의 관문이었다. 싯다르타는 태자 시절 동안 온갖 즐거운 쾌락에 익숙해져 있었으므로 어쩌면 그 반대의 길을 선택하는지도 몰랐다. 쾌락으로부터 멀리 떨어져 고통을 직접 경험하고 이를 견디는 데에 최고의 진리가 있을 것으로 생각했다. 고통이 익숙해지기 시작하자 고통으로 인해 마음 흔들리는 시간도 점점 줄어들었다. 그는 수행을 통해 인내의 의미를 깨달아가는 중이었다.

038. 스승을 찾아서 떠나다

싯다르타는 가까이 있는 수행승에게 박가와(Bhaggava) 선인仙人 이야기를 들었다. 박가와는 고행을 통해 진리에 도달할 수 있다고 믿고 실천하는 수행자였다.

'그를 만나 고행의 참된 뜻을 알아보자! 진리를 찾는 데 도움이 된다면 도인이란 도인은 다 만나보리라. 아무리 멀고 험한 길이라도 망설이지 않으리라.'

이렇게 하여 싯다르타의 '스승 찾기 여정'이 시작되었다. 싯다르타는 낡고 더러운 옷가지를 걸친 채 맨발로 길을 나섰다. 노비가 입다가 버린 옷, 시체를 화장하기 위해 감싸던 옷 등도 깨끗이 빨아 입었다. 그는 세상의 가장 큰 것을 가지고자 하는, 그러나 스스로는 아무것도 가지지 않는 청빈한 수행자였다. 누군가를 만날 때, 어딘가로 갈 때, 싯다르타는 자기 발로 걸어서 갔다. 그것이 평생 동안 이어졌다.

그의 삶은 길 위의 삶이었다. 발은 늘 부르텄다. 상처도 잘 났으며 멍과 티눈이 생기곤 했다. 가장 작은 먼지와 가장 더러운 오물과 가장 낮은 곳으로 떨어진 생명의 숨결들이 그의 발바닥에서 함께 살았다. 그는 이 모든 걸 참고 사랑하며 걸어야 했다. 싯다르타의 파란만장한 발바닥이야말로 출가 이후 싯다르타 삶에 대한 가장 진실하고 명백한 증언이었다.

싯다르타는 아누쁘리야 숲에서부터 여러 날을 걸어 고행승 박가와가 산다는 와르지 땅 이누야 숲에 들어섰다. 그는 스승이 될 만한 사람을 처음으로 찾아가는 길이었다. 숲에는 박가와 선인을 추종하는 사람들이 모여서 아쉬람(āśrama)이라는 초막을 짓고 살았다. 그곳에서 박가와는 '아쉬람의 지도자'로 불렸다.

그들은 저마다의 방법으로 남이 흉내 낼 수 없는 어려운 고행을 하고 있었다. 어떤 사람은 가시로 몸을 찔러 스스로 피를 내고, 흐르는 피가 검붉게 굳어 있는데도 참고 있었다. 또 어떤 고행자는 더러운 쓰레기더미 위에 누워 더럽고 냄새나는 것에 무관심한 듯 지내고 있었다. 혹은 타오르는 불꽃에 몸을 달구고 있는 사람도 보였다. 한쪽 발로 딛고 서 있는 사람, 물속에 들어가 숨을 참고 있는 사람도 있었다. 그들 가운데는 발가벗고 종일토록 물구나무를 서는 고행자도 있었다. 하루에 한 끼만 먹는 이도 있었고, 이틀에 한 끼, 사흘에 한 끼밖에 먹지 않는 사람도 있었다.

수행승들은 혹독하게 고행할수록 존경을 받았다. 그들은 고행을 참아내는 일로써 수행을 삼았다. 그 참을성에는 감동할 만하지만 싯다르타는 그런 방식의 고행을 이해할 수 없었다. 고행자들의 얼굴은 하나같이 어두운 그늘에 덮여 처참하고 불결했다. 싯다르타는 박가와에게 물었다.

"아쉬람의 지도자여, 무엇 때문에 이 같은 고행을 하십니까?"

박가와 선인은 당연하다는 표정으로 말했다.

"극한 고행을 하면 즐거움의 높은 경지에 도달한다오. 모두 미래 세상에 천상에서 태어나기 위해 고행을 하는 거랍니다."

박가와의 설명을 들은 싯다르타는 실망했다.

'즐거움을 얻기 위해 괴로움을 참는다고? 설사 천상에 태어난다 할지라도 천상의 즐거움이 다하면 다시 인간 세계에서 고통을 겪어야 하지 않는가. 게다가 천상에 태어난다는 것을 누가 무슨 수로 보장한단 말인가.'

싯다르타는 그들의 고행 수행법이 좋게 보이지만은 않았다. 싯다르타가 생각에 잠겨 있는 것을 본 박가와 선인은 다시 입을 열었다.

"처음 고행은 어렵지만 수행을 쌓으면 참아내기 어렵지 않게 되오."

선인은 싯다르타가 잠자코 있는 것이 극심한 고행에 놀라 의기가 죽은 것으로 생각했던 모양이다. 싯다르타는 조용히 말했다.

"아쉬람의 지도자여, 저는 여러분의 고행을 존경합니다. 하지만 어떤 보상을 바라고 고행을 해서는 안 됩니다. 단순히 천상에서 태어나기 위해 고행을 한다면 기쁨과 슬픔, 괴로움과 즐거움은 결코 사라지지 않습니다. 영원히 되풀이될 뿐이지요. 고행이 천상에 다시 태어나는 길임을 어떻게 증명하며, 천상에 고통이 없다는 것은 또 누가 입증합니까?"

선인은 시원하게 대답하지 못했다. 싯다르타는 이곳의 고행법이 자기가 찾는 진리의 길이 아니라고 생각했다. 더 이상 이누야 숲에 있을 필요가 없었다. 싯다르타는 그곳에서 하룻 밤을 머문 다음 다시 길을 떠났다.

'이곳에 온 게 무익하지만은 않았어. 고행승들을 만난 건 새로운 경험이었지. 하지만 이건 바른 길이 아니야. 다른 스승을 찾아가 보자.'

싯다르타는 박가와의 제자들로부터 남쪽으로 가면 알라라 깔라마(Ālāra Kālāma)라는 훌륭한 선인이 있다는 말을 들었다. 알라라 깔라마의 덕망은 싯다르타도 전부터 듣고 있었다. 그는 명상을 통해 깊은 선정을 즐겨서 살아있는 성자로 불린다고 했다. 청정한 계율을 지켜 평정한 지혜에 이르렀으니 싯다르타가 인정하는 스승의 조건도 충족시키는 분이었다.

'그런 분이라면 싯다르타를 잘 이끌어주실 것이다.'

길을 나서는 싯다르타의 마음은 기대에 부풀었다. 알라라 깔라마가 있는 와이샬리까지는 강을 여러 번 건너고 많은 산을 넘어야 했다. 싯다르타는 주로 덥지 않은 새벽 시간을 택해서 걸었다. 더운 낮 시간 동안은 나무 그늘에서 쉬거나 숲으로 들어가야 했다. 강물은 언제나 자상한 어머니 같았다. 더위에 지친 몸을 식혀주고 때먼지로 얼룩진 몸도 씻어주었다. 이에 비하면 하늘은 아버지였다. 높고 푸르고 컸지만 내 몸에 살갑지 않은 게 문제였다. 아무리 생각해도 알 수 없었고 변덕스러웠다. 구름이 한 번도 같은 모습을 한 적 없다는 게 그 증거였다.

싯다르타가 스승 찾아 나서는 길에서 느끼고 배우는 자연 공부는 모든 것이 영원하지 않고 변한다는 체험이었다. 마른 피부를 스치는 바람도 오직 그 순간에만 만날 뿐이었다. 불어 간 바람과 불어오는 바람은 같은 바람이 아니었다.

싯다르타는 여러 날을 걸어서 릿차위족의 수도인 와이샬리의 인근 도시 께샤뿌뜨라(Keśaputra) 마을에 이르렀다. 그곳에 알라라 깔라마의 수도원이 있었다. 사람들 이야기로는 알라라 깔라마가 120살이라고 했고 16살 때 출가했다고 했으니 100년 이상을 명상에 전념해 온 도인이었다. 싯다르타는 알라라 깔라마 앞으로 나아가 예를 올렸다.

"저는 샤꺄족 왕국의 까뻴라와스뚜에서 온 싯다르타라고 하옵니다. 저는 숫도다나왕의 아들로서 나고, 늙고, 병들고, 죽는 생사 문제를 해결하기 위해 태자의 신분을 버리고 출가 사문이 되어 스승을 찾아다니고 있습니다. 부디 제게 가르침을 주시옵소서."

알라라 깔라마는 눈이 번쩍 뜨였다. 스스로를 태자라고 소개한 젊은 수행자로부터 비범한 기품을 발견했기 때문이다. 수많은 철학자와 이론가와 변설가를 제쳐두고 순수 명상을 통해 도를 구하려고 자기를 찾아온 사람들 중에 싯다르타만

한 그릇은 없었다. 스승에 대한 제자의 기대가 큰 만큼 제자에 대한 스승의 기대 역시 컸다.

"존자시여, 싯다르타라고 하셨습니까? 당신은 여기에 머물 수 있습니다. 나의 가르침은 지혜 있는 사람이면 누구나 배울 수 있고, 오래지 않아서 스승의 경지를 스스로 알게 되며, 몸소 체험하여 그 경지에 머무를 수 있을 것입니다."

싯다르타는 알라라 깔라마의 가르침에 따라 께샤뿌뜨라 마을의 수도원에서 명상 수련에 전념했다. 이 마을에는 나무 그늘마다 명상 수련을 하는 제자들이 3백 명이나 있었다. 싯다르타는 그 모든 제자들 중에서도 출중했으며 한 번 명상에 들면 오래도록 먹고 자는 것을 잊을 정도로 몰입했다.

명상의 첫 단계는 삼매에 드는 것이었다. 싯다르타는 출가 이후에 아누쁘리야 숲에서 처음으로 평화로운 집중 상태에 이르렀던 체험을 다시 반복했다. 문제는 그 상태를 마음먹은 대로 유지하는 지속 가능한 능력이었다. 알라라 깔라마의 가르침에 따라 해보니 어렵지 않게 도달할 수 있었다. 집중훈련을 통해 삼매 상태를 유지하게 되자 몸과 마음이 기쁜 행복감으로 가득 차올랐다. 그러나 이 상태에 머물러 있어서는 안 되었다. 행복감을 버리면 행복감을 느끼고 인식하는 나 자신도 사라지는 경험을 하게 된다. 이 경지가 무아경이다. 그러나 이것도 끝이 아니었다. 육체가 느끼는 평온마저 제거하자 기쁨과 슬픔이며 고통과 쾌감과 같은 자기 내부에서 일어나는 여러 반응들이 다 사라지는 현상을 체험하였다. 오직 고요했다. 이것인가? 여기가 명상의 끝인가? 싯다르타는 자기의 명상 체험 경지를 스승에게 알렸다. 스승은 기쁨에 넘치는 목소리로 말했다.

"존자시여, 훌륭하십니다. 이토록 짧은 기간에 명상의 최고 단계를 체험하셨으니 나는 더 이상 가르칠 게 없습니다. 그대는 이제 나의 제자가 아니라 동료입니다. 나와 함께 교단을 이끌어가며 더 많은 사람들을 위해 살아가지 않겠습니까?"

싯다르타는 스승의 제안에 감사했다. 그런데 이것이 스승이 말하는 명상의 마지막 단계라면 무언가 이상했다. 명상 시간이 끝나고 나면 감각의 세계로 돌아와 온갖 번뇌망상에 다시 휘둘리게 되는 것이다. 이것은 싯다르타가 생각하는 영구적이고 지속적인 행복이 아니었다.

'알라라 깔라마의 수행법은 내 자신의 감각을 떠나 아무것도 없는 경지에 들어가는데 도움은 된다. 그러나 관능의 욕망을 멀리 떠나고, 번뇌를 원천적으로 끊어 없애며, 바른 깨달음을 얻는 데에는 도움이 되지 않는다. 이것은 내가 찾는 답이 아니다.'

"스승이시여, 저는 명상을 통한 깨달음이 모든 것을 한 번에 시원하게 알아차리는 높은 지혜의 힘이라고 생각합니다. 하지만 제가 체험한 것은 눈부신 밝은 빛처럼 빛나는 지혜가 아니라 감각과 의식이 텅 비어 있는 고요함이었습니다. 저는 이것이 지혜의 완성이라고 생각하지 않습니다. 이제 다시 길을 떠나 지혜의 완성을 찾고자 합니다."

나이 든 스승은 젊은 제자를 만류할 수 없었다. 스승은 자신보다 뛰어난 제자의 깨달음을 빌어주면서 그가 가는 길을 축원해 주었다.

"싯타르타 존자시여, 그대는 내 평생 동안 만난 가장 뛰어난 제자입니다. 나는 더 이상 가르칠 게 없으니 새로 길을 떠나소서. 그대가 바라는 최고의 진리를 찾게 되면 늙은 스승에게도 모쪼록 자비를 베풀어 가르침을 주시면 좋겠습니다. 잘 가시오, 나의 도반이여. 아니 어쩌면 그대는 나의 스승이 될 수도 있겠습니다. 원하시는 대로 이루어지소서!"

신분도 지위도 필요 없는 아름다운 대화였다. 오로지 진리만을 위해 정직하게 말하고 정직하게 실천하는 사람들은 이들이 서로에게 공경하고 배려하는 모습을 자기 일처럼 받아들일 것이었다.

싯타르타가 께샤뿌뜨라 마을에 머물며 수행을 하는 동안 싯다르타를 찾아온 사람들이 있었다. 그들은 까삘라에서 부왕이 보낸 사신들이었다. 사신들은 까삘라 전체가 슬픔에 잠겼다는 이야기를 태자에게 전했다.

"태자마마, 우리 까삘라는 슬픔에 빠져 온통 눈물바다이옵니다. 대왕께서는 몸져누우시고, 태자비께서는 아침에는 속울음을 우시다가 저녁에는 통곡을 하십니다. 차마 눈을 뜨고 볼 수가 없고, 열린 귀로 들을 수가 없사옵니다. 가정이 깨지고 나라가 걱정인데 수행이 다 무엇입니까? 제발 저희와 함께 왕궁으로 돌아가소서."

그러나 싯다르타는 뜻을 굽히지 않았다. 까삘라의 사신들에게 담담하고 결연하게 말했다.

"형제들이여, 나는 더 이상 태자가 아닙니다. 출가사문이 되어 도를 구하고 있으니 어떤 일이 있어도 고향에 돌아갈 수 없습니다. 도를 이루지 못하면 차라리 길에서 죽을 것입니다. 인간은 이별과 죽음을 피할 수 없는 것. 생사를 두려워하는 한 불행에서 영원히 벗어날 수 없습니다. 나는 내 자신만이 아니라 아버지와 어머니, 그리고 아내와 그 밖의 모든 사람들을 구하려고 출가했습니다. 이 길만이 나의 길이요, 목숨 가진 모든 생명들이 영원히 행복할 수 있는 길입니다. 이 간절한 마음을 위해 나는 지금 길에서 살고 있습니다. 수행이 아직 멀었으니 어서 돌아가세요."

사신들은 태자의 굳은 의지를 확인하고 어쩔 수 없이 돌아가야만 했다. 왕궁의 일이 또 걱정이었지만 태자의 굳은 결의를 보니 한편으론 응원하는 마음이 저절로 생겼다.

'도를 이루지 못하면 차라리 길에서 죽겠단다.'

'오, 태자마마, 이토록 용맹하시다니!'

'사자보다 굳세게 달리고, 용을 잡아먹는 금시조보다 높이 날아오르소서.'

'위없이 높고 완전한 깨달음을 얻으소서.'

039. 빔비사라왕과 약속을 하다

싯다르타는 남쪽을 향해 걸었다. 그는 흙먼지 바람을 뚫고 걸었으며 탁발로 허기를 채우며 나아갔다. 산과 강과 여러 도시를 지나는 동안 까삘라와스뚜의 태자를 알아보는 사람은 아무도 없었다. 그에게 중요한 것은 태자의 신분이 아니라 진리 그 자체였으며 이를 가르쳐줄 수 있는 스승이었다. 땀과 때에 절은 옷가지와 거친 음식도 그는 개의치 않았다.

싯다르타는 가는 도중에 강가(Gaṅgā)강을 건너 라자그리하에 들르게 되었다. 라자그리하는 마가다 왕국의 수도로 인구도 많고 집들이 까삘라보다도 훨씬 호화로웠다. 마가다는 빔비사라(Bimbisāra)왕이 다스리는 나라였다. 빔비는 '황금', 사라는 '뛰어난'의 뜻을 가졌다. '빛나는 황금대왕'이라는 말인데

빔비사라왕과 붓다가 처음 만난 왕사성 북문 성벽 유적

이는 그가 가진 강력한 군대를 지칭하는 것이기도 했다.

싯다르타는 라자그리하 거리에서 걸식을 했다. 거리의 사람들 중에는 여러 나라를 오가며 장사를 하는 상인들도 있었다. 그들 중에 눈 밝은 사람이 하나가 걸식 수행자의 빼어난 모습과 기품 있는 행동을 보고 까삘라 왕국의 태자임을 첫눈에 알아보았다. 삽시간에 소문이 퍼졌다.

"까삘라의 왕자가 출가를 했다는데!"

"그러게 말이야, 왜 그 좋은 궁전을 놔두고 고생을 하는 거지?"

"전륜성왕이 될 분이라던데…"

"아니야, 부처님이 되실 거라는 예언이 있었대."

"훤칠한 대장부로 잘생기셨다지?"
"나도 한번 보고 싶다!"

싯다르타는 소문에 개의치 않았다. 그렇지만 빔비사라왕의 눈도 이 비범한 수행자를 주시하고 있었다. 그는 높은 누각에서 탁발 수행자를 한동안 주시하더니 시종에게 이렇게 말했다.

저기 저 수행자를 보거라.

그의 모습은 맑고 빛나며
위풍당당하고 아름답도다.

한 길 앞만 보고 걸어가는
범접할 수 없는 저 모습

고귀한 집안 출신이리라.
어디 가는지 알아보거라.

시종들은 왕의 뜻을 받들어 싯다르타의 뒤를 따랐다. 돌아와 왕에게 보고했다.

"대왕이시여, 그는 빤다와(Pāṇḍavā)산 동쪽에 사문들이 모이는 곳을 찾아가 자리를 잡고 앉아 명상에 잠겨 있습니다. 그 모습이 마치 사자와 같습니다."

빔비사라왕은 마차에 올라탄 후 빤다와 산을 향했다. 싯다르타는 자기를 찾아온 분이 이 나라의 왕인 줄 알고 일어나 정중히 맞이했다. 왕은 싯다르타에 대한 특별한 호감을 보이며 출신을 물었다.

"당신은 젊음이 넘치는 인생의 봄입니다. 용모도 빼어나고, 앉고 걷는 모습 또한 존귀하니 분명 왕족 태생인 것 같습니다. 나는 코끼리 떼를 앞세운 날쌘 군대를 정비해서 당신께 선물로 드리고 싶습니다. 그리고 당신의 태생을 알고 싶습니다. 말씀해 주십시오."

싯다르타가 노래하듯 답했다.

> 왕이시여, 저 눈부신 히말라야 산기슭에
> 지혜와 용기를 함께 갖춘 부족이 있으니
> 태양의 후예, 샤까 종족이라고 부릅니다.
>
> 저는 태자의 신분을 버리고 출가했지만
> 이 모든 게 욕망을 구하자는 게 아니라
> 온갖 욕망에서 벗어나고자 함입니다.

이제 수행자가 되어 행복을 찾고자 하니
그것은 재산이나 쾌락으로 얻을 수 없는
위없이 높고 완전한 깨달음의 길이랍니다.

빔비사라왕도 싯다르타를 보고 수행자에 대한 예를 갖추어 인사했다.

"태자께서 출가했다는 소문을 듣고 많이 놀랐습니다. 태자의 부왕께서는 얼마나 가슴 아파하시겠습니까. 태자처럼 젊고 기품 있는 사람이 사문이 되어 고생한다는 것은 참으로 아까운 일입니다. 태자시여, 나와 함께 우리나라에서 사는 건 어떻겠습니까? 마음에 드는 땅을 드리고 편히 살 수 있도록 해드리겠습니다."

싯다르타는 정중하게 사양했다.

"왕이시여, 친절한 말씀에 감사드립니다. 그러나 저는 이미 세상의 모든 욕망을 버리고 출가한 몸입니다."

"출가를 해서 무엇을 얻고자 하십니까?"

"대왕이시여, 제게는 물질에 대한 욕심도 명예와 권력에 대한 욕망도 없습니다. 오직 나고, 늙고, 병들고, 죽는 고통을 초월하여 최상의 깨달음을 얻고자 출가했습니다."

"태자께서는 바라는 일이 이루어지리라고 믿으십니까?"

"그것을 얻기까지는 죽어도 물러서지 않을 결심입니다."

싯다르타의 높은 뜻과 굳은 결심을 보고 빔비사라왕은 크게 감동했다. 사실 그는 태자를 활용하고 싶었다. 까삘라 왕국은 마가다국과 자웅을 겨루고 있는 꼬살라국의 영향을 받는 작은 나라였다. 까삘라를 회유하여 자기편으로 만들면 꼬살라와의 대결에 유리한 국면이 만들어지리라 판단했다. 하지만 싯다르타는 이미 출가한 몸이었고 정치적 제휴 문제는 안중에도 없었다. 싯다르타 태자는 누가 보더라도 패권적 제왕이 될 사람이 아니었다. 왕은 자신이 한때 지녔던 정치적 계산속을 부끄럽게 여겼다.

"구도자여. 당신이 붓다가 될 것을 약조해 주소서. 그리고 당신이 붓다가 되면 우리나라에 먼저 와 주소서. 오셔서 제게 생로병사를 끊는 도를 가르쳐 주소서. 또한 국정의 여러 자문을 해주소서. 그러면 저는 그대의 가르침을 제 몸으로 실천하며 또한 세상에 널리 전하겠나이다. 왕의 이름으로 청하고 약속하나니 이는 강가강의 물이 마를 때까지 변치 않을 것입니다."

이때 싯다르타의 나이 스물아홉, 빔비사라왕은 스물넷이었다.

040. 나의 스승은 나 자신

웃다까 라마뿟따는 알라라 깔라마와 함께 사람들로부터 추앙받는 명상의 대가였다. 라자그리하 인근의 강변에 자리한 그의 초막에는 7백 명의 제자가 수행에 전념하고 있었다. 참으로 조용한 군중이었다. 7백 명이 있어도 일곱 명이 있는 것보다 조용했다. 싯다르타는 머물고 있는 빤다와 산에서 내려와 강변길을 걸어서 이곳 초막에 이르렀다.

"저는 까삘라와스뚜에서 온 고따마 싯다르타라고 합니다. 알라라 깔라마로부터 가르침을 받고 많은 성취를 이루었습니다. 그러나 더 높은 경지를 찾아 여기 왔습니다. 존자시여, 웃다까 라마뿟따여, 저는 최고의 진리를 원합니다."

"고따마여, 그대는 여기에 머물 수 있습니다. 나의 가르침은 실제로 체험하는 것입니다. 그러면 제자는 스승과 같은 경지에 이를 수 있습니다."

그 무렵 싯다르타가 만난 두 스승의 경지는 당대 최고의 수준이었다. 웃다까 라마뿟따의 수행법 역시 알라라 깔라마처럼 여러 단계의 명상을 거쳐 감각과 의식이 사라지는 고요한 평화 상태에 이르는 것이었다. 차이가 있다면 웃다까 라마뿟따는 명상의 궁극적 경지를 의식의 경지인 동시에 의식이 아닌 것의 경지라고 주장하면서 이것은 일상 지식으로는 도달할 수 없는 초월적 절대 경지라고 했다. 싯다르타는 어려운 용어로 치장된 이 개념을 굳이 설명하고 싶지 않았다. 체험을 해보면 느끼고 알 수 있는 것이었다.

싯다르타는 명상 수행을 통해 이 경지까지 어렵지 않게 올라갈 수 있었다. 그것을 사람의 언어로 무엇이라고 부르던 간에 중요한 것은 그것이 최고 진리의 경지가 아니라는 것이었다. 싯다르타는 이 경지에 머무는 동안 괴로움으로부터 일시적으로 벗어날 수는 있었지만 행복이 지속되지는 않는다는 것을 직접 체험했다. 명상의 두 대가가 최고 진리의 단계에 아직 미치지 못했다는 것은 무엇을 말하는가. 그것은 명백했다. 이들이 완전한 스승은 아니라는 점이었다.

싯다르타는 완전한 스승을 찾으려 했지만 이루어지지 않았다. 이 세상에 완전무결한 스승이란 있을 수 없다는 것을 그는 뒤늦게야 알았다. 어디를 찾아가 보아도 그럴 만한 스승은 없었다. 싯다르타는 더 이상 의지하고 배울 스승이 없어서 허전했다. 그는 문득 생각했다.

'어디를 찾아가 보아도 내가 의지해 배울 스승은 없다. 이제는 내가 나의 스승이 될 수밖에 없구나. 그렇다, 진리는 나 혼자 힘으로 깨달아야만 한다.'

싯다르타는 지금까지 밖으로만 스승을 찾아 헤매던 일이 오히려 어리석게 생각되었다. 가장 가까운 곳의 스승을 두고 먼 곳을 찾아 헤맨 것이다. 이제는 자신밖에 의지할 데가 없다고 생각하자 그는 자신의 의미가 새로워졌다.

'나의 스승은 나다!'

바람이 불어왔다. 바람은 무엇보다 오래 살고, 세상 어느 곳에서도 살아가는 생명이었다. 바람은 보이지 않는 새였다. 세상에서 가장 큰 보이지 않는 새가 싯다르타에게 날아왔다. 새는 싯다르타에게 지혜의 노래를 들려주었다.

봄 찾으려 산과 들을 헤매지 마세요.
멀리 진창의 낯선 땅을 밟지 마세요.
내 집 꽃나무에 봄이 달려 있답니다.
내가 바로 봄이고 꽃피는 나무랍니다.

진리 찾아 스승 찾아 헤매지 마세요.
이 산 저 물 건너 멀리 가지 마세요.
내 스스로가 깨달아 나를 가르치지요.
나는 내 스승이요 모두의 스승이라오.

041. 무섭게 고행하다

싯다르타는 스승 찾아 떠날 필요가 없다는 것을 확신하게 되자 스스로 도를 깨치는 쪽으로 방향을 잡았다. 그는 우선 머물러 도 닦을 곳을 찾아야 했다. 마가다 왕국의 우루웰라(Uruvelā)에 있는 세나야나 마을의 숲이 마음에 들었다. 아름다운 숲이 우거진 동산 기슭에는 네란자라(Nerañjanā)강이 잔잔히 흐르고 있었다. 주변을 살펴보니 강둑은 툭 트였고 아름다운 꽃들과 향기로운 과일들이 풍부했다. 마을 집들이 옹기종기 모여 있어 탁발하는 데도 어려움이 없을 듯했다. 고향 떠난 모든 곳이 타향이었지만 여기는 어쩐지 고향 같은 느낌이 들었다. 싯다르타는 이곳에서 위대한 승리를 이루리라 결의를 다졌다.

강가에 몇몇 수행자들이 보였다. 꼰단냐가 이끄는 다섯 수행자들이었다. 꼰단냐는 예지력이 높은 바라문 출신으로 일찍이 싯다르타 태자의 미래를 예언했던 인물이었다. 그 당시 까삘라 왕궁에 초대된 여덟 명의 바라문 가운데 가장 젊었던 꼰단냐는 이제 유일한 생존자였다. 나머지 일곱 바라문이 세상을 떠나자 꼰단냐는 그 자제들 중 네 명을 이끌고 싯다르타 태자의 수행을 돕고자 따라다녔다. 싯다르타가 다가오자 꼰단냐는 짐짓 모르는 척했다.

"수행자들이여, 여기는 진리를 깨치기에 참 좋은 곳입니다. 저는 까삘라와스뚜에서 온 싯다르타라고 합니다. 나고, 늙고, 병들고, 죽는 근본 문제를 해결하기 위해 많은 스승을 찾아다니다가, 이제 스스로 문제를 해결하기 위해 이곳에서 정진하고자 합니다."

"존자시여, 참으로 용감하고 씩씩하십니다. 당신은 스스로 스승이시고자 하니 어느 누가 그런 길을 가겠습니까. 우리 역시 나고, 늙고, 병들고, 죽는 문제를 해결하고자 하는데, 불편하지 않으면 서로 도우면서 수행하는 게 어떻겠습니까?"

모두가 동의하는 가운데 싯다르타를 비롯한 다섯 수행자들은 공동 수행을 하게 되었다. 공동 수행의 좋은 점은 탁발 시간을 줄인다는 점이었다. 한 사람이 대표로 나가 탁발하는 동안 다섯 사람은 수행할 수 있어서 좋았다. 그만큼 순수 수행 시간이 늘어났다. 탁발 음식은 변변치 않았으며 양도 많지 않았다. 그들은 하루에 한 끼를 먹거나 사나흘에 한 끼를 먹으면서도 수행 정진에 힘썼다.

싯다르타가 정진하는 방법은 두 스승의 방식과 달랐다. 그것은 마음의 개발과 몸의 개발이라는 차이만큼 분명했다. 싯다르타는 스승들의 삼매 명상수행이 깨달음에 이르는 길이 아니라는 것을 알았다. 붓다는 수행의 육체적인 면을 보다 강조하는 쪽을 택했다. 그것은 육체를 강압적으로 통제하여 욕망으로부터 자유롭게 하는 것이었다. 이것은 마치 지구의 모든 물체가 물체적 성질의 근원이 되는 중력으로부터 벗어나서 우주 공간으로 날아가는 것만큼이나 어려운 일이었다. 싯다르타는 나중에서야 그것이 시행착오임을 인정했다. 그러나 우루웰라에서 싯다르타는 치열하게 정진했다.

꼰단냐를 비롯한 다섯 수행자가 보기에 싯다르타는 경이로웠다. 그는 누구도 흉내 낼 수 없는 수행의 극한을 날마다 돌파해 나갔다. 싯다르타는 생명의 원뿌리인 자신의 욕망과 싸웠다. 이를 악물고 혓바닥을 입천장에 대고 숨을 죽이자 온몸에 땀이 났다. 호흡을 정지하는 고행을 할 때는 두 귀에서 큰 소리가 나며 바람이 빠져나갔다. 또 강한 바람이 머리에서 소용돌이치는가 싶더니 창자를 끊는 것 같았다. 싯다르타는 참을 수 없는 고통의 한 가운데로 스스로를 밀어 넣었다. 매일 매일 그 강도가 심해졌다.

이것은 몸의 자연스러운 상태가 아니었다. 사과가 익으면 아래로 떨어져야 하는

출가 후 고행으로 수행하던 붓다를 표현한 부조

데 하늘로 날아가려는 것과 같았다. 의지가 육체를 괴롭히는 방식으로 진리를 깨닫는다면 그것이야말로 고통의 해결이 아니라 고통 속으로 치달려 가는 길이었다. 그러나 한 번 결심을 한 이상 물러날 싯다르타가 아니었다.

이제 싯다르타의 옷은 해져 거의 알몸이었다. 그는 공양도 점점 줄여나갔다. 처음 얼마 동안은 하루에 한 끼를 먹었으나 차츰 이틀에 한 끼를 먹고 사흘에 한 끼를 먹고 이윽고 일주일에 한 끼를 먹었으며, 드디어는 보름에 한 끼를 먹었다. 먹는 것은 주로 채소와 풀잎 종류였으며 혹은 나무뿌리와 열매를 먹기도 했으나 열매는 저절로 떨어진 것만을 주워 먹었다. 그의 몸은 점차 야위어갔다. 뼈가 앙상하게 드러나고 살가죽은 주름지고 몸의 때는 마치 이끼처럼 끼어서 번져 나갔다.

나무꾼이나 목동이 오면 그들을 피해 더 깊은 숲속으로 들어갔다. 싯다르타는 누구와도 말을 끊은 채 무서운 고독 속에서 홀로 지내곤 했다. 때때로 사슴이 그의 앞에 와서 이상한 눈으로 보았으나 그는 개의치 않았다. 나무 위의 새들이 지저귀며 마른 나뭇가지를 떨어뜨려도 그는 움직이지 않았다. 지나는 어린이가 풀잎을 입이나 코와 귀에 끼우고 놀려도 움직이지 않았다.

수행자 싯다르타는 점점 더 스스로를 유폐시켜서 마른 나무토막처럼 앉아 있을 뿐이었다. 그는 심하게 여위었다. 헌

집의 서까래처럼 갈비뼈가 앙상하게 드러났다. 오장육부가 말라 비틀어져서 배를 만지려 손을 대면 척추가 만져질 정도였다. 뱃가죽이 등에 붙었다는 말은 이런 경우에 해당했다. 머리털은 빠지고 피부마저 푸석거렸다. 그의 피부는 점점 검은색으로 변해갔다. 눈구멍은 깊숙이 꺼져 깊이를 모를 우물처럼 어두웠으나 빛이 다 꺼지지는 않았다.

싯다르타의 체력은 점점 고갈되었다. 이제는 자기 발로 제대로 걷지도 못했다. 다섯 수행자들은 본인들의 수행도 중요했지만 싯다르타의 수행 정진을 헌신적으로 도왔다. 그에게 물을 떠서 건네주기도 하고 이따금 그의 몸에 붙어 있는 먼지를 털어주기도 했다. 출가 이후 6년 가까운 세월이 지났다.

싯다르타는 스스로 깨쳐서 스승이 되는 길에 아직 이르지 못했다. 그의 발원은 크고 실천은 용감했으나 결과는 피폐한 몸뿐이었다. 그의 목숨은 언제 꺼질 줄 모르는 연약한 등불 같았다. 의식은 점점 가물가물해졌다. 싯다르타의 수행정진을 방해하려 끈질기게 따라다니던 마왕이 그때 목소리를 나타냈다.

"수행자여, 당신은 쇠약하여 얼굴빛이 좋지 않소. 당신의 죽음은 가까이 왔소. 당신은 죽기 위해서 수행을 한 것이오? 세상에 생명만큼 소중한 것은 없소. 살아 있어야 수행도 할 게 아니오. 당신처럼 고행을 해서는 아무것도 이루어지지 않을 것이오. 그래서 당신은 도를 이루었소? 되지도 않을 수행은 해서 무엇 하겠소."

싯다르타는 가물거리는 의식 속에서도 마왕과의 대화에 임했다.

"생명이란 언젠가는 끝나므로 나는 죽음을 두려워하지 않는다. 바람이 강물을 마르게 하듯이 고행을 계속하면 살과 피는 마를 것이다. 그러나 나의 마음은 안정되어 있다. 맑고 깨끗한 내 정신을 보아라. 나는 이제 온갖 대상에 대해 욕망을 일으키지 않는다. 나는 용감한 군인처럼 죽음을 두려워하지 않고 너와 결전을 하리라. 나는 너의 군사력을 잘 알고 있다. 너의 첫 번째 장군은 애욕이다. 너의 두 번째 장군은 불만이며, 세 번째는 목마름과 굶주림이며, 네 번째는 갈망하는 것이다. 다섯 번째는 의지가 없는 것이며, 여섯 번째는 불안과 공포, 일곱 번째는 의구심, 여덟 번째는 자신의 잘못을 감추려는 비루한 마음이다.

이 세상의 모든 사람이 너의 군사력에 대항하여 싸워 이길 수 없다 해도 나는 너의 군사를 지혜로써 부술 것이다. 장차 나는 널리 제자들을 교화하여 그들로 하여금 나의 가르침을 실천하도록 하고, 그들을 탐욕이 없는 경지에 이르도록 하리라."

싯다르타는 죽음의 문턱에서도 마왕에게 굴복하지 않고 그를 꾸짖어 물리쳤지만 육체를 죽음에 이르도록 하는 극한의 고행에 대한 자기 점검을 소홀히 한 것은 아니었다. 수행을 하다가 죽는 게 도를 이루는 길은 아니지 않는가. 살아서 도를 이루어야 하고 누구나 할 수 있어야 진리가 아니겠는가. 정답은 분명 다른 곳에 있는 것이었다. 마음속에서 새로운 목소리가 들리기 시작했다.

아니네, 아무래도 이게 아니네.
처음부터 길을 잘못 들었나 봐.

출발할 땐 작은 각도의 차이지만
한참을 와서 보니 큰 차이로구나.

태자 시절엔 온갖 환락을 경험했고
이제는 고통으로 나를 밀어 붙였네.

전륜왕 대신 출가사문의 길을 걸어
깊은 눈구멍의 검은 미라가 됐으니

건강하지 못한 다 죽어가는 몸으로

지극한 진리의 문을 어찌 열겠는가.

나의 수행 정진은 잘못되었구나
아니네. 아무래도 이게 아니네.

　이것은 싯다르타의 수행 과정에서 생겨난 가장 극적인 변화였다. 쾌락과 고통 중 어느 한쪽의 극단으로 가면 안 된다는 최초의 자각이 이 순간에 생겨났다. 극한의 고통을 통해 죽음의 문턱까지 가서야 이 길이 아닌 것을 알았던 것이다. 그렇다고 태자 시절의 쾌락의 길도 진리에 이르는 길이 아니었으니 제3의 길을 찾으면 되는 것이었다. 그것이 바로 쾌락과 고통의 두 극단을 떠난 '바른[정正] 길[중도中道]'이었다. 싯다르타는 후일 이 길을 '여덟 가지의 올바른 길[팔정도八正道]'이라고 불렀다.

　싯다르타는 숲속의 자리에서 일어나 네란자라강을 향해 걸어가기 시작했다. 잠시 뒤 그는 기진하여 쓰러졌다. 마왕이 찾아와 조롱했으나 싯다르타는 이겨냈다. 얼마나 지났을까. 우람하고 아름다운 나무 한 그루가 눈에 들어왔다. 안개를 뚫고 부챗살처럼 퍼져오는 아침 햇살에 이파리들이 반짝거리기 시작했다. 이파리들은 마치 생명의 교향악처럼 부드럽게 산들거렸다. 아자빨라나무였다.

싯다르타는 기력이 소진해 있었지만 나무가 편안하게 느껴졌다. 한 그루의 나무 안에 지상의 모든 생명을 키워내는 대지의 힘이 뭉쳐 있는 것 같았다. 어머니 나무! 싯다르타의 눈에 들어온 아자빨라나무는 집 나가 길 잃고 헤매다 돌아온 아들을 언제든 반겨주는 어머니 같은 나무였다.

'이 나무 아래 앉아야겠다.'

싯다르타는 새로운 마음으로 명상에 들어갔다.

042. 우유쌀죽 공양을 받다

네란자라강이 흐르다가 두 갈래로 갈라지는 사이에 비옥한 농토가 있었다. 그 마을에 부유한 장자가 살았다. 그는 천 마리가 넘는 소와 염소를 기르고 있었고 수자따라는 어여쁜 딸을 두고 있었다. 수자따라는 이름은 '최고의 선행을 베푼 여성'이라는 뜻이었다. 어느 날 밤 그녀는 꿈을 꾸었다. 토지의 신이 나타나서 계시를 주었다.

'수자따야. 세상에서 제일 훌륭하신 분에게 올릴 공양을 준비해라. 그분이 곧 오실 것이다. 집에서 기르는 천 마리의 소 젖을 짜서 일곱 번을 끓인 후 식혀서 5백 마리에게 먹여라. 그런 다음 다시 그 젖을 짜서 일곱 번을 끓여 식힌 다음 250마

고행으로 수행 중이던 붓다에게 우유쌀죽을 공양한 수자따.
사진은 수자따 마을에 있는 스투파.

리에게 먹여라. (…) 이렇게 해서 마지막 한 마리에게 먹인 다음 그 젖을 짜서 일곱 번을 끓인 후 식혀 맑은 부분을 받은 다음 거기에 흰 쌀을 넣어서 다시 끓여라. 그 죽을 깨끗한 발우에 담고서 너의 소원 나무인 아자빨라나무를 찾아가 기다리면 된다. 그분이 곧 오실 것이다.'

수자따는 이 일을 부모님께 이야기하고 실제로 죽을 만들고 있는 중이었다. 마을에서 조금 떨어져 있는 아자빨라나무를 찾아가 보았지만 기다리는 그분은 오지 않았다. 어느 때 시녀 웃따라가 나무를 살피러 갔다가 그 아래 수행하고 있는 사문을 발견하고 헐레벌떡 집으로 달려왔다.

"아씨, 기다리시던 그분이 오셨나 봐요. 어서 가 보세요."

수자따는 정성들여 만든 우유쌀죽을 황금 발우에 담아 자신의 소원 나무로 나아갔다. 거기에 피골이 상접한 수행자가 근엄하고 단정한 자세로 앉아 있었다. 숲에서 나와 새로운 각오로 수행처를 찾던 싯다르타였다. 순간 수자따는 그 수행자가 나무의 신이 사람으로 변해 자신 앞에 나타난 줄 알았다.

"소녀는 수자따라 하옵니다. 고귀한 존자께서는 혹시 아자빨라나무의 신이시옵니까?"

"나는 수행하는 사문입니다."

"아아, 그러시군요. 헌데 이걸 어쩌나, 얼마나 열심히 수행하셨는지 몸이 너무 마르셨네요. 모쪼록 소녀의 공양을 받아 주세요."

그녀의 목소리는 작게 떨렸다. 고행하는 수행자를 향한 연민과 존경의 마음이 온몸을 감싸고돌았다.

'이 존자님을 어떻게든 살려야 한다. 내가 보살피지 않으면 영영 도를 이루지 못한 채 저 세상으로 가실 지도 모른다. 오, 아자빨라나무의 신이시여, 소녀를 여기까지 인도해 주셔서

감사하나이다!'

이런 생각이 들자 수자따의 눈에는 눈물이 그렁그렁 차올랐다.

"수자따여, 나는 오랫동안 세속의 음식을 취하지 않았습니다. 이제 당신의 공양을 받으면 지금까지의 수행을 버리고 새로운 수행을 해야 합니다. 수자따여, 그대의 착한 마음과 행동을 기꺼이 받겠습니다."

싯다르타는 수자따의 고귀한 공양을 받아들였다. 이는 죽음에서 삶으로 돌아오는 싯다르타 수행의 극적 장면이기도 했다. 싯다르타는 세속의 쾌락도 아니요 숲속의 극한 고행도 아닌 길을 가고 싶었다. 그러려면 몸이 건강해야 했다. 수자따의 우유쌀죽은 부드럽고 고소하고 향기로웠다. 단순한 영양죽이 아니었다. 천 마리 소의 진액이 담겨 있는, 신의 계시와 인간의 정성을 합작한 공양물이었다. 싯다르타는 고귀한 공양을 받은 후 기운을 차려 네란자라 강가로 내려갔다. 거기서 몸을 씻고 머리카락을 다시 잘랐다.

수자따는 이후로도 여러 날 우유쌀죽을 공양했다. 이 공양은 쭌다의 마지막 공양과 함께 그의 생애에서 가장 고귀한 공양으로 기록되었다. 쭌다의 공양이 열반을 기리는 공양이라면 수자따의 공양은 성도를 예비하는 공양이었다.

싯다르타의 건강은 점차 좋아졌다. 한편 싯다르타가 강물에 몸을 씻고 세간의 음식을 먹는다는 사실을 알게 되자 다섯 수행자는 실망을 금치 못했다.

"싯다르타는 원래 태자였다. 호화로운 궁전에서 맛난 음식들을 먹으며 즐겁게 살다가 고행을 한다고 숲에 나와 거칠고 힘들게 오래 살았다. 죽음의 문턱까지 갔다가 참지 못하고 마침내 강물에 들어가서 몸을 씻었다. 수행자가 몸을 씻는 것은 수행을 포기한다는 뜻이다. 게다가 이제 다시 세속의 음식으로 섭생을 하니 앞으로 출가사문의 길을 가기는 어려울 것이다. 이제 그에 대한 기대를 그만 접자. 그는 타락했다."

싯다르타가 강물에 몸을 씻고 우유쌀죽 공양을 받는 대목은 여러 판본이 있다. 그가 강물에 몸을 씻는 행위는 전통적인 의미의 수행을 포기한다는 뜻이지 본인의 수행을 포기한다는 뜻은 아니었다. 싯다르타는 고행을 위주로 한 전통 수행법과 결별하지 않고서는 깨달음에 이르지 못하리라는 점을 통찰했다. 그런 점에서 몸을 씻는 행위는 수행의 새로운 출발의 상징으로 볼 수 있다.

기력을 회복한 싯다르타가 다시 수행하기 위해 다섯 도반들을 찾았으나 온 데 간 데 흔적이 없었다. 싯다르타는 마을 사람들에게 이들의 행방을 물었다.

"다섯 수행자들은 존자님을 존경하고 잘 따랐지요. 존자님께서 강물에 몸을 씻으시는 걸 보고 존자님이 타락했다고 실망했어요."

"그래서요?"

"자기네들은 다른 곳으로 가서 다시 수행을 한다고 했어요."

"그게 어딘가요?"

"북쪽이라고 했어요. 와라나시의 리시빠따나(Ṛśipatana) 근방의 사슴동산[녹야원鹿野園]이라던가? 그곳에는 고행하는 훌륭한 수행자들이 많다고 했어요."

제9장

깨달음에 이르다

043. 삡빨라나무 아래 앉다

수자따의 도움을 받아 건강을 회복한 싯다르타는 다섯 수행자가 떠난 우루웰라에 홀로 남았다. 그는 지난 6년의 수행 과정을 파노라마처럼 떠올려 보았다. 육체를 힘들게 하여 고행의 극한을 체험하는 길은 이제 그만두기로 했다. 쾌락도 아니고 고행도 아닌 길. 그 길이란 대체 어떻게 가야 하는가. 이제는 결판을 내야 했다.

싯다르타는 여러 날 동안 네란자라 강변을 거닐면서 주변의 산언덕을 오르내렸다. 강변에서 동쪽 방향으로 두 시간 걷는 거리에 있는 바위산[전정각산前正覺山] 동굴에서 좌선을 하기도 했다. 동굴은 외부의 자극이 없어서 평온했으나 어둡고 갑갑했으며 습기도 많았다.

'여기도 아니구나!'

최후의 결전장에 나가는 장수처럼 그는 비장했다. 지난 6년은 처절하게 실패했다. 동료 수행자들도 다 떠났다. 스승도 없다. 오로지 혼자의 힘으로 마지막 관문을 넘어야 했다.

네란자라강 건너 서편 언덕에 쾌적하고 아담한 동산이 보였다. 싯다르타는 강을 가로질러 동산에 이르렀다. 우람하고 풍요로운 나무 한 그루가 우뚝 서서 젊은 수행자를 반겨주는 듯했다. 삡빨라(pippala)나무였다. 후일 이 지역은 보드가야(Bodhgayā)라고 불렸으며, 삡빨라나무는 진리를 뜻하는 보리(bodhi, 菩提)란 어휘를 붙여 보리수菩提樹나무라고 불렸다. 서늘한 바람이 강 쪽에서 불어왔다. 수면에 반사된 물비늘 빛들이 날아들자 삡빨라나무의 이파리들이 비밀스러운 언어로 수런거리기 시작했다.

> 귀한 존자여, 어서 오세요.
> 나는 삡빨라(pippala)나무
>
> 이 자리에서 굳세게 서서
> 당신을 오래 기다렸습니다.
>
> 여기 아래 좋은 풀을 깔고
> 옛날의 명상법을 돌리세요.

높은 깨달음에 이르신다면
제 이름 널리 알려주소서.

보드가야 마을의 깨달음나무
보리수나무가 예 있노라고.

여기다. 여기가 괜찮다. 싯다르타는 나무 아래 서서 방향을 살폈다. 동쪽을 향해 앉는 것이 좋다고 생각했다.

'동방은 모든 부처님이 가부좌하고 앉는 곳이므로 동요가 일어나지 않는다. 이 방향이면 모든 번뇌의 마군을 무찌를 수 있으리라.'

그는 마치 싸움터의 장수가 공격과 수비의 전술을 짜듯이 사방을 살폈다. 북방, 남방, 서방을 살펴본 그는 심사숙고 끝에 결정을 내렸다.

'역시 동쪽을 향해 앉아야 한다. 동방은 거룩한 에너지가 쏟아져 들어오고 완벽한 균형 속에서 세상과 마주할 수 있는 곳이다.'

때마침 길옆에 풀 베는 사내가 보였다. 한 다발씩 묶어 놓은 그 풀에서는 싱그럽고 향기로운 냄새가 났다. 꾸사(Kusa)풀이었다. 싯다르타는 앉을 자리에 깔기 좋은 풀이라고 생각했다. 싯다르타는 사내에게 다가가 말했다.

보리수 나무로 향하는 부처님과 솟띠야의 꾸사풀 공양을 표현한 부조

"풀이 참 좋습니다. 부드럽고 좋은 향기가 나는군요."

"예, 그렇습지요. 이 풀은 좋은 냄새가 나서 수행하시는 분들 자리에 깔기에 좋습니다. 존자님께서 필요하시다면 제가 기꺼이 보시해 드리지요. 여기 뻽빨라나무 아래가 근사해 보이는군요."

"고맙습니다. 저는 멀리 까삘라왓투에서 온 고따마 싯다르타라고 합니다. 집과 고향을 떠나 6년을 길에서 살았습니다. 원하는 도를 이루지 못해 못내 아쉽고 서글프다가 이제 마지막 힘을 내어 이 나무 아래 자리를 깔고 수행을 하고자 결심했습니다. 거사시여, 제가 그 향기 나는 풀에 감사할 수 있도록 도와주소서."

"알겠습니다, 고따마여. 제가 오늘 귀인을 만나 길상초 보시 공덕의 인연을 짓게 되나 봅니다. 존자님은 부디 원하시는 도를 구하소서."

'상서로운 풀'이란 뜻의 이름을 가진 솟띠야는 묶어둔 길상초 여덟 다발을 싯다르타에게 보시하고 보리수나무 아래에 둥그렇게 깔아주기까지 했다.

'존자시여, 여기에 앉으소서. 솟띠야가 꾸사풀 깔아놓은 이 자리에 앉아 더 이상 위없는 높은 도를 이루소서!'

싯다르타는 솟띠야에게 감사의 예를 올리고 마음을 새로 다졌다.

여기 이 보리수 아래서
내 몸은 메말라도 좋다.

뼈와 살과 피부 전체가
다 닳아 없어져도 좋다.

나는 하늘과 땅을 잇는
나무의 아들, 숲의 손자

영원의 말을 들려주는
바람은 나의 절친 도반

세상에서 얻기 어려운
깨달음에 이르기까지는

결코 일어서지 않으리
여기 이 보리수 아래서.

 싯다르타는 결의를 다진 후 자리에 앉아 아련한 어린시절을 떠올렸다. 부왕을 따라 농민의 날 행사에 갔을 때 잠부나무 숲에서 명상하던 시간이 떠올랐다. 그 나무에서는 어머니 목소리가 들리는 듯했고, 그리운 사람 만나듯 깨달음에 이를 수도 있을 것 같았다.

사랑하는 아들아,
무슨 문제가 있니?

마음이 그렇듯이
몸에 열이 있구나.

여기는 시원한 그늘이니
내 품에 와서 쉬어라.

 나무 그늘은 한낮의 더위를 피하기에 좋았다. 욕망이 고통이라면 번뇌는 더위였다. 나무 그늘 아래서는 이 모든 걸 잠재울 수 있었다. 지금의 이 크고 아름다운 보리수나무처럼 옛날의 잠부나무가 그랬었다. 지난 6년의 시행착오를 바로잡아야 했다.

'다시 명상이다. 이 자리에서 깨달음에 이르리라. 들숨과 날숨을 통해 모든 걸 확연히 보리라. 나, 싯다르타는 원하는 모든 것을 이루리라.'

044. 마왕이 나타나다

싯다르타가 깨달음의 마지막 관문에 섰을 때 또 하나의 극적인 사건이 일어났다. 하늘에 살던 마왕 마라 파피야스(Māra-pāpiyas, 마라파순魔羅波旬)는 나무 아래의 수행자가 위대한 성자가 되어 마계의 족속들을 모두 제압해 버릴까 두려웠다. 그는 문제 해결에 적극적으로 나서야 했다.

'싯다르타를 타락시키자! 싯다르타의 깨달음을 방해해야 우리가 하늘과 땅을 오가며 사람들을 마음대로 조종할 수 있다!'

네란자라 강변에서 싯다르타가 기진하여 처음 쓰러졌을 때 마왕은 이미 싯다르타와 일합을 겨룬 바 있었다. 죽어가는 모습을 조롱하며 싯다르타를 회유하려 했으나 그의 결연한 의지에 밀려 물러날 수밖에 없었다.

마왕은 마계의 모든 권속들을 모았다. 10만 군대와 하늘의 여러 영역을 지키는 장군들과 마왕의 직계가족들이 다 모였다. 이들은 토의 끝에 마왕의 세 딸들인 땅하(Taṇhā), 아라띠(Arati), 라가(Ragā) 등을 싯다르타에게 보내 유혹하기로 했다. 이 이름들은 인간 내면에 웅크린 욕망의 상징으로 각각 '무서운 집착', '싫어함', '욕심'을 뜻했다. 그러므로 이 이야기는 싯다르타의 내면에서 일어나는 내적 갈등인 셈인데, 옛 경전의 표현 관습은 욕망을 의인화시킨 캐릭터들과 싯다르타 사이의 대결로 묘사하고 있다.

마왕의 공격과 패배를 표현한 부조

"너희들은 지금부터 중요한 임무를 수행해야 한다. 이는 마계의 생존이 달린 문제니 각별히 유념해야 하느니라."

"위대하신 하늘의 제왕 마라 파피야스의 뜻을 받들어 땅 위의 수행자 싯다르타를 반드시 유혹하겠나이다.

"싯다르타를 얕보면 안 된다. 그는 지금 수행자 최고 경지 바로 앞에 있다. 너희들이 익힌 백 가지의 교태와 세 치 혀 속의 달콤한 말은 사람의 간을 열 번도 더 녹일 수 있지만, 싯다르타에게는 쓸모없을 수 있다. 이런저런 방법을 나누어 쓰지 말고 여러 방법을 합하여 한 번에 저 단단한 수행자를 무너뜨려야 한다."

"명심하겠습니다."

이렇게 해서 싯다르타의 깨달음을 저지하기 위해 땅하, 아라띠, 라가 등은 싯다르타 곁에 다가와 갖은 아양과 교태를 떨며 그를 유혹했다. 마침 싯다르타는 본격적인 명상에 앞서 예비 단계인 입정에 들어 있었다. 바람 한 점 없었다. 삡빨라나무 이파리도 흔들리지 않았으며 천지 사방이 고요한 가운데 팽팽한 긴장감이 밀려오고 있었다. 마왕의 세 딸들은 애욕의 쾌락을 극한으로 올려 싯다르타를 유혹하기 시작했다.

눈썹을 내리깔고 살포시 치마를 걷어 올려
구름에 달 가듯이 말없이 서로를 희롱하네.

견딜 수 없이 그리운 눈빛 아까운 듯 흘려
허리 틀고 가슴을 조여 애처로이 몸 떠네.

고양이처럼 엎드린 듯 소리 내어 님 부르고
발정난 암소처럼 엉덩이는 이리저리 흔들흔들
사랑 그리워하는 아리따운 여인 어찌 피하리.
흰 젖가슴과 두 무릎은 어느새 눈앞에 바싹!

하지만 싯다르타는 일체의 흔들림도 보이지 않았다. 그의 앉은 자세는 금강석처럼 굳세었고 마음은 부드럽고 평화로웠다. 육체의 즐거움은 이미 태자 시절에 경험해 보았다. 욕망의 처음은 기쁨일지 몰라도 끝은 언제나 허탈했다. 싯다르타는 마음속으로 시를 떠올렸다. 잠시 뒤 그는 마왕의 세 딸들에게 맑고 고운 음성으로 시를 들려주었다.

봄의 여인들이여, 향락의 종들이여

육체의 쾌락엔 괴로움이 따른다네.
나는 일찍이 그런 괴로움 초월했지.

이 밝은 도리를 모르기 때문에

세상 사람들은 정욕에 젖는다오.

나 이제 대자유에 도달하려네.
그것은 몸과 마음 최고의 기쁨

나 스스로 자유롭게 된 다음
세상 사람들 자유롭게 해주리라.

바람을 닮은 수행자의 대자유를
그대들이 어찌 구속할 수 있으리.

봄의 여인들이여, 향락의 종들이여

그러자 마왕의 딸들은 더욱 교태를 부리고 아양을 떨면서 애절하고 간절하게 하소연했다.
"싯다르타여, 눈을 들어 보세요. 꽃 피는 봄이 왔어요. 세상이 아름답지 않나요? 사람도 젊었을 때가 즐겁고 아름답지요. 청춘은 두 번 다시 오지 않는 법. 보면 볼수록 당신은 멋진 남자시네요. 저희들 예쁜 모습을 보세요. 우리는 당신과 어울리는 상대가 아닌가요? 우리가 바로 봄이고 피어나는 꽃봉오리죠. 이리 오세요. 어서 오세요. 일어나세요. 그 몸을 일으켜 세우세요. 우리 함께 봄놀이 가요. 지금 이 순간을 즐겨야지 좌선을 해서 깨달은들 무엇 하나요."

싯다르타는 또 한 번 다정한 목소리로 시를 읊조렸다.

오, 그대 아름다운 여인들
어이 정숙하지 않은지요.

금생에 천녀 몸 받은 건
전생에 쌓은 공덕 덕분

생각도 없이 악업 지으면
후회는 돌이킬 수 없다오.

수행자 유혹은 죄가 크나니
내생에 짐승 몸 받게 되리.

밝은 햇살이 어둠을 물리치듯, 더운 열기가 추위를 녹이듯, 싯다르타의 굳센 의지는 마녀들을 허물어뜨렸다. 싯다르타가 팔을 들어 마녀들에게 손을 뻗치니 빛이 쏟아지기 시작했다. 그 빛은 정의의 빛이요 판단의 빛이었다. 여인들의 아름다운 모습이 점차 일그러졌다. 피부가 급속도로 쭈그러지더니 몸 전체에서 피고름이 흐르며 검은 재로 바뀌었다. 온몸의 구멍에서 악취를 풍기고 오물이 흘러나와 역겨운 냄새가 진동했다. 이것이 그녀들의 본래 모습이었다. 세 딸들은 마왕 앞에 나아가 통곡했다.

"마라 파피야스, 어둠의 지도자이신 아버님, 아버님 말씀에 따라 우리는 나무 아래 수행자를 열심히 유혹했으나 실패했고, 오히려 아름다운 모습도 잃어버렸습니다. 착한 이를 유혹하다 벌을 받았지요. 오, 마라 파피야스, 당신의 딸들은 이제 어쩌면 좋습니까. 우리는 그분 모습을 분명히 보고 그분 음성을 분명히 들었습니다. 우리가 아무리 유혹해도 그분은 금강석 같으셨답니다. 보름달처럼 밝은 얼굴은 진흙 속에 핀 연꽃 같고, 아침 햇살처럼 산뜻하며 수미산같이 의젓했나이다. 위엄과 기품 또한 타오르는 불길 같이 맹렬하니 그분은 반드시 생사의 속박을 초월하여 모든 생명을 구할 것입니다. 아버님, 바라건대 그분에게 대항하지 마세요. 수미산이 무너지고 해와 달과 별이 떨어진다 해도 모든 생명을 위하려는 그분 마음은 조금도 흔들 수 없습니다."

마왕은 자존심이 상했다. 어여쁜 딸들이 잿더미로 변한 것도 분한데 충고까지 들으니 화가 점점 치밀어 올랐다. 마라 파피야스는 수많은 악마와 온갖 괴물을 보내 싯다르타를 폭력으로 굴복시키려 했다. 몰려오는 마왕의 군사를 보며 싯다르타는 생각했다.

'저렇게 많은 무리들이 나 한 사람 때문에 나쁜 짓을 저지르는구나. 하나 때문에 10만이 벌 받겠구나. 지금 누가 나를 도와줄 것인가. 돌아보아도 아무도 없다. 하지만 내가 닦은 열 가지 바라밀은 나와 함께 오래 살아왔으니 나는 이제 바라밀을 방패삼아 저들과 싸우리라.'

싯다르타는 열 가지 수행의 태도를 차례로 꿰뚫어 보기 시작했다. 마왕의 군사들이 아무리 맹렬하게 공격해도 싯다르타는 자비심을 일으켜 그들에게 조금도 적개심을 품지 않았다. 그럴수록 마왕의 군사들은 싸울 의욕이 없어졌다. 마왕의 아들들조차 싯다르타의 자비심에 감화되어 싸우기를 포기했다.

당황한 마왕은 온갖 무기를 들고 싯다르타를 직접 공격했다. 그러나 마왕은 싯다르타의 옷자락 한 터럭도 건드리지 못했다. 화살이나 불덩이 투석은 싯다르타 가까이 가면 아름다운 꽃이 되어 흩어졌다.

마왕은 전략을 바꿨다. 사막의 모래가 일어서고 산의 나무들이 모두 뽑힐 만큼 강한 바람을 일으켜 싯다르타를 날려 보내려 했다. 그러나 바람은 싯다르타 가까이 가면 모두 부드럽게 살랑거릴 뿐이었다. 큰 비와 진흙비와 숯불비와 뜨거운 모래와 불타는 재로 싯다르타를 공격해도 소용없었다. 이들 큰 비와 진흙비와 숯불비와 뜨거운 모래와 불타는 재들은 싯다르타 가까이 이르면 온갖 아름다운 하늘의 꽃들로 변했다. 모든 방법을 동원해 공격해도 되지 않자 마왕은 스스로 사나운 코끼리를 타고 날카로운 칼날이 수없이 박힌 수레바퀴를 들고 와서 싯다르타를 위협하며 소리쳤다.

"그 자리에서 일어서라. 그 자리는 네가 앉을 자리가 아니다. 그것은 내 자리다. 어서 일어서라."

싯다르타는 단호하게 말했다.

"마라 파피야스, 그대는 열 가지 바라밀을 수행하지 않았고, 다섯 가지 보시도 행하지 않았으며, 세간을 이롭게 하는 깨달음의 도를 닦지도 않았도다. 그런데 이 자리가 어찌 그대의 것이겠느냐."

화가 난 마왕은 들고 있던 수레바퀴를 싯다르타를 향해 힘껏 던졌다. 날카로운 칼날이 박힌 수레바퀴가 싯다르타의 머리 위에 이르자 연꽃 햇빛가리개가 되어 몸을 가려 주었다. 마왕은 씩씩거리며 싯다르타에게 말했다.

"너는 내가 아무런 공덕이 없다고 했지만 나도 좋은 일을 많이 했다. 너만 그 자리에 앉을 게 아니라 나와 나누어 앉자. 그러니 자리를 비켜라."

거친 협박이 통하지 않자 마왕은 표정을 급하게 바꿔 싯다르타를 회유하기로 했다.

"싯다르타 태자, 부처가 되고 해탈을 얻었다 해서 무엇하겠

대지의 여신과 부처님의 촉지인을 표현한 불화

소. 차라리 세간의 지배자가 되어 제왕이 되는 것이 좋지 않겠소. 이도저도 싫다면 천상에 올라 나의 지위를 계승하는 것은 어떻소."

싯다르타가 다시 말했다.

"마라 파피야스, 그대는 어쩌다 한 번 보시한 덕으로 하늘의 지배자가 되었을지 모르나 그만한 공덕으로 부처가 되는 것은 불가능하다는 걸 알아야 한다. 나는 셀 수 없이 많은 생을 통해 뭇 생명들에게 내 목숨을 보시해 왔노라. 그 공덕으로 이제 곧 부처가 될 것이다. 이 자리는 공덕의 응보를 받는 자리니 그대는 훼방을 그만두고 썩 물러가라."

마왕은 싯다르타의 말을 듣자 맞장구를 치며 기뻐했다.

"내가 과거 생에 보시를 했음을 너는 스스로 증언해 주었다. 그러나 네가 보시한 것은 누가 증명할 수 있는가. 나는 다르다. 나의 보시를 증명할 사람은 네가 아니고도 많다. 여봐라, 그렇지 않느냐?"

그때 마왕의 권속들은 '우리 모두가 보았소. 우리가 증인이오.'라고 외쳤다. 그 소리는 대지를 찢을 듯했다. 싯다르타는 빙그레 웃으며 시를 읊었다.

천하의 만물을 품어 키우는 이 땅

목숨붙이로 난 것이건 아닌 것이건
어느 하나 차별하지 않는 대지가
나를 위해 진실한 증인이 되리라.

대지여, 이제 나를 위해 증언하라.

싯다르타의 시 낭송이 끝나자마자 대지는 크게 떨렸다. 그때 대지의 여신이 땅을 뚫고 솟아올랐다.

"당신의 말씀이 맞습니다. 인간세계는 물론, 천신들의 세계에서도 당신만큼 많은 공덕을 쌓으신 분은 없습니다. 제가 증인입니다."

대지의 여신은 준엄한 목소리로 마왕을 꾸짖었다.

"하늘나라의 마왕이여, 뻽빨라나무 아래 꾸사풀 자리에 앉아 있는 이 보살님을 보시오. 이분은 무수한 생을 살고 또 살며 뭇 목숨들을 위해 많은 피를 흘렸습니다. 그 피는 대지를 적시고도 넘치며 바다를 이루고도 남습니다. 이제 그 공덕으로 보살님은 여기에서 가장 높고 바른 깨달음을 얻을 것입니다. 마왕이여, 그대가 아무리 보살님을 괴롭힌다 할지라도 그 일은 이루어지지 않습니다. 그것은 한 줌의 흙으로 대지를 덮을 수 없는 이치와 같고, 작은 시냇물로 큰 바다와 겨루려는 무모한 욕심과 같기 때문입니다."

마왕은 더 이상 설 자리가 없었다. 그는 자신의 검은 그림자 속으로 들어가더니 곧이어 네란자라강 너머로 사라져 버렸다. 싯다르타 출가 이후, 그를 따라다니며 끈질기게 방해하던 마왕은 완전히 종적을 감췄다.

'갔다. 갔다. 갔다! 번뇌와 의심의 마지막 티끌까지 깨끗이

사라졌다!'

 뻽빨라나무 이파리들이 증언이라도 하는 듯 바람에 수런거렸다. 이 모두가 싯다르타의 마음속에서 일어난 사건이었다. 그는 짧은 입정 시간 동안 마왕을 완벽하게 항복시켰다. 그런 다음 순수하고 진실한 마음으로 선정에 들어 깨달음에 한 발 더 이르렀다.

045. 깨달음에 이르다

 싯다르타는 평온하고 가벼운 마음으로 깊은 명상에 잠겼다. 활기찬 에너지를 모아 일으키자 몸과 마음이 고요해지면서 의식이 집중되어 갔다. 어느 순간 감각적 쾌락으로부터 초연해지며 기쁨과 행복이 찾아왔다. 그것은 소년시절에 이미 경험했던 초선初禪, 즉 첫 번째 삼매로 왕과 신하들이 어린 태자에게서 거룩한 모습을 보았던 바로 그 경지였다. 그러나 마음에 잠시 행복이 찾아온다 해서 생로병사의 고통이 근본적으로 해결되는 것은 아니었다.

 날이 저물기 시작했다. 낮과 밤 사이에 황혼이 하늘커튼처럼 걸려 있었고, 서편 하늘엔 조각배 같은 초승달이 기우뚱 떠 있었다. 저 달이 가는 곳은 어디일까. 검푸른 우주 바다의 어디쯤 등대 불빛이 반짝일까. 달은 아름다운 여인의 눈썹 같기도 했고 머지않은 시간에 둥글게 피어날 눈동자 같기도 했다. 싯다르타는 동편을 향해 앉아 있었으므로 푸른 밤하늘에 떠 있는 자기 뒤편의 하늘 눈동자를 보지 못했다. 하지만 그는 곧 더 멀고 깊은 우주의 비밀을 보게 될 터였다. 그의 마지막 승리는 『두려움과 공포에 대한 경(맛지마니까야)』에 따르면 다음과 같이 묘사된다.

"나는 활기찬 에너지를 모아 일으켰다. 브라흐만, 혼탁하지 않은 깨닫기는 더욱더 강화되었다. 내 몸은 고요해졌고, 내 마음도 고요하고 오고감이 없이 안정되고 한곳에 집중되어 있었다. 브라흐만, 그리하여 나는 감각적 쾌락에 초연해지고, 조율되지 않은 마음 상태로부터 초연해지면서 마침내 초선, 즉 제1선에 들어갔다.

제1선에서는 사유하고 숙고하는 잡념들이 동반되었지만, 감각적 쾌락에 초연해지면서 오는 희열과 행복이 있었다. 사유하고 숙고하는 생각들을 가라앉히면서, 더욱 진정되고 집중된 마음으로 나는 제2선에 들어갔다.

제2선에서는 사유하고 숙고하는 생각들은 없어지고 집중에서 오는 희열과 행복이 있었다. 즐거움이 사라지면서 나는 흔들리지 않고 주의 깊고 완전히 마음챙김 하며 고귀한 이들이 말하는 '깨닫고 있는 이는 기쁘다'라고 하는 그 희열과 행복을 경험했다. 그러면서 나는 희열이 사라지고 행복이 있는 제3선에 들어갔다.

나는 다시 행복을 제거하고 아픔도 제거했다. 그러자 지나간 행복과 슬픔이 다 잊혀지면서 제4선에 들어가게 되었다. 슬픔도 행복도 없는 여기에서는 흔들리지 않음과 깨닫기가 완전히 정화되었다.

이렇게 하여 제4선에 머물면서 마음은 진정되고 대단히 정화되고, 어떤 흠도 없고 어떤 더러움도 없고, 유연하고 쓸모 있고, 집중되고 움직임이 없었다.

나는 이 마음을 (무색계로 돌리지 않고) 나의 전생들에 대한 지식과 회상에 돌렸다. 내 과거 생에 대해 상기하기 시작했다. 이렇게 한 생, 두 생, …스무 생, …서른 생, …백, …천, …십만… 세계가 많은 겁劫을 통해서 일어남과 무너짐을 되풀이하는 동안 나의 전생들을 다 상기할 수 있었다. 그 전생의 나의 이름은 이렇고, 나의 가문은 이렇고, 저런 색깔을 가졌고, 이렇게 키워졌고, 이런저런 기쁜 일 슬픈 일이 있었고, 그리고 나는 얼마 동안 살았고…, 나는 거기서 죽고 여기서 태어나고, 이렇게 나는 나의 많은 전생들을 상세히 상기할 수 있었다. 브라흐만, 이것이 초경, 즉 자정부터 새벽 2시에 내가 얻은 첫 번째 지식이다. 내가 부지런히, 열심히, 단호히 그렇게 있는 동안 무지는 타파되고 지식은 이루어졌다. 어둠은 멀어졌고 밝음은 일어났다.

그런 다음 마음은 진정되고 대단히 정화되고, 어떤 흠도 없고 어떤 더러움도 없고, 유연하고 쓸모 있고, 집중되고 움직임이 없었다. 나는 이 마음을 존재들의 멸함과 일어남에 대한 지식으로 돌렸다. 인간을 능가한 정화된 신과 같은 투시력으로 나는 존재들이 여기서 멸하고 저기서 일어나는 것을 보았다. 나는 존재들이 자기들 행위의 결과로 비천하고 훌륭하고, 잘생기고 추하고, 잘 되어가고 잘못되어 가는 것을 알았다.

또 이렇게 알게 되었다. 괜찮은 존재들이 몸으로 나쁜 짓을 하고 나쁜 말을 하고, 나쁜 생각을 짓고 고귀한 이들을 모욕하고, 잘못된 견해를 고집하고 그 잘못된 견해에 입각한 행위를 하는 자들은 죽어서 육체가 부서질 때 불쌍한 상태에, 나쁜 곳에, 나란야 지옥에 떨어져 버린다는 것을. 이와 반면에 괜찮은 존재들이 몸으로 좋은 일을 하고 좋은 말을 하고, 좋은 생각을 짓고 올바른 견해를 견지하고, 그 올바른 견해에 입각한 행위를 하는 이들은 죽어서 육체가 부서질 때 좋은 곳에, 천상세계에 태어난다는 것을 알게 되었다.

브라흐만, 이것은 중경, 즉 새벽 2시부터 4시까지에 내가 얻은 두 번째 지식이다. 내가 부지런히, 열심히, 단호히 그렇게 있는 동안 무지는 타파되고 지식은 이루어졌다. 어둠은 멀어졌고 밝음은 일어났다. 그런 다음 마음은 진정되고 대단히 정화되고, 어떤 흠도 없고 어떤 더러움도 없고, 유연하고 쓸모 있고, 집중되고 움직임이 없었다. 나는 이 마음을 병독의 파괴에 대한 지식으로 돌렸다. 그리고 나는 있는 그대로의 실상을 알았다. 이것이 고통이고, 이것이 고통의 일어남이요, 이것이 고통의 멸함이요, 이것이 고통의 멸함을 이루는 길임을 알았다. 그리고 나는 있는 그대로의 실상을 알았다. 이것이 병독이요, 이것이 병독의 일어남이요, 이것이 병독의 멸함이요, 이것이 병독의 멸함을 이루는 길임을 알았다.

이렇게 알고 이렇게 보고, 내 마음은 감각으로부터 오는 쾌락의 병독에서 해방되고, 태어나서 살려는 병독에서 해방되고, 무지의 병독에서 해방되었다. 해방됨으로써 나는 지식을 얻었다. 나는 해방되었다. 나는 완전히 알았다. 나는 다시 태어나지 않는다. 수행은 이제 끝났다. 할 일을 다 이루었다. 이것이 나의 마지막 생이다.

브라흐만, 이것이 삼경, 즉 새벽 4시부터 아침 6시까지에 얻은 나의 세 번째 지식이다. 내가 부지런히, 열심히, 단호히 그렇게 있는 동안 무지는 타파되고 지식은 이루어졌다. 어둠은 멀어졌고 밝음은 일어났다."

이로써 싯다르타는 깨달음을 이뤘다. 그는 전생을 아는 숙명통, 인과를 아는 천안통, 번뇌를 소진시키는 누진통을 얻어서 마침내 해탈했다. 또한 자기가 해탈했음을 스스로 아는 지혜가 생겼다. 싯다르타는 '나'가 무엇인지를 비로소 꿰뚫어 알게 되었다. 붓다가 혼자 이야기하는 방식으로 구성된 『우다나경』에는 이 과정이 다름과 같이 기술되어 있다.

"수행승들이여, 여기 태어나지도 않고 생겨나지도 않고, 만들어지지도 않고 조건 지어지지도 않는 세계가 있다. 수행승들이여, 태어나지도 않고 생겨나지도 않고, 만들어지지도 않고 조건 지어지지도 않는 것이 없다면, 태어나고 생겨나고, 만들어지고 조건 지어진 것으로부터의 도피가 불가능할 것이다. 그러나 수행승들이여, 태어나지 않고 생겨나지 않고, 만들어지지 않고 조건 지어지지 않는 것이 있으므로 태어나고 생겨나고, 만들어지고 조건 지어진 것으로부터의 도피가 가능한 것이다. (…) 이렇기 때문에 고통으로부터의 종말은 가능한 것이다."

그는 이 세계가 영원불변한 실체가 없이 조건 발생에 의해 나고 멸한다는 연기의 법칙을 성도 과정에서 발견하게 되었다. 이 모든 과정에서 가장 드라마틱한 부분은 싯다르타가 그토록 염원하던 생로병사의 문제를 해결하는 '진리의 발견' 대목일 것이다. 처절한 고행 끝에 그는 마침내 승리의 선언을 이렇게 노래했다.

> 나는 해방되었다.
> 나는 완전히 알았다.
> 나는 다시 태어나지 않는다.
> 수행은 이제 끝났다.
> 할 일을 다 이루었다.

그때 사방이 신비로운 고요에 싸이고 하늘에서는 샛별이 돋기 시작했다. 명상에 잠긴 싯다르타의 얼굴에는 이제 막 맑고 밝은 빛이 깃드는 중이었다. 네란자라강 너머로 먼동이 트기 시작했다. 자연의 새벽이 열리는 것처럼 인간 정신의 새벽도 처음으로 열리는 중이었다. 싯다르타는 새로운 광명이 온몸을 감싸오는 것을 느꼈다. 집착을 벗어나서 번뇌와 망상을 끊으면 무엇에도 속박되지 않고 영원히 자유로워진다는 것을 꿰뚫어 알게 되었다.

싯다르타는 불변하는 자아가 금생에서 내생으로 '재육화再肉化'하는 과정이 윤회라는 힌두교의 주장을 거부했다. 금생의 흐름[상속相續]이 내생으로 연결되어 다시 태어나는 것, 즉 '재생再生'을 윤회라고 정의했다. 다시 태어나는 원인은 무명

제2부 깨달음의 길 331

인도 비하르주 남서부에 있는 보드가야는 붓다가 깨달음을 얻은 곳이다. 붓다가 깨달음을 얻었다는 보리수 나무와 그 자리를 기념하기 위해 기원전 3세기에 아쇼까왕이 2층 사원을 지었다고 한다. 사원 둘레의 석조 난간 일부가 남아 있으며 현재의 마하보디사원은 기원후 5~6세기경 굽타양식으로 만들어졌다고 한다.

과 갈애였다. 5온·12처·18계[온처계蘊處界]가 끊임없이 전개되는 것이 바로 윤회인 것이다. 그러므로 윤회는 주체가 없이도 서로서로 조건지워져 결과에 영향을 미치는 일체 법의 상호의존적 흐름을 뜻했다. 무명과 갈애를 부수는 것만이 윤회를 벗어나는 길이라는 것을 깨달았다. 싯다르타는 또 다시 시를 읊었다.

> 많은 생을 윤회하면서
> 나는 헛되이 치달려왔다.
>
> 집 짓는 자를 찾으면서
> 거듭 태어나는 것은 괴로움
>
> 집 짓는 자여,
> 마침내 그대는 드러났구나.
>
> 그대 다시는 집 짓지 못하리.
> 그대 다시는 집 짓지 못하리.
>
> 그대의 모든 골재들은 무너졌고
> 서까래는 해체되었기 때문이네.

이제 마음은 업 지음을 멈추고
갈애는 모두 부서져 버렸도다.

 이제는 두려워할 아무것도 없었다. 모든 이치가 그 앞에 밝게 드러났다. 태어나고 죽는 일까지도 환히 깨닫게 되었다. 온갖 집착과 고뇌의 실타래 덩어리가 자취도 없이 풀렸다. 싯다르타는 드디어 '위없이 높고 완전한 깨달음(무상정등정각無上正等正覺·아뇩다라삼먁삼보리阿耨多羅三藐三菩提)'을 얻었다. 그토록 어려운 수도의 길이 마침내 끝난 것이다. 싯다르타는 자신이 붓다가 되었다는 확고한 신념을 가질 수 있었다. 까삘라의 태자 자리를 버리고 출가한 스물아홉 살 젊은 수도자는 목숨을 걸고 찾아 헤매던 끝에 더 이상 도달할 수 없는 최고의 진리를 깨달은 것이다.

 싯다르타가 '깨달은 사람'이 되었을 때는 출가 6년 만인 서른다섯 살이었다. 이제는 인간적인 갈등과 번뇌가 깨끗이 사라졌다. 이 세상에서 그 누구도 경험할 수 없었던 으뜸가는 경지를 스스로 깨달아 얻었다. 마침내 원하는 것이 이루어졌다. '모든 일이 이루어진다'는 싯다르타의 이름 뜻 그대로였다.

046. 깨달음의 기쁨을 누리다

깨달음의 기쁨은 오래 갔다. 감각적 즐거움과는 차원이 다른 밝고 훈훈한 기운이 몸 전체를 감돌았다. 싯다르타는 이런 기쁨의 상태를 만끽했다. 싯다르타는 자신의 깨달음을 도운 모든 인연에 감사했다. 수메다 보살을 비롯한 전생의 수많은 모습들에 감사했고, 부모님께 감사했으며, 사랑하는 아내와 아들과 가르침을 준 스승들을 향해 감사를 표했다. 우유쌀죽을 준 수자따와 꾸사풀을 깔아준 솟띠야에게 감사했다. 마지막으로는 땅에 뿌리를 내리고 하늘을 향해 가지를 뻗어서 하늘과 땅을 이어주는 나무에게 감사했다. 싯다르타는 시심이 저절로 올라왔다.

　내가 앉아서
　깨달음을 이룬
　거룩한 나무를 보라.

　땅과 하늘, 지옥과 극락
　번뇌와 열반을 연결하는
　우주의 통로가 아닌가.

나무는 길이구나.
나 역시 이 길을
가는 것이구나.

나는 길이구나.
우리 모두가
길이구나.

깨달음의 즐거움과 기쁨을 누린지 첫 일주일이 지나자 싯다르타는 '이어진 길'의 영감을 정밀하게 사색하여 정리하기로 했다. 그는 이 과정을 통해 '이것으로 인해서 저것이 일어나는' 열두 가지 연쇄의 법칙을 찾아냈다. 그것은 생명의 순환체계였다.

열두 가지 연쇄의 법칙을 12연기라고 부르는데, 연기緣起는 수많은 조건들[연緣]이 상호의존적으로 작용하여 일어난다[기起]는 뜻이다. 상호의존적으로 발생하여 끊임없이 변화하기 때문에 영원불변한 것은 없다[무상無常]는 것이며, 자신만 독립적으로 존속하는 실체도 없다[무아無我]는 것이다. 그러므로 다른 것으로부터 영향 받지 않고 다른 것에 영향을 미치지 않은 채 홀로 존재하는 방식은 법칙이 아니었다. 불교철학의 핵심 근간인 제행무상諸行無常이나 제법무아諸法無我도 연기에서 비롯되는 것이니 연기야말로 법칙 중의 법칙이었다.

붓다는 이 과정에서 단어와 단어의 결합을 통해 다양한 복합어를 만들어내는 인도어의 특징을 잘 활용했다. 그는 자신의 생각을 나타낼 수 있는 새로운 복합어를 만들었다. 그것이 의존하여 생겨난다는 '연기'였다. 연기, 즉 쁘라띠뜨야pratītya 사무뜨빠다samutpāda는 '의존하다'와 '생겨나다'가 결합한 복합어였다. 빨리어로는 빠띳짜사무빠다paṭiccasamuppāda이다. 빠띳짜paṭicca는 '~에 의지하다'라는 의미로 당시 유행하던 상주론(예컨대, 영원불멸의 아뜨만)을 비판하는 것이었고, 사무빠다samuppāda는 '발생하다'라는 의미로 당대의 단멸론과 허무론을 비판하는 것이었다. 그러므로 붓다의 연기는 철학적으로 보면 상주론과 단멸론 모두를 극복하고자 하는 방안이기도 했다.

사유의 혁명은 언어의 혁명을 통해 이루어지고, 언어의 혁명은 사회를 변혁시키는 제1원인이 되었다. 그것은 기존의 언어를 새롭게 편집하는 창의적 도전이었다. 붓다가 발견한 진리는 관례적 의미 대신 특유한 의미를 부여하는 언어로 구성되었다. 학자들은 이를 초월언어[빠라마르타parmartha]라 불렀는데, 대표적인 것들이 '사뜨까야satkāya'(모든 생명체), '삼스까라saṁskāra'(만들어진 것들·행行·형성), 상카라를 이루는 유사한 요소들의 그룹인 '스칸다skandha'(온蘊) 등이다. 붓다의 새로운 언어와 그 언어들이 이루어낸 생각들은 브라흐만과 아뜨만으로 나누어 우주를 설명하던 전통 종교를 무너트렸으며, 공고하게 고착된 신분제 계급사회를 뿌리째 뒤흔들었다. 나무 한 그루가 진리를 드러내는 것처럼 모든 생명이 동일하게 진리를 드러내는 게 이 세상이었다. 그 동일한 방법이 바로 법칙으로서의 연기였다.

'이것이 있으면 저것이 있다. 세상의 이치를 알지 못하는 무지[무명無明]로 인해 몸과 말과 마음의 행위[업지음. 행行]가 일어나고, 이 행위로 인해 표면적·잠재적 인식작용[식識]이 일어나고, 이 인식작용으로 인해 정신적·물질적인 인식의 대상[명색名色]이 비롯되고, 정신적·물질적인 인식 대상으로 인해 눈·귀·코·혀·몸·마음 등 여섯 감각기관[육입六入]이 생겨나고, 이 여섯 감각기관으로 인해 무언가를 안다는 마음의 힘[촉觸]이 생겨나고, 무언가를 안다는 마음의 힘으로 인해 느낌[수受]이 일어나고, 느낌으로 인해 욕망[애愛]이 일어나고, 욕망으로 인해 집착[취取]이 일어나고, 집착으로 인해 다시 태어나 존재하고자 하는 본능적 경향성[유有]이 일어나고, 이 존재 유지 경향성으로 인해 태어남[생生]이 생기고, 태어남으로 인해 늙고 병들고 죽는 현상[노사老死]이 일어난다. 이렇게 해서 괴로움의 덩어리가 전부 생겨난다.'

시원하고 명쾌했다. 세상 이치를 원인과 결과로 설명하는 방법을 적용해 본 결과 어긋남이 없었다. 이번에는 반대 방향으로 생각을 돌려보았다.

'이것이 없으면 저것이 없다. 세상의 이치를 알지 못하는 무지[무명無明]가 완전히 사라지면 몸과 말과 마음의 행위[업 지음·행行]가 사라지고, 이 행위가 사라지면 표면적·잠재적 인식작용[식識]이 사라지고, 이 인식작용이 사라지면 정신적·물질적 인식의 대상[명색名色]이 사라지고, 정신적·물질적 인식 대상이 사라지면 눈·귀·코·혀·몸·마음 등 여섯 감각기관[육입六入]이 사라지고, 이 여섯 감각기관이 사라지면 무언가를 안다는 마음의 힘[촉觸]이 사라지고, 무언가를 안다는 마음의 힘이 사라지면 느낌[수受]이 사라지고, 느낌이 사라지면 욕망[애愛]이 사라지고, 욕망이 사라지면 집착[취取]이 사라지고, 집착이 사라지면 다시 태어나 존재하고자 하는 본능적 경향성[유有]이 사라지고, 이 존재 유지 경향성이 사라지면 태어남[생生]이 사라지고, 태어남이 사라지면 늙고 병들고 죽는 현상[노사老死]이 사라진다. 이렇게 해서 괴로움의 덩어리가 전부 사라진다.'

싯다르타는 우주의 모든 현상을 설명하는 원리를 발견했고 거기에 체계를 부여했다. 어려서부터 몰입해 있던 나고, 늙고, 병들고, 죽는 생사의 문제가 마침내 다 풀렸다. 목숨 붙어 살아가는 모든 생명들은 고통 받는다는 것을 알았으며, 그 고통의 원인과, 소멸과, 소멸하게 하는 삶의 실천 방법을 찾아냈다. 문제점을 정확하게 파악한 동시에 해결책도 찾아낸 셈이었다. 무명을 벗어나라! 모든 생명이 상호 의존한다는 것을 모르는 것이 무명이다!

싯다르타의 몸에 찬란한 광채가 솟았다. 그 빛은 사방팔방으로 뻗쳐서 모든 공간을 밝혔고, 시간을 초월하여 과거·현재·미래를 남김없이 밝혔다. 산과 바다와 육지와 공중에 사는 모든 생명들이 그 빛을 받았다. 싯다르타의 기쁨은 자신만이 오직 존귀하다는 데에서 오는 기쁨이 아니었다. 알고 보니 모두가 존귀하고 차별 없이 평등했다. 그것은 모든 존재와 현상이 연결된 때문이었다. 그때 생명이 있는 모든 것들은 시간과 공간이 응축된 하나의 점이 되어 말했다.

이것이 진리의 길이다.
이것은 사람의 힘으로
세상에 처음 드러났다.

연기緣起를 알면
여래를 본다.

047. 49일 동안 일어난 일들

싯다르타는 가장 높고 완전한 깨달음을 이룬 그 자리에서 가부좌를 한 채 첫 일주일을 보냈다. 그는 12연기가 일어나는 과정을 앞으로도 살피고 뒤로도 살피면서 법열을 즐겼다. 그러던 어느 순간 싯다르타는 깨달음에 이른 인연의 시간들을 사유하면서 '자리의 노래'를 읊었다.

이 승리의 자리를 얻기 위해
나는 수많은 생을 옮겨가며
열 가지 바라밀을 충족했네.

머리카락을 잘라서 보시했고
두 눈과 심장을 보시하기도 했지.

탐진치와 교만과 사견邪見은
이제 완전히 사라졌다네.

다섯 가지 유혹을 이겨낸 이 자리
내가 도움을 받은 빛나는 이 자리
당분간은 여기서 일어나지 않으리.

첫 일주일간 붓다는 낮에 마라의 공격을 물리치고, 밤에 숙명통과 천안통과 누진통, 그리고 연기에 대한 앎을 확립하여 깨달음을 얻었다. 그리고 곧바로 일주일간 선정에 들게 된다.

두 번째 주간인 8일째 되는 날, 붓다는 자신이 일주일간 머물렀던 보리수를 바라보며 자리에서 일어났다. 그리고 천신들의 의심을 풀어주기 위해 허공으로 솟구쳐 올라 쌍신변의 신통력을 보여준 뒤, 가부좌 자세로 보리수를 응시하며 다시 일주일을 보냈다. 당시 붓다가 머문 곳에 훗날 '아니미사(Animisa, 눈을 깜빡이지 않음)'라는 이름의 탑묘가 세워지게 된다.

세 번째 일주일이다. 두 번의 일주일을 보낸 붓다는 보석이 깔린 산책길을 거닐면서 다시 일주일을 보낸다. 훗날 이곳에 '라따나짱까마(Ratanacaṅkama, 보석 산책길)'라는 이름의 탑묘가 세워진다.

네 번째 일주일이다. 붓다가 보석 산책길을 거니는 것을 보고 천신들은 보석집을 만든다. 그러자 붓다는 그 보석집에서 가부좌 자세로 앉아 논장(Abhidharma-piṭaka)을 일곱 가지로 나누어 각각 살펴본다. 붓다는 이때 특히 무한한 방법으로 이루어진 『빳타나』 전체를 숙고하면서 일주일을 보내는데, 다른 논서들과 달리 이 논서를 숙고할 때 붓다의 몸에서 빛이 뿜어져 나와 세상을 뒤덮었다. 당시 붓다가 머문 곳에 훗날 '라따나그하라(Ratanaghara, 보석집)'라는 탑묘가 세워진다. 여기서

깨달음 후 7주를 표현한 불화

'보석집'은 일곱 가지 보석으로 만들어진 집이 아닌, 의미가 잘 정립된 일곱 가지 논서들을 가리킨다고 전한다.

다섯 번째 주간이 시작되는 29일째 되는 날 붓다는 보리수에서 아자빨라 니그로다나무로 이동한다. 그리고 그곳에서 담마를 숙고하면서 해탈의 기쁨을 누리며 일주일간 다시 앉아 있었다. 이때 붓다는 아비담마에 대한 과정을 일정한 순서로 확립한다. 즉, 처음으로 『담마상가니(Dhammasaṅganī, 법집론法集論)』를, 그 다음으로는 『위방가(Vibhaṅga, 분별론分別

論)』, 『다뚜까타(Dhātukathā, 계설론界說論)』, 『뿍갈라빤냣띠(Puggalapaññatti, 인시설론人施說論)』, 『까타왓투(Kathāvatthu, 논사론事)』, 『야마까(Yamaka, 쌍론雙論)』를, 마지막으로 위대한 논서인 『빳타나(Paṭṭhāna, 발취론發趣論)』를 확립한다. 마침 한 바라문이 다가와 묻고 답하는 가운데 바라문의 정의를 새롭게 내리게 된다.

바라문은 누구인가?

악한 법을 멀리하고
자만하지 않으며

번뇌로부터 자유롭고
자신을 제어하고

아라한과에 이르러
열반을 증득한 다음
거룩한 실천을 성취한 이

이런 이가 바로
바라문이라네.

그러자 마왕의 세 딸이 다시 나타나 유혹하였으나 갈애가 없는 붓다가 움직이지 않자 스스로 물러갔다. 잠시 뒤 붓다는 '의지할 사람 없이 세상을 살아가는 것은 괴로운 일이다. 내가 의지할 만한 사람이 있을까?'하고 생각했다. 존경하고 의지할 만한 사람을 찾아보았으나 찾지 못하자 스스로 깨달은 법을 존중하고 법에 의지하면서 지내리라 마음먹었다.

여섯 번째 일요일이다. 다섯 번의 일주일을 보낸 후 붓다는 무짜린다로 이동하여 다시 일주일을 보낸다. 그런데 자리에 앉자마자 갑자기 거대한 구름이 나타난다. 이는 전륜성왕이나 붓다가 나타났을 때만 비를 뿌린다는 거대한 구름이었다. 이를 본 나가(nāga)들의 왕 무짜린다가 나타나 공덕을 얻기 위해 붓다를 보호한다. 그는 자신의 몸을 부풀려 붓다 주변을 일곱 겹으로 감싸고 목 주위를 넓게 펴서 붓다의 머리 부분을 덮었다. 이 모습이 조형물로 만들어져 현재도 볼 수가 있다.

일곱 번째 일주일 기간 동안 싯다르타는 보리수 남쪽에 있는 라자야타나나무 아래로 자리를 옮겼다. 그곳에서 그는 열반이 곧 축복이라는 해탈의 즐거움을 맛보았다.

49일이 지나자 근처를 지나가던 뜨라뿌사와 발리카라는 상인이 싯다르타에게 보리죽과 꿀을 공양했다. 공양물을 담을 발우가 없자 하늘의 신이 초록콩 색깔의 돌로 만든 네 개의 그릇을 바쳤는데 싯다르타가 이를 하나로 만들어 공양물을 받았다는 이야기가 전한다. 싯다르타는 그들에게 '이익과 행복'에 관한 법문을 했다. 두 상인은 마음이 크게 움직여 최초의 재가 신자가 되었다.

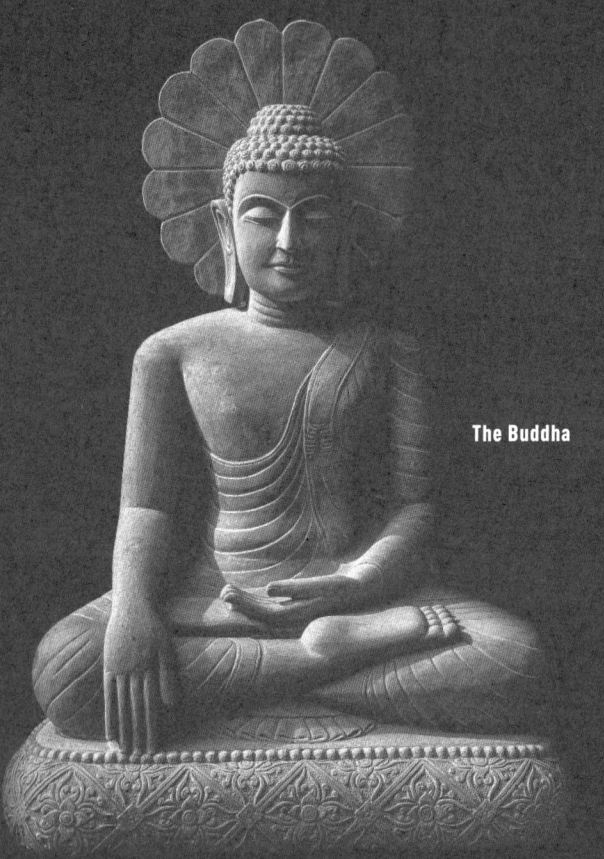

The Buddha

| 제3부 |

전법의 길

'깨달음의 길'이 '상구보리上求菩提'라면 '전법의 길'은 '하화중생下化衆生'이다. '위로는 깨달음을 구하고 아래로는 뭇 생명을 이롭게 한다'는 대승불교의 핵심 사상이기도 하다. 깨달음은 전법으로 이어져야 한다는 생각이다.

붓다는 깨달은 이후 45년 간 전법 활동을 했다. 살아서는 열렬하고 헌신적인 행동주의자였으며, 입멸 이후로는 인도는 물론 세상을 혁신적으로 바꾼 위대한 인간이었다. 가장 중요한 공적은 차별 없는 세상을 위한 실천 노력이었다. 붓다의 사상은 인도에 만연해 있던 강고한 신분제 사회를 해체하는 데 앞장섰다. 붓다의 공동체 안에서는 누구도 차별받지 않았다. 그것은 정치나 사회 영역이 감당하지 못하는 구원의 공간이었다.

전법 과정에 가르침의 효율적 전파를 위한 수행과 포교 공동체가 마련되었다. 승가가 만들어지고 계율이 제정되었으며 교육용이나 기숙용의 대규모 공간이 마련되어 전법활동은 보다 더 체계화되고 조직화되어 나갔다. 왕과 왕비, 장군과 대신들과 평민들이나 여성들은 물론 주목받지 못하는 노예들과 살인자까지 붓다의 제자가 되었다.

붓다와 제자들 사이에 상하관계가 있는 것은 아니었다. 진리의 길을 함께 간다는 점에서 그들은 동등했다. 이들의 공통점은 언제 어디서든 자신의 마음을 잘 알아차리며 게으르지 않고 정진하는 것이었다. 평생 그렇게 사는 것이었다.

제10장

가르침의 길에 나서다

048. 어찌 모두를 구할 수 있으리

싯다르타는 마침내 깨달은 사람이 되었다. 이제부터 그는 깨달은 사람, 즉 붓다(Buddha)였다. 그러나 붓다는 한 사람의 역사적 개인만이 아니었다. 과거에도 있었고 미래에도 있을 터였다. 그 많은 붓다들처럼 싯다르타 역시 같은 방식으로 깨달음에 도달했다. 붓다의 다른 이름인 여래如來에는 '그 많은 붓다들처럼 같은 방식으로 깨달음에 도달했다'는 뜻도 있다.

붓다는 여래가 된 후 여러 나무들 밑을 옮겨 다니며 후속 사유를 했다. 49일 동안 붓다는 오직 선정의 기쁨과 깨달음의 즐거움 속에서 살았다. 음식을 먹지도 세면을 하지도 않았다. 49일이 지나서 붓다는 아노탓타 연못물에서 세면을 하고 분소의를 빨아 입었다.

이 분소의는 붓다가 '위없이 높고 완전한 깨달음'에 이른 순간 하늘의 여인이 내려와 보시를 한 것이었다. 이 여인은 살아서의 이름이 라샤였는데 몸이 병들어 숨이 끊어지기 전에 가족들로부터 버려졌다. 그녀가 버려진 곳이 붓다가 선정에 든 보리수나무 건너편이어서 그녀는 나무 아래의 수행자를 바라보며 공경하는 마음을 크게 내었다. 그녀는 몸에 걸쳤던 옷을 벗어 한쪽에 놓고 간절하게 발원했다.

"수행자여, 그대가 '위없이 높고 완전한 깨달음'에 도달했을 때 이 분소의를 꼭 입어주소서!"

그녀는 착하고 고운 마음을 내고 죽었다. 붓다는 선녀가 된 라샤의 보시 발원을 그대로 받아 입었다. 붓다는 수자따에게 우유쌀죽 공양을 받고, 라샤에게 분소의 공양을 받고, 여러 나무들로부터 그늘 공양을 받았다. 세세생생 수많은 보시를 해 오던 보살이 붓다가 되면서 보시를 받게 된 것이었다. 그 보시들은 소박했으나 거룩했다. 내가 깨달은 진리를 갈애에 속박된 사람들은 알 수 있을까? 붓다가 이렇게 생각하는 순간 보시하는 마음의 싹이 머리를 내밀고 말했다.

    욕망이 끝없이 가지려는 것이라면
    보시는 한없이 베풀어주는 것이요,

    빼앗으려는 마음이 나쁜 마음이라면

어여삐 여기는 마음은 착한 마음일세.

이것이 갈애와 보시와 다른 길이니
사람 마음속 두 가지 길 알려주리라.

 탐욕과 갈애로부터 벗어나야 '위없이 높고 완전한 깨달음'에 이르고, 깨달음에 이르러야 가르침을 줄 수 있는 법이다. 그런데 이 깨달음이 문제였다. 어려서부터 여러 학문에 박학하고 정통했으며 논리술과 시 공부에 매진했던 붓다는 깨달음의 기쁨 뒤에 새로운 어려움에 봉착했다. 자기가 도달한 깨달음의 세계를 다른 사람들도 도달할 수 있는가였다.

 제일 어려운 것은 역시 언어였다. 이제까지와는 다른 생각으로 다른 언어를 통하여 진리를 전해야 했다. 붓다의 어려움은 사람들에 대한 배려와 연민에서 비롯된 것이었다. 나무와 풀이며 온갖 살아 있는 것들은 본성 그대로 살아간다. 법칙에서 벗어나려 일부러 애써 행동하지 않는다. 그런데 사람은 욕심과 성냄과 어리석음에 빠져 생명의 본성대로 살지 않는다. 그래서 일평생을 괴로움에 빠져 살고, 생사를 거듭하는 윤회의 굴레에서 벗어나지 못해 스스로 영원한 고통 속에 잠겨 산다. 그런데도 그것이 고통인 줄 모른다. 이것을 어떻게 쉽게 전해야 하나.

거룩한 도는 오르기 어렵고
밝은 지혜는 얻기가 어렵네.

생사의 고해에 흘러 다니며
즐거움에 빠져만 지낸다면
언제나 진리를 바로 보려나.

캄캄하고 또 답답하구나.

근원으로 돌아갈 줄 모르니
어찌 모두를 구할 수 있으리.

깨달은 이도 이렇게 번민한다. 뭇 생명을 위해 헌신한다. 그때 하늘의 신 대범천이 붓다에게 간청하는 마음을 내어 노래를 불렀다.

여래께서는 너무도 오랜 세월
뭇 목숨 위해 생사를 거듭하셨네.

왕위와 아내며 자식까지 버리고
길 위에 나아가 도를 이루셨으니

위대하고 거룩하시도다!
하지만 또한 애달프구나!

사람들이 제 붓다인 줄 모르고
괴로움의 바다에 빠져 사나니

여래는 어찌 구하지 않으시는가.
내가 찾아뵙고 간청을 드리리라.

대범천이 붓다에게 간청하자 붓다는 이렇게 답한다.
"대범천이여, 나 또한 고통 받는 많은 사람들을 위해 가르침을 펴고 싶노라. 그러나 이 진리는 미묘하고도 깊어서 이해하기 어렵지 않느냐. 사람들로 하여금 진리를 비방하게 할지 모르나니 붓다의 가르침을 두고 '불교는 너무 어려워!'라며 고개 저으며 손가락질하게 만들 것이다. 이것은 그들로 하여금 악업을 짓게 하는 일이어서 차라리 아무 일도 하지 않는 것만 못하리라. 그래서 나는 지금 가르침 전하는 일을 망설이고 있느니라."

대범천은 붓다에게 세 번이나 간곡하게 청원을 했다. '그래도, 그럼에도 불구하고, 겨자씨만큼이나 작은 가능성만 있어도 하셔야 한다'고 했다. 여래는 다시 생각했다.

'그렇다. 그대 말도 맞다. 사람들 중에는 나의 말을 이해하고 대자유의 길로 가는 이들도 있을 것이다. 그들을 위해서라도 나는 가르침을 베풀어야 한다. 깨달은 사람이 몇몇이라도 생기면 그들이 또 다른 사람들에게 가르침을 전하면 되지 않겠나. 나 혼자 힘으로 어찌 모든 사람을 구제하리. 제자를 기르고 교단을 만들면 될 것이다. 나는 기꺼이 나의 깨달음을 전할 것이다. 그렇다. 그대 말이 좋다. 나는 그대가 고맙다.'

범천의 요청을 받아 전법을 결심하는 것으로 되어 있지만 이 역시 '스스로 깨달은 분'의 고독에서 나오는 자기 목소리였다. 붓다는 기쁜 마음으로 게송을 읊었다.

나 이제 그대의 원을 받아
진리로 빛나는 문을 열리라.

깨끗한 마음으로 들을지라.
나는 기꺼이 법을 설하리라.

붓다는 옛날의 두 스승 알라라 깔라마와 웃다까 라마뿟따를 떠올렸다. 진실한 깨달음을 이루면 돌아와서 자기를 가르쳐 달라했던 분들이었다. 붓다가 마음을 모아 천안통으로 보니 모두 고인이 되어 있었다. 알라라 깔라마는 일주일 전에,

웃다까 라마뿟따는 그 전날 밤에 생을 마감했다. 붓다는 혼자서 생각했다.

"그들이 법을 듣지 못하게 된 것은 큰 손실이다. 만일 그들이 법을 들었더라면 법을 빠르게 이해했을 것이다."

깨닫고 보니 두 스승이 가장 뛰어난 제자가 될 수 있으리라는 생각을 하게 되었다. 이것은 수행을 하면서 일정한 경지까지 함께 도달한 사람들끼리만 공유할 수 있는 정확한 평가였다. 차선을 택해야 했다. 붓다는 문득 우루웰라의 숲에서 함께 수행하던 다섯 수행자들을 떠올렸다. 비록 자기에게 실망하여 떠난 그들이었지만, 그래도 그들이라면 진리의 가르침을 전할 수 있으리라 생각했다.

'내 발로 걸어서 내 직접 가리라.'

049. 최초의 가르침을 펼치다

붓다는 길을 나섰다. 와라나시로 가는 길은 멀고 험했다. 직선 거리로 200km 정도인데 실제로는 더 먼 거리였다. 붓다는 열흘 이상 걸어야 했다. 계절은 이미 여름으로 접어들었다. 오후의 햇볕 아래선 걷기 힘들었다. 붓다는 주로 새벽부터 오전 사이에 걸었는데, 이는 쇠뿔도 녹는다는 오후의 강렬한 햇빛을 피하기 위해서였다. 오후에는 주로 나무 그늘에서 쉬며 체력을 비축해야 했다. 쉬는 동안 붓다는 선정에 들어 평화로운 기쁨과 행복에 잠기곤 했다. 지나가는 나그네가 그런 붓다의 모습을 보고 감동하여 말을 건넸다.

"벗이여, 실례하겠소. 나는 수행하는 우빠까라 합니다. 지나가다 보니 당신이 선정에 든 모습이 훌륭하십니다. 당신의 얼굴은 잔잔한 호수와 같이 맑고 피부는 밝게 빛나고 있습니다. 선정에 든 모습은 평화로우니 당신은 보통 분이 아니신 듯합니다. 당신의 스승은 누구십니까?"

붓다는 낯선 수행자로부터 인사와 함께 질문을 받았고 이에 대한 대답을 해야 했다. 붓다는 순수했고, 명확했으며, 확신에 차 있었고, 단순 간명했다.

"나는 스승이 없습니다. 나는 모든 욕망으로부터 벗어났습니다. 나는 모든 것을 초월하고 모든 것을 압니다. 하늘과 땅에 나 같은 사람은 없으며 어떤 신들도 나의 상대가 되지 않습니다. 나는 완성되었습니다. 나의 스승은 나입니다."

"벗이여, 그렇다면 당신은 진정한 승리자시겠군요."

"그렇습니다. 나는 모든 나쁜 마음들을 다 이겨냈습니다. 우빠까여, 나는 승리자입니다."

우빠까는 붓다가 보통사람이 아니라는 것은 직감적으로 느꼈으나 붓다처럼 말하는 수행자를 본 적이 없었다. 그는 진주를 앞에 놓고도 진주를 몰라보았다. '세상에 저 잘난 멋에 사는 사람들이 많더라만 이 수행자 역시 그런 모양이군. 모든 신들과 다 싸워도 이긴단다. 허, 참! 허풍 한 번 되게 치시네!' 하면서 그는 붓다로부터 멀어져갔다.

붓다는 그의 속마음을 알았으나 개의치 않았다. 금욕주의 나체 수행자 집단에 속한 우빠까로서는 붓다의 수행법과 붓다가 도달한 깨달음의 기쁨을 알기 어려웠다. 붓다가 깨달음을 얻고도 전법을 망설인 첫 번째 사례가 저절로 나타난 것이었다.

붓다는 서쪽으로 일주일을 걸었다. 새벽부터 걷는다고는 하지만 해가 떠 있는 오전 중에도 걸어야만 했다. 그나마 강렬한 햇살을 마주 보고 걷지 않아서 다행이었다. 오전 시간의 대부분은 안개가 끼곤 했다. 들판과 나무들이 안개의 커튼 속에 숨어 있다가 나타나곤 했다. 사물들은 숨바꼭질하는 아이들처럼 보이기도 했다가 보이지 않기도 했다.

오후엔 언제나 나무 그늘이나 숲에 들어가 쉬었고 부르튼 발을 주물렀다. 붓다의 여정은 단순했다. 길에서 자고, 길에서 먹고, 길에서 쉬고, 다시 일어나 길을 떠났다. 사람들이 사는 마을을 만나야 물과 음식을 공양 받을 수 있었다. 붓다에게 있는 것은 발우와 분소의뿐이었지만 그의 눈은 빛나고 얼굴은 평화로웠다. 그 허름한 차림새 속에 '위없이 높고 완전한 깨달음'을 지닌 이는 허리를 꼿꼿하게 편 채 언제나 반듯하게 걸었다.

그는 어느덧 와라나시 인근 리시빠따나의 사슴동산 근처에 이르렀다. '여기서 수행한다고 들었는데' 하고 생각하자 그들이 수행하는 자리가 천안통으로 보였다. 수행자들은 멀리서 걸어오는 사람이 보이자 눈을 가늘게 뜨면서 낯선 방문자를 주시했다. 그중 한 사람이 붓다를 먼저 발견했다.

"저기 오는 사람은 혹시 고따마(Gotama)가 아닌가?"

"그럴 리가 있나."

"틀림없는 고따마야."

"여긴 왜 왔을까?"

"자신의 타락을 후회한 모양이지? 고행하다가 도중에 그만둔 사람이니까…"

"함께 수행하자고 다시 제안하려는 걸까?"

"이보게들, 고따마가 가까이 오더라도 우린 모른 척하세."

"그래, 타락한 사문에게 우리가 먼저 머리 숙일 건 없지."

붓다는 다섯 수행자가 있는 곳까지 천천히 걸어갔다. 모른 척하자고 다짐했지만, 수행자들은 이상한 힘에 이끌려 자신들도 모르게 자리에서 일어났다. 그러고는 공손히 머리 숙여 인사했다. 붓다는 그들에게 조용히 말했다.

"그대들은 내가 와도 일어서지 않기로 약속했으면서 왜 일

상월결사 안도순례단은
'부처님 전법의 길'을 따라
43일간 1,167km를 순례했다.

어나 인사를 하는가?"

다섯 수행자는 서로 마주보며 놀랐다. 붓다가 그들의 마음속을 환히 알고 있었던 것이다. 그들은 서둘러 앉을 자리를 마련했다. 어떤 사람은 깔 것을 가져오고, 어떤 사람은 발을 씻어 주고, 어떤 사람은 붓다의 가사를 받았다. 다섯 수행자는 붓다의 모습이 전과 다른 것에 놀랐다. 얼굴은 맑고 깨끗했으며 몸은 황금빛으로 빛났다. 다섯 사람은 싯다르타가 어떻게 이처럼 변했는지를 궁금해 하면서 이전처럼 '벗이여, 고타마여'라고 불렀다. 그러자 붓다는 그들의 생각을 들여다보고 엄숙하게 말했다.

"이제부터는 나를 고따마라고 부르지 마라. 나를 여래라고 불러라. 나는 이제 여래가 되었다."

여래란 진리의 세계에 도달한 사람, 즉 오고 감이 없이 생사를 뛰어넘은 '진리의 화신'이란 뜻도 되고, '진리의 세계에서 설법하러 온 사람'이란 뜻도 된다. 전생과 내생의 수많은 붓다처럼 같은 방식으로 깨달음에 이르렀다는 속뜻도 있다. 그러므로 여래란 호칭은 싯다르타 태자가 깨달은 이의 계보에 들었다는 뜻이다. 여래는 붓다의 다른 이름이니 다섯 수행자를 만나는 이 순간부터 위대한 성자를 가리키는 바로 그 이름이 되었다. 그리하여 '위없이 높고 완전한 깨달음'에 도달한 붓다는 다섯 수행자를 향해 최초로 가르침을 전했다. 이는 붓다가 전법의 이유로 스스로 찾아낸 첫 번째 사례에 해당했다.
'사람들 중에는 나의 말을 이해하고 해탈의 길로 가는 이들도 있을 것이다.'

"수행자들이여, 세상에는 두 가지 극단의 길이 있다. 수행자는 어느 쪽에도 치우치지 말아야 한다. 하나는 육체의 요구에 자신을 맡기는 쾌락의 길이다. 이 길은 저열하고 범속하다. 이 길은 범부의 일이며 거룩하지 않다. 출가 수행자의 참다운 목적을 위해서도 아무런 이익이 없다.

또 하나는 육체를 학대하는 고행의 길이다. 스스로 육체적인 고행에 열중하는 것은 괴로울 뿐 거룩하지도 않으며, 참다운 목적을 위해서 아무런 이익이 없다. 수행자는 이 두 가지 극단을 버리고 중도를 배워야 한다. 여래는 중도의 이치를 깨달았다. 중도야말로 보통사람들의 눈을 뜨게 하고 지혜를 낳게 하며, 영원한 평화와 통찰력을 얻게 하여 깨달음에 이르게 한다. 여래는 그 길을 걸음으로써 마침내 절대평화에 도달한 것이다."

이 설법은 싯다르타 자신의 절실한 체험에서 우러난 이야기였다. 그 자신도 출가하기 전까지는 까삘라의 왕궁에서 지나치게 쾌락을 누렸다. 왕궁을 버리고 출가한 뒤에는 극심한 고행으로 육체를 학대하지 않았던가. 다섯 수행자 역시 고행의 크기와 깊이만 다를 뿐 근본적으로 고행주의자들이었다.

싯다르타가 고행을 끝내고 수자따의 우유쌀죽을 먹은 것은 시행착오에 대한 반성이었지 타락의 길로 걸어간 게 아니었다. 싯다르타는 두 가지가 다 잘못된 길이라는 것을 깨달았으며 그 결과, 쾌락의 길과 고행의 길을 넘어선 곳에서 가장 올바른 길을 찾아냈던 것이다. 다섯 수행자는 싯다르타 마음에서 일어난 시행착오에 대한 반성과 새로운 수행법을 알지 못했고, 이를 통해 싯다르타가 붓다가 되는 과정을 짐작하지 못했다.

"수행자들이여, 내가 깨달음에 이르러 바라보니 세상은 불타는 집과 같이 온통 고통일 뿐이다. 나고, 늙고, 병들고, 죽는 생사의 문제가 누구에게도 예외 없이 적용된다. 이 자체가 고통이니라. 더구나 목숨이 다하고 나면 그것으로 끝이 아니라, 그가 마음을 가지고 의도한 행위에 따라 다시 목숨을 받아서 태어난다. 이것을 윤회의 굴레라고 하느니라. 어떤 이는 하늘에 태어나고, 어떤 이는 짐승의 몸을 받아 나기도 하며, 또 어떤 이는 지옥에 나기도 하느니라. 어디에 나든 고통으로부터 영원히 자유롭지 않느니라."

다섯 수행자는 삶을 이처럼 명쾌하게 설명하는 붓다의 태도에 놀라기 시작했다. 모든 걸 고통으로 바라보는 그의 세계관이 특별했다.

'그렇다면 고통에서 벗어나면 되지 않겠는가. 그것이 우리가 수행하는 진실한 이유가 아니겠는가.'

다섯 수행자는 붓다의 이야기를 듣다가 그에게 점점 가까이 가게 되었다.

"여래여, 어떻게 하면 고통에서 벗어날 수 있습니까?"

"네 가지의 성스러운 진리를 알아야 하고 여덟 가지의 실천 윤리를 결행해야 한다."

여러 날 동안 묻고 답하는 시간이 계속되었다. 예전에 수행할 때처럼 돌아가면서 탁발을 해왔고, 그런 다음 탁발해 온 음식을 나누어 먹으면서 공동생활을 했다. 질문은 언제든 허락되었다. 붓다는 그럴 때마다 손쉬운 사례를 들어 이해하기 쉽게 설명했다. 다정하고 인자하고 친절한 목소리였다. 거기에 맞추어 하늘의 구름이 빛나고 시냇물도 소살소살 흘러갔다.

사슴동산의 널따란 녹지에 훈풍이 불었다. 그 훈풍은 마치 공중이며 땅이며 물속의 모든 생명들이 붓다의 이야기를 들으러 모여드는 것 같았다. 거대한 야외광장에 몰려든 청중 같았다. 붓다는 수행자들을 향해서만 말씀하는 게 아니라 생명 전체를 향해 최초의 설법을 하는 듯했다.

초전법륜으로 불리는 이 가르침은 마지막 제자인 방랑 수행자 수밧다에게 설법하던 내용과 다르지 않았다. 마지막 설

붓다의 첫 설법을 표현한 부조

법과 처음 설법이 묘하게 똑같았다. 그것은 사성제와 팔정도에 관한 내용이었다. 네 가지의 성스러운 진리와 여덟 가지의 올바른 길은 여러 번 들어도 지루하지 않았다. 정교한 논리와 아름다운 구술 문장이 장점이었다. 붓다의 설법에는 사람을 설득하고 감동시키는 수사법이 있었으며 리듬 또한 오묘했다. 내용이 귀에 쏙쏙 들어왔다.

"수행자들이여, 지금부터 내가 말하는 것은 진리의 길이다. 그것은 괴로움에서 벗어나는 길을 말한다. 수행자들이여, 세상 모든 생명의 본질은 괴로움[둑카, duḥkha]이다. 왜 그런가?

태어나는 것도 괴로움, 늙는 것도 괴로움, 병을 앓는 것도 괴로움, 죽는 것도 괴로움이다. 근심과 걱정과 슬픔과 안타까움도 괴로움이다. 미워하는 사람끼리 만나는 것도 괴로움이며, 사랑하는 사람과 헤어지는 것도 괴로움이다. 바라는 것을 얻지 못하는 것도 괴로움이며, 우리들의 인생 전부가 괴로움이다. 생명 있는 모든 것이 이 원칙에서 벗어나지 않는다. 세상 모든 생명은 그 본질이 괴로움이다. 의심하지 말고 명심하라. 이것이 괴로움에 대한 성스러운 진리의 제1명제다.

수행자들이여, 모든 괴로움에는 원인이 있다. 진리의 빛이 무엇인지도 모른 채 어둠 속에서 살아가는 것[무명無明], 기쁨과 탐욕, 모든 것에 집착하는 애욕과 갈망이 괴로움의 원인이다. 한마디로 갈애渴愛라고 할 수 있다. 괴로움에는 갈애라는 원인이 있다는 것, 이로 인해 생명이 지속적으로 탄생하며 생사를 되풀이한다. 의심하지 말고 명심하라. 이것이 괴로움의 원인에 관한 성스러운 진리의 제2명제다.

수행자들이여, 그렇다고 해결책이 없는 것은 아니다. 괴로움은 없어지고 사라진다. 밤이 지나면 아침이 오듯이 원인을 알면 해결책도 보인다. 갈애를 모두 없애고, 여기에서 벗어나 집착하지 않으면 괴로움은 소멸된다. 의심하지 말고 명심하라. 이것이 괴로움의 소멸에 대한 성스러운 진리의 제3명제다.

수행자들이여, 괴로움을 없앤 상태에 도달하는 방법이 있다. 이 방법은 삶에서 실제로 실천하는 것이다. 남녀노소, 빈부귀천, 지위고하를 가리지 않고 누구든 하면 된다. 나는 이런 특단의 대책을 '여덟 가지의 올바른 길[팔정도八正道]'이라고 부른다. 다시 말한다. 일상에서 괴로움을 소멸시키는 방법이 있다. 의심하지 말고 명심하라. 이것이 괴로움을 소멸시키는 방법에 대한 성스러운 진리의 제4명제다."

다섯 수행자는 자신들도 모르게 붓다에게 감화되고 있었다.

'여래여, 그러면 여덟 가지의 올바른 길은 무엇입니까?'

"세상에 저 홀로 존재하는 것은 없고, 영원불변하는 것은 아무것도 없으며, 모든 생명의 본질이 괴로움이라는 것을 꿰뚫어 알아야 한다. 이 바탕 위에서 괴로움에 대한 지혜, 괴로움이 일어남에 대한 지혜, 괴로움의 소멸에 대한 지혜, 괴로움의 소멸로 인도하는 지혜인 고·집·멸·도의 '네 가지의 성스러운 진리[사성제]'가 성립한다. 이것을 '올바르게 본다[정견正見]'고 한다. 어둠속에 묻혀서 무엇이 진리인지 모르고 살아가는 것[무명無明]과 정반대의 삶이다. 이것은 누가 보더라도 똑같고, 언제 보더라도 변함이 없다. 그래서 법칙이고 법[다르마, dharma]이고 진리라고 한다. 올바르게 보는 것. 수행자들이여, 이런 행동은 항상 거룩하다.

'올바르게 본다'는 기초가 있어야 그 위에 집을 지을 수 있다. 벽도 세우고 천정도 올리고 창문도 만들고 하는 이치와 같다. 나머지 일곱 개의 길이 이런 방식이다. 무언가 행동을 하기 전에 원칙과 질서에 어긋나지 않는 생각을 먼저 하고 그렇게 살겠다고 다짐해야 한다. 욕심내지 않는 것에 대해 생각하고, 악의 없음에 대해 생각하고, 다른 사람을 해코지하지 않음에 대해 생각하고, '자애·연민·같이 기뻐함·평온 등과 같은 네 가지의 거룩한 마음[자비희사慈悲喜捨의 사무량심四無量心]에 대해 생각하는 것을 '올바르게 생각한다[정사유正思惟]'고 한다. 수행자들이여, 이런 행동은 항상 거룩하다.

'올바르게 말한다[정어正語]'가 어찌 중요하지 않겠는가. 거짓말, 비방, 이간질은 스스로를 망치고 남도 해코지하게 된다. 언제나 부드럽고 따뜻한 말을 하고 남을 위해주는 말을 해야 한다. 말은 중요하다. 올바르게 말하는 것은 더 중요하다. 수행자들이여, 이런 행동은 항상 거룩하다.

말 다음에 신체적 행동이 따라야 한다. 말과 행동이 다르면 안 된다. '올바르게 행동한다[정업正業]'는 게 바로 이것이다. 살아 있는 생명을 일부러 죽이면 안 되고, 남의 것을 훔치거나, 음란하고 문란한 삶을 살면 안 된다. 다른 사람을 위해 베풀면서 사는 게 몸이 할 수 있는 좋은 일이다. 말로만 하는 것은 모래 위에 집을 짓는 것과 같이 허망하다. 실제로 행동을 해야 한다. 더 쉽고 간단하게 말하겠다. '착하게 살아라.' 이것이 곧 '올바르게 행동한다'는 것의 참뜻이다. 수행자들이여, 이런 행동은 항상 거룩하다.

'올바르게 생활한다[정명正命]'는 직업에 관한 규율이다. 사람은 삿된 생계를 제거하고 바른 생계로 생명을 영위해야 한다. 출가자는 무소유와 걸식으로 삶을 영위해야 하며 특히 사주, 관상, 점 등으로 생계를 유지해서는 안 된다. 재가자는 정당한 직업을 통해서 생계를 유지해야 한다. '올바르게 생활한다'는 일상 삶을 규칙적으로 사는 것도 해당한다. 무질서하고 자유분방하게 사는 게 아니라 자기 몸의 리듬에 맞추어 일어나고 먹고 일하고 쉬고 자고 하는 습관을 들여야 한다. 진리는 생활 가운데 있다. 올바르게 생활하라. 수행자들이여, 이런 행동은 항상 거룩하다.

'올바르게 노력한다[정정진正精進]'도 필요하다. 아직 일어나지 않은 사악하고 해로운 법[不善法]들을 일어나지 못하게 해야 한다. 이미 일어난 사악하고 해로운 법들은 제거해야 한다. 아직 일어나지 않은 유익한 법[善法]들을 일어나도록 해야 한다. 이미 일어난 유익한 법들은 사라지지 않게 하고 증장시켜야 한다. 그렇게 하기 위해서 의욕을 생기게 하고 힘을 내고 마음을 다잡고 애를 써야 한다. 해탈·열반과 향상에 도움이 되는 선법善法과 그렇지 못한 불선법을 정확히 판단하는 것이 중요하다. 더 나아지고 더 좋아지기 위해 실천하는 삶은 아름답다. 세상을 조금이라도 더 좋게 만들려는 의지와 실천이 진리에 이르는 중요한 방법이다. 수행자들이여, 이런 행동은 항상 거룩하다.

네 가지의 성스러운 진리를 잊지 않아야 한다. 그러려면 어찌해야 하는가. '마음 챙겨 머문다[정념正念]'는 것을 명심하라. '나'라는 존재는 해체해야 한다. 몸[신身], 느낌[수受], 마음[심心], 심리현상[법法]들로 해체해서 이 중의 하나에 집중한 뒤, 그것이 곧 무상이요 괴로움이요 무아라고 통찰하라. 세상에 대한 욕심과 싫어하는 마음을 버리고 근면하게, 분명히 알아차리고 마음 챙기며 머무는 것이 구체적인 수행 방법이다. 수행자들이여, 이런 행동은 항상 거룩하다.

수행자들이여, 내가 지금까지 거룩한 행동이라 말한 것들은 생각이나 말처럼 쉽지 않다. 어려움을 해결할 수 있는 방법은 무엇인가. 그것은 '올바르게 선정에 든다[정정正定]'는 것이다. 올바른 선정이란 초선과 제2선과 제3선과 제4선에 들어 머무는 것이다. 이러한 삼매 혹은 선禪의 경지에 들기 위해서는 감각적 욕망, 악의, 해태(나태함)·혼침(게으름, 무기력함, 졸음), 들뜸·후회, 의심이라는 다섯 가지 장애를 반드시 제거해야 한다. 명심하라. 나의 가르침은 '올바르게 선정에 든다'는 것을 빼고 이야기할 수 없다. 수행자들이여, 이런 행동은 항상 거룩하다.

수행자들이여, 여덟 가지의 올바른 길이 복잡한가? 그러면 이것을 다시 세 가지로 나눌 수 있다. 정어와 정업과 정명은 계율이고, 정정진과 정념과 정정은 선정이며, 정견과 정사유는 지혜에 해당한다. 계율과 선정과 지혜를 계·정·혜 삼학이라 하니 이것은 각각 일상적 훈련을 통해 오관을 단속하는 도덕적 삶(계), 마음을 집중하는 정신활동인 삼매수행(정), 사성제에 입각한 존재와 세계에 대한 통찰(혜)을 뜻한다. 그러므로 올바르고 심오한 통찰력으로 늘 꾸준하게 정신활동과 일상생활을 하라는 것이 나의 가르침이다."

 다섯 수행자는 눈이 크게 열리기 시작했다. 붓다의 가르침은 논리정연하고 위풍당당하며, 사례가 친절하고 문장 구조가 아름답기까지 했다. 그 자체가 질서였고 그 자체가 수레바퀴였다. 진리가 왜 안정적이고 아름다운지를 실감했다.

 "수행자들이여, 내가 싯다르타에서 여래가 된 것은 여러분 앞에 나를 보이기 위함이 아니다. 사성제와 팔정도는 진리의 본질과 그것을 이루기 위한 실천 행동이다. 나는 오직 진리와 진리에 이르는 길을 보이려 했을 뿐이다. 수행자들이여, 나는 완전한 지혜의 성취가 단번에 이루어진다고 말하지 않는다. 그와 반대로 점차적으로 배우고 실천하고 발전하여 완전한 성취가 이루어지게 된다. 나는 성스러운 진리의 네 단계를 세 번씩 되풀이 하여 열두 가지의 있는 그대로의 모습을 살펴보았고 이를 통해 청정해졌다. 나는 절대평화의 '위없이 높고 완전한 깨달음'을 직접 체험했으며 이로써 인간 최후의 승리를 선언했다. 나는 마침내 모든 괴로움에서 벗어나 대자유에 이르게 된 것이다. 수행자들이여, 이것이 최후의 태어남이다. 이제 다시 태어나지 않는다. 나는 그 경지를 알고, 그 경지를 본다. 수행자들이여, 도는 모든 시간 모든 곳에 존재한다. 지금 여기에서 오직 실천할 수 있는 것은 팔정도이다. 팔정도만이 열반에 이르는 길이다. 다른 답은 없다."

그런 뒤에 붓다는 순풍에 배 밀고 가듯 다섯 수행자를 편안하게 안내했다. 붓다는 깨달음에 이른 후 이를 정리하는 과정에서 창안해 낸 열두 가지 연쇄의 법칙을 이들에게 들려주기 시작한 것이다. 우주와 인체에 대한 매우 어렵고 정교한 개념들이 등장했지만 단순화시키면 간단한 원리였다. 그것은 존재론이 아니라 생성론이었고, 실체론이 아니라 관계론이었다. 풀 베는 농부가 꾸사풀을 한 다발로는 세울 수 없어 두 다발을 서로 기대어 세우는 것처럼 서로 의존해 만들어지고 서로 의존해 사라지는 게 사물의 본성이라는 것이었다. '나'라는 실체가 없는데 '나'가 있는 것으로 착각하여 그 욕망이 요구하는 대로 이끌려 다니게 되고, 그럼으로써 괴로움이 시작된다고 했다. 다섯 수행자는 점점 더 붓다의 가르침에 감화되었다. 그들은 마침내 여래 앞에서 무릎을 꿇고 머리를 조아렸다.

"여래여, 존귀하신 분이여, 우리를 제자로 받아주십시오."

꼰단냐가 먼저 깨달음에 도달했다. 붓다는 기뻤다. 그는 두 번이나 크게 외쳤다.

"꼰단냐는 완전하게 알았다!"

"꼰단냐는 완전하게 알았다!"

그래서 안냐 꼰단냐가 되었다. 이 이름은 '완전하게 안 꼰단냐'라는 뜻이다. 그는 모든 인간들 중에서 제일 먼저 붓다의 가르침에 눈을 뜬 사람이 되었다. 그 옛날 싯다르타 태자의 운명을 예언하던 바라문이 이제 새로운 가르침에 따라 새 사람으로 다시 태어났다. 사흘 후 왑빠와 밧띠야가 깨달음에 이르렀고, 일주일이 지나서는 마하나마와 앗사지도 다르마를 경험했다. 이로써 붓다 가르침의 초기 공동체가 만들어졌다.

"여래여, 우리는 모두 당신의 제자가 되겠나이다. 허락하여 주시옵소서."

붓다는 와라나시의 리시빠따나에 온 지 일주일 만에 종교의 기틀을 완성했다. 고따마 싯다르타에서 여래로 바뀐 붓다는 그 자체로 보물이 되었고, 붓다가 설한 가르침도 보물이 되었으며, 가르침을 배워 깨달음에 이른 제자들 역시 보물이 되었다. 교주[불佛]와 그의 가르침[법法]과 그의 가르침에 따르는 사람들[승僧]이 만들어지자 사람들은 불·법·승을 불교의 '세 가지의 보물[삼보三寶]'이라고 불렀다. 다섯 수행자가 모두 제자가 되었으므로 붓다의 가르침에 따르는 수행자 집단인 승가僧伽의 기초 토대가 이루어진 것이기도 했다.

붓다가 다섯 수행자를 처음 만나 가르침을 처음 설한 곳에는 직경 28m, 높이 43m에 이르는 다메크탑이 우람하게 서 있다. 다메크탑 발굴 당시에 6~7세기에 제작된 것으로 추정되는 오랜 석판이 발견되었는데, 거기에 이런 글귀가 새겨져 있다고 전한다.

붓다가 처음 설법하신 사르나트의 다메크 불탑을 걷고 있는 상월결사 인도순례단

'모든 것은 인연에 의해 생겨나고, 인연이 다하면 사라진다. 이것이 나의 스승인 부처님의 가르침이다.'

050. 날라까가 붓다를 찾아오다

아기 붓다가 태어날 무렵 아시따 선인이 왕궁을 찾아와 눈물을 흘린 일이 있었다. 많은 백성들의 존경을 받던 위대한 성자는 새로 태어난 아기가 장차 붓다가 될 것을 예견하고 자기의 남은 수명이 그때까지 이르지 못할 것을 알았다. 그 안타까움과 슬픔으로 눈물을 흘리면서 함께 간 어린 조카에게 당부의 말을 전했었다.

"날라까야, 오늘을 잊지 말거라. 너는 아직 젊지 않으냐. 왕자가 출가하여 부처가 되는 것을 볼 수 있을 것이다. 너는 왕자가 부처가 되거든 출가하여 그의 제자가 되어라."

어린 조카 날라까는 이제나 저제나 붓다의 성도 소식을 고대하고 있었다. 마침내 와라나시의 리시빠따나 근방의 사슴동산에 붓다가 머물고 있다는 소식을 들었다. 그는 히말라야 산기슭의 자기 수행처를 떠나 여러 날을 걸어서 붓다를 찾아왔다.

"거룩한 분이시여, 날라까가 거룩한 분께 인사를 올리옵니다. 그대는 붓다이십니까?"

"존자여, 나는 붓다이고 여래입니다. 어디에서 오셨습니까?"

"저는 히말라야 설산에서 35년 전부터 붓다를 기다리다가 나무를 오르는 달팽이처럼 걸어서 여기에 왔습니다. 제 삼촌이자 스승이신 아시따 선인께서 35년 전 붓다가 태어나셨을 때 왕궁에 저를 데리고 가 새로 태어난 아기가 장차 붓다가 되리라는 예견을 하셨습니다. 제가 그때 아시따 선인과 함께 왕궁에 갔던 날라까입니다."

그때 옆에 있던 다섯 비구 가운데 꼰단냐가 반가운 미소를 지으며 말했다.

"이 수행자는 여래와 깊은 인연이 있사옵니다. 저도 그 당시에 아시따 선인 이야기를 들어 알고 있었습니다. 선인께서 어린 조카에게 당부하기를 반드시 붓다의 제자가 되라 하셨으니 여래여, 이제 선인의 뜻을 받들어 날라까를 제자로 삼으심이 어떠하겠는지요."

"그것은 날라까의 선택이니라."

날라까는 환희심으로 붓다께 경배하고 여러 날을 함께 머물며 붓다로부터 많은 가르침을 들었다. 하지만 날라까는 붓다의 가르침을 따라 살아가는 제자이긴 했으나 붓다를 따르는 '길 위의 삶'을 살지는 않았다. 그는 자기가 수행하던 히말라야의 거처로 돌아가 조용히 수행을 계속했으며, 다섯 비구가 도달한 아라한의 경지에 올라 평화로운 기쁨의 세계에 머물다가 좋은 곳으로 갔다. 붓다가 날라까에게 전한 가르침 중에 지금까지 전하는 '청정하게 홀로 사는 수행의 기쁨에 관한 설법'은 다음과 같다.

"날라까여, 수행자는 청정한 삶을 추구해야 합니다. 누구의 도움 없이 홀로 수행할 수 있어야 합니다. 이는 보통사람들도 마찬가지입니다. 사람들은 자기 문제를 스스로 해결해야 하며, 다른 이들로부터 걱정을 받는 삶을 살아서는 안 됩니다. 걱정 받는 삶을 사는 것보다 걱정 해주는 삶을 사는 게 더 좋습니다. 자기 문제를 해결하는 이만이 다른 사람의 삶을 걱정할 수 있습니다.

날라까여, 수행자가 홀로 수행한다는 것도 이런 의미입니다. 홀로의 힘으로 기쁨을 만나야 하며 홀로의 힘으로 대자유를 누려야 합니다. 그렇게 하면 몸에서 빛이 나와 우주 전체를 비추고 자기 몸속의 세포 구석구석까지 퍼져나갑니다. 이 빛이 결국은 모두를 이롭게 합니다. 다른 사람, 다른 생명을 이롭게 하려 해도 내 몸에서 줄 게 없으면 안 됩니다. 대자유가 바로 줄 것입니다. 내 몸이 욕망으로부터 청정하지 않으면 대자유에 이르지 못합니다. 날라까여, 그러므로 수행자는 청정한 삶을 추구해야 합니다.

날라까여, 수행자는 조용한 삶을 삽니다. 그는 스스로 빛이 충만하여 아무 부족함이 없이 가득합니다. 가득 찬 수행자는 겸손하고 조용합니다. 청정한 삶을 사는 사람은 보통사람은 물론 현자들로부터 찬탄을 들어도 겸손해야 합니다.

날라까여, 작은 시냇물은 소리를 내지만 큰 강물은 소리 내지 않습니다. 빈 수레는 덜컹거리면서 요란한 소리를 내지만 가득 찬 것들은 조용합니다.

날라까여, 그러므로 수행자는 조용한 삶을 삽니다."

사슴동산의 첫 설법 이후에 붓다 주변에는 많은 제자가 생겼다. 그들 모두가 붓다와 함께하는 '길 위의 삶'을 살 수는 없었다. 날라까처럼 붓다 가르침의 핵심을 잘 깨우치고 혼자 정진해서 깨달음의 평온한 기쁨을 누리는 이들도 적지 않았다. 이들의 숫자가 얼마나 많은지 알 수가 없다. 붓다를 진정으로 따르는 이들 중에 숨은 인물들이 많기 때문이다. 경전에 등장하는 인물들이란 대체로 이렇게 조용히 숨어 있는 인물들이 아니다. 드러나지 않게 붓다를 사랑하는 중생 중에 이름 모르는 거룩한 생명들이 얼마나 많은지 짐작하기 어렵다. 아무도 이야기하지 않지만 이들 모두가 거룩하고 거룩하다.

051. 부잣집 아들 야사는 왜 붓다의 제자가 되었을까

붓다는 한동안 다섯 제자들과 함께 사슴동산에 머물렀다. '초전법륜'이라고 불리는 설법 이후 이들 제자들은 붓다의 인품과 화법과 걸음걸이에 매료되었다. 깨달은 사람이 얻게 되는 여러 가지 신통한 능력에 대해서도 관심이 많았다. 앉아서도 천 리를 보거나, 멀리 있는 사람의 소리도 다 들을 수 있다거나, 상대방의 마음속을 다 안다거나, 전생을 상세하게 다 안다거나, 몸을 자유자재로 변화시키고 이동한다거나 하는 능력에 대해서 특별한 관심을 보였다. 붓다는 제자들의 관심에 대해 알고 있었으나 일부러 답하지 않았다.

'앞으로 나의 제자들은 신통술의 유혹을 많이 받을 것이다. 사람들이 점을 쳐달라든가, 전생을 보아달라든가, 미래에 일어날 일을 가르쳐 달라든가, 물에 젖지 않은 채 강물을 건너보라든가 하는 요구를 많이 할 것이다. 수행자가 여기에 일일이 응하면 가르침이 반듯하게 전해지지 않는다. 수행자는 신통을 위주로 사람들을 홀려서는 안 된다. 사성제와 팔정도와 12연기만 제대로 이해하고 실천하면 된다. 미리부터 이 문제를 차단하지 않으면 신통을 얻기 위해 도를 닦으려는 이들이 많이 생길 것이다.'

야사의 출가를 표현한 불화

붓다의 생각은 이러하여서 제자들은 깨달음 수행에서 일어나는 불미스러운 부작용에 빠지지 않았다. 몸이 보여줄 수 있는 능력의 변화가 깨달음의 목적은 아니지 않는가. 신통한 능력을 얻은 수행자가 이를 드러내어 뽐내면 어찌 되는가. 사람들로 하여금 수행자를 의지하게 하고, 자기들 스스로 노력하여 깨달으려 하지 않게 된다. 수행자에게 복을 내려달라고 빌기만 할 것이다. 그러한 신통술은 수행자나 재가자에게 독이 된다. 진리 탐구에 대한 발원이 크고, 탐구하는 과정은 오염되지 않고 순수해야 하며, 지속적으로 힘차게 밀어붙이는 끈기가 중요하다.

어느 날 새벽, 붓다는 강물에 들어가 얼굴을 씻은 다음 강변을 거닐었다. 그러던 중 멀리 고개를 들어 바라보다가 나지막한 목소리로 읊조렸다.

'여래가 어쩔 수 없이 신통을 써야 할 때가 다가오는구나!'

저쪽 강기슭에서 이리저리 뛰어다니는 젊은이가 보였다. 그는 미친 사람처럼 마구 고함을 질러댔다.

"아, 괴롭다. 괴로워!"

그 소리는 가슴을 쥐어짜는 듯했다. 붓다는 강 건너에 있는 젊은이를 말없이 바라보았다. 그는 들끓는 마음의 열기를 식히려는 듯, 몸에 붙은 불을 다급히 끄려는 듯 강물에 뛰어들어 허우적거리며 붓다를 향해 걸어왔다.

"젊은이는 무엇이 그리 괴로운가?"

"존자님, 저는 행복하지 않습니다. 아무리 많은 재산이 있어도 저는 비참합니다."

"청년아, 이리로 오라. 여기는 비참하지 않다. 그대는 이미 강을 건너지 않았는가. 그대가 있던 저곳은 비참하지만 강 건너 이곳은 행복하다."

이 젊은이는 와라나시에 살고 있는 큰 부자 구리가 장자의 외아들 야사(Yasa)였다. 야사는 왕 못지않은 호화로운 생활을 하고 있었다. 전날 밤 야사의 집에서는 큰 잔치가 베풀어졌다. 흥겨운 잔치가 끝나고 사람들이 깊은 잠에 빠졌을 때 야사는 잠에서 깨어났다가, 그토록 아름답던 무희들이 추한 모습으로 자고 있는 것을 보고서 집을 뛰쳐나와 괴롭다고 외치면서 거리를 헤맨 것이다. 어디 이 사건만 야사의 괴로움을 촉발시켰겠는가.

야사에게는 많은 재산과 유흥의 쾌락이 오히려 해악이었다. 아름다운 여인들에 대한 정욕은 이루고 나면 금세 허망해지고, 마실 때는 좋은 최고의 명품 술도 깨고 나면 속 쓰린 고통이 찾아왔다. 쾌락과 고통은 손등과 손바닥처럼 붙어 있었다. 쾌락이 크면 클수록 고통 역시 같은 크기로 자라났다. 그러다가 마침내 전날밤 잔치가 끝난 새벽에 그 옛날의 싯다르타가 그랬던 것처럼 환멸이 찾아왔다. 환멸은 그림자처럼 야사의 몸에 찰싹 붙어 떨어지지 않았다. 야사는 어쩔 수 없이 환멸과 함께 집을 나선 것이다.

붓다는 쾌락의 끝이 얼마나 허무하며, 그것으로는 행복에 도달하기 어렵다는 것을 이야기하고, 보시의 공덕에 대해 강조했다. 그것은 야사에게 알맞은 설법이었다.

"야사라고 하였느냐? 이제부터는 나를 존자라 하지 말고 여래라고 불러라. 여래가 말하느니라. 재물을 많이 가진 이는 이웃을 위해 가진 것을 나누어 주어라. 그것은 이웃을 기쁘게 하느니라. 이웃이 기쁘면 나도 기쁘고, 함께 기쁘면 그것이 곧 행복이니라. 나누는 이는 자비로우며, 자비로우면 평판이 좋고, 평판이 좋으면 당당하게 걷게 되느니라. 당당하게 걷는 사람이 사람다운 사람이니라.

야사여, 사람이 사람답게 산다는 것은 착하게 사는 것이니라. 착하게 사는 이는 좋은 과보를 받고, 험하게 사는 이는 험한 과보를 받느니라. 지옥·아귀·축생·아수라를 네 가지의 안타까운 세계라고 하고, 인간계와 천상계는 덜 안타까운 세계라고 하느니라. 지옥·아귀·축생·아수라의 세계는 고통과 불행의 세계이니라. 이 세계는 탐욕과 어리석음에 빠져 자기에게도 해를 끼치고 이웃에게도 해악을 끼치는 생명들이 벌 받는 곳이니라. 이 때문에 여래는 이곳을 안타까운 세계라고 부르느니라.

야사여, 너의 위기가 곧 너의 기회이니라. 정신을 차리고 여래와 함께 공부를 계속 하겠느냐? 함께 공부를 하려면 행복의 진리에 이르고 싶다는 발원이 커야 하느니라. 또한 마음이 잡스러운 일들에 물들지 않아야 하며, 깨달음에 이르는 힘든 과정을 참아낼 줄 알아야 하느니라. 이를 지킬 수 있겠느냐? 발원과 순수와 끈기라는 보물을 스스로 만들 수 있겠느냐? 그렇다면 여래가 너의 괴로움을 없애줄 것이니라."

야사는 붓다의 말씀에 깊은 감명을 받았다. 그는 여러 날 머물면서 붓다로부터 사성제와 팔정도와 12연기 등에 대해서 가르침을 받았다. 다섯 제자들이 평화로운 얼굴로 야사를 바라보며 말했다.

"야사 형제여, 그대를 환영합니다. 붓다께 출가하여 제자가 된다면 우리가 함께 공부할 수 있다오. 함께하는 공부는 천 마리의 코끼리가 이끄는 수레보다 재산이 많으며, 수미산 전체를 칠보로 장식하는 것보다 귀하답니다. 수행자는 세속의 모든 것을 버림으로써 가난해 보이지만, 그는 오히려 행복이라는 더 큰 재산을 가진다오. 야사 형제여, 그대를 환영합니다."

야사는 결심하지 못했다. 출가가 어디 본인 결심만으로 될 법한가. 부모님도 마땅히 알아야 하고 동의해야 하는 법이다. 야사의 아버지 구리가 장자는 지역의 거부였다. 그는 무역업과 유통업을 통해 막대한 재산을 축적했으며 가난한 이를 위해 재산을 나눌 줄도 알았다. 마음의 근본이 착했으나 아들 교육이 문제였다. 그는 아들을 위해서라면 재산을 아끼지 않았다. 야사는 삶의 목적이 무엇인지도 모른 채 쾌락을 누리기만 했다. 그들은 쾌락이 곧 행복인 줄 알고 살았다. 그러던 차에 아들이 그만 사라져 버린 것이다. 수소문 끝에 야사의 아버지는 사슴동산으로 야사를 찾으러 왔다. 붓다가 여러 날 전에 조용히 읊조리기를 '여래가 어쩔 수 없이 신통을 써야 할 때가 다가오는구나!'라고 했는데, 지금이 바로 그 순간이었다. 붓다는 신통력으로 아버지의 눈에 아들이 보이지 않도록 했다.

"존자시여, 저는 집 나간 아들을 찾으러 왔습니다. 그는 야사라 합니다. 혹시 제 아들을 보지 못하셨는지요?"

"장자여, 잘 오셨습니다. 아들은 가까이에 있습니다. 곧 보시게 될 것입니다."

"그렇다면 안심입니다. 그간 잘 돌봐주셨군요. 감사합니다. 헌데 존자께서는 무슨 가르침으로 야사의 마음을 붙들어 놓으셨는지요?"

붓다는 먼저 호칭에 대해 이야기했다. 자신을 여래와 세존으로도 부를 수 있음을 친절하게 알려주었다. 붓다는 그 아들에게 말한 것처럼 그 아버지에게도 보시의 공덕과 삼계육도의 세계와 착하게 사는 삶의 의의에 대해서 말했다. 야사의 아버지는 이야기를 듣는 동안 청정한 신심이 일어나 감화되기 시작했다.

"세존이시여, 훌륭하십니다. 넘어진 자를 일으켜 세우듯이, 감추어진 것을 드러내듯이, 헤매는 자에게 길을 일러주듯이, 눈이 있는 자가 볼 수 있도록 어둠 속에 등불을 밝히듯이 세존께서는 여러 가지 방법으로 진리를 밝혀 주셨습니다. 저는 이제 세존께 귀의하여 받들고자 합니다. 또한 세존의 가르침과 스님에게 귀의하여 받들겠습니다. 세존이시여, 저를 재가 신도로 받아 주십시오. 저는 오늘부터 목숨이 다하는 날까지 거룩한 삼보에 귀의합니다."

이렇게 해서 세 번에 걸쳐 존경심을 표하는 삼귀의三歸依가 이루어졌다. 붓다와 붓다의 가르침과 붓다의 가르침을 따르며 실천하는 스님에게 존경심을 표하는 의례였다. 야사의 아버지 구리가 장자는 출가하지 않은 신분으로 붓다의 첫 번째 제자가 되었다. 재가 수행자가 처음으로 탄생하는 순간이었다.

성도 이후 붓다가 49일 동안 기쁨을 누리는 동안 보리죽과 꿀을 공양하던 따뿟사와 발리카라는 상인이 있기는 했다. 이들 역시 재가 신자이긴 했으나 삼보에 귀의하는 형태를 가진 재가 제자는 구리가 장자가 처음이었다.

야사는 아버지를 위한 붓다의 설법이 진행되는 동안 스스로의 마음을 관찰하고 집착이 없어져서 번뇌로부터 해탈했다. 그는 붓다 최초의 제자가 된 다섯 수행자들처럼 아라한의 경지에 올랐다. 붓다는 야사의 깨달음이 일정한 경지에 이르자 신통술을 풀어 그 아버지의 눈에 아들이 보이게 했다.

"야사야, 네가 바로 옆에 있었구나. 내 눈에는 왜 보이지 않았는지 모르겠구나. 사랑하는 아들아, 집으로 돌아가자. 네가 사라진 후 슬픔에 빠진 네 어머니를 위로해야 하지 않겠느냐. 이제 그만 집으로 돌아가자."

붓다는 야사의 아버지를 향해 다정한 목소리로 말했다.

"거사여, 야사는 스스로의 마음을 관찰하고 집착이 없어져서 번뇌로부터 해탈했습니다. 야사가 세속에 돌아가 전과 같이 향락에 빠져 지내겠습니까?"

"그렇지는 않을 것입니다."

"입가에 묻은 음식물 찌꺼기를 씻어버리듯이, 거울에 붙은 먼지를 털어내듯이 야사는 향락과 결별할 것입니다."

"세존이시여, 야사가 성자의 가르침을 받아 행복을 얻은 것은 야사를 위해 좋은 일입니다. 야사와 함께 저희 집에 오셔서 공양을 받아 주십시오."

아버지는 아들을 데려가지 못했다. 그것은 아들의 출가를 승인한다는 뜻이기도 했다. 출가를 시키기는 하지만 집안의 여인들과도 만날 수 있는 기회는 만들어야 했다. 야사에게는 어머니도 있고 아내도 있지 않은가. 붓다는 침묵으로 승낙했다. 야사의 아버지가 그렇게 돌아간 후 야사는 붓다 앞에 나아가 엎드렸다.

"세존이시여. 저는 출가하여 계를 받고자 합니다."

야사는 머리와 수염을 깎은 뒤 붓다로부터 계를 받았다. 그는 세속의 옷을 버리고 노란 가사를 입었다. 다음 날, 붓다는 야사를 대동하여 다섯 제자와 함께 야사의 옛 집을 방문했다. 공양을 마친 뒤 붓다는 야사의 어머니와 아내를 위한 설법을 했다. 여인들 역시 붓다의 가르침에 큰 감명을 받고 삼보에 귀의했다. 여성 재가자도 처음으로 생겨났다. 야사는 곧 사슴농원으로 돌아갔다. 어머니와 아내는 기쁘기도 했지만 슬프기도 했다.

"어머니, 지금 울고 계세요?"

"아가야, 너도 눈물을 흘리고 있지 않느냐!"

두 여인은 서로를 부둥켜안고 그렇게 한참을 울었다. 야사의 출가는 와라나시 전역을 들뜨게 했다.

'이건 대사건이다. 야사가 수행자가 된 건 분명히 무언가 있는 거다. 우리도 궁금하다. 그의 스승은 도대체 어떤 분이신가?'

야사는 수행자가 아닌 일반인의 첫 출가 제자라는 기록을 가졌다. 그런 점에서 야사의 출가는 대사건이었다. 일반인들이 붓다에게 귀의하기 시작한 것이다. 야사의 친구 네 명이 야사와 그의 스승을 찾아 사슴동산으로 달려갔다. 붓다는 이들의 성품과 교양과 학식의 정도를 헤아리고 거기에 맞추어 가르침을 펼쳤다. 이들도 얼마 지나지 않아 야사가 도달한 깨달음의 경지에 이르게 되었다. 사슴동산에는 붓다를 포함해 모두 열한 명의 깨달은 이가 살게 되었다.

붓다 가르침의 파급력은 점점 커졌다. 야사가 출가 이전에 교유하던 친구들 50명이 합류했다. 모두 명가의 자제들이었고 마음의 목마름을 제외하고는 부족함이 없는 삶을 살고 있었다. 붓다는 이들이 스스로의 욕망을 끌 수 있도록 도와주었다. 합류한 50명의 제자들 역시 일정 기간이 지나자 깨달음에 이르게 되었다. 제자들 중 깨달음에 이른 이는 모두 60명이었다.

붓다는 차별 없는 평등을 주창했지만 초기에 붓다의 제자가 된 이들은 대부분 귀족이나 부호의 자제들이었다. 그 이유가 무엇이었을까. 이를 설명하는 여러 논의 중에 인도의 기후론을 주목할 만하다. 40도가 넘는 한낮의 고온 속에서 사람들이 할 수 있는 일은 더위를 피해 나무 그늘이나 숲에서 지내는 것이었다. 더위는 사람들을 자연스럽게 쉬게 만든다. 쉬는 동안 낮잠을 자거나 사색을 하고 호흡을 고르며 심신의 안정을 찾고자 한다. 이런 전통이 출가 수행자를 배출하고, 경제적으로 여유가 있는 이들일수록 사색 습관에 익숙하게 된다. 날씨가 덥다보니 새벽부터 일어나서 하루 일과를 시작하는 경우도 많다. 야사가 새벽에 강가를 거닐다가 붓다를 만나게 된 것도 이런 관점에서 보면 자연스럽다. 삶의 필수 노동으로부터 해방되어 자유시간이 많은 귀족 부호일수록 사색인이 많은 이유도 인도의 기후 환경으로 설명이 가능하다. 붓다의 전법 초기 시절에 유독 귀족 부호의 자녀들이 많이 참여한 이유도 이런 관점으로 이해할 수 있다.

052. 길을 떠나라, 간밤의 꿈을 떠나라

사슴동산에 모여 깨달음에 이른 이가 60명이 넘게 되자 이제 공간이 비좁게 되었다. 무르익은 과일이 떨어지는 것처럼 비구 수행자의 단체도 이제 이별해야 했다. 붓다의 가르침을 사슴동산에서만 들어서도 안 되었다. 가르침을 모르는 이들을 향해 직접 찾아나서야 했다. 진리를 전하기 위해서는 사람을 오라하지 않고, 직접 가야 했다. 제자들을 향해 붓다가 말했다.

"비구들이여, 나는 모든 속박에서 벗어났다. 그대들 역시 모든 속박에서 벗어났다. 비구들이여, 길을 떠나라. 사람들의 행복을 위해 길을 떠나라. 세상에 자비를 베풀기 위해 길을 떠나라. 신과 인간들의 이익과 축복과 행복을 위해 길을 떠나라. 두 사람이 가면 한 곳으로 가지 말고 각각 다른 곳으로 가라. 비구들이여, 처음도 좋고 중간도 좋고, 끝도 좋으며, 뜻과 문장이 훌륭한 가르침을 전하라. 오로지 청정하고 깨끗한 삶이 어떤 것인지를 잘 보여라. 눈에 티끌 없이 태어난 사람이 있지만 그들은 가르침을 들을 기회가 없어 버려지고 있다. 그들이 가르침을 듣는다면 올바로 이해할 수 있을 것이다. 그러니 비구들이여, 전법의 길을 떠나라."

그리하여 붓다를 비롯한 사슴동산의 성자들은 각기 인연 있는 마을을 찾아 길을 떠났다. 이때 붓다가 제자들에게 베푼 설법 중에 속박에서 벗어나는 기쁨의 노래가 있었는데 게송의 형태로 전해오는 몇몇 구절은 아름다운 정형시였다.

가까이 사귄 사람끼리는 그리움이 생긴다.
사랑과 그리움에는 괴로움이 따르기 마련이다.
좋아하는 마음에서 근심 걱정이 생기는 줄 알고
무소의 뿔처럼 혼자서 가라.

애욕은 빛이 곱고 감미로우며 우리를 즐겁게 한다.
또 여러 가지 모양으로 우리의 마음을 어지럽힌다.
애욕의 대상에는 이러한 근심 걱정이 있는 줄 알고

무소의 뿔처럼 혼자서 가라.

소리에 놀라지 않는 사자와 같이
그물에 걸리지 않는 바람과 같이
진흙에 물들지 않는 연꽃과 같이
무소의 뿔처럼 혼자서 가라.

053. 부루나 존자가 순교하고 가전연이 고향에서 전법하다

무소의 뿔처럼 혼자서 가라는 말은 전법하는 이들끼리 서로 의지하여 나태하지 말라는 뜻이었다. 후일에 일어난 일이지만 부루나 존자는 전법과 관련하여 붓다의 제자들 중 가장 드높은 의지를 보여준 제자였다.

"붓다시여, 저는 멀리 서쪽 땅 쓰로나빠란따까로 떠나겠습니다. 허락해 주소서."

"부루나여, 거기 사람들은 성격이 포악하고 거칠어서 그대를 모욕하고 매도할 것이다. 그러면 어찌하겠느냐?"

"붓다시여, 그 사람들이 저를 모욕하고 매도하더라도 '쓰로나빠란따까 사람들은 착해서 나를 모욕하지 않을 것이다'라고 생각하겠습니다."

"만약에 그들이 칼로 그대를 위협하고 해코지하면 어떻게 하겠느냐?"

"붓다시여, 그 사람들이 칼로 저를 해코지해도 '쓰로나빠란따까 사람들은 착해서 나로 하여금 육신의 속박에서 벗어나는 큰 공덕을 짓게 하는구나'라고 생각하겠습니다."

"착하고 착하도다. 부루나여, 그대는 인욕바라밀의 경지에 이르렀구나. 쓰로나빠란따까로 가서 붓다의 가르침을 전하라. 사납고 모진 사람들을 붓다의 나라로 인도하라."

후일 부루나 존자는 그곳에서 5백 명을 전법했는데 사나운 이들의 모략에 의해 박해를 받다가 결국 순교하고 말았다. 이 소식을 들은 붓다는 부루나의 죽음을 찬탄했다.

"부루나가 무한 생명을 얻었구나!"

붓다 성도 후 그 가르침은 사왓티와 라자그리하를 중심으로 확산되고 있었다. 강대국인 꼬살라국과 마가다국을 중심으로 뿌리를 내리고 있었지만 아직 인도 전역으로 확산되지는 못했다. 이때 부르나 존자는 인도 서쪽 땅인 쓰로나빠란따까로 떠나 붓다의 가르침을 전했다. 부르나 존자가 서쪽으로 전법을 떠났다면 마하깟짜야나(대가전연)는 중인도에서 불법을 전했다.

마하깟짜야나는 중인도 남서쪽 아완띠(Avanti)국의 수도 웃제니성에서 태어났다. 아버지는 바라문 띠리따왓차이며 어머니는 짠디마였다. 어머니 짠디마는 싯다르타 왕자의 성도를 예언한 아시타 선인의 동생이었다. 깟짜야나는 외숙부인 아시타의 제자가 됐다. 아시타 선인은 죽기 전에 깟짜야나에게 '붓다가 출현할 것이니 꼭 붓다의 제자가 되라'고 당부했다.

그러나 깟짜야나는 아만심이 강해 '붓다의 제자'가 되라는 스승의 당부를 무시하고 고향인 아완띠의 수도 웃제니로 돌아갔다. 그 후 왕명에 따라 붓다를 아완띠국으로 초청하기 위해 마가다국으로 간 그는 붓다에게 감화되어 마침내 제자가 되기에 이른다.

깟짜야나는 붓다의 10대 제자 가운데서도 붓다의 가르침을 가장 잘 이해한 제자로 평가받는다. 그는 뛰어난 말솜씨로 붓다의 가르침을 전하는 데 기여한 가장 뛰어난 포교사 가운데 하나였다. 붓다는 마하깟짜야나를 '내가 짧게 설한 법을 자세하게 설명하는 제자 가운데 으뜸'이라고 존중했다. 반대도 마찬가지였다. 그는 붓다가 길게 설한 내용의 핵심을 잘 요약해서 전달하는 데에도 탁월한 능력을 발휘했다. 그래서 마하깟짜야나 곁에는 항상 비구들이 끊이지 않았다. 붓다의 가르침이 잘 이해되지 않을 때 비구들은 항상 그에게 찾아와 물었다.

마하깟짜야나는 붓다의 허락을 받고 다시 고향으로 돌아가 붓다의 가르침을 부지런히 전했다. 특히 그는 폭악한 왕에게 붓다의 가르침을 전해 붓다의 제자가 되도록 했다. 당시 왕은 매우 변덕스러웠고 충동적이었다. 법을 무시한 채 자기 마음대로 백성들을 처벌했다. 마하깟짜야나는 왕의 폭력적이고 무모한 기질을 경계하는 게송을 읊어 그를 제도했다.

> 죽음에 이르게 하는 악한 업은
> 다른 사람 때문에 생기지 않네.
> 스스로 악한 업을 짓지 않아야 하리.
> 중생은 업의 친척이기 때문이라네.
>
> 남의 말에 의해 도둑이 되는 것이 아니며
> 다른 사람의 말로 인해 성자가 되는 것도 아니라네.
> 자기가 자신을 아는 것처럼
> 천신들도 다 안다네.
>
> 사람들은 깊이 이해하지 못하리.
> 우리 모두 이 세상에서 죽을 수밖에 없다는 사실을
> 여기에서 죽을 수밖에 없다는 사실을 알면
> 모든 싸움은 멈추어지리.
>
> 현명하고 지혜로운 사람은
> 재산을 잃어도 살지만

지혜를 얻지 못하면
재산이 많아도 살지 못한다네.

사실 붓다의 전법은 진리를 알지 못하는 이들을 위해서 이쪽에서 먼저 마음을 내고 실천하는 것이었다. 그들이 원치 않아도 내가 먼저 마음을 내어 적극적으로 찾아간다는 데 의의가 있었다. 그런 점에서 박해와 순교는 전법 수행자에게는 오히려 명예였다. 해코지하는 이들마저 자비와 연민으로 품어 안는다는 점에서 붓다의 가르침은 철저히 중생 중심적이었다. 진리를 위해서라면 온 삶을 다 바쳐 전법해야 한다는 게 붓다의 가르침이었다. 전법 선언의 마지막엔 붓다도 이렇게 이야기했다.

"비구들이여, 나도 우루웰라로 가서 그들을 위해 법을 설하리라."

054. 깟사빠 삼형제가 귀의하다

붓다는 우루웰라를 향해 혼자 걸었다. 예전에 다섯 고행자들과 함께 수행하던 곳이었다. 여기는 마가다 왕국의 빔비사라왕이 통치하는 곳이었으며, 깟사빠 삼형제들이 종교적 영향력을 크게 떨치고 있는 곳이기도 했다. 맏형에게는 5백 명의 제자가, 둘째에게는 3백 명의 제자가 있었고, 셋째에게는 2백 명의 제자가 있었다. 이들은 바라문의 집안에 태어나 출가한 고행승苦行僧으로서 불의 신을 숭배하고 있었다. 사람들은 그들이 머리를 묶은 채 수행하는 모습을 보고 '결발행자結髮行者'라고 불렀다.

붓다는 이들 삼형제가 진리를 전하기 보다는 이적을 행하면서 치부하는 것을 알고 있었다. 그러나 이들은 신흥 강대국인 마가다 왕국에서 무시하지 못할 세력을 가지고 있는 종교 지도자이기도 했다.

'지도자 한 사람을 잘 인도하면 된다. 그가 진리를 보게 되면 나머지도 이끌 수 있다.'

붓다의 전법 방식은 말하자면 핵심지도층 공략이었다. 여러 가지 면에서 이것은 효과적이었다. 찾아오는 사람을 삼삼오오 모아놓고 설명하는 전법활동은 제한적일 수밖에 없었다. 이왕지사 전법의 길에 나선 이상 규모와 속도가 중요했다. 붓다는 맏형 깟사빠를 택했다. 그것은 전력을 다해 승부해야 하는 위험한 일이기도 했다.

우루웰라의 세나니가마에서 종교적 권력을 가장 확실하게 행사하고 있던 맏형 깟싸빠 처소에 붓다가 찾아왔다. 깟사빠는 붓다가 와라나시 지역을 거점으로 활동하는 한창 떠오르는 종교 지도자라는 점을 알고 있었다. 그는 붓다를 경계했

우루웰라 깟사빠 화당의 붓다
붓다의 위치는 빈자리로 나타나는 무불상 부조이다.

다. 그가 대담한 승부를 걸어올 것을 직감했기 때문이다. 붓다는 깟사빠에게 정중히 예를 갖추며 말했다.

"깟사빠여, 대단하십니다. 이곳은 수행자들로 번성하는 곳입니다. 저는 진리를 전하러 다니는 중인데 오늘 마침 여기에 발길이 닿았습니다. 하룻밤 쉬어가고 싶은데 혹 처소가 있는지 모르겠습니다. 여유 처소가 없다면 사당에서라도 하룻밤 머물고 싶은데 허락해 주시겠는지요?"

깟사빠는 첫 느낌이 언짢았다. 붓다를 받아들였다가 망신을 당하면 어쩌나 싶었다. 그렇다고 수행하는 사람들끼리 야박하게 굴 수도 없었다. 그는 짧은 순간 빨리 계산했다.

'받아들이자. 그런 다음 독사를 풀어서 저 수행자를…!'

"원하신다면 그렇게 하시오. 헌데 사당 안에는 사나운 독사가 지키고 있는데, 당신을 해칠까 그게 걱정이오."

"깟사빠여, 걱정하지 마시오. 나는 누구도 해치지 않으며, 다른 누구도 나를 해치치 못합니다."

깟사빠는 꺼림칙했으나 더 이상 거부할 명분도 없었다. 그는 불의 신을 섬기는 사당으로 붓다를 안내했다. 붓다는 사당의 넓은 마당에 풀을 깔고 앉아 타오르는 화로를 바라보고 있었다.

'불의 신 아그니(Agni)를 섬기면 마음이 정화된다는데 이들은 불이 욕망의 다른 얼굴인 줄 모르고 있구나! 불타는 집에 살면서 진리를 구하려 하다니 안타깝도다!'

붓다는 자리에 눕는 대신 깊은 선정에 들어 몸과 마음을 편안한 상태로 만들었다. 그때 어둠속에서 무언가 미끄러져 나오더니 선정에 든 붓다 가까이에 왔다. 머리를 꼿꼿이 세운 커다란 코브라였다. 타오르는 불빛으로 인해 모습을 환히 드러낸 독사는 한층 기세를 올려 선정에 든 수행자를 위협했다. 목 부위를 부풀리고 머리를 흔들면서 쉿쉿쉿 소리를 계속 뱉어내고 있었다.

"오늘 아침에도 한 사람이 죽어나갈 거라는데…"

"신성한 뱀이 지키는 사당에서 감히 잠을 청했다면서?"

"왜 죽을 짓을 하는 거지? 어제 보니 신수가 훤한 젊은 수행자던데. 안됐군, 쯧쯧"

아침이 되었다. 제자들의 예상과는 달리 붓다는 아무렇지도 않았다. 붓다는 바리때를 들고 깟사빠를 찾았다. 바리때 안에 얌전히 똬리를 틀고 있는 뱀을 보이며 붓다는 시를 읊었다.

> 깟사빠여, 말씀하신 독사가 이것입니까.
> 이 뱀이 어제 나를 길들이러 왔습니다.
> 뱀이 몸을 크게 하여 나를 위협했으나
> 나는 오히려 평화롭고 고요했습니다.
>
> 깟사빠여, 나는 나 자신을 길들입니다.
> 자신을 길들이는 사람은 승리자입니다.
> 승리자는 사자나 코끼리, 사나운 뱀도
> 자기 마음처럼 순순하게 길들입니다.

깟사빠와 제자들은 크게 놀랐다. 한편으로 부끄럽기도 했다. 사나운 뱀을 길들이는 솜씨를 보면 붓다가 도력이 높은 수행자임은 분명했다. 그러나 그들은 어떤 내색도 하지 않았다. 일설에는 이 이야기를 붓다와 깟사빠 사이의 치열한 교리 논쟁을 표현한 것이라고 한다. 생각과 생각이 충돌하고 사상과 사상이 부딪치는 진리 탐구의 전쟁이었다는 뜻이다. 붓다는 막강한 영향력을 가진 종교 권위자에게 일단 판정승을 거두었다.

그러는 사이 건기에 접어들었다. 날씨가 추워졌다. 앗타까 축제가 열렸다. 물과 불과 마음을 정화시키는 전통적인 의례였다. 신도들은 차가운 물속에서 자맥질을 하며 영혼의 때를 씻어냈다. 물 밖으로 나와서는 불을 쬐면서 또한 몸속의 잡스러운 기운을 몰아냈다. 축제는 음력 1월 첫 나흘과 2월의 첫 나흘 동안 열렸다. 붓다는 아무 말 없이 잠자코 바라만 보았다.

건기 중인데 갑자기 폭우가 쏟아졌다. 강물이 크게 불어 유역이 넓어졌다. 저지대에 머무르고 있던 붓다의 처소가 물에 잠기는 것을 깟사빠는 걱정스레 바라보고 있었다. 그는 제자들과 함께 배를 저어 붓다를 살피러 갔다. 그는 진실로 붓다를 걱정했다. 강물을 살피는 그 순간 깟사빠는 아무 말도 못한 채 그 자리에서 얼어붙었다. 붓다가 불어난 강물 위를 휘적휘적 걸어오는 것이었다. 강물을 걸어서 건너온 붓다를 살펴보니 그의 가사에는 물 한 방울 묻지 않았다. 깟사빠와 제자들은 붓다 앞에서 결국 무릎을 꿇었다. 붓다는 말했다.

"물과 불은 우리를 정화하지 않습니다. 우리를 정화하는 것은 진리입니다. 진리만이 우리를 깨끗하게 하고 진리만이 우리를 구원합니다. 물이 우리를 정화한다면 물속의 수많은 물고기들은 벌써 대자유를 누릴 것입니다. 강물에 목욕을 한다고 죄가 씻겨나가지 않습니다. 그렇게 된다면 이 세상은 죄인 투성이가 됩니다. 강물에 몸을 씻기만 하면 되기 때문에 아무 때나 어디서나 숱한 잘못을 저지를 것입니다. 이것은 진리가 아닙니다.

불은 신성합니다. 그러나 불이 우리를 구원해 주지는 않습니다. 불은 몸을 따뜻하게 해주지만 근본적으로는 욕망의 한 가족입니다. 불은 자기는 물론 주변의 다른 것들을 다 태웁니다. 마침내 모두를 소멸시키고 폐허로 만듭니다. 이것은 진리가 아닙니다. 진리는 사성제와 팔정도와 12연기입니다."

붓다는 때를 기다렸다가 맏형 깟사빠를 교화했다. 깟사빠는 붓다의 가르침을 귀기울여 들었다. 그는 마음의 때가 벗겨졌고 순수해졌으며 거룩한 사람을 볼 수 있는 눈이 열렸다. 깟사빠는 붓다 앞에 나아가 제자 되기를 청하였다. 붓다는 흔쾌히 수락했으나 조건을 달았다.

"당신이 내 제자가 되면 당신을 따르는 5백 명의 제자들은 난감할 것입니다. 갑자기 길 잃은 소떼처럼 이리저리 방황할 것입니다. 이것은 좋지 않은 일이니 제자들을 모두 집으로 돌려보내고 오십시오."

"그것은 불가합니다. 그들은 진리를 찾기위해 모두 출가한

제3부 전법의 길 403

우루웰라 깟사빠 귀의
붓다의 위치는 강물에 걷는 곳으로 나타나는 무불상 부조이다.

사람들입니다. 집으로 돌아가는 것은 안됩니다. 그들은 나를 따라 새로운 스승 밑에서 공부하게 될 것입니다."

"그렇게 강제하면 안 됩니다. 그들에게 새로운 스승을 선택할 수 있는 자유를 주어야 합니다.

붓다는 5백 명의 제자들에게 의견을 묻고 그들이 각자 선택할 수 있도록 자유를 주어야 한다고 했다. 깟사빠는 전체 제자를 소집했다.

"여러분은 그동안 나의 제자였습니다. 나는 여러분의 스승으로서 여러분을 이끌었습니다. 이제 나는 진정한 스승을 모시게 되었습니다. 그분은 붓다이자 여래이자 세존으로 불리는 분이십니다. 제 마음의 모든 때를 벗겨주시고 평화와 행복을 가져다 주셨습니다. 저는 이제 붓다를 모시고 평생을 살고자 합니다. 여러분, 나는 우리 교단의 해체를 정식으로 선언합니다. 여러분은 저마다 자유롭게 가실 수 있지만, 원하시면 나와 함께 붓다의 제자가 되어도 좋습니다."

"스승이여, 우리도 스승의 뒤를 따르겠습니다."

긴 머리를 틀어 묶은 5백의 결발행자들이 모두 강에 들어갔다. 깟사빠와 그의 5백 제자들은 그렇게 머리를 깎았다. 이들은 모두 종교를 바꾸었다. 긴 머리카락이 뭉텅 뭉텅 잘리어 강물에 흘러 내려갔다. 하류에 살던 동생들인 나디 깟사빠와 가야 깟사빠도 형님의 결정을 따랐다. 둘째는 3백 명의 제자를, 셋째는 2백 명의 제자를 거느리고 있었다. 이제 붓다의 제자는 천 명이 넘었다. 깨달음에 이른 후 2년이 채 되지 않은 때였다.

불의 신을 모시는 사당에 모든 불이 꺼졌다. 숲과 강물에 저녁이 내리고 사방은 전에 없이 고요하게 어두워졌다. 말하지 않는 침묵 속에, 빛이 꺼진 어둠 속에 자연의 비밀스러운 언어와 새로운 빛의 씨앗이 자라나고 있었다. 그것은 마가다 왕국 전체에 일어날 조용한 지진의 전조였다. 붓다와 그의 가르침과 그의 가르침에 따르는 사람들은 마가다 왕국 최고의 교단이 되었다. 다섯 비구로 출발한 상가(Saṅgha)의 규모가 1천 명 이상으로 커졌다. 상가를 한문으로는 '승가僧伽'라고 한다. 승가의 최고 덕목은 화합이었다.

승가는 수행 공동체였고 진리를 찾아 체득하는 벗들의 모임이었다. 이들에겐 붓다와 다르마(진리)를 공유한다는 원칙이 있었다. 승가의 최고 지도자는 교주가 아니라 '길을 가리키는 이'였다. 붓다는 자기의 역할을 늘 이렇게 강조했다. 그러므로 승가는 같은 길을 가는 도반道伴이었다.

좋은 벗[선우善友]은 공동체 유지가 관건이었다. 강력한 군사력을 가진 수많은 제국이 지구상에서 명멸해도 승가공동체가 2,500년 이상을 이어오고 있는 이유는 이런 점에 있었다. 좋은 벗이 있기 때문에 가능했다.

붓다가 성도(成道)한 후 첫 가르침을 펼친 사르나트. 붓다는 이곳에서 다섯 도반에게 불교의 핵심교리인 시성제와 팔정도를 최초로 가르치며 그들을 자신의 제자로 받아들였다.

제11장

교단을 이루어가다

055. 빔비사라왕을 다시 만나다

마가다 왕국 최고의 교단을 자랑하던 깟사빠 형제의 브라만교는 전통 종교였다. 이들 전통 종교의 1천 명을 헤아리는 수행자들이 하루아침에 새파란 교주가 중심이 된 신흥 교단에 귀의하는 사건은 일대 충격이었다. 이는 빔비사라왕으로서도 관심을 둘 수밖에 없는 사안이었다. 신흥 교단의 교주는 왕이 이전에 만난 적이 있는 싯다르타 태자였다. 당시 그는 태자와 약조를 했었다. 깨달음을 이룬 이후에 다시 만나기로 한 약속이 생각났다.

'우루웰라로 가자. 내가 직접 가서 성자를 뵈어야 하겠다.'

"고따마여, 마침내 붓다가 되셨습니다! 그대를 우러르고 존경합니다. 제가 그대를 처음 만났을 때 하신 약조를 잊지는 않으셨겠지요. 우리나라에 오래 머물러 계시면서 백성들을 진리의 세계로 이끌어주시고 사람들이 행복할 수 있도록 국정 자문을 맡아주셨으면 좋겠습니다. 붓다여, 이틀 후 제자들과 함께 궁전으로 오십시오. 공양을 정성껏 준비하겠나이다."

1천 명 개종 사건은 마가다 왕국 전체에 큰 영향을 미쳤다. 전통 종교인 브라만교의 핵심 개념인 업業(karma)과 윤회사상은 신과 조상에게 제사 지내는 의례로 직결되었다. 이런 의례의 주관자가 바로 브라만 성직자들이었다. 이 사상에 따르면 전생의 업에 의해 계급이 정해졌기 때문에 현생의 삶은 순응하며 살아야만 했다. 이런 사유 구조 속에서는 계급 차별이 해소될 수 없었다.

그러나 붓다의 가르침은 신에게 의지하는 전통적인 업 관념을 개인 윤리문제로 바꿔 놓았다. 현재의 행위에 대한 판단은 신이나 브라만들이 내리는 것이 아니라 각자가 스스로 해야 하고, 그 행위에 대한 과보는 개인의 몫이라는 것이었다. 이러한 생각은 이미 정해진 계급주의를 그 기반부터 허물어트리는 특성이 있었다.

신을 팔아서 사람들의 사유를 지배하는 방식은 점점 영향력을 잃게 되었다. 내 과보의 주관자는 신이 아니라 내 자신이라는 입장만으로도 붓다 사상은 혁명적이었다. 지금 나의 행위가 선하면 계급을 초월하는 새로운 삶의 행복을 누리게 된다는 가르침은 현재를 혁신하는 데 파괴력이 있었다. 이는 브라만교나 자이나교는 물론 어떤 정치적 권력도 제압할 수 없는 힘이었다.

 붓다는 바로 그 힘의 중심이었다. 이웃 종교와 외도들이 그 중심 안으로 빨려들기 시작했다. 붓다의 가르침은 온 나라의 화젯거리였고 이웃나라까지 소문이 번졌다. 까삘라와스뚜에도 소식이 전해졌다. 고향 사람들은 이제나 저제나 붓다의 귀향을 기다렸다. 하지만 붓다에게 고향 방문은 시급하지 않았다. 붓다는 우선 빔비사라왕과의 약속을 지켜야 했다. 붓다는 1천 명이 넘는 제자를 거느리고 마가다 왕국의 수도인 라자그리하를 향해 떠났다.

 쉽지 않은 일이었다. 일렬로 서서 거리를 두고 묵언으로 걸어가니 그 길이만 2km에 이르렀다. 아름답고 일사불란한 대형이었다. 걷기도 참선이다. 수행자들은 마땅히 명심하라. 주의를 두리번거리며 마음을 빼앗기지 말라. 호흡을 발걸음에 맞추어 자신에게 맞는 방법을 찾아라. 붓다는 걸음걸이에도 이렇게 수행의 의미를 부여했다.

 그들은 가는 도중에 가야시르샤(Gayāśīrṣa, 상두산象頭山)를 넘어야 했다. 일행은 가야시르샤 정상에서 잠시 쉬었다. 그때 먼 산봉우리에서 불길이 솟았다. 붓다는 제자들을 향해 말했다.

라자그리하 남쪽 성벽 유적
붓다는 아마도 이 남문을 통해서 라자그리하로 들어갔을 것이다.

"보라, 저것은 산봉우리에 타오르고 있는 불이다. 탄다는 것은 무엇인가. 지금 모든 게 타오르고 있다. 눈이 타고 있다. 눈에 비치는 형상이 타고 있다. 그 형상을 인식하는 생각도 모두 타고 있다. 손이나 피부를 통해 뜨겁다고 느껴지는 감각이 타고 있고, 그 감각을 조건으로 생겨나는 즐거움과 괴로움과 즐겁지도 괴롭지도 않는 느낌들이 모두 타고 있다. 그것들은 무엇 때문에 타고 있는가. 욕심의 불, 성냄의 불, 어리석음의 불로 인해 타고 있는 것이다. 수행자여, 이것을 바로 보는 사람은 모든 것에 대한 애착이 없어지리라. 애착이 없어지면 그는 영원한 행복을 누릴 것이다."

모든 것이 불타고 있다는 '불의 설법'은 제자들에게 새로운 눈을 뜨게 했다. 불의 신 아그니를 섬겨 오던 그들에게 주는 감명은 말할 수 없이 컸다. 그들은 지금까지 타는 불을 섬겨 왔지만 인간의 마음속에서 타고 있는 욕심과 성냄과 어리석음의 불은 모르고 지내왔던 것이다. 불 속에서는 불을 볼 수 없는 것과 같은 이치였다.

불은 욕망의 다른 이름이었다. 붓다는 화염이 욕망이라고 말했으며, 이를 끄지 않고서는 마음의 평화와 자유를 얻을 수 없다고 말했다. 이것이 산상설법의 핵심이었다. 『웨다』와 『우파니샤드』를 익히던 인도의 전통 종교들 대부분이 불을 숭상해 온 터였다. 붓다가 그 불의 본질을 논파하고 화염을 꺼버린 것은 전통적인 종교와 사상의 대전환을 불러오는 일대사건이었다. 붓다 사상의 하이라이트인 열반(니르바나)은 '불이 꺼진다'는 뜻 아니던가. 니르바나는 곧 전통 종교의 화염을 일소하고자 하는 상징적인 이름이기도 했다.

이 자리에서 깟사빠 형제와 천 명의 제자들은 크게 깨달았다. 욕심·성냄·어리석음 이 세 가지는 붓다가 사람들에게 늘 경계하라고 일러준 세 가지의 해악이었다. 붓다는 탐·진·치 貪嗔癡의 삼독심三毒心만 다스려도 마음이 편안해진다고 했다. 욕심내고, 화내고, 어리석은 마음을 불길에 비유하니 그것이 얼마나 위험한지 실감나게 알게 되었다. 삼독의 불길을 가라앉히는 붓다의 설법은 커다란 나무 그늘처럼 제자들의 마음을 시원하게 해주었다.

'욕심내지 마라. 화내지 마라. 어리석은 일을 하지 마라. 매일 매일, 매 순간, 생각하고 말로 하고 실천하라. 꼭 그렇게 하라. 수행자는 물론이요, 재가자도 쉽게 할 수 있느니라.'

라자그리하는 마가다국의 수도였다. 능숙한 건축가였던 마하고원다왕 재임 시에는 언덕 위의 산성이 주요 거점이었는데 빔비사라왕이 평지에 새로운 도시를 세워 한창 번성하고 있었다. 주위에 라뜨나기리, 소나기리, 와이바르기리, 우다이기리, 위뿔라기리 등 5개의 산에 에워싸여 있어서 천혜의 요새이기도 했다. 거기 한복판에 아름답고 화려한 궁전이 있었다. 붓다는 제자들을 이끌고 위풍당당하게 입성했다.

그때 천신들의 왕인 샤끄라(Śakra, 제석천帝釋天)가 동자의 모습으로 변해 붓다 승단의 앞에서 게송을 읊었다. 빨리어 『율장』 「대품」에 소개된 노래는 일종의 '위풍당당 입성가'였다.

> 세존께서는 이미 멈추셨고 해탈하셨네.
> 과거의 결발외도들도 세존의 가르침으로
> 이미 멈추었고 해탈하였네.
> 금의 고리와 같이 아름다운 세존께서는

그들과 함께 라자그리하로 들어오시네.

열 가지에 거주하고 열 가지 힘이 있고
열 가지 법을 알고 열 가지를 갖추고 계신
금의 고리와 같이 아름다운 세존께서는
천 명의 사람들에 둘러싸여
라자그리하로 들어오시네.

빔비사라왕의 궁중에 초대 받은 붓다는 공양을 마치고 국정에 대해 조언했다. 이 시간은 왕이 질문하고 붓다가 답하는 방식으로 이어졌다. 왕의 질문 중에는 심오한 것도 있었다.

"세존이시여, 만약에 '나'가 없다면 과보를 받는 사람은 누구입니까?"

붓다가 말했다.

"왕이시여, 일체중생이 행하는 선과 악의 과보는 '나'가 있어 짓는 것도 아니고 '나'가 있어 받는 것도 아닙니다. 왕이시여, 왕께서 '나'라고 부르는 것은 왕의 옥체를 말하는 것입니까? '나'라고 이름 부르는 것은 다섯 가지 무더기[오온五蘊]가 잠깐 만들어진 것일 뿐입니다. 몸[색온色蘊], 느낌[수온受蘊], 상상과 연상[상온想蘊], 행위[행온行蘊], 식별과 판단[식온識蘊] 등이 그것입니다. 오온은 통제되지도 않고 영원하지도 않습니다. 결국 고통의 원인이 됩니다. 이들 오온이 인연 따라 모였다가 흩어지는 것을 우리는 '나'라고 착각합니다.

왕이시여, '나'는 어떻게 살아가고 있습니까? '나'라고 착각하는 것은 여섯 가지의 감각기관을 가지고 있으며 이 감관은 외부의 대상과 결합하여 알아차리는 기능을 가집니다. 형색은 눈으로, 소리는 귀로, 냄새는 코로, 맛은 혀로, 촉감은 몸(피부)으로 압니다. 이 다섯 가지 감각기관으로 감각할 수 없는 대상도 있는데 감정이나 떠오르는 생각 같은 것들입니다. 이를 법경法境이라고 하고 이것들을 감지하는 감각기능을 의근意根이라고 합니다.

눈·귀·코·혀·몸·뜻의 여섯 가지 감관과 색·성·향·미·촉·법의 여섯 가지 경계와 여기에 대응하는 알음알이가 합하면 여러 생각이 일어나고 속된 인연에 끌리게 됩니다. 생사에 헤매며 온갖 과보를 받는 이유가 바로 이것입니다.

만약, 그 경계에 물들지 않고 여러 생각을 쉬게 하면 그것이 곧 해탈입니다. 감관과 경계와 알음알이의 세 가지 인연으로 해서 선과 악을 짓고 과보를 받는 것이지, '나'가 따로 있는 게 아닙니다. 비유하면, 불을 만들기 위하여 손을 비빌 때 손을 빨리 비비면 불이 일어나지만, 불의 타는 성질이 손에 있거나 손에서 생긴 것이 아니면서도 얻어진 불이 손을 여읜 것이 아닌 것과 같이 과보와 '나'와의 관계도 이와 같습니다."

그러자 왕은 해탈에 대한 철학적 정의가 궁금했다.

"세존이시여, 만약 감관과 경계와 알음알이가 어울려 합하였기 때문에 선과 악의 과보를 받는다고 하면 그것은 항상 합하여 있는 것이며 떠났거나 끊어진 것이 아니니 해탈은 없지 않겠습니까? 혹은 항상 합하지 않았다면 이는 끊어진 것이니, 이미 해탈한 것이 아니겠는지요?"

붓다는 빔비사라왕의 사유가 철저히 실체 중심으로 이루어져 있다고 생각하고 다시 한 번 관계 중심의 사유에 대해 강조했다.

"왕이시여, 감관과 경계와 알음알이는 항상[상常]하는 것이 아니며, 끊어져 없는 것[단斷]도 아닙니다. 합하였기 때문에 없는 것이 아니며, 여의었기 때문에 항상하는 것도 아닙니다. 세상 이치가 다 그렇습니다. 씨앗은 땅의 물을 조건으로 하고 씨앗 자신을 원인으로 해서 싹트고, 싹과 잎이 나면 종자는 이미 썩고 없어집니다. 그러므로 씨앗으로 항상한다고 할 수 없습니다. 그러나 싹과 잎이 났기 때문에 아주 끊어져서 없다고도 할 수 없습니다. 그런 것입니다. 끊어져 없는 것과 항상하는 두 가지 입장을 떠나는 게 중요합니다. 이미 정해져 있는 것은 없습니다."

빔비사라왕은 붓다의 새로운 사상에 깊은 감동을 받았다. 붓다와의 대화를 나름대로 정리해 보았다. 결국 이런 이야기가 아닐 것인가.

'이미 정해져 있는 것은 없다!
매 순간 나의 생각과 판단과 실천이 중요하다!
지금이 미래로 이어진다!'
왕은 내친김에 제왕학에 대한 붓다의 생각을 듣고 싶었다.
"세존이시여, 사회법을 엄정히 집행하려면 칼에 의한 처단이 불가피하지 않겠습니까?"
"왕이시여, 사회를 유지하는 것은 무력이 아닌 정의의 힘입니다. 그러므로 이상적인 지도자는 반드시아 끄샤뜨리야 출신일 필요가 없습니다."
왕도 당황했지만 함께 자리한 브라만교의 사제들 역시 당황했다. 붓다는 계속해서 이상적인 지도자의 미덕에 대해 말했다.
"이상적인 지도자는 특정 계급에서 나오는 것이 아닙니다. 그는 다수의 사람들을 행복하게 하고 그로써 자신이 행복해지는 사람입니다. 왕이시여, 인간 최초의 지도자는 누구입니까? 전설은 말합니다. 그는 마하삼마따라는 분이고, 그 이름의 뜻은 '의견의 일치를 본 사람'입니다. 그렇듯이 이상적인 제왕은 모든 백성을 정의와 자비로써 대해야 합니다."

무력으로 사람을 제압하지 않고 정의와 자비로 대하라는 붓다의 이야기는 왕의 마음을 크게 움직였다. 붓다의 사상은 혁명적이고 위험했다. 브라만교의 전통 체계가 일거에 무너지게 되고, 계급간의 차이도 없어질 터였다. 이런 사상이 백성들 사이에 퍼지면 사회 전체가 크게 바뀔 것이었다. 수많은 군대와 각종 무기들보다 붓다 사상의 힘이 더 클 수 있다는 것을 왕은 깨달았다.

'이분이야말로 진정한 승리자가 아닌가!'

왕이 이렇게 생각하며 붓다 앞에 예를 올리자 이번에는 더 놀라운 일이 벌어졌다. 우루웰라의 깟사빠는 개종하기 전까지만 해도 존경받는 종교 지도자였고 나이도 붓다보다 훨씬 위였다. 그런 그가 삭발을 하고 가사를 입은 채 젊은 붓다 앞에 공손하게 앉아 있는 모습은 사람들에게 큰 충격을 주었다. 붓다는 맏형 깟사빠를 부른 다음 어떻게 해서 붓다의 제자가 되었는지를 대중 앞에서 이야기하게 했다.

"우루웰라의 깟사빠는 여래 앞에서 말씀을 올립니다. 여래 께서는 제가 하찮은 이적과 신통술로 사람들의 마음을 움직이는 걸 아시고 일부러 저를 찾아오셨습니다. 사당에 들어 사나운 뱀을 조복시켰으며, 이는 저의 교만과 질투를 잠재우신 것이기도 합니다. 이분은 또한 밝은 지혜의 말씀으로 쓸 데 없는 욕망에 휘둘리는 정화 의례를 말끔하게 치워주셨으며, 인간 마음에 자리 잡은 세 가지 독에 대해서도 감명 깊은 가르침을 주셨습니다. 제가 쾌락과 고행에서 빠져나와 세존께 귀의하자 눈이 밝아지고 귀가 열리며, 모든 속박에서 벗어나

자유롭게 되었습니다. 저는 제 종교를 버리고 여래께 귀의하였으며, 제자들 역시 본인들의 자유의사에 따라 여래의 제자가 되었습니다."

깟사빠는 감격어린 목소리로 말했다. 그런데 감격한 것은 그만이 아니었다. 그의 이야기를 듣고 있던 대중들의 가슴 속에서 똑같은 감격이 일어났다. 붓다는 깟사빠의 고백에 이어 대중을 향해 말했다. 보시의 공덕, 착하게 살아야 하는 이유, 인간이기 때문에 해탈할 수 있다는 희망에 대해 이야기하면서 네 가지의 성스러운 진리와 이를 실천하는 여덟 가지의 일상 행동을 아울러 이야기했다. 하늘에서 꽃비가 내리는 것 같았다. 대중들 모두가 감동했다. 빔비사라왕도 자리에서 일어나 붓다를 향해 예를 갖추고 말했다.

빔비사라왕의 죽림정사 기부를 표현한 불화

"제가 아직 태자로 있을 때 제게는 다섯 가지 소원이 있었습니다. 첫째는 왕위에 오르는 것, 둘째는 제 영토에 붓다께서 오시는 것, 셋째는 제가 그 붓다를 섬기는 것, 넷째는 붓다께서 제게 설법해 주실 것, 다섯째는 붓다의 설법을 듣고 깨달았으면 하는 것들이었습니다. 오늘 붓다께서 이 나라에 오셨으니 이제는 그 다섯 가지 소원이 모두 이루어졌습니다. 저는 오늘부터 붓다께 귀의하겠습니다."

브라만교의 사제들은 충격에 빠졌다. 신흥 종교의 새파란 지도자가 마가다 왕국의 실질적인 종교 지도자로 등극하는 순간이었다. 왕은 붓다가 정처 없이 여기저기를 떠돌아서는 안 된다고 생각했다. 그러나 붓다는 어느 한 나라에만 머물 수 없었다. 이는 왕도 이해했다. 그래서 제자들이라도 머물고 붓다 역시 아무 때나 방문해서 쉴 수 있도록 왕실 동산을 승가 단체에 헌정했다. '웨누와나(Venuvana)'로 부르는 이 동산은 대나무 숲속에 있다 하여 '죽림정사竹林精舍'로 불렸다. 깨달음 이후 3년 만이었다. 붓다는 우기철을 안거 기간으로 정하고 이 기간 동안 웨누와나에서 종종 머물렀다.

이후로 마가다 왕국 라자그리하 인근의 웨누와나는 붓다가 머무는 상징 공간이 되었다. 붓다는 아직 30대의 청춘이었지만 많은 사람들의 신망을 받았으며 여러 국왕들의 자문을 받는 종교 지도자였다. 그러나 붓다는 세속의 권력에 영향을 미치기보다는 사회를 뿌리 채 바꾸는 사상혁명을 선도해 가고 있었다. 국왕과 왕비와 왕족들과 장자들을 비롯한 다양한 수행자들이 대나무동산 방문을 희망했다. 붓다는 이들 모두를 받아들였다. 설법을 하고 질문에 대한 대답을 하면서도 듣는 사람의 수준에 맞추었다. 그것이 붓다의 장점이었다. 격려할 사람은 격려하고 조복시킬 사람은 조복시켰다. 그렇게 20년간 라자그리하를 중심으로 가르침을 펼쳤다. 대나무동산의 붓다를 찾은 이들 중에는 후일 가장 뛰어난 두 제자로 임명되는 사리뿟따와 목갈라나도 있었다.

056. 사리뿟다와 목갈라나가 붓다의 제자가 되다

라자그리하에서 붓다의 명성은 날로 높아졌지만 라자그리하 사람들에겐 그 명성이 불안하기도 했다. 유능한 젊은이들이 모두 출가해 버리지 않을까 하는 걱정이 컸다. 아들이 출가한 집에서는 '붓다가 우리 아들을 빼앗아 갔다'는 원망의 소리가 높기도 했다. 게다가 산자야 종파의 제자였던 우빠띳사와 꼴리따 같은 유명한 수행자가 붓다에게 귀의하자 라자그리하 전체가 술렁였다. 그도 그럴 것이 산자야의 퇴조와 붓다의 등장은 지배적 종교의 교체에 해당하는 큰 사건이었다.

산자야는 라자그리하의 대표적인 수행자였다. 그에게는 250명의 제자가 있었으며 우빠띠싸와 꼴리따가 그중에 있었다. 두 사람은 좋은 집안에서 한날한시에 태어나 부족한 것 없이 자랐다. 그들은 무엇이든 늘 함께했다. 어느 해, 라자그리하의 연중 행사인 산정제山頂祭가 있었을 때 두 사람은 함께 구경을 갔다.

이 축제는 브라만교의 대표적인 행사였다. 악사들이 동원되어 수많은 사람들이 춤을 추고 노래를 부르며 광란에 가까운 행진을 했는데, 부자들은 얼굴에 여러 가지 색을 칠한 코끼리들을 타고 이동했으며 가난한 이들은 걸어서 가곤 했다. 사람들이 산에 다 오르면 축제는 절정에 다다랐다. 그곳에선 미친 듯 날뛰며 춤을 추는 게 하이라이트였다. 종교도 예술도 아니었다. 집단최면으로 이끄는 쾌락의 발산 말고는 다른 기능이 없었다. 적어도 우빠띳사와 꼴리따는 그렇게 생각했다.

'소용없다, 소용없어. 이런 요란한 행사는 언젠가 없어질 것이다. 백 년 뒤에는 무엇이 남을까. 내가 찾는 진리는 이런 제사가 아니라 영원히 자유로워지는 길이다. 어떻게 해야 하나? 출가를 해야 한다. 누구를 스승으로 해야 하지? 산자야라는 분이 제자를 많이 기르신다니 우리 둘 다 그분께 출가를 하자.'

두 사람은 산자야 밑에서 많은 것을 배웠지만 곧 시들해졌다. 산자야의 수행법은 그들을 만족시킬 수 없었다. 산자야는 회의론자였고 불가지론자였다. 결정적인 질문을 받으면

늘 교묘한 말로 빠져나가곤 했다. 마치 미끈거리는 뱀장어 같았다. 능숙하고 노련해 보여도 말장난에 불과했다. 두 사람은 산자야 문하를 떠났다. 그러고는 현자를 찾아 여러 지방을 떠돌았지만 뜻하는 바를 이루지 못한 채 다시 고향으로 돌아왔다. 좋은 스승을 찾게 되면 서로에게 알려주기로 했다.

붓다 일행이 라자그리하의 왕실 동산에서 잠시 머물 때였다. 붓다의 최초 제자 다섯 명 가운데 한 사람인 앗사지는 바리때를 들고 라자그리하 시내에서 탁발을 돌고 있었다. 이 광경을 우빠띳사가 멀리서 눈여겨보고 있었다.

'아름답구나! 평화롭구나! 맑고 깨끗하구나! 저분의 빛나는 얼굴과 부드러운 표정과 가벼운 듯 당당한 걸음걸이를 보라. 지금까지 이런 수행자를 본 적이 없다. 세상에는 아라한이라고 불리는 성인이 있다고 들었는데, 어쩌면 저분인지 모르겠다.'

우빠띳사는 가까이 다가가서 묻고 싶었으나 탁발에 방해가 되어서는 안 된다고 생각하고 조용히 뒤를 따라갔다. 이윽고 앗사지가 자리를 찾아 앉는 것을 보고 자기가 가지고 있는 깔개를 펴서 앉기를 권했다. 앗사지가 공양을 마치자 우빠띳사는 자기의 물병에서 물을 따라 주며 말을 걸었다.

"벗이여, 당신은 매우 평온해 보입니다. 얼굴은 빛나고 피부는 맑고 깨끗합니다. 당신은 누구의 가르침을 믿고 있습니까?"

"벗이여, 샤까족의 후예로서 출가하신 고따마 싯다르타라는 위대한 수행자가 계십니다. 나는 그분을 따라 출가하였습니다. 그분은 진리를 깨달은 분이시며 나의 스승이십니다."

"그분은 무엇을 설하십니까?"

앗사지는 조심스러웠다. 처음 보는 사람이 다짜고짜 묻는 것을 보면 진리를 구한다기보다 토론을 즐기거나 무턱대고 반대하기 위한 목적으로 달려드는 사람일지도 몰랐다. 그래도 아주 무시할 수는 없었다.

"벗이여, 나는 출가한 지 얼마 되지 않아 교법과 계율을 겨우 알고 있을 뿐입니다. 나는 당신에게 교법을 자세히 가르쳐 줄 수가 없습니다만 간결하게 말할 수는 있습니다."

"좋습니다. 벗이여, 조금이어도 좋으니 말해 주시오. 나에게 뜻만이라도 말해 주시오. 나에게 필요한

법신게 또는 법사리로 불린 앗사지의 게송이 10세기 빨라왕조시대 불상의 광배에 새겨져 있다.

것은 뜻입니다. 많은 말은 소용없습니다."

앗사지는 다음과 같이 게송을 읊었다. 핵심을 찌르는 시의 힘은 여실히 드러났다. 우빠띳사는 처음 두 구절을 듣는 순간 마음의 어지러운 구름이 걷혔다. 다음 두 구절을 더 듣고서는 깨달음의 경지로 나아가는 단계에 도달했다. 이 게송은 후대에 매우 중시 되었는데, '법신게法身偈' 또는 '법사리法舍利'로 불렸다.

    모든 법은 원인이 있어 생긴다.
    여래는 그 원인을 설하신다.

    법의 소멸에 대해서도 설하신다.
    위대한 사문은 이걸 가르치신다.

'사람 몸의 병도 원인을 알아야 치료할 수 있는 법 아닌가. 원인을 찾아주고 그것을 없애는 방법도 일러준다면 몸의 병이 깨끗이 사라지듯이 마음의 병도 다 사라지리라. 나고 죽는 생사의 끝없는 고통을 근본적으로 해결하지 않고서는 진리에 도달하지 못한다는 말씀이네. 드디어 귀인을 만났구나. 이분의 스승이라면 대자유의 가르침을 주실 수 있겠구나!'

"제 스승께서는 세상에 저 홀로 되는 것은 없다고 하셨습니다. 모든 것은 서로 의존하여 연결되어 있으며 조건에 의해서 발생된다고 하셨지요. 이것을 연기라고 하며 연기는 이 우주의 법칙입니다. 이 법칙을 꿰뚫어 보고 이에 맞추어 수행하면 모든 욕망이 사라지고 어리석음도 사라져 마침내 새처럼 자유로운 경지에 이르게 됩니다."

"벗이여, 그대의 스승을 만나게 해주시오. 그분은 어디 계십니까?"

"대나무동산에 계십니다."

"알겠습니다. 먼저 가 계십시오. 저는 함께 가야 할 벗이 있습니다. 진리를 만나면 언제든 알려주기로 한 친구와 함께 가겠습니다."

우빠띳사는 뛸 듯이 기뻐하며 꼴리따를 찾았다. 자초지종을 설명하고 게송을 들려주자 꼴리따 역시 깨달음의 단계에 금세 이르렀다. 그들은 스스로 알을 깨고 나올 준비를 모두 마친 병아리 같았다. 밖에서 어미 닭이 조금만 건드려주면 새로운 생명으로 태어날 수 있는 그런 상태였다. 앗사지의 게송이 아니었더라면 스스로가 알을 깨고 나올 힘이 있는지도 몰랐을 것이다. 앗사지의 게송은 두 사람에게는 어둠을 밝히는 부싯돌의 불씨 같았다. 두 수행자는 이전의 스승인 산자야를 찾아 위대한 성자 이야기를 하면서 함께 가자고 했다.

'죽지 않는 길이 있습니다!'

그러나 산자야는 이들의 제안을 거부했다. 평소에도 어려운 질문에는 애매모호한 태도를 취하면서 핵심을 벗어나는 미끄러운 답변을 즐기던 그였다. 산자야는 진리에 눈을 뜨려는 용기와 결단 대신에 자신의 지위와 평판에 신경을 썼다.

하는 수 없이 두 사람은 대나무동산을 향해 떠났다. 산자야의 제자 250명이 함께 갔다. 사원은 텅 비었다. 수십 년 일구어 온 교단이 무너졌다. 산자야는 시름시름 앓다가 며칠 뒤 피를 토하고 죽었다. '죽지 않는 길'을 그는 알아차리지 못했다.

산자야가 자기 혼자 실망해서 죽은 것은 아니었다. 그는 붓다와 만나 일생일대의 논변을 벌이다가 처참하게 패퇴하고 마는데, 그 순간을 돌아보는 것은 마치 논리의 격렬한 결투 장면과 같다. 산자야가 질문하고 붓다가 되물었다. 날카로운 급소 공격이 있었고 파괴적인 되치기가 몰아쳤다.

"나는 어떠한 논리도 세우지 않는다. 이러한 나의 논리를 당신은 깰 수 있는가?"

"당신의 그 말은 지금 논리를 세우고 있는 것인가, 세우지 않은 것인가? 만일 그것이 논리를 세운 것이라면 당신은 스스로 자신의 주장을 어긴 것이니 당신의 논리는 이미 깨진 것이다. 만일 논리를 세우지 않은 것이라면, 주장이 없는데 깨트릴 것이 무엇이 있겠는가?"

당대 최고의 종교 지도자로 추앙받던 산자야는 젊은 성자 앞에서 속절없이 무너졌다. 산자야가 피를 토하고 죽었다는 이야기는 붓다와의 격렬한 논리 대결에서 완벽하게 패배했다는 사실을 과장되게 표현한 게 아닐까 한다. 산자야는 그렇게 갔다. 그의 제자들은 대부분 붓다에게 귀의했다. 산자야의 옛 제자 두 사람이 대나무동산에 이르렀을 때 붓다는 대중에 둘러싸여 설법을 하는 중이었다. 두 사람이 오는 것을 보자 붓다는 비구들에게 말했다.

"저 두 사람은 장차 나의 뛰어난 제자가 될 것이다. 한 사람은 지혜제일이요 다른 한 사람은 신통제일의 경지에 오를 것이다."

두 사람이 붓다에게 다가와 지극한 마음으로 절을 올린 후 제자로 받아줄 것을 간청했다. 붓다는 두 사람을 제자로 맞았다. 그들은 새로운 이름을 받았다. 사리뿟따와 목갈라나가 새 이름이었다. 붓다와 두 제자 사이에 수행의 핵심에 대한 논의가 문답 형식으로 이어졌다. 『숫따니빠따』에는 이렇게 기록되어 있다.

"태양의 후예이신 위대한 선인仙人께 묻겠습니다. 수행자는 어떻게 하면 세상에 집착하지 않고 평안에 들 수 있습니까?"

스승이 말했다.

"'나는 존재한다'는 의식을 모두 잘라 버리고, 내 안에 도사리고 있는 온갖 집착까지도 눌러버리도록 항상 열심히 배우라. 안으로든 밖으로든 진리를 알기 위해 노력하라. 그렇다고 마음이 교만해져서는 안 된다. 진리에 도달한 사람은 그것을 평안이라고 하지 않는다. 이로 말미암아 '나는 뛰어나다'든가 '나는 뒤떨어진다'든가 혹은 '나는 대등하다'고 생각해서는 안 된다. 여러 가지 질문을 받더라도 자기가 잘났다고 망령되이 생각하지 마라. 수행자는 마음이 평안해야 한다. 밖에서 고요함을 찾지 마라. 안으로 평안하게 된 사람은 고집할 것이 없다. 하물며 버릴 것이 있으랴. 깊은 바다 속이 파도가 일지 않아 잔잔한 것처럼 고요히 멎어 움직이지 마라. 수행자는 어떤 욕심도 내서는 안 된다."

"눈을 뜨신 분께서는 몸소 체험하신 위험과 재난을 극복하는 방법에 대해서 말씀해 주십시오. 바른 길을 일러 주십시오. 계율이나 정신을 안정시키는 방법도 함께 말씀해 주십시오."

"눈에 보이는 것을 탐내지 마라. 저속한 이야기에 귀 기울이지 마라. 맛에 탐닉하지 마라. 세상에 어떤 것도 내 것이라고 고집하지 마라. 고통을 겪을 때도 수행자는 결코 비탄에 빠져서는 안 된다. 생존에 집착해서는 안 된다. 무서운 것을 만났을 때도 두려워해서는 안 된다. 음식이나 옷을 얻더라도 너무 많아서는 안 된다. 또 그런 것을 얻을 수 없다고 걱정해서도 안 된다.

마음을 안정시켜라. 흔들려서는 안 된다. 후회하지 마라. 게으르지 마라. 그리고 수행자는 한가하고 고요한 앉을 자리와 누울 곳에서 살아야 한다. 잠을 많이 자서는 안 된다. 부지런하고 늘 깨어 있어야 한다. 게으름과 거짓으로 수다와 이성간의 교제와 겉치레를 버려라. 내 제자들은 아타르와웨다(Atharvaveda)의 주문이나 해몽·관상·점을 쳐서는 안 된다.

수행자는 비난을 받더라도 두려워 말고, 칭찬을 받더라도 우쭐거려서는 안 된다. 탐욕과 인색과 성냄과 욕설을 멀리해야 한다. 수행자는 장사를 해서는 안 된다. 결코 남을 비방해서도 안 되고 세상 사람들과 가까이 사귀어서도 안 된다. 이익 때문에 사람들을 만나서는 안 된다.

또 수행자는 거만해서는 안 된다. 자기의 이익을 위해 말을 꾸며서도 안 된다. 오만불손하거나 불화를 가져올 말을 해서도 안 된다. 거짓말을 피하라. 남을 속이지 않도록 하라. 그리고 생활에 대해서나 지혜에 대해서, 혹은 계율이나 도덕에 대해서 자기가 남보다 뛰어나다고 생각해서는 안 된다.

출가 수행자는 말 많은 세속인들에게 욕을 먹거나 불쾌한 말을 듣더라도 거친 말로 대꾸해서는 안 된다. 진정한 수행자는 적대적인 대답을 하지 않는다. 수행자는 이 이치를 알아 깊이 생각하고 늘 조심해서 배우라. 모든 번뇌가 소멸된 상태가 '평안'임을 알고, 여래의 가르침에 게으르지 말고 항상 예배하고 따라 배우라."

사리뿟따와 목갈라나는 붓다의 제자가 되는 이 순간이 감격스럽기만 했다. 때는 그믐달과 초승달 사이, 음력 1월 1일 무렵이었다.

057. 목갈라나가 깨달음을 얻다

목갈라나는 집단 수행보다는 단독 수행을 원했다. 그는 대나무동산을 떠나 깔라왈라뿟따 마을에서 탁발하며 지냈다. 계를 받은 지 7일째 되는 날, 그는 맹렬한 수행 중에 졸음을 참기 어려웠다. 붓다가 선정에 들어 목갈라나가 졸고 있는 모습을 보았다. 붓다는 제자의 수행을 돕기 위해 그가 수행하는 곳까지 몸소 걸어갔다.

붓다는 졸음을 이기는 방법을 목갈라나에게 자세히 일러주었다. 마치 좋은 의사가 환자의 증상에 따라 처방과 처치를 달리하는 것처럼 졸음을 극복하는 방법을 직접 설했다. 하지만 목갈라나는 이 모든 이야기를 졸음과 졸음 사이에 들었다. 붓다가 보이지는 않았지만 목소리만큼은 바로 옆에서 이야기하는 듯 생생했다. 이것은 무슨 현상인가? 붓다가 가까이에 와서 낭랑하고 따뜻한 음성으로 말했지만 알고 보면 붓다가 실제로 간 것이 아니라 붓다의 목소리만 간 것이었다. 그 목소리는 동시에 대나무동산의 비구들에게도 들렸다. 이것은 목갈라나의 사례를 통해 모든 제자들에게도 같은 가르침을 전하려는 붓다의 의도였다.

"목갈라나여, 어떤 생각에 몰두해 있을 때 졸음이 오면 그런 생각을 아예 가지지 마라. 들은 대로, 배운 대로, 법을 생각하고 마음으로 숙고해야 한다. 참을 수 없이 졸음이 쏟아지면 나의 가르침을 소리내어 읽도록 하여라. 그래도 사라지지 않으면 두 귓불을 잡아당기고 손으로 사지를 문질러라. 그래도 안 되면 깨끗한 물로 눈을 씻고 먼 곳을 바라보며 별들을 올려다 보거라. 목갈라나여, 그래도 졸음이 가시지 않으면 지금 이 순간이 밝은 대낮이라는 생각에 집중하여라. 낮에 광명을 보는 것처럼 밤에도 본다고 마음을 집중하여라. 그대의 마음을 이렇게 밝게 만들어라. 목갈라나여, 그래도 졸음이 떠나지 않으면 일어나서 걸어 다녀라. 이때 감각은 안으로 집어넣고 마음은 밖으로 튀어나가지 않게 다스려야 한다…"

목갈라나는 붓다의 특별 가르침에 따라 자기 몸에서 일어나는 다양한 현상을 세세하게 살피게 되었다. 그는 12연기를 경험했고, 몸의 네 가지 구성 요소[사대四大]와 마음의 다섯 가지 현상[오온五蘊]을 통찰했다. 그리하여 목갈라나는 그날로 성자의 경지에 도달했다. 음력 1월 7일 경이었는데 목갈라나는 깨달음에 이른 순간 환희심에 차서 게송을 읊었다.

> 나는 변신에 자유롭고
> 또한 신통에 능숙하니
> 수천억 나의 존재도
> 한순간에 나투노라.

> 선정 삼매를 즐기는
> 나의 성씨는 목갈라나
> 무엇에도 집착 않으니
> 모든 속박을 끊었도다.

058. 디가나카가 재가신도가 되다

사리뿟따는 여전히 아라한의 경지에 이르지 못했다. 그는 스승 곁에 머물면서 인근의 토굴에 기거하며 탁발 수행을 했다. 그 무렵 사리뿟따 여동생의 아들이 찾아왔다. 그는 여기저기 돌아다니며 자유롭게 수행하는 디가나카(Dīghanakha)였다. 디가나카는 외삼촌이 새로운 스승 밑에 와서 공부하는 것을 알고 그 스승에 대한 호기심이 일었다.

디가나카는 바라문 가문 출신이었지만 바라문의 전통을 따르지 않는 회의주의자였다. 그는 마치 무술의 고수가 각 문파의 장로들을 찾아다니며 실력을 겨루려는 것처럼 '도장 깨기'의 마음으로 붓다와 겨뤄보리라 마음먹었다. 그는 예리한 질문자였고 시비자이기도 했으며 때로는 스스로를 능숙하게 보호하는 변호인이기도 했다.

디가나카가 붓다를 처음 친견한 곳은 '멧돼지 동굴'로 불리는 수까라카따카였다. 그가 붓다와 대화를 나누는 동안 사리뿟따는 붓다의 뒤에서 붓다에게 부채질을 하고 있었다. 디가나카는 '만물의 본질'에 대해 이야기하면서 철학자에 따라 다르게 이야기하기 때문에 만족스럽지 못하다고 했다. 이 문제를 어떻게 풀어야 하는지 물었다.

"디가나카여, 자기의 견해가 옳다고 주장하는 것을 독단이라고 한다. 사람마다 이렇게 주장하면 독단론은 다른 독단론과 충돌한다. 세계를 해석하는 방식이 다르기 때문에 이들은 늘 싸운다. 만물의 기원이 불이라고 하는 사람과 만물의 기원이 물이라고 하는 사람이 늘 싸우는 것과 같다. 판별할 수 없는 것을 판별하려 하기 때문에 괴로움이 생긴다. 독단은 괴로움의 원인이다. 그러나 독단에 집착하지 않으면 거친 바다의 파도가 잠잠해지 듯 마음은 고요해진다.

디가나카여, 지혜로운 이는 세계가 원래 이렇다 저렇다 하는 견해에 초연하다. 우리가 경험하는 모든 것들은 영원하지 않고 늘 변화한다. 조건에 의해 발생하고 잠깐 머물러 있다가 사라진다. 영원하지 않다는 사실만이 영원하고, 변한다는 진실만이 변하지 않는다. 이것을 올바르게 바라보면 자유롭게 되고 논쟁을 벌일 일도 없다. 그는 특별한 언어에 집착하지 않으므로 보통사람들이 사용하는 쉬운 말을 사용한다."

붓다의 설법은 디가나카에 대한 답변의 형식이었지만 사라뿟따의 속마음에 대한 배려이기도 했다. 지혜를 추구하는 이들은 말에 집중하고, 개념에 몰두하며, 그것으로 세상을 새롭게 설명하려고 하는 성향이 있다. 붓다는 많이 알고 있는 자들이 폐단에 빠지기 쉬운 언어의 함정을 미리 경계하고 있는 것이다.

쉬운 이야기를 어렵게 하는 것은 쉽지만, 어려운 이야기를 쉽게 하는 것은 어렵다. 손쉬운 진리를 옆에 두고 온갖 현학적인 이야기로 혼란시켜 진리를 못 보게 하는 것은 배운 사람들의 흔한 속성이다. 그러나 진리에는 깨닫기 어려운 속성도 있는데 이를 세 살 아기도 알아듣기 쉽게 이야기하는 능력은 진실로 어렵고 뛰어난 재능이다. 붓다의 설법의 핵심은 이런 것이었다. 붓다는 점점 더 깊은 이야기로 이들을 끌어들였다.

"디가나카여, 우리 몸은 물질이다. 그것은 아주 작은 요소

사리뿟따와 목갈라나의 사리가 발견된
인도 산치 3번 불탑

들로 이루어져 있고 영원하지 않다. 일정 기간이 지나면 소멸하여 사라진다. 무엇이 우리 몸이고 무엇이 '나'인가. '나'가 없다는 것을 관찰하는 이가 지혜롭다. 즐거운 느낌은 만들어진 것이고 조건에 따라 일어난 것이고 부서지게 마련인 것이고 사그라지게 마련이다. 괴로운 느낌도 또한 이러하다. 즐겁지도 괴롭지도 않은 느낌도 마찬가지다. 그러므로 디가나카여, 지혜로운 이는 이런 느낌들을 다 꺼려한다. 그렇게 되면 탐욕이 저절로 사라져서 자유롭게 된다. 이것을 해탈이라고 하는데 해탈을 했을 때는 자기가 해탈했다는 것을 아는 지혜가 생긴다. 그래서 이런 시를 절로 읊조리게 된다.

나는 해방되었다.
나는 완전히 알았다.
나는 다시 태어나지 않는다.
수행은 이제 끝났다.
할 일을 다 이루었다.

해탈한 비구는 누구와도 논쟁하지 않는다. 그는 세상의 언어에 집착하지 않는다. 다만 쉽게 사용할 뿐이다."
디가나카는 붓다가 뛰어난 달변가라는 점을 인정해야 했다. 논박하기 어려웠다. 디가나카는 붓다의 사상이 전통 바라문들의 것과 어떻게 다른지를 물었다.

"세존이시여, 바라문들은 범천에 태어나는 것을 제일로 여깁니다. 그런데 그들은 종종 저주로써 자신들의 권위를 드러내고 『웨다』를 노래해야 한다고 말합니다. 이것들은 온당한 것입니까?"

"디가나카여, 범천에 태어나는 길은 저주를 통해서 이루어지지 않는다. 범천에 태어나려면 현재 처한 상황을 탓하거나 『웨다』를 찬미해서는 안 된다. 네 가지 거룩한 마음가짐[사무량심四無量心]을 가져야 하고 계·정·혜를 실천해야 한다. 네 가지 거룩한 마음가짐이란 자애·연민·같이 기뻐함·평온[자비희사慈悲喜捨]의 마음가짐이며, 계·정·혜의 실천은 팔정도를 실행하는 것이다. 이것이 바라문의 길과는 다른 붓다의 길이다."

붓다는 당시의 주요 지식 계급이었던 바라문들에게 간곡하게 이야기하던 가르침을 디가나카에게도 전했다. 이는 『삼명경三明經』 '범천의 세상에 태어나는 길'에 그대로 드러나 있다. 악의를 품고 누군가를 저주할 게 아니라 이웃을 위한 거룩한 마음가짐과 여덟 가지의 올바른 실천을 해야 한다고 구체적으로 말한다. 붓다는 문제를 정확하게 진단하고 해결책을 확고하게 제시하는 것이다.

디가나카가 받은 충격은 컸다. 그는 매우 짧은 시간에 진리의 세례를 받은 것 같았다. 그는 진리를 보았고, 진리를 얻었고, 진리를 체득했고, 의심과 혼란을 제거했고, 두려움에서 벗어나게 되었다. 야사의 아버지가 붓다 앞에 예를 갖추어 읊은 것처럼 디가나카 역시 찬탄의 어법을 펼쳤다. 이것은 찬불가의 초기 형태였다. 언어가 정형화되어 있으니 선율만 만들면 그것이 곧 노래가 되는 것이었다.

"세존이시여, 훌륭하십니다. 넘어진 자를 일으켜 세우듯이, 감추어진 것을 드러내듯이, 헤매는 자에게 길을 일러주듯이, 눈이 있는 자가 볼 수 있도록 어둠 속에 등불을 밝히듯이 세존께서는 여러 가지 방법으로 진리를 밝혀 주셨습니다. 저는 이제 세존께 귀의하여 받들고자 합니다. 또한 세존의 가르침과 스님에게 귀의하여 받들겠습니다. 세존이시여, 저를 재가 신도로 받아 주십시오. 저는 오늘부터 목숨이 다하는 날까지 거룩한 삼보에 귀의합니다."

059. 사리뿟따가 깨달음을 얻다

사리뿟따 역시 진리의 눈이 크게 열렸다. 그는 붓다의 설법 수준이 듣는 사람에 따라 얼마나 다채롭게 변화하는지 실감하는 중이었다. 붓다는 개인의 감각적 욕망을 버리는 데서 나아가 사상적 견해에 대한 집착마저 버려야 비로소 자유롭다고 이야기한 것이다. 사리뿟따는 사람이 이야기 듣기를 통해서도 법열에 이를 수 있다는 신기한 경험을 하는 중이었다.

사리뿟따라고 질문이 왜 없겠는가. 그는 아라한의 경지에 이르러 '다시 태어나지 않는다는 것, 즉 다시 윤회하지 않는다는 상태' 그 뒤가 궁금했다. 디가나카가 떠난 뒤 붓다가 이를 알고 빙그레 웃으며 말했다.

"사리뿟따야, 여기 불꽃이 있다. 그것이 꺼진 뒤 사라져 없어졌다. 그것이 없어진 곳은 어디인가? 동서남북 어느 방향으로 사라졌는가? 이런 질문에 답할 수 있는가?"

"답할 수 없습니다."

"왜 그런가?"

"알 수가 없기 때문입니다."

"왜 알 수 없는가?"

"불꽃을 일으키는 조건이 사라져서 다시는 불꽃이 일어나지 않습니다. 없는 불꽃이 어딘가로 갔다는 생각 자체가 어리석습니다."

"마찬가지다. 사리뿟다여, 아라한 역시 물질로 흩어져서 사라지고 만다. 조건적 원리 자체가 없어진 아라한에 대해 계속 존재한다거나 혹은 존재하지 않는다고 말하는 것은 소용없는 일이다. 아라한의 사후에 대해서는 묻지 말아야 한다.

사리뿟따여, 이 세계가 영원한지 아닌지, 공간적으로 무한한지 아닌지, 영혼과 육체가 동일한 것인지 아닌지를 묻는다면 나는 이 모든 질문에 답하지 않고 설명하지 않고 논평하지도 않을 것이다. 그 어떤 것도 내 경험에 의해 답할 수 없기 때문이다. 제자여, 추상적인 도를 표현할 때 우리는 흔히 질문한다. 그대는 우주의 시초를 감지할 수 있는가? 영원불멸의 실체를 볼 수 있는가? 무한하며 형언할 수 없는 궁극의 실재를 보았는가?

사리뿟따여, 경험해 보지 않은 것을 어떻게 설명하겠는가. '언어를 통해 개념을 한정짓거나 묘사할 수도 없다'라는 말도 하지 말아야 한다. 차라리 침묵해야 한다. 이런 추론과 희론을 하는 시간에 훨씬 더 중요한 문제에 집중해야 한다.

사리뿟다여, 세계가 영원하건 말건 공간이 무한하건 말건 괴로움은 존재한다. 그렇지 않느냐. 이것은 우리 경험 속의 직접적인 현실이다. 괴로움이 존재하면 그것의 원인이 존재하고, 그것이 소멸하는 현상도 존재한다. 그리고 괴로움을 소멸시키는 방법 역시 존재한다. 이 성스러운 네 가지의 진리는 우리 경험세계에서 변치 않고 있는 것이다. 이것을 올바르게 바라보는 게 중요하지 우주가 무한한지 아닌지를 헤아리는 게 중요하겠느냐. 이것이 아라한이 사후에 어떻게 되는가라는 그대의 질문에 대한 나의 대답이다.

사리뿟따여, 만약 그대가 독화살을 맞았다면 어떻게 해야 하겠느냐. 독화살을 빼기 전에 사방을 두리번거리며 어느 방향에서 쏜 것인지, 범인이 누구인지, 그가 어느 지방 사람인지, 어느 계급에 속해 있는지, 이런 것을 분석하고 판독하고 난 뒤에 화살을 뽑겠느냐?"

"즉시 뽑아야 합니다."

"왜 그러는가?"

"의심하고 분석하고 판단하는 사이에 독이 퍼져서 죽게 되기 때문입니다."

"같은 이치다. 우리가 당면하고 있는 현안 문제 외의 여러 추상적인 문제들에 대해 낭비할 시간이 없다. 나는 경험하지 않은 것들은 말하지 않는다."

사리뿟따는 진리의 말씀을 폭포수처럼 맞은 것 같았다. 그는 붓다의 가르침에 힘입어 며칠 더 용맹정진했고 마침내 깨달음에 도달했다. 그는 환희심이 솟아올라 목갈라나처럼 게송을 읊었다.

나는 귀 기울여 들었노라.
거룩하고 고귀하신 가르침
온 바다에 가득한 달빛처럼
분명하고 향기로운 가르침

듣고 들어서 헛되지 않았노라.
갈애로부터 자유로워졌으니
온갖 신통술에 이르는 것은
실로 나의 서원에 없었노라.

지혜의 장로 사리뿟따는
머리 깎고 가사를 입은 채
나무 아래 편안히 앉아
최고 선정의 기쁨을 즐기노라.

 사리뿟따가 아라한이 된 날은 음력 1월 보름이었다. 목갈라나보다 일주일가량 늦었다. 그가 좀 더 늦은 이유는 세세하게 살펴야 할 지혜가 많았기 때문이다. 붓다는 그날 밤 모든 제자를 다 불렀다. 1,250명의 제자들이 모인 가운데 붓다는 사리뿟따와 목갈라나를 승단의 지도자로 임명했다. 그러고는 칠불통계게에 대해 설법했다. 싯다르타 붓다 이전에도 여섯 붓다가 있었고, 싯다르타까지 포함해서 모두 일곱 분의 붓다가 공통으로 강조하는 계율이라는 뜻이었다.

나쁜 일일랑 애당초 하지를 말고
착한 일들일랑 적극적으로 할 것이며
고요히 내면을 잘 살펴 알아차려라.
이것이 일곱 붓다들의 가르침이다.

이 계율을 잘 지켜라.

참는 것은 최고의 고행이요
열반이 으뜸이라 붓다들은 말씀하신다.
남을 비난하면 출가자가 아니요
남을 해코지하는 자는 사문이 아니다.

이 계율을 잘 지켜라.

음식은 적당하게 취하고
머무는 곳은 한적해야 한다.
마음을 드높이 하여 정진하라.
이것이 붓다들의 가르침이다.

이 계율을 잘 지켜라.

060. 마하깟사빠가 귀의하다

붓다는 그날따라 말씀이 없었다. 여느 때처럼 탁발을 돌고 들어와서 잠시 휴식을 취한 뒤였다. 그는 잠시 하늘을 우두커니 바라보더니 대나무동산을 벗어나 북쪽을 향해 한참을 걸어갔다. 길옆에 바후뿌뜨라까(Bahuputraka)라고 불리는 큰 나무가 보이자 그 아래 앉아 고요히 좌선에 들었다. 아무에게도 설명하지 않았다. 붓다의 모습은 대나무동산에 있을 때보다 평화로웠다.

큰길에는 수많은 사람들과 수레들이 지나다녔다. 날란다에서 라자그리하로 오는 길목이어서 더 번잡했다. 그때 평화로이 선정에 잠겨 있는 붓다를 향해 멀리에서 다가오는 그림자가 있었다. 허름한 차림의 나그네였다. 그는 붓다 앞에 와서 서서 합장을 했다. 선정에 들어 있던 붓다가 눈을 뜨고 말했다.

"이리로 오라. 나는 여기서 그대를 기다리고 있었다."

"세상에서 가장 존귀한 분이시여, 저는 마하띳따의 뻡빨리입니다. 저의 스승이 되어 주십시오."

"오래 기다렸다. 그대는 나의 제자다."

초면 인사도 없이 두 사람은 통했다. 마치 오래 전부터 알고 있는 사이인 듯했다.

"그대는 진실하다. 알지도 못하면서 '나는 안다'라고 이야기하거나 보지도 못하면서 '나는 본다'라고 이야기하는 사람은 진실하지 않은 가짜이다. 가짜 스승이 당신처럼 진실한 사람의 예배를 받으면 그의 머리가 일곱 조각으로 부서지리라. 나는 그대의 예배를 받고도 어떤 부서짐도 없이 평안하고 당당하다. 나는 그대의 스승이 될 자격이 있고, 그대 역시 나의 제자가 될 자격이 있다. 이리로 오라, 뻽빨리여!"

"스승이시여, 뻽빨리를 위해 가르침을 주소서."

"그대는 훌륭한 신분의 자제로 태어나서 다른 사람들보다 우월하게 자랐다. 신중하고 겸손해야 한다. 자만심도 버리고 부지런히 정진하는 일이 그대의 수행이다. 나와 함께 대나무 동산에 가겠느냐?"

"스승님께 계를 받고 싶습니다."

붓다는 그 자리에서 뻽빨리를 위한 세 가지 가르침을 전했다. 첫째, 장로들과 신참 비구들을 대할 때 강한 양심과 수치심을 가질 것 둘째, 유익한 법을 들으면 잘 듣고 마음에 새길 것 셋째, 편안함과 함께하는 몸에 대한 마음 챙김[신념처身念處]을 놓지 않을 것 등이었다. 이렇게 가르침을 듣는 것만으로 비구계를 받은 경우는 뻽빨리가 유일했다. 뻽빨리의 새로운 이름은 깟사빠였다.

다짜고짜 이루어진 이 만남은 사실은 잘 준비된 것이었다. 붓다는 삼형제 깟사빠와는 또 다른 깟사빠가 북쪽 길에서 대나무동산을 향해서 오고 있는 것을 천안통으로 미리 보았다. 그리고 그의 신분과 그가 하고자 하는 발원과 그의 현재 상황 등에 대해서도 이미 파악하고 있었다. 그러니 깟사빠가 오는 길목에 나가서 그를 맞이한 것이다. 얼마나 귀한 제자이기에 스승이 직접 마중을 나갔을까.

깟사빠는 마가다국 마하띳따 마을에 사는 부유한 브라만의 아들이었다. 집에서 부르는 이름은 삡빨리였다. 외동아들 삡빨리는 어려서부터 총명했다. 웨다를 비롯한 여러 학문에 통달했고 삶의 궁극적인 문제에 관심이 많아 일찍이 출가를 꿈꾸었다. 스무 살이 되었을 때 부모들은 아들을 장가들이기로 했다. 그러나 아들은 결혼에 뜻이 없었다. 그의 어머니가 장가들기를 계속해서 권하자 그는 묘책을 냈다. 아름다운 여인의 조각상을 만들고 똑같이 생긴 여인이 있으면 혼인하겠다고 약조했다.

삡빨리의 부모는 사방 각지를 뒤져 조각상과 똑같이 생긴 여인을 찾아냈다. 꼬시아족 장자의 딸인 밧다 까삘라니였다. 그녀는 열여섯 살이었다. 부모가 배필을 찾아내자 삡빨리도 약속을 한지라 어쩔 수 없이 혼인을 하려 했다. 그런데 이번엔 여인 쪽이 문제였다. 그녀 역시 결혼보다는 출가에 뜻이 있어 결혼을 완강히 거부했다. 그래도 부모의 뜻을 거부할 순 없었다. 까뻴라니는 아랫사람을 시켜 뻽빨리에게 편지를 보내기로 했다. 그것은 뻽빨리도 마찬가지였다. 둘은 상대방에게 서로의 마음을 털어놓았다. 편지를 통해 서로의 의사를 확인해 보니 양쪽 다 남녀의 사랑보다는 출가하여 진리를 구하고자 한다는 것을 확인하게 되었다.

"꼬시아족의 아름다운 낭자여, 저는 본래 결혼보다는 출가에 뜻이 있었으나 부모님의 당부를 어기기 어려워 세상에 없을 것 같은 아름다운 조각상을 만들어 이 같은 여인이라면 결혼하겠노라고 약조를 했답니다. 그런데 정말 조각과 똑같은 그대가 나타나서는 우리 부모님을 기쁘게 해드리더니 나는 급기야 약속을 지키지 않을 수 없게 되었구려. 결혼을 하기는 하겠지만 그대를 평생 안을 수 없구려. 부모님 살아계시는 동안은 부부의 모습을 지키겠으나, 돌아가시고 난 뒤에는 출가의 길을 가려 하니 그래도 좋다면 결혼을 승낙해 주시오."

"나의 낭군이 되실 마하삣따의 뻽빨리여, 부모님의 가르침으로 이제 당신과 혼인을 해야 하나 저는 본래 출가의 뜻이 크옵니다. 부모님 살아계시는 동안은 부부의 모습을 가지겠지만 돌아가시고 나면 저 역시 출가자의 길을 가려 하니 이를 용인하시면 결혼을 하겠나이다."

두 사람은 천생연분이구나! 본인들은 물론 양쪽의 배달꾼이 편지 내용을 서로 확인하고 양가의 부모님께는 비밀을 지키기로 했다. 그래서 둘은 부부의 연을 맺게 되었다. 더 없이 다정하게 지냈지만 잠자리에서는 손 한 번 잡지 않은 채 출가자들처럼 계율을 지키며 살았다. 그렇게 30년이 가고 몇 해가 더 지나갔다.

세월이 흘러 양가 부모님들이 모두 세상을 뜨자 두 사람은 신속하게 재산을 정리했다. 하인들의 신분을 해방시키고 그들에게 전 재산을 나눠주었다. 부부가 서로의 머리를 깎아준 후에 길을 함께 떠났다. 그러나 같은 길을 둘이서 계속 갈 수는 없었다. 그들은 갈림길에서 헤어졌다. 붓다의 소문을 익히 듣고 대나무동산을 향해 가려 했으나 붓다의 수행 공동체는 아직 여인들을 출가자로 받아들이지 않았다. 밧다 까뻴라니는 여인 수행자를 받아들이는 다른 곳으로 가기 위해 뻡빨리와 도중에 헤어졌다. 부인과 헤어진 남편 뻡빨리는 라자그리하로 가는 길에 접어들어 계속 걸어오는 중이었고, 붓다가 천안통으로 그 광경을 보고 있었으므로 아무말 없이 길을 떠났던 것이다.

뻡빨리는 걸어오면서 큰 나무 아래 앉아 있는 광채가 나는 성자를 유심히 바라보았다. 사람은 물론이고 나무 전체가 은은하게 빛나고 있었으며 향기마저 전해지는 듯했다.

'저분은 여태껏 본 적이 없는 위대한 성자이시다. 아마도 붓다이시리라. 나는 이제야 꿈을 이루나 보다.'

뻽빨리는 가슴이 뛰었다. 빨리 가서 말씀드려야겠다. 이렇게 다짐하고 붓다 앞에 서서 말을 하려는데 붓다가 먼저 자기를 알아보는 것이었다.

"이리로 오라. 나는 여기서 그대를 기다리고 있었다."

뻽빨리는 가슴이 벅찼다. 붓다의 발에 경배하고 얼굴을 바라보았다. 이제껏 한 번도 경험해 보지 못한 평화로움이 밀려왔다. 뻽빨리는 붓다를 바라보는 것만으로도 진리의 문에 반쯤은 들어서는 기분이었다. 아무튼 첫 만남에서 뻽빨리는 붓다로부터 구족계를 받고 깟사빠라는 새로운 이름도 받게 되었다. 두 사람은 대나무동산으로 함께 돌아왔다. 돌아오는 길에 다자탑 근처의 숲 속에서 잠시 쉬는 중에 깟사빠는 자기가 입고 있던 가사를 접어 붓다를 위해 깔개를 만들었다.

"깟사빠여, 그대의 가사는 촉감도 좋고 부드럽도다. 내게 이 가사를 주고나면 그대는 무얼 입으려는가? 여벌의 가사가 있는가?"

"붓다시여, 붓다가 입고 계신 분소의는 공동묘지에서 시신을 불태우기 전에 입히던 하잘것없는 옷 아닙니까? 혹은 여자 노비들이나 입던 허름한 옷이지요. 그런 옷을 바늘로 여기저기 기워서 입고 계신데 제게 그 옷을 주시면 어떻겠습니까. 제가 붓다의 옷을 입을 테니 붓다께서는 제 옷을 입으시지요."

제자들은 새로 온 깟사빠가 붓다의 분소의를 입고 있어 매우 놀랐다. 나중에서야 알게 되었지만 옷이나 바리때를 전하는 것은 법을 이어나갈 제자에게만 주어지는 특권이었다. 새로 온 신출내기가 붓다의 법제자가 되었다는 메시지였다. 옷을 바꿔 입기 전 스승과 제자는 이런 대화를 나누었다.

"나는 비구가 되면서부터 분소의를 입는 수행을 하고, 비구가 되면서부터 숲속에 머무는 수행을 하고, 비구가 되면서부터 한자리에서만 먹는 수행을 하고, 비구가 되면서부터 차례대로 탁발하는 수행자가 이 분소의를 입기를 원한다. 그대는 이러한 뜻을 따라서 바르게 사용하겠는가?"

"원하시는 대로 하겠나이다."

이렇게 스승과 제자가 옷을 교환하자 대지가 진동을 하였다. 깟사빠는 붓다가 라자그리하의 그릿다꿋따산(영축산)에서 대중을 향해 설법을 하다가 문득 연꽃 한 송이를 들어보이자 그 뜻을 알고 미소를 보낸 유일한 인물이었다. 그래서 붓다의 선禪의 가르침을 이어나간 제자로 알려지게 된다.

깟사빠는 대나무동산에 온 지 8일 만에 아라한의 지위에 올랐다. 아라한의 지위에 오르고도 그의 수행은 멈추지 않았다. 그는 힘든 고행[두타행頭陀行]을 자처하는 수행자였으며 누구보다 계율에 철저했다. 예를 들면 그는 의식주에 집착하지 않았다. 집안에 살지 않고, 산이나 들에서 자며, 바리때에 넣은 음식 이외에는 먹지 않았으며, 분소의만을 입는 검소한 생활을 하면서 정진했다. 그를 일러 붓다의 제자 가운데 두타행의 제일인자라 하는 이유가 여기에 있다. 그가 읊은 게송 중에 '발우에 떨어진 손가락의 노래'로 부를만한 사례도 있다.

> 나는 침상에서 내려와 시내로 탁발을 나갔네.
> 밥을 먹고 있는 문둥병 환자 옆에 가서 서 있었지.
> 그가 문드러진 손으로 한 덩이의 밥을 내게 줄 때
> 그의 문드러진 손가락이 발우 안으로 톡 떨어졌네.
>
> 담벼락 아래서 나는 그가 준 밥을 먹었네.
> 밥을 먹고 있는 동안 나는 싫지 않았네.
> 밥을 다 먹고 나서도 나는 싫지 않았네.
> 혐오스러운 마음이 일어나지 않았네.
>
> 탁발로 얻은 음식으로 끼니를 잇고
> 소 오줌으로 만든 것을 약으로 삼으며
> 나무 밑을 잠자리로, 누더기를 옷으로 삼아
> 나는 그것만으로 만족해 하는 수행자여라.

붓다는 새로 온 깟사빠를 마하깟사빠라 불렀다. 다른 제자들에게도 그렇게 부르라 일렀다. 마하는 크다[大]는 뜻이니 여러 깟사빠들 중에도 으뜸이라는 의미다. 실제로 그는 승가 전체에 대한 지도력이 있었으며 나이도 많았다. 붓다 입멸 후에는 붓다의 말씀을 총정리하는 작업을 진두지휘했다.

마하 깟사빠가 붓다 입멸 전에 붓다와 어떤 대화를 나누었는지는 알려지지 않다. 다만 전하는 여러 이야기를 종합해 보면 분소의 입는 문제와 관련이 있는 듯하다. 이는 수행자의 본분에 대한 귀감으로 손꼽힌다.

붓다 만년에 마하깟사빠가 붓다를 찾아왔다. 붓다는 많이 노쇠해진 마하깟사빠를 바라보며 말했다.

"마하깟사빠여, 그대는 이제 많이 늙었다. 그대가 입고 있는 분소의는 그대에게 너무 무겁다. 그대는 장자들이 보시하는 옷을 수용하고 공양청에 응하라. 또한 이제는 내 곁에 머물도록 하라."

"세존이시여, 그럴 수 없습니다. 분소의만 입고 숲에서 살고 있는 이유는 현재와 미래의 사람들을 연민하기 때문입니다."

그러자 붓다는 크게 기뻐하며 마하깟사빠의 두타행을 칭찬했다. 청빈한 무소유의 의식주란 무엇인가.

"장하구나. 마하깟사빠여, 그대는 많은 신과 인간의 이익과 안락을 위하여 분소의를 입어라. 걸식행을 하라. 숲에서 머물러라."

061. 수닷따 장자가 붓다의 제자가 되다

붓다가 대나무동산에 머물고 있을 때 꼬살라국 사왓티에 사는 수닷따 장자는 장삿일로 라자그리하를 자주 오갔다. 그가 라자그리하에 올 때마다 머무는 곳은 까란따 장자의 집이었다. 있는 집안 사람들은 그들끼리 혼사를 맺는다더니 수닷따는 까란따의 여동생을 아내로 맞았다.

어느 날 그는 라자그리하로 와서 여느 때처럼 까란따의 집에 들렀다. 반갑게 맞아줄 처남은 보이지 않고 집안사람들도 무언가에 홀려 정신이 없었다. 잔치 준비가 한창이었다. 주인 부부도 반가운 방문자를 알아보지 못 한 채 손님맞이 준비에 분주했다.

'빔비사라왕이 오는가 보구나!'

수닷따는 그렇게 생각했다. 처남이 간신히 일에서 손을 떼고 수닷타에게 왔을 때 수닷타는 이 집에 무슨 일이 있는가 물었다.

"내일 우리 집에 귀한 손님이 오신다네."

"빔비사라왕이라도 오신단 말인가요?"

"붓다와 그 제자들을 초청했다네."

"정말인가요? 붓다께서 이리 오신다니 이런 영광이 또 어디 있나요!"

"그러게 말일세. 매제에게도 좋은 일이겠지."

"나는 내일까지 기다리기 어렵습니다. 그분께서 내일 오신다면 아마 이 근처 어딘가에 계시겠지요. 지금이라도 당장 뵈올 수는 없을까요?"

"미리 약속도 하지 않고 가는 건 결례이지 않을까?"

수닷따는 내일까지 기다리기 어려웠다. 그는 여러 가지 사업으로 돈을 많이 번 거부이기도 했지만 승부를 걸 줄 알았다. 많은 사람들이 모인 가운데서 붓다를 만나는 건 아니라는 생각이 들었다. 붓다를 더 가까이에서 친견하고 싶었다. 이것저것 가릴 때가 아니었다. 잠이 오지 않았다. 뜬눈으로 지새우다가 새벽이 밝아오자 달려 나갔다.

'붓다는 어디에 계신다던가. 그곳은 시따와나 숲 근처의 공동묘지라고 했는데 내가 과연 이 시간에 거기 갈 수 있을까.'

수닷따는 스스로를 반신반의하며 어둠을 헤치며 나아갔다.

붓다가 제자들과 함께 공동묘지 근처에 머문 것은 이유가 있었다. 공동묘지는 삶과 죽음을 초월한 경지를 체험하기 좋은 장소였다. 육체가 얼마나 썩기 쉬운 것이며 무상한 것인지를 실감하기 좋은 곳이 바로 묘지였다. 또한 묘지는 영혼이 평안하게 머물 수도 있어서 명상을 하기에 적합했다. 하지만 아무도 없는 새벽 공동묘지를 향해 걸어가는 수닷따는 등골이 오싹했다. 안개가 많이 끼어서 주변 분간도 잘 되지 않았다. 야차들이 중얼거리는 소리가 바람결에 이따금 들려왔다.

'여긴 오지마! 여긴 오지마!'

그리고 잠시 뒤에는 '피를 빨겠다! 피를 빨겠다!' 하는 소리도 들렸다. 생각해보면 휭휭 불어가는 바람소리였다. 공연히 마음이 만들어내는 소리에 스스로 불안할 필요는 없었다.

수닷따는 정신을 바짝 차리고 계속해서 나아갔다. 그 때문에 아침 동이 빨리 트는 것 같았다. 어둠을 향해 나아가는 사람에게 새벽은 그만큼 빨리 오는 법이다. 여명이 밝아옴과 동시에 새소리가 들리고 멀리서 사람 걸어오는 모습이 보였다. 눈부신 햇살과 함께 점점 가까이 오는 그 형체는 이루 형언할 수 없는 거룩한 풍모를 지니고 있었다. 수닷따는 이분이 붓다임을 직감적으로 알아차렸다.

"어서 오세요. 수닷따여!"

"저를 알고 계십니까?"

"알다마다요. 그대는 붓다를 만나려고 밤새 잠을 이루지 못한 꼬살라국의 장자가 아닙니까?"

수닷따는 그 자리에서 무릎을 꿇고 붓다의 발에 경배했다.

"거룩한 이여, 저는 사왓티의 상인 수닷따라 합니다."

"수닷따여, 나는 당신을 기다렸습니다. 당신은 때를 잘 맞추어 왔습니다. 당신은 용감하고 지혜롭습니다."

수닷따는 붓다에게 가르침을 청했다. 돈을 많이 버는 것은 좋으나 마음이 늘 허전하다고 했다. 어떻게 하면 좋은 일을 많이 하고 잘 살다 가는 것인지 알고 싶다고 했다. 붓다는 수닷따를 위해 보시를 설하고, 지켜야 할 생활 규범을 설하고, 천상에 나는 삶을 설했다.

수닷타는 기본 소양이 잘 되어 있었다. 바로 그 자리에서 붓다의 가르침을 이해했다. 진도가 잘 나가자 붓다는 괴로움과 괴로움의 원인과 괴로움을 없애는 것과 괴로움을 없애는 길에 대해 설했다. 수닷따는 이 네 가지 거룩한 진리도 곧 이해했다.

그렇다고 자기가 수행자가 될 수는 없었다. 모든 사람이 다 출가자가 될 수는 없는 일 아닌가. 출가자보다는 재가자가 많은 게 이 세상이었다. 그는 출가하지 않으면서도 부를 통해 행복할 수 있는 길이 있는지 붓다에게 여쭈었다.

"수닷따여, 그대는 지혜롭습니다. 출가하지 않은 채 가정생활을 하면서도 행복할 수 있는 길이 있습니다. 사람이 열심히 노력하여 부를 얻었다 해도 자신만이 그 재산을 독점해서는 안 됩니다. 재산을 쌓아놓기만 한다면 무슨 의미가 있겠습니까. 버는 것 못지않게 쓰는 게 중요합니다.

어리석은 사람은 막대한 부를 얻어도 스스로 즐길 줄 모르고 주위 사람을 즐겁게 해주지도 못합니다. 인색한 구두쇠가 되어 부가 한 곳에 고여 있게 만들고 사회 전체를 위해 돌게 만들지 못합니다. 자기 욕심만 그득하여 결국 자기도 다 쓰지 못하고 저세상으로 쓸쓸하게 갑니다. 자식들은 남은 재산을 두고 서로 헐뜯으며 더 많이 가지려고 하니 이런 재산은 오히려 재앙의 근원이기 십상입니다.

수닷따여, 재산을 벌어 쌓아놓기만 하고 쓰지 않는 사람은 결국 재산을 몰수당하거나, 도둑맞거나, 화재나 홍수로 잃거나, 자신이 원하지 않는 상속인에게 빼앗기곤 합니다. 올바로 쓰지 않으면 재산이란 이렇게 사라져버리고 맙니다. 재산이란 적다고 해서 못 베푸는 것도 아니요, 많다고 해서 더 베푸는 것도 아닙니다. 공덕을 쌓기를 원하며 올바르게 진리를 꿰뚫어 보는 사람이야말로 제대로 베풀 수 있습니다. 이것이 참다운 보시입니다."

수닷따는 참으로 오랜만에 마음이 편안해졌다. 붓다의 가르침은 쉽고 편안했다. 그는 지금 자본의 윤리에 대해서 특강을 한 셈이었는데, 수닷따는 다른 어떤 종교 지도자들로부터도 이런 이야기를 들은 적이 없었다. 붓다는 재가자들에게 가난하게 살라고 하지 않았다. 출가자에게는 모든 것을 버리라고 했지만 재가자들에겐 재가자에 맞는 행복을 일러주었다. 가르침이 각박하지 않고 딱딱하지 않았다. 세상이 온통 눈부신 빛으로 가득 차는 것 같았다. 수닷따는 기쁨에 넘쳐 라자그리하로 돌아왔다.

약속 시간이 되어 붓다와 그의 제자들이 까란따의 집으로 왔고 정성스러운 공양이 있었다. 붓다는 대중들을 위해 향기로운 말씀을 들려주었고 대중 모두는 감격했다. 그 자리에서 수닷따는 붓다에게 청했다.

"세존이시여, 저는 이제 사왓티로 돌아가야 합니다. 다음 장마철이 되어 안거를 하신다면 우리 꼬살라국도 방문하여 거룩한 말씀을 많은 사람들이 들을 수 있도록 해주소서. 붓다께서 오시면 머물 수 있는 자리를 마련해 드리겠습니다."

좌중이 조용해졌다. 멀리 가야하고, 국경을 넘어야 하는 일이다. 붓다는 침묵으로 승낙했다.

"하면, 저와 함께 동행 할 제자를 결정해 주소서."

"사리뿟따여, 그대가 사왓티로 함께 가겠는가?"

"세존이시여, 사리뿟따는 그렇게 하겠나이다."

사왓티로 돌아오는 수닷따는 기쁨의 노래를 불렀다.

> 위대한 성인 세존께서 오신다네.
> 우리 마을 사왓티에 경사가 났네.
> 그분이 오셔서 머물 곳 찾아보세.
> 마을에서 지나치게 멀면 안 되고
> 바로 옆에 있어도 시끄러울까 걱정

원하는 사람 오기가 쉬워야 하네.
인적 드물고 소음 들리지 않는 곳
평화롭게 명상할 수 있는 그런 곳
그런 곳이 있다면 반드시 얻으리.
황금으로 덮으라 해도 보시하리.

062. 기원정사가 만들어지다

사왓티로 돌아온 수닷따는 붓다와 그 제자들이 머물 수 있는 적당한 공간을 찾았다. 마침 좋은 곳이 눈에 들어왔다. 사왓티성 밖 남쪽에 아름답고 쾌적한 동산이 있었다. 그 동산은 꼬살라의 국왕 빠세나디왕의 아들인 제따 왕자의 소유였다. 수닷따는 왕자에게 동산을 자기에게 팔라고 청원했다.

"그대는 내게 왜 이 동산을 팔라고 하는 거요?"

"왕자마마, 저는 이 동산을 사서 거룩한 분에게 보시를 하려 합니다. 승원을 만들려는 거지요."

"그 거룩한 분이 누구신데 이 나라 최고의 부호께서 왕자의 땅을 사겠다고 하십니까?"

"그분은 지금 라자그리하에 계시는 성자이시온데, 마가다국은 물론 많은 나라에서 존경을 받는 분이옵니다. 우리도 그런 분을 모시고 백성들에게 좋은 이야기를 듣도록 하고 싶습니다."

수닷따의 이야기를 듣고 있던 제따 왕자는 공연히 심술이 났다. 왕이나 왕자보다 성인을 더 존경하는 수닷따의 모습에 살짝 부아가 치밀었다.

"나는 이 땅을 당신에게 팔지 않겠소."

"왜 그러시는지요. 비워놓고 쓰지 않고 계시지 않습니까? 돈은 얼마든지 드리겠습니다."

"그래도 나는 싫소. 혹시 황금으로 동산 전체를 덮으신다면 또 몰라도…"

수닷따는 임기응변이 빨랐다. 왕자가 붓다를 탐탁하게 여기지 않는 걸 알면서도 이 일만큼은 관철시키고 싶었다.

"그러면 계약이 이루어진 겁니다."

"무슨 소리요. 나는 분명히 팔지 않겠다고 하지 않았소?"

"아닙니다. 왕자님은 분명히 파신다고 했습니다. 동산 전체를 황금으로 덮는다는 조건을 달았습지요. 안 그렇습니까? 제가 황금으로 왕자님의 동산을 다 덮겠습니다."

두 사람이 옥신각신하다가 마침내 재판을 받게 되었다. 왕자와 부호 사이에 부동산 매매 문제로 재판이 벌어졌으니 세인의 관심이 집중되었다. 왕이 직접 관여하기도 어려웠다. 매매거래가 성사되는 조건이 정당했는지의 여부가 중요했다.

"왕자의 한마디는 천금에 값하는 무게가 있습니다. 황금으로 동산 전체를 다 덮으면 판다는 의사를 표명했으니 그 조건이 이루어지면 이 동산은 수닷따의 것이 맞습니다."

재판관은 일단 수닷따의 손을 들어주었다. 실제로 그가 동산 전체를 황금으로 다 덮을 수 있을지는 몰라도 이 사건은 사왓티 전체에 퍼져나갔다.

"수닷따 장자가 제따 왕자의 동산을 샀대."

"왕자가 동산 전체를 황금으로 덮으면 판다고 했나봐."

"어지간히 비싼 값을 달라고 했네. 왕자는 무슨 욕심이 그렇게 많지?"

"수닷따는 그걸 사서 붓다께 보시하겠다는데…"

"부자라도 저렇게 돈 쓸 줄 알면 얼마나 멋있을까!"

민심은 수닷따의 편이었다. 왕자는 장난삼아 이야기했는데 여론이 좋지 않게 흘러갔다. 게다가 수닷따는 실제로 금판을 만들어 동산을 덮어나가기 시작했다. 제따 왕자는 붓다가 궁금했다.

'도대체 그분이 어떤 분이길래 그대는 동산 전체를 황금으로 덮으시려는 것이오.'

사실 제따 왕자는 대부호의 신앙심에 크게 감동을 한 터였다. 이 일을 계기로 제따 왕자와 수닷따 장자는 더 가까워졌다.

"수닷따여, 그만하시오. 내가 졌소이다. 그대의 정성과 신앙심에 감동했습니다. 황금 덮는 일은 그만하시오. 나도 이 동산을 아무 대가 없이 보시하겠소. 그대가 나를 가르치고 일깨워주었소. 그대는 이 땅에 건물을 지으시오. 대신 내게도 정문 하나쯤 지을 수 있는 길을 터주시오."

수닷따는 쾌히 승낙했다. 제따 왕자가 붓다의 가르침에 귀의하는 것은 교단의 장래를 위해서도 좋은 일이었다. 제따 왕자는 동산 입구의 빈터에 문을 세우고 정사를 위한 부속건물을 지었다. 건물이 완성되자 사람들은 이 절집을 기수급고독원祇樹給孤獨園이라고 불렀다. 그것은 '제따[기다祇多]와 수닷따가 함께 이룩한 동산'이라는 뜻이다. 기수祇樹는 제따 왕자가 소유한 수림樹林이란 뜻이다. 수닷따는 장자의 본명이지만, 수닷따가 고독하고 가난한 이들에게 보시를 많이 하므로 사람들은 그를 가리켜 급고독給孤獨이라고 불렀다. 기수급고독원의 다른 이름은 기원정사祇園精舍다. 이로써 붓다 성도 이후 죽림정사가 생긴 이래 두 번째 절집이 지어졌다.

꼬살라국에 기원정사가 완성되자 붓다는 마가다국 라자그리하의 대나무동산에서 꼬살라국의 수도인 사왓티를 향해 북쪽으로 길을 떠났다. 수십 일이 걸리는 멀고도 험한 길이었다.

'붓다를 위해 땅을 보시합시다!',

'붓다를 위해 절집을 지읍시다!',
'보시는 하늘나라에서 태어나는 지름길입니다!'

수닷따가 라자그리하에서 사왓티로 돌아오면서 사람들에게 퍼뜨린 말 때문에 그 노정에 사는 사람들은 부자와 가난한 사람 할 것 없이 저마다 자기 힘에 맞는 재물을 기증하여 절을 짓고 있었다. 붓다가 보기에 그 모습이 좋았다.

'한 사람을 어둠 속에서 구해내면 그가 또 다른 사람을 구해낼 것이다. 여기저기 절들이 많이 생기면 비구들은 할 일이 많아질 것이다.'

붓다는 수행자 단체가 생긴 이상 이들이 머물 곳과 이들이 지켜야 할 계율 등을 생각하지 않을 수 없었다. 붓다의 가르침을 따르는 사람들이 점점 많아지자 그에 따른 공간이 생겨나기 시작했으며, 수행자들이 지켜야 할 규율도 점점 많아지게 되었다. '더없이 높고 완전한 깨달음'에 혼자 이르면 무엇하나? 여럿이 함께 잘살기 위해서는 가르쳐주고 나눠주어야 한다. 사람이 많이 모이는 게 반드시 좋은 것만은 아니었다. 출세간에서 세간으로 다시 돌아오면 이런저런 갈등과 잡음이 생기게 마련이다. 붓다의 교단도 예외는 아니었다. 규율은 하나 둘 늘어갔다.

죽림정사에서 기원정사를 향해 가는 붓다는 태자의 몸으로 출가하여 남쪽을 향해 오던 길을 지금 다시 거슬러 가는 중이었다. 이 길의 중간에 까삘라와스뚜가 있었으나 붓다는 들리지 않고 곧장 사왓티를 향해 걸었다. 한 번쯤은 고향 하늘을 향해 고개를 돌릴 법도 했는데, 붓다는 전법 외에는 다른 생각이 없는 듯했다. 오직 한 생각에만 열중했다.

'사왓티에 가서 제자 하나를 새로 맞아야 한다.'

063. 수부띠를 제자로 맞아들이다

수닷따는 대부호이자 붓다를 외호하는 재가신도였다. 그는 남자 재가불자를 칭하는 우바새의 대표적 인물이었다. 그의 집안은 붓다의 삶과 좋은 인연으로 이어졌다. 수닷따 우바새에게는 수부띠라는 조카가 있었다. 형님의 아들이니 수부띠에게 수닷따는 작은 아버지였다. 수부띠는 작은 아버지가 주관한 기원정사 개관일 법회에 참석하여 붓다의 설법을 듣고 깊은 감화를 받아 그 자리에서 붓다의 제자가 되었다. 그는 곧 붓다로부터 계를 받았으며 이로써 삼촌과 조카가 함께 붓다와 인연을 맺게 되었다.

수부띠는 한문으로는 '수보리須菩提'로 불리는데 온화하고 평화로워 이 세상 전체가 실체가 없다는 붓다의 가르침을 가장 잘 체득했다. 붓다는 수부띠를 일러 '내 제자 중에 공空의 도리를 가장 잘 안다'고 평했다.

사왓티의 기원정사에서 수부띠를 제자로 받아들인 뒤 붓다는 중요한 설법을 많이 했다. 이 설법 중 일부는 후일 『금강경』으로 알려져 전한다. 『금강경』은 '마음속의 분별, 집착, 번뇌 등을 천둥번개와 같은 힘으로 부숴버려 깨달음으로 이끄는 강력한 지혜의 말씀'이라는 뜻이다. 붓다가 탁발을 마치고 돌아와 자리에 앉으면 곧 제자들과의 질문과 답변이 이어지곤 했는데 이는 붓다 가르침의 핵심을 이루는 내용이었다. 어렵고 진지해서 제자들 모두 정신을 똑바로 차리고 경청해야 했다. 붓다가 수부띠에게 물었다.

"수부띠여, 너의 생각은 어떠하냐? 여래가 과연 '가장 높고 바른 깨달음'을 얻었느냐? 여래가 설한 법이 있느냐?"

"여래가 설하신 법은 정확하게 설명할 수 없습니다. 굳이 이름하여 '가장 높고 완전한 깨달음'이라고 할 뿐입니다. 일일이 설명할 수 없는 법이야말로 붓다께서 설하신 말씀입니다. 붓다께서 깨닫고 말씀하신 법이란 모두 얻을 수도 없고 말할 수도 없으며, 법도 아니고 법 아닌 것도 아니기 때문입니다. 그것은 모든 성현들이 내가 '나'라는 생각[아상我相], 내가 '개개의 사람'이라는 생각[인상人相], 내가 '살아 있는 생명체'라는 생각[중생상衆生相], 내가 '영원히 살아가는 영혼'이라는 생각

[수자상壽者相]에 대한 집착이 없는 경지에 살아감으로써 보통 사람들과는 구별되는 위대함이 있다는 뜻입니다."

"수부띠여, 그렇다. 언어로 표기해 의미를 고정시키는[상常] 여래의 가르침은 진실한[무상無常] 여래의 가르침이 아니니라. 수부띠여, 어떻게 생각하느냐. 아라한이 생각하기를 자기가 아라한의 도를 얻었다고 하겠느냐?"

"그렇지 않습니다. 왜냐하면 아라한이라 할 만한 법이 없기 때문입니다. 아라한이 '나는 아라한의 도를 얻었다'고 생각한다면 그는 아상·인상·중생상·수자상에 집착하는 것입니다. 붓다여, 붓다께서는 저를 가리켜 '갈등에서 벗어나 마음의 평화와 순결을 얻은 최고의 사람[무쟁삼매인無諍三昧人]'이라 칭찬하셨습니다. 그 경지에 이른 사람은 욕심 없는 첫째 아라한이지만, 저는 스스로를 욕심 없는 아라한이라고 생각하지 않습니다. 제가 만약 아라한의 도를 얻었노라고 생각했다면 붓다께서는 수부띠야말로 '갈등에서 벗어나 마음의 평화와 순결을 얻은 최고의 사람[아란나행자阿蘭那行者]'이라고 말씀하시지 않으셨을 것입니다. 수부띠는 아예 아라한의 도를 얻었다는 생각조차 없고 또 그렇게 행동하지 않기 때문에 붓다께서 수부띠야말로 '갈등에서 벗어나 마음의 평화와 순결을 얻은 최고의 사람'이라고 이르신 것입니다."

"좋구나, 수부띠여, 집착하지 않는 도리를 잘 깨달았구나!"

사왓티에서 보여준 이런 식의 토론은 붓다 가르침의 특성을 잘 보여주었다. 붓다는 제자들에게 하향식으로 직접 가르치지 않았다. 그는 대부분 쌍방향으로 소통했으며, 대화 상대의 수준에 맞추어 설법을 했다. 수부띠는 이 세상에는 '나라고 할 만한 실체가 없다'는 붓다 사상의 요체를 잘 이해하는 제자였다.

그는 붓다의 말대로 '갈등에서 벗어나 마음의 평화와 순결을 얻은 최고의 사람'이 되었다. 이런 소문은 마가다국까지 널리 알려졌다. 빔비사라왕은 수부띠가 보고 싶었다. 제왕의 자리는 늘 피곤했다. 다투어야 하고 판정해야 하고 결국에는 힘으로 제압해야 했다. 갈등에서 벗어나는 마음은 제왕에게 필요한 처방과도 같았다. 그는 마음을 치유하는 의사가 필요했다.

수부띠가 붓다의 10대 제자가 되어 라자그리하를 방문하자 빔비사라왕은 설법을 청해 듣고 깊이 감동한다. 왕은 수부띠가 머물 수 있는 절집을 지어주겠노라 약속을 하고 그대로 명했다. 집은 예정대로 잘 진행되었지만 지붕만 남겨 둔 채 잠시 공사가 중단되었다. 주변 정세가 복잡했고 16국의 수장 격이었던 빔비사라왕은 수부띠의 집 짓는 일을 잠깐 놓치고 있었다. 그 사이 지붕을 잇지 못 한 집에서 수부띠는 밤이슬을 맞으며 여러 날을 보내고 있었다.

마침 마가다국 전체에 가뭄이 들었다. 논밭이 갈라지고 작물들이 타들어갔다. 마실 물도 구하기 힘들 지경이었다. 가뭄이 심해지자 민심은 흉흉해졌다.

'왕이 성자에게 한 약속을 지키지 않아서 생긴 일이다.'

민심이란 묘한 것이다. 그럴듯한 이유를 가져다 붙이면 황당한 주장도 사실로 둔갑한다. 빔비사라왕은 정신이 퍼뜩 들었다. 앗차 싶었다. 수부띠 성자의 집에 가보니 지붕이 열린 채 비와 이슬을 맞으며 성자가 생활하고 있었다. 왕은 자신의 잘못을 뉘우치고 성자의 집 지붕을 이었다.

수부띠도 참 어지간했다. 집이 지어지다가 말면 사람을 불러 이유를 알아보고 집이 완성될 수 있도록 해야 하는데 그걸 하지 않았다. 집에 지붕이 없어도 수부띠는 개의치 않았다. 물질은 곧 지·수·화·풍의 사대四大로 돌아가 아무것도 없게 된다는 것을 그는 꿰뚫어 알고 있었고, 이를 삶에서 실천하고 있었다. 지붕이 있건 없건 수부띠는 집착이 없으므로 자유로웠다.

지붕이 이어지자 곧바로 비가 내렸다는데 그게 우연의 일치는 아니라고 사람들은 말했다. 왜냐하면 비가 오기 바로 직전에 수부띠가 게송을 읊었는데, 후일 비가 내리자 이 게송이 삽시간에 라자그리하 전역에 널리 퍼졌다. 대부분의 사람들은 가뭄 해갈이 성자의 도력 덕분이라고 생각했다. 당대 최고 강대국이었던 꼬살라국에선 수닷따의 보시 공덕이 이루어지더니 신흥 강국인 마가다국에서는 그의 조카인 수부띠의 높은 도력이 명성을 떨쳤다. 전해오는 수부띠 게송은 이러하다.

>나의 초막은 쾌적하다네.
>지붕은 잘 이어졌고
>바람도 들어오지 않는다네.
>
>하늘이여, 마음껏 비를 뿌리소서.
>
>내 마음은 평온하며 해탈했다네.
>정진하는 데 어떤 어려움도 없으니
>
>하늘이여, 마음껏 비를 뿌리소서.

인도 라자그리하 동북쪽에 자리한 영축산은 붓다께서 『법화경』을 설한 곳이다. 사진은 상월결사 인도순례단이 순례 17일차인 2023년 2월 25일 영축산에 오른 모습이다.

제12장

붓다가 되어 고향에 돌아오다

064. 숫도다나왕이 붓다에게 고향 방문을 요청하다

붓다는 깨달음을 이룬 후 바쁘게 움직였다. 30대 중반부터 40대 초반 시기였다. 그는 교단을 만들었으며 십대 제자를 받아들였고, 여러 나라 왕들의 존경을 받고 있었다. 붓다의 사상은 전통 종교인 브라만교를 대체할 건강한 혁명성을 가지고 있었으며 무엇보다 많은 백성들이 좋아했다.

16개 나라 중에서도 최강으로 평가받는 꼬살라와 마가다에서도 붓다의 가르침은 영향력이 컸다. 꼬살라의 실질적인 지배를 받고 있던 까삘라국으로서는 붓다의 이런 활약이 자랑스러웠다. 비록 권력으로 움직이는 제왕의 자리는 아니었지만 붓다는 이미 사상의 제왕이 되어 가고 있었다.

숫도다나왕은 이제나 저제나 태자의 귀환을 기다렸다. 위대한 성자를 기다리는 사람들이 아무리 많다한들 가족과 고

까삘라국의 수도이자 붓다의 어린시절 고향으로 추정되는
네팔의 티라우라콧(Tilaurakot)

향이 있는 까삘라와스뚜를 외면하지는 않을 것이라 여겼다. 왕은 붓다가 있는 곳으로 사신들을 보냈다.

"태자마마, 부왕의 서신을 가지고 왔습니다."

'그리운 태자 싯다르타야, 나는 네가 떠난 후 아무 재미가 없구나. 너도 원하는 뜻을 이루었다고 들었다. 샤까족에서 붓다가 나오다니! 장하고 거룩한 일이다. 그러니 이제 내가 죽기 전에 한 번이라도 고향을 방문해다오. 아들의 얼굴이 많이 보고 싶구나!'

숫도다나왕은 일부러 혈육의 정을 강조했다. 아들은 어차피 왕의 명령을 따르지 않아도 되는 출가자 신분이기 때문에 왕명이라는 형식은 별반 소용이 없으리라 생각했다. 사신들은 붓다에게서 별다른 이야기를 들을 수 없었다. 붓다는 숫도다나왕의 편지에 이렇다 할 반응을 보이는 대신 찾아온 신하들을 모두 출가시켰다. 왕은 아홉 명의 사신을 보냈는데 그들 모두 까삘라와스뚜로 돌아오지 않았다.

'참 지독한 아들이구나!'

왕은 다시 붓다의 어릴 적부터 친구이자 재상의 아들인 깔루다이(Kāludāy)를 보내기로 했다.

"깔루다이야, 이제 내가 기댈 사람은 너밖에 없다. 너는 싯다르타의 소꿉친구 아니냐. 어릴 적부터 모래집을 지으며 즐겁게 지낸 동무니 너를 잊지는 않았을 거다. 네가 가서 싯다르타를 꼭 좀 데려와 다오. 내 마지막 소원이다."

"제가 붓다를 만나 출가하게 되더라도 대왕의 간절하신 뜻은 꼭 전하겠나이다. 혹여 좋은 시절인연을 만나 조상신들께서 도와주신다면 붓다를 고향으로 모시고 올 수 있을 것입니다."

깔루다이는 눈물을 흘리는 대왕 앞에서 무릎을 꿇고 맹세했다. 깔루다이의 눈에서도 굵은 눈물이 굴러 떨어졌다. 깔루다이는 그 길로 붓다의 거처가 있는 라자기르하로 갔다. 날쌘 말을 타고 이틀 만에 당도했다.

깔루다이는 어릴 적 친구 붓다가 어떻게 살고 있는지 궁금했다. 그는 붓다의 가르침보다 그의 일상부터 살피고 싶었다. 붓다는 언제나 자애로운 표정으로 밝은 미소를 띠었다. 마음의 어떤 동요도 없었으며 잔잔한 호수처럼 평화로웠다. 그러한 가운데서도 붓다는 늘 반듯했다. 가사를 입을 때, 걸음을 걸을 때, 공양 음식을 먹을 때 모두 한결 같았다. 그것이 붓다의 가르침에서 배어나오는 삶의 자연스러운 태도라는 걸 깔루다이는 나중에야 알게 되었다.

붓다는 가사를 늘 단정하게 입었다. 높지도 않고 낮지도 않게 입고 몸에 꽉 달라붙게 입지 않지만 바람에 너풀거리게 입지도 않았다. 붓다가 가사를 입는 것은 소유를 위해서도 아니고 자랑하기 위해서도 아니며, 모기와 쇠가죽파리 그리고 바람과 햇빛으로부터 자신을 지키고자 함이었다. 또한 삼가는 마음에서 몸을 가리는 정도였으니 붓다의 가사는 최소한의 실용적 기능만으로 족했다. 제자들의 가사에 비해 옷감이 특별히 좋다거나 화려하지도 않았다. 오히려 더 허름하고 낡아서 바느질 자국이 많았다. 무소유의 청빈이 붓다의 옷이었다.

또한 붓다는 움직임 하나하나가 늘 단정했다. 걸음걸이가 무질서하지 않았고 혼란스럽지도 않았다. 걸을 때 두 발목이 부딪치는 일도 결코 없었다. 움직일 때는 오른발을 먼저 들어 앞으로 나아갔는데 왼발이 같은 보폭과 속도로 늘 일정하게 따라왔다. 걷는 동안 머리가 기울어지거나 흔들리는 법이 없었으며 상체의 모습도 일정하게 유지되었다.

이런 단정함은 공양 시간도 마찬가지였다. 붓다가 공양을 할 때는 오른쪽으로 몸을 돌려 자리를 정돈하고 그 위에 앉곤 했다. 그러고는 음식을 덩어리로 만들어서 천천히 입에 넣었다. 음식을 입에 넣으면 세 번 이상을 천천히 씹어 삼켰으며, 입 안에 음식이 남아 있을 때는 다른 음식을 입에 넣지 않았다. 이 모든 게 질서정연했다. 붓다는 영양과 건강을 위해 음식을 받아들였다. 맛을 경험하는 것은 동의하지만 맛에 의해 마음이 오염되는 것은 동의하지 않았다. 그는 감각을 다스려 식탐에 지배되지 않았다. 그는 감각에 속박되지 않음으로써 일상에서의 자유와 평화를 얻었다.

이것이 깔루다이가 살펴본 붓다의 일상이었다. 깔루다이의 눈에 붓다는 더이상 어릴 적 친구가 아니라 수많은 사람들과 교유하는 종교 지도자였다. 깔루다이는 너무나 크게 변한 친구의 모습을 인정해야만 했다.

라자그리하의 대나무동산 웨누와나는 사람들로 넘쳐났다. 붓다의 일정은 빈틈없이 짜여 있었고 붓다를 만나고자 하는 사람은 너무 많았다. 마가다국의 빔비사라왕도 하루가 멀다 하고 붓다를 찾아와 예를 올리며 설법을 듣곤 했으며 수많은 사람들이 붓다를 만나기 위해 여러 날 여러 시간을 기다리기 일쑤였다. 붓다의 수면 시간은 하루 4시간밖에 되지 않았다. 나머지는 대부분 대중을 위해 헌신적으로 자기 시간을 쓰고 있었다. 깔루다이가 끼어들 틈이 도무지 없었던 것이다.

'지금의 싯다르타 태자는 내가 어릴 적 모래장난이나 같이 하며 놀던 그 태자가 아니다! 저분은 이제 정말 위대한 붓다가 되셨구나! 자랑스럽고 감격스럽다. 샤까족의 영광이 어찌 이보다 크랴. 보라, 저 거룩하신 분을! 지금 이 상황에선 까삘라왓투로 가자는 이야기를 꺼낼 수도 없구나!'

깔루다이는 왕이 보낸 아홉 명의 사신들을 일일이 만나보았다. 그들은 이미 출가하여 붓다의 제자가 되어 있었다. 깔루다이는 선임자들과 붓다의 귀향 문제를 의논해 보기도 했지만 그들 역시 붓다의 바쁜 일과를 헤아려 고향 방문은 어렵다는 점을 알고 있었다. 여러 날을 두고 기회를 살피던 깔루다이는 붓다 곁에 사람이 없는 틈을 타서 말했다.

"세존이시여, 어릴 적 친구 깔루다이를 잊지는 않으셨겠지요? 출가 후 6년 고행을 하시고 마침내 깨달음에 이르렀다 들었습니다. 샤까족의 더없는 영광이요, 까삘라의 자랑입니다. 세존께서는 그때 태자의 신분으로 까삘라의 성문을 나가시면서 맹세하지 않았습니까.

'생사 문제를 해결하기 전에는 다시 돌아오지 않으리.'

모든 까삘라의 백성들이 싯다르타 태자님의 이 맹세를 심장의 보석처럼 간직하고 있습니다. 이제 생사의 문제를 해결하셨으니 까삘라성으로 반드시 돌아오실 것을 저들은 학수고대하고 있습니다.

오오, 세존이시여, 숫도다나왕께서는 이제 얼마 사시지 못하옵니다. 그분은 세존의 육친 아버님 아니십니까? 아들로서 효도를 다하는 것도 세존의 가르침에 있다고 저는 믿습니다. 세존이시여, 까삘라로 돌아가소서. 고향에 한 번이라도 오셔서 가르침을 설해 주소서. 어릴 적 소꿉친구 깔루다이가 세존께 엎드려 이렇게 고합니다."

시문에 재주가 있는 깔루다이는 언변도 유창했다. 사람의 마음을 움직이는 표현을 구구절절 구사했다. 붓다가 말했다.

"깔루다이야, 내 어릴 적 친구 바로 너로구나. 글을 잘 짓더니 말도 역시 유창하구나. 네 뜻은 나도 잘 안다. 어디 그게 너만의 뜻이겠느냐. 나를 보러 온 사신들이 돌아오지 않으니 아버님께서 너를 보내신 게로구나. 그래, 반갑다만은 지금은 여래가 갈 때가 아니다. 우기가 끝나야 하지 않겠느냐. 그러면 같이 고향으로 돌아가자. 너에게 약조하마. 다만 너도 그 사이에 공부를 열심히 해서 출가하는 게 어떻겠느냐? 출가의 기쁨은 세속의 그 어떤 기쁨과도 비교할 수 없으니 나는 네게 지금 기쁨의 기회를 주려는 것이다."

깔루다이는 다정한 음성으로 다가오는 붓다를 기쁜 마음으로 맞았다. 더구나 붓다는 지금 고향으로 돌아가겠다고 약속까지 하지 않는가. 애초의 목적도 이루게 되었고 자신도 진리의 세계에 들게 되었으니 기쁨은 두 배로 커졌다.

깔루다이는 그날부터 정진을 거듭했다. 마침내 탐·진·치 삼독의 뿌리를 끊어버리고 계를 받은 다음 모든 욕망으로부터 자유로워졌다. 그는 시심이 발동하여 자유의 기쁨을 노래했다.

> 나는 마침내 자유를 얻었네.
> 어릴 적 친구가 붓다 되어
> 어리석은 날 이끌어주셨네.
>
> 샤까족 몸 받아 태어나서는
> 붓다 다음으로 깨닫게 되니
> 이 또한 가문의 영광이로세.
>
> 이제 붓다를 고향으로 모셔
> 형제 친척들 모두 구제하리.
> 차별 없는 세상 다 이루리.

그러고는 적절한 때를 맞추어 붓다 앞에 나아가 다시 말씀을 올렸다. 『테라가타』에는 그의 게송이 이렇게 소개되어 있다.

거룩한 분이시여,
이제 진홍빛으로 물든 나무들은
잎을 떨구고 열매를 맺으면서 불타오르듯 찬란합니다.
거룩하고 당당하신 분이시여,
지금은 가르침을 음미하며 즐겨야 할 때입니다.

아름다운 나무들은
꽃을 피워 향기를 날리면서 잎을 떨구고 열매를 맺습니다.
당당하신 분이시여,
이제 길을 나서도 좋을 때입니다.

춥지도 않고 덥지도 않습니다.
즐거운 계절, 여행에 알맞습니다.
당신께서 서쪽을 향해 로히니 강을 건너시는 모습을
샤까족과 꼴리야족이 뵈올 수 있도록 하소서.

꿈을 안고 밭을 갈았고
꿈을 안고 씨를 뿌렸습니다.

상인들은 꿈을 안고 바다로 나가 재물을 가지고 돌아옵니다. 제게도 꿈이 있거늘, 부디 저의 꿈을 이루어주소서.

065. 가자, 까삘라와스뚜로 돌아가자

우기가 끝났다. 그동안 비가 많이 내렸다. 내리는 비는 키 큰 나무와 키 작은 나무, 산과 들과 풀과 돌과 흙을 차별하지 않았다. 나무라고 해서 많이 내리고 풀이라고 해서 적게 내리지 않았다. 돌 위라고 해서 세차게 내리고 흙 위라고 해서 가녀리게 내리지 않았다. 진리란 그런 것이다. 온 세상에 내리는 비처럼 붓다의 말씀 역시 차별 없는 세상에 대한 크나큰 발원이 자리하고 있었다. 붓다는 제자들을 불러 모았다. 그는 고향 방문을 결정하고 다음과 같이 말했다.

"이제 여래는 고향을 방문하려 한다. 그곳은 나를 낳아준 왕이 계시고 길러준 어머님이 계시며, 아내와 아들이 있는 곳이다. 나는 내 가족들이 아직 붓다의 가르침을 모른다 하여 부끄럽게 여기지 않으며 오히려 그들을 사랑한다. 그들이라 해서 특별한 대접을 받을 일도 없고, 그들이라 해서 차별 당하지 않을 것이다.

출가한 이가 세속 집안의 일에 관여하는 것은 바람직하지 않다. 그러나 그들을 위해 가르침을 베풀어 진리의 문으로 이끈다면 이는 좋은 일이다. 비구들이여, 여래가 고향에 가서 무얼 어떻게 하는지 잘 보고 낱낱이 기억하였다가 빠트리지 말고 역사에 전하여라."

붓다는 마침내 고향 방문을 선포했다. 본진에 앞서 예비진이 먼저 출발했다. 깔루다이가 앞장섰다. 그는 하루라도 빨리 붓다의 고향 방문 소식을 알려야 했다. 붓다가 까뻴라성을 떠나 깨달음을 얻은 지 7년 만의 일이었다. 그 사이 숫도다나왕은 양위를 했다. 싯다르타와 사촌지간인 아누룻다의 형 마하나마가 왕위를 이어받아 까뻴라를 통치하고 있었고, 숫도다나왕은 선왕으로서 예우를 받았다.

"선왕마마, 어떤 수행자가 와서 뵙고자 청합니다. 붓다께서 계신 라자그리하에서 왔다고 합니다."

"오, 그러냐? 어서 모시어라."

숫도다나왕은 깔루다이를 첫눈에 알아보지 못했다. 그는 사신이 아니라 출가 수행자의 용모를 하고 있었으므로 낯설었다.

"선왕마마, 저를 모르시겠습니까? 선왕마마의 명을 받들어 싯다르타 태자님을 모시러 간 재상의 아들 깔루다이, 제가 바로 그 깔루다이입니다."

"오, 네가 정녕 깔루다이란 말이냐? 너 역시 사문이 되었구

나. 태자의 제자가 된 게로구나!"

"그렇사옵니다, 마마!"

"이런!"

숫도다나왕은 출가 비구가 된 깔루다이에게 예를 갖추지 않을 수 없었다.

"그래, 많은 사신을 보내도 오지 않더니 그대는 거룩한 수행자가 되어 돌아오셨구려. 나와의 약조는 지켜지는 것입니까? 우리 아들은 오신다고 합니까?"

"선왕마마, 태자께서는 이미 위대한 성자가 되셨사옵니다. 수많은 왕들이 태자님 발아래 와서 엎드리고 가르침을 받사옵니다. 이는 다 선왕마마의 공덕이요 샤까족의 영광입니다. 이제 그분께서 여기로 오고 계시는데 일주일 후쯤이면 당도하실 것이옵니다. 제가 먼저 달려와서 이 기쁜 소식을 전하는 것이니 기뻐하소서. 선왕마마의 소원이 드디어 이루어졌습니다."

숫도다나 선왕은 기쁨을 말로 표현할 수 없었다. 눈물만 흐를 뿐이었다. 태어나서는 물론 태어나기 전 태몽에서부터 위대한 인물이 될 것이라는 예언의 주인공 아닌가. 그런 아들이 마침내 돌아온단다. 제왕의 자리도 버리고 나간 불효자식이 큰 깨달음을 이룬 후 성자가 되어 돌아오는 것이다. 아물었던 가슴의 상처가 터지면서 일순 걷잡을 수 없는 슬픔이 밀려왔다. 그러다가 슬픔은 곧 설렘과 환희의 감정으로 바뀌었다. 백발노인이 다 되어서도 심장이 쿵쾅거렸다.

까삘라와스뚜 전체가 붓다의 고향 방문 소식에 들뜨기 시작했다. 이 소식은 야소다라의 침실에도 전해졌다. 그녀의 방에서 울음소리도 웃음소리도 아닌 이상한 소리가 며칠간 흘러나왔다. 궁중사람들은 야소다라가 걱정스러웠다. 애태우며 기다리던 님이 오신다지 않는가. 어떻게 제정신으로 멀쩡하게 그리운 님을 맞을 수 있겠는가. 게다가 붓다가 된 싯다르타는 이미 세속의 연을 다 끊어버린 성자가 아닌가. 남편이되 남편이 아니고, 아비이되 아비가 아니니, 사랑하는 님을 뭐라고 불러야 할지조차 막막하고 어색하기만 했다.

네팔 따울리하와(Talihawa) 근교 니그로다숲

한편 까삘라와스뚜는 붓다를 맞이할 준비에 분주했다. 성 밖 길거리까지 깨끗하게 청소하고 향과 꽃을 뿌리며 맛난 음식 재료들을 사서 모았다. 붓다는 라자그리하에서 까삘라와스뚜까지 두 달을 걸어왔다. 참으로 힘든 여정이었다. 아무리 평화롭고 빛나는 용모의 붓다라 할지라도 옷은 남루해지고 피부는 거칠어졌다. 붓다의 고향 방문 행렬은 수만 명에 육박했다. 종족 대이동에 버금가는 큰 규모였다. 인원이 워낙 많다 보니 사고가 없을 수 없었다.

오는 도중 병든 비구가 운명하는 일이 벌어졌다. 비구는 기본적으로 단독 생활이 원칙이므로 돌보는 사람이 없는 게 문제였다. 이 일이 있고부터 비구는 두세 사람이 함께 생활하도록 했다. 병든 비구를 고의로 방치하면 가벼운 죄가 된다는 규약도 정했다. 모든 비구들을 붓다가 직접 가르치기 어려워지자 새로 출가한 수행자를 직접 지도하는 스승 제도를 마련했다. 이런 스승을 '화상和尙'이라고 했으며 이들은 각 지역에 파견되어 붓다를 대신해 구족계를 설할 수 있었다. 사정이 생겨 화상이 그 일을 하지 못할 경우는 그 업무를 대신할 인력이 필요했다. 이런 직책을 '아사리阿闍梨'라고 불렀다. 이들은 스승이 딱히 정해지지 않은 수행자들을 가르치기도 했으므로 교단 내에서는 일종의 선생님이었다. 사람이 많아짐에 따라 이런저런 다양한 규율들이 생겨나는 것은 당연했다. 규율은 길 위에서도 새로 만들어졌다.

붓다는 성 밖 대로를 걸어오다가 까삘라와스뚜 근방에 이르러 왕궁으로 바로 들어가지 않고 성 밖 니그로다 숲에서 머물기로 했다. 성 안은 대규모 인원이 잠잘 곳도 마땅치 않았으며 쉴 곳도 여의치 않았다. 성대한 연회를 준비한 왕과 샤까족은 붓다가 왕궁에 들지 않고 성 밖 숲에 머물자 당황했다. 샤까족의 원로들이 수군거렸다.

'아무리 성자가 되었다한들, 싯다르타는 우리 조카뻘이 아니냐. 마땅히 우리에게 와서 인사를 해야지!'

붓다는 이런 속마음을 천안통으로 미리 보고 있었다. 그런 교만한 마음을 조복시키지 않고서는 고향 방문 자체가 의미가 없었다. 그래서 일부러 니그로다 숲에 머물며 왕을 비롯한 왕족들이 먼저 다가오도록 했다. 숫도다나 선왕이 앞장을 섰다. 선왕이 니그로다 숲을 향해 나아가자 샤까족의 원로들과 대신들이 뒤를 따랐다. 붓다 앞에 선 선왕은 일순 멈칫했다.

'저 사람이 내 아들이란 말인가? 저 사람이 위대한 성자란 말인가? 전단향 향기로운 물에 몸을 씻기고 까시 지방의 최상질 비단 옷감을 입혀 키운 고결한 태자가 맞단 말인가? 아, 저토록 초라한 모습으로 앉아서 이 아비가 왔는데도 일어서지 않다니!'

선왕은 당황한 마음을 숨겼다. 많은 샤까족 원로들 역시 마찬가지였다. 그들은 성자에게 예를 올릴 마음을 내지 못했다. 붓다는 샤까족 원로들의 교만한 마음을 제압하지 않고는 전법이 어렵다는 것을 미리부터 알았다. 붓다는 이적행을 결심했다. 붓다는 명상에 들어 1만 세계의 인간과 신과 범천들을 공중에 비추었다. 그런 뒤에 하늘로 날아올라 온 몸의 열두 곳에서 물과 불을 동시에 내뿜는 쌍신변의 기적을 보여주었다. 늙은 선왕은 자기도 모르게 젊은 아들 앞에 무릎을 꿇고 경배했다.

"자랑스러운 나의 아들 싯다르타 태자가 거룩한 성자가 되어 고향에 오셨으니 늙은 애비는 몸과 마음을 다해 붓다께 경배합니다. 잘 오셨습니다, 잘 오셨습니다!"

선왕이 극진히 예를 갖추어 붓다에게 경배를 하자 모든 사람들이 함께 경배를 했다. 붓다는 그제서야 평화롭고 인자한 모습으로 고향사람들에게 설법을 했다.

그는 어려서 궁중에서 호화롭게 자란 이야기부터 출가해서 고행한 이야기를 생생하게 들려주었다. 깨달음의 요체를 바로 들려주기 보다는 그것이 더 효과적이라 생각했기 때문이다. 그렇게 주의집중이 잘 된 이후에 비로소 네 가지의 성스러운 진리와 여덟 가지의 올바른 실천 윤리와 탐진치 삼독을 이겨내는 일의 고귀함 등에 대해서 차례차례 설법을 했다. 그 자리에 모인 사람들은 깊이 감동했다. 선왕은 문득 붓다의 제자들이 궁금했다.

"세존이시여, 함께 온 많은 제자들은 어떤 사람들입니까?"

"저들은 대부분 마가다국 출신의 브라만들로서 붓다의 가르침에 따라 욕망으로부터 영원한 자유를 얻은 이들입니다."

"그러면 브라만이 끄샤뜨리아에게 귀의하여 제자가 되었다는 말씀이신지요?"

"그렇습니다, 아버님. 붓다의 가르침에는 계층과 계급의 차별이 없습니다. 신분과 지위와 종교의 차별도 없습니다. 모름지기 목숨 받아 태어나는 것은 하나같이 존귀하고 고귀합니다."

아들은 생명의 절대평등을 이야기하고 있는데 아버지의 속마음은 조금 달랐다. 신분상으로 더 우위에 있는 브라만이 더 아래에 있는 끄샤뜨리아의 제자가 되었다는 점에 선왕은 놀라고 있었다. 붓다가 된 싯다르타가 바로 끄샤뜨리아 계급 아닌가. 그런 끄샤뜨리아에게 수많은 바라문들이 귀의한다는 것 자체가 엄청난 충격이었다. 동시에 그 충격은 자신을 비롯한 샤꺄족 전체의 존재감이기도 했고 자긍심이기도 했다. 그런 생각이 들자 왕은 기뻤다. 선왕은 환희심을 간직한 채 왕궁으로 돌아왔다.

다음 날 붓다가 성 안으로 들어와 왕궁을 방문하기로 한 시각이 다가오자 궁 안은 다소 긴장이 감돌았다. 꽃과 향유를 뿌릴 여인들이며 아동들이 줄지어 기다리고 있는 가운데 믿지 못할 일이 일어났다. 그 소식이 왕의 귀에 빠르게 전해졌다.

"선왕마마, 큰일 났사옵니다. 아뢰옵기 황송하오나 붓다께서 바리때를 들고 집집을 돌며 밥을 구걸하고 있사옵니다. 거룩하신 성자라더니 철모르는 아이들이 거지라고 손가락질할까 두렵습니다."

선왕은 하마터면 졸도할 뻔했다. 집나간 아들이 금의환향해서 큰 잔치를 벌일 판인데 걸인처럼 구걸을 하고 다니다니! 자존심 강한 샤까족으로서 있을 수 없는 일이었다. 선왕이 직접 달려 나갔다.

"붓다여, 내 아들이여, 제발 샤까족의 명예를 훼손하지 마소서. 우리들 끄샤뜨리아는 음식을 구걸하는 법이 없습니다."

"선왕마마, 저는 샤까족도 아니요 끄샤뜨리아도 아닙니다. 저는 출가한 사문이며 탁발은 출가사문의 당연한 의무입니다. 옛적의 모든 붓다들이 이렇게 음식을 구걸했으며, 늘 보시에 의존했습니다. 그러니 탁발은 당연합니다. 또한 나의 제자들 모두 이렇게 살아갑니다. 출가 수행자들은 스스로 땟거리를 마련하지 않는 대신에 사람들에게 진리의 말씀을 전합니다. 그리고 음식을 받는데 이는 가진 것 없는 사람이 가진 것 있는 사람에게 의탁하는 것이 아니라, 사람들이 보시 공덕을 쌓을 수 있도록 하기 위함입니다. 그러므로 탁발은 구걸이 아니라 서로에게 도움을 주는 아름다운 보시입니다. 저의 이야기는 최고의 보물이니 이 귀한 보물을 아버님께 먼저 바칩니다. 꿈에서 깨어나 이 보물을 받으신다면 아버님은 더없이 평화로운 나라에 들게 되실 것입니다."

이상했다. 숫도다나왕은 조금 전까지 일었던 성내는 마음의 불길이 붓다의 청정한 이야기에 조용히 꺼지는 느낌을 받았다.

'구걸이 아니라 아름다운 보시란! 그래, 생각하기 나름 아닌가! 내 아들은 정말 대단한 생각을 하는구나!'

선왕은 붓다 일행의 탁발을 더 이상 말리지 못했다. 대신 다음 날 공양 초대를 공식적으로 했다. 야소다라를 만나는 시간이 그만큼 지체되었다.

한편 야소다라는 붓다가 성 안에서 걸식하는 모습을 자신의 방에서 바라보고 있다가 여덟 편의 게송을 지어 불렀다고 전한다. 인간적인 번민이 말끔히 사라진 이 게송들은 나라시하가타(Narasīhagāthā, 인사자게人獅子偈)라는 이름으로 전해져 온다.

> 붉은 성스러운 두 발은 탁월한 법륜으로 장식되셨고
> 긴 팔꿈치는 성스러운 징표들로 치장되셨고
> 발등은 불자拂子와 양산으로 분장되셨으니

이분이 참으로 당신의 아버지 인간의 사자이시옵니다.

우아하고 고귀한 샤까족의 왕자님
몸은 성스러운 징표로 가득 차시고
세상의 이익을 위한 사람 가운데 영웅이시니
이분이 참으로 당신의 아버지 인간의 사자이시옵니다.

얼굴빛은 보름달처럼 빛나고 천신과 인간에게 사랑받으며
우아한 걸음걸이는 코끼리의 제왕 같으시니
인간 가운데 코끼리
이분이 참으로 당신의 아버지 인간의 사자이시옵니다.

왕족으로 태어난 귀족으로서
천신과 인간의 존귀함을 받는 님
마음은 계율과 삼매로 잘 이루어진 님
이분이 참으로 당신의 아버지 인간의 사자이시옵니다.

잘생긴 목은 둥글고 부드러우며
턱은 사자와 같고 몸은 짐승의 왕과 같고
훌륭한 피부는 찬란한 황금색이니
이분이 참으로 당신의 아버지 인간의 사자이시옵니다.

훌륭한 목소리는 부드럽고 깊고
혀는 주홍처럼 선홍색이고
치아는 스무 개씩 가지런히 하야시니
이분이 참으로 당신의 아버지 인간의 사자이시옵니다.

아름다운 머리카락은 칠흑 같은 심청색이고
이마는 황금색 평판처럼 청정하고
육계는 새벽 별처럼 밝게 빛나니
이분이 참으로 당신의 아버지 인간의 사자이시옵니다.

많은 별들의 무리에 둘러싸여
달이 창공을 가로지르는 것처럼
수행자들의 제왕은 성스러운 제자들에 둘러싸여 있으니
이분이 참으로 당신의 아버지 인간의 사자이시옵니다.

그러나 야소다라의 실제 속마음을 누가 다 알랴. 그녀는 싯다르타와 붓다를 구별할 수 없었고, 남편과 성인을 분간하기 어려웠다.

066. 야소다라를 다시 만나다

붓다는 다음 날 최소한의 인원들만 데리고 다시 왕궁을 방문했다. 왕실 가족을 만나는 동안에는 특히 그랬다. 사리뿟따와 목갈라나만 곁에 있었다. 숫도다나왕과 마하빠자빠띠 왕비, 그리고 아들 라훌라가 붓다를 영접했고, 이복동생인 난다도 오랜만에 해후했다.

난다는 싯다르타의 생모 마야 왕비를 대신해 싯다르타를 키워준 이모 마하빠자빠띠의 아들이었다. 그러므로 싯다르타와 난다는 이복형제 간으로, 왕궁에서 공부도 같이 하고 친구처럼 다정하게 지내기도 했다. 형제는 의가 좋았고 사랑이 넘쳤다. 그런 난다가 이제 장성하여 싯다르타 대신 왕위를 이어받을 준비를 하고 있었다.

난다인들 형님이 반갑지 않겠는가. 그래도 감히 형님이라 부르기 어려웠다. 싯다르타 태자는 위대한 성자가 되어 고향 집으로 돌아온 것이었다. 붓다는 왕가의 가족들이 자기에 대해 어떤 태도를 취해야 할지 몰라 당황하는 모습을 잘 살폈다. 그래서 옛 추억을 떠올리며 가족들과 정서적으로 공감하기로 했다.

"난다야, 그동안 많이 컸구나. 이제 혼사를 올려도 되겠다. 좋은 배필은 있느냐?"

"네, 형님, 아니, 붓다 여래 세존 형님… 정말 어떻게 불러야 할지 모르겠네요."

"이럴 땐 그냥 형님이라도 불러도 된다. 내가 아무리 붓다가 되었다 한들 너와 나 사이가 변한 것은 아니지 않느냐. 그러니 너만은 내게 형님이라고 불러도 좋다. 난다야, 너 어렸을 때 나와 같이 숨바꼭질한 생각이 나느냐? 네가 그때 왕궁 숲에 숨어서 오랫동안 나오지 않는 바람에 내가 무척 당황했었지. 어머니가 너무 걱정하실까 나는 그게 마음 아팠느니라. 그때 마침 네가 정원의 너무들 사이에서 토끼처럼 뛰어나와서는 내 품으로 달려들지 않았느냐. 형님이 나를 못 찾았으니 내가 이겼다! 내가 승리자다! 네가 그때 그렇게 말했었느니라. 난다야, 너는 승리자가 어떤 사람이라고 생각하느냐?"

붓다는 이런 식으로 대화를 이끌어갔다. 인간 삶의 진정한 승리를 가르치기 위해 어렸을 때의 체험을 떠올려서 자연스럽게 공감대를 만들어 나갔다. 난다의 눈을 바라보고, 편안한 표정을 지으면서 탐욕과 성냄과 어리석음이라는 마음의 세 가지 독을 다스리는 사람이 진정한 승리자가 될 수 있다고 다정한 목소리로 말하는 것이었다.

마하빠자빠띠 선왕비는 붓다의 목소리만 들어도 감격했다. 아무 말도 못하고 하염없이 눈물만 흘릴 뿐이었다. 그녀는 태자가 출가했을 당시 마부 찬나를 향해 안타깝게 호소하던 자기의 목소리를 문득 떠올렸다.

"찬나야, 너는 대체 생각이 있는 것이냐 없는 것이냐. 맹수와 독충이 들끓는 험한 산속에서 우리 태자가 어찌 지낼 것이며, 더럽고 냄새나는 옷을 입은 채 가시덩쿨에 누워 어찌 잠을 잘 것이냐. 아, 어리석은 찬나여, 너는 어쩌자고 혼자서 돌아왔느냐. 이건 분명 꿈일 것이다."

그렇게 걱정하던 태자가 온갖 어려움을 이겨낸 끝에 위대한 성자가 되어 지금 선왕비 앞에 있는 것이다. 선왕비는 자기가 손수 키운 아들을 마음속으로 열 번도 더 '오, 나의 거룩한 아들! 오, 나의 거룩한 아들…' 하고 불러보았다.

"어머니, 불효자가 늦게서야 돌아왔습니다."

"아닙니다. 불효자라니요. 우리 왕자님은 이제 모든 사람들의 존경을 받는 위대한 성자가 되셨지요. 잘 오셨습니다. 자랑스럽습니다."

붓다는 가족들을 돌아보며 골고루 인사말을 건넸다. 아들 라훌라도 정겹게 대해주었다.

"라훌라야, 너도 많이 컸구나."

"위대한 분이시여, 당신이 나의 아버지입니까?"

"라훌라야 나는 모든 중생의 어버이이니라."

"…"

라훌라는 그게 무슨 말인지 이해하지 못했다. 라훌라가 눈을 깜박이며 고개를 갸우뚱거리자 좌중이 모두 웃었다.

"아바마마, 제가 태자 시절에 계절마다 지내던 별궁들도 지금 그대로인가요?"

이번엔 선왕을 바라보며 물었다.

"태자가 출가한 뒤로 텅 비어 있답니다. 태자의 마음을 붙잡기 위해 지은 건데 아무 소용이 없으니 지금도 별궁만 보면 떨어진 꽃잎을 보듯 매일 속이 상합니다."

그러자 붓다가 자연스레 설법을 펼쳤다.

"그렇습니다, 아바마마. 육체의 환락은 떨어지는 나뭇잎과 같아서 잠시뿐입니다. 세상에 영원한 것은 아무것도 없습니다. 부귀영화와 권력도 다 마찬가지입니다. 인생은 그래서 아쉽고 안타까운 것이며 궁극적으로는 괴로운 것입니다. 아바마마, 저는 괴로움으로부터 근본적으로 해방되는 길을 찾았습니다. 그 길은 자유와 평화와 행복을 누리는 길입니다. 저는 우리 종족과 고향사람들에게도 이 길을 전하러 스스로 두 달을 걸어 오늘 여기에 왔습니다."

붓다와 가족들은 이렇게 정담을 나누면서 진리의 문에 조금씩 가까이 다가서고 있었다. 야소다라 한 사람을 제외하고 말이다. 야소다라는 가족 모임에 나올 수가 없었다. 그녀는 여러 사람 가운데 한 사람이고 싶지 않았다. 유일한 한 사람으로 붓다와 만나고 싶었다. 그녀는 스스로 철창 없는 감옥이라 불렸던 자기 방에서 손톱을 물어뜯으며 초조하게 앉아 있었다. 자기 발로 걸어 나간 남편이 자기 발로 다시 왔으니 아내가 기다려야 된다고 생각했다. 두 눈에 눈물방울을 그렁그렁 매달고 버선발로 뛰어나갈 일이 아니었다. 그것은 여자로서 최소한의 자존심이었다. 가족 모임 자리에 야소다라가 보이지 않자 붓다는 그녀의 마음을 충분히 헤아렸다. 마침 숫도다나 선왕이 어렵게 말을 꺼냈다.

"붓다여, 나의 아들이여, 그대는 야소다라의 방으로 직접 찾아가셔야 합니다. 그녀를 위로해 주소서."

붓다는 자리에서 일어났다. 그의 걸음이 야소다라의 침전 쪽을 향했다. 바라보는 사람들 모두 가슴이 두근거렸다. 붓다는 출가를 결행한 마지막 날의 새벽 정경을 떠올렸다. 한없이 평화롭게 잠들어 있는 부인과 아들 모습이 꿈결처럼 나타났다. 하늘의 달과 별도 다 비칠 것 같은 맑고 고요한 수면 같은 정경이었다. 만유의 생명을 대표하는 듯한 평화였다.

어느 순간 그 평화가 일그러졌다. 출렁이는 물이랑 파문을 만든 장본인은 싯다르타 태자였다. 붓다가 되어 다시 돌아와도 파문을 원상회복시킬 수는 없었다. 회복하기 어려운 상처! 야소다라는 그런 상처를 안고 지금껏 살아오는 중이었다.

붓다가 야소다라의 침전 문을 열고 들어가자 방 안은 은은하게 어두웠으며 무거운 침묵이 감돌고 있었다. 그녀는 몸단장을 새로 한 것 같았으나 많이 여윈 상태였다. 침상 옆 의자에 앉아 있었는데 마치 조그만 소녀가 웅크리고 있는 듯했다. 돌아보면 지난 세월 동안 그녀는 이렇게 웅크리고만 살았다.

그녀의 방은 어떤 꽃도 피지 않는 거친 황야와도 같았다. 붓다는 봄바다에 밀려가는 배처럼 그녀를 향해 조용히 다가갔다. 거친 황야를 향해 푸른 바다 전체가 밀려가는 듯했다. 한동안 침묵이 흘렀다.

"야소다라여, 내가 왔습니다. 한때는 이 나라의 태자이자, 라훌라의 아버지, 야소다라의 지아비였던 싯다르타 태자입니다. 늦어서 미안하고, 기다려줘서 고맙습니다. 그 옛날 내게서 반지를 받았던 유일한 여인이여, 나는 뜻한 바를 모두 이루어 이제 마지막 승리자가 되었습니다. 나는 모든 의심의 그물을 끊어버리고 모든 애욕의 흐름에서 벗어나 대자유의 세계에 살고 있습니다.

야소다라여, 더 이상 마음의 아픈 티끌 때문에 괴로워하지 마세요. 그대가 괴롭지 않은 길을 내가 일러주려고 이렇게 먼 길을 오지 않았습니까. 나는 내 스스로의 스승이며 모든 사람의 스승이 되었습니다. 이제부터 내가 그대의 지아비였다는 생각을 지워버리고 스승으로 섬기면 그대 역시 자유와 평화 속에서 살아가게 될 것입니다. 야소다라여, 이제 고개를 들어

붓다와 야소다라의 재회를 표현한 불화

내 얼굴을 바라보세요. 반듯하게 바로 보셔야 합니다."

 붓다의 말이 끝나도 야소다라는 아무 반응이 없었다. 어둠 속에서 그녀의 작은 어깨가 조금씩 흔들릴 뿐이었다. 슬픔과 기쁨이 뒤섞인 알 수 없는 비명소리가 은은한 빛 가운데서 새어나왔다. 소리는 점점 커지더니 마침내 통곡으로 변했다. 야소다라는 그리운 이의 발 앞에 엎드려 큰 소리로 울면서 하염없이 눈물을 흘렸다. 붓다의 발이 야소다라의 눈물로 흥건히 적셔지고 있었다. 야소다라는 붓다의 얼굴을 끝내 바라볼 수 없었다. 붓다가 하늘의 귀를 열어보니 그녀가 속마음으로 노래하는 소리가 들렸다.

오, 사랑하는 나의 낭군님
저는 가슴이 너무 벅차서
몸을 가눌 수가 없답니다.
님의 얼굴 볼 자신 없어요.

다정하신 낭군님 목소리에
내 마음 감화될까 싫어요.
전 그냥 계속 아프고 싶고
목소리만으로 만나고 싶어요.

이렇게 기쁠 수가 없는데
이렇게 슬플 수도 없네요.
그대 음성 자애로울수록
저는 견디기 힘들답니다.

그대 얼굴 바로 바라보면
그대 껴안을까 겁이 나고
그리움에 사무친 입술은
먼저 키스할까 겁나지요.

사랑하는 나의 싯다르타
오세요. 절 안아주세요.
겁 많은 당신의 여인을
법으로 어루만져 주세요.

듣고 보니 그녀는 지옥과 극락을 동시에 살고 있었다. 뭐라 설명할 수 없는 오랜 숙연의 힘이 그녀의 기쁨과 슬픔을 휩싸고 돌았다. 붓다 역시 아무에게도 들리지 않는 침묵의 소리로 말했다.

그대여, 울지 마시오.

우리 이렇게
다시 만나지 않았소.

그대가 나를 보살피고
절개를 지켰던 것은
이번 생만이 아니라오.

067. 동생과 난다를 출가시키다

붓다가 온 이후로 까삘라와스뚜는 성스러운 분위기에 고조되고 있었다. 붓다는 선왕과 왕궁 사람들을 위해 설법을 자주 했다. 설법을 듣고 난 그들은 출가사문의 길을 이해하게 되었고 한편으로는 붓다를 더욱 자랑스럽게 생각했다. 그런데 붓다의 고향 방문이 자랑스러운 것만은 아니었다.

붓다가 까삘라에 온 지 며칠도 안 되었을 때 샤까족 청년들은 앞을 다투어 붓다의 제자가 되었다. 까삘라는 또 한번 발칵 뒤집혔다. 옛날 숫도다나왕과 야소다라 태자비가 겪었던 쓰라린 아픔을 많은 부모와 아내들이 똑같이 겪어야 했다. 그것은 붓다의 친족도 마찬가지였다.

붓다의 이복동생 난다는 왕위 계승 서열 1위의 왕자로서 결혼을 앞두고 있었다. 약혼녀는 자나빠다깔야니(Janapadakalyāṇī)였다. 자나빠다(janapada)는 '나라'이고 깔야니(kalyāṇī)는 '미인'이란 의미이므로 '그 나라 최고의 미인'이란 뜻이다.

어느 날 붓다는 왕궁에 왔다가 난다에게 자신의 바리때를 대신 들고 있게 했다. 사람들과 이런 저런 이야기를 나누고는 니그로다 숲을 향해 돌아가고 있었다. 난다는 붓다의 바리때를 전해야 했지만 그럴 기회를 놓쳤다. 하는 수 없이 붓다의 바리때를 든 채 행렬을 따라갈 수밖에 없었다. 숲에 도착한 붓다는 난다를 앞에 앉히고 천천히 말했다.

"난다야. 어떻게 생각하느냐? 지금 많은 청년들이 출가하고 있다. 왕족 중에서도 누군가 출가해야 한다고 생각하지 않느냐?"

난다는 이상한 기분이 들었다. 형님이 지금 무슨 말씀을 하시려는 거지? 하면서 긴장하기 시작했다.

"난다야, 너는 출가하고 싶지 않느냐?"

난다의 의사를 묻는 목소리가 너무 진중했다. 난다가 대답을 망설이자 붓다의 목소리가 바로 들려왔다.

"난다야, 너는 지금 곧 머리를 깎고 출가해라."

청천벽력 같은 이야기였다. 난다는 선뜻 대답을 못하고 주저하는 모습을 보였다.

"난다야, 너는 지금 눈앞에 보이는 여성의 아름다움에 사로

잡혀 있구나. 너는 내 말대로 곧 출가하는 것이 좋겠다."

붓다는 난다의 머리를 손수 깎아준 다음 바로 출가시켰다. 전격단행이요 속전속결이었다. 난다는 형님인 붓다의 뜻을 어기지 못하고 출가하여 니그로다 숲에 살게 되었다. 그러나 난다는 아리따운 깔야니의 모습이 떠오를 때마다 괴로웠다. 이 괴로움은 난다가 출가한 뒤에도 한동안 계속되었다. 출가한 난다가 약혼녀 깔야니를 잊지 못하면서 멍하게 앉아 있는 모습을 종종 보이자 붓다는 난다를 데리고 깊은 숲속으로 들어갔다. 거기에서 흉하게 생긴 암원숭이 한 마리를 난다에게 보이며 물었다.

"난다야, 이 암원숭이와 너의 약혼녀를 비교하면 어느 편이 더 아름다우냐?"

"말할 것도 없이 깔야니가 훨씬 아름답습니다."

붓다가 이번에는 이 세상에서는 볼 수 없는 아름다운 선녀를 신통력으로 보이며 물었다.

"이 선녀와 너의 약혼녀를 비교하면 어떠냐?"

난다는 입을 다문 채 아무 말도 못했다. 총명한 난다는 금세 깨달았다.

"난다야, 아름다운 것은 덧없다. 그것은 욕망이며 영원하지 않기 때문에 아쉬움을 남긴다. 인생은 아쉬움과 싸우는 게 아니다. 나이가 들어 피부가 쭈글쭈글해지면 누구든 젊은 날의 팽팽하던 모습을 그리워한다. 다 소용없는 일이다. 그런다고 다시 아름다워지겠느냐? 아름다움은 욕망이다. 욕망에 휘둘리면 마음이 늘 아쉽고 불편하며 전쟁터처럼 평안할 날이 없다. 욕망을 여의면 안온한 삶을 산다. 그것이 오래 가는 기쁨이다. 난다여, 여래에게 오라. 그리고 오래 행복하여라."

난다의 출가를 슬프게 여기는 사람은 깔야니만이 아니었다. 싯다르타 태자가 떠난 다음 오직 하나밖에 없는 후계자로 믿고 있던 난다마저 출가했다는 소식을 들었을 때 숫도다나 선왕과 마하빠자빠띠 선왕비는 또 한번 쓰라린 고통을 겪어야 했다.

068. 아들 라훌라를 출가시키다

이제 남은 후계자는 손자인 라훌라밖에 없었다. 붓다가 까삘라왓투를 방문한 지 7일이 되는 날이었다. 야소다라는 아들에게 이렇게 말했다.

"라훌라야, 네 아버지는 엄청난 재산을 가진 분이시란다. 아버지에게 가서 너에게 물려줄 재산을 달라고 청하여라. 유산을 받기 전에 절대 물러나선 안 된다."

"예, 어머님. 잘 알겠습니다."

싯다르타 태자가 비록 출가는 했으나 태자 명의로 되어 있는 많은 재산이 정리된 것은 아니었다. 야소다라는 그것을 라훌라가 물려받으면 좋겠다는 생각을 했다.

"선왕마마, 라훌라를 니그로다 숲으로 보내 붓다를 뵙게 하고 싶습니다. 수행원이 따르도록 할 터이니 윤허하여 주옵소서."

"무슨 일로 가려는고?"

"붓다께서 세속에 남긴 재산이 있어 이를 상속받고자 하옵니다."

"잘 처리하고 오도록 하여라."

라훌라는 니그로다 정사를 찾아 붓다 앞에서 말했다.

"아버지, 아버지의 그늘은 행복합니다. 아버지, 저에게 물려줄 재산을 주세요."

"나의 그늘이 정말 행복하냐?"

"예. 아버지는 우리 가정의 큰 나무 그늘이십니다."

"그것이 네 생각이더냐?"

"어머니가 이렇게 이야기하라 하셨습니다."

붓다는 빙그레 웃었다.

"라훌라야, 내가 재산이 많아 보이느냐?"

"예, 아버지. 아버지는 재산이 많다고 어머니께서 말씀하셨습니다."

"그래, 그것은 네 어머니 말씀이 맞다. 하지만 라훌라야, 내가 가진 재산은 금은보화가 아니다. 땅도 집도 아니다. 내가 너에게 상속해 주려는 재산은 '사람은 어떻게 하면 행복하게 사는가?' 하는 문제에 대한 대답이다. 네가 거기에 대한 대답을 달라고 하면 나는 네게 그 재산을 상속해 주겠다. 너는 재산이 좋으냐 행복이 좋으냐?"

라훌라가 금세 대답하지 못하자 붓다는 계속해서 물었다.

"너의 난다 삼촌이 궁성에서 나와 여기 내 옆에 함께 살고 있다. 삼촌이 더 많은 재산을 위해 여기에 있겠느냐 행복을 찾기 위해 여기에 있겠느냐?"

"삼촌은 재산도 많으신데 여기 있는 걸 보면 행복해지려고 그러신 거겠죠."

"그래, 바로 그거다. 너는 재산이 좋으냐 행복이 좋으냐?"

"저도 행복이 좋습니다."

"그럼 됐다. 내가 네게 행복을 상속해 주겠다."

붓다는 사리뿟따를 불러 일렀다.

"이 아이를 출가시켜라."

마침내 라훌라도 아버지인 붓다를 따라 출가하게 되었다. 물려줄 재산은 물질적인 재산이 아니라 법의 재산이었던 것이다. 지켜보던 수행원이 손쓸 틈도 없이 라훌라는 동자승이 되고 말았다.

라훌라는 너무 어렸으므로 정식 계를 받을 수 없었다. 그가 계를 받기까지는 8년의 세월을 더 기다려야 했다. 그 기간 동안 라훌라는 예비 사문이었고 충분한 교육과 훈련을 받아야만 했다. 이런 예비 사문을 사미沙彌라고 불렀다. 라훌라는 불교 교단 최초의 사미라는 기록을 가지게 되었다.

야소다라는 하늘이 두 번이나 무너지는 아픔을 겪었다. 아들을 통해 남편의 마음을 어떻게 돌려보려 했으나 오히려 어린 아들마저 자기 곁을 떠나게 되었다. 나이 어린 손자까지 출가하자 선왕의 비통함도 이루 말할 수 없이 컸다. 선왕은 니그로다 숲을 향해 마차를 몰았다. 선왕이 숲에 들어서자 라훌라가 천진난만한 모습으로 할아버지를 향해 달려왔다. 머리를 빡빡 밀고 가사를 입은 채 바리때를 들고 해맑게 웃고 있었다.

"세존이시여, 이게 무슨 일입니까? 아들이 출가한 이후로 나는 하늘이 무너지는 아픔을 견디며 살아왔습니다. 샤까족을 일으킬 위대한 전륜성왕의 꿈마저 다 버리고 하루하루 살아가는게 얼마나 고통인지 모르시겠습니까? 아무리 맛있는 음식을 먹어도 모래를 씹는 것 같고, 아무리 향기로운 술을 마셔도 흙탕물을 마시는 듯 토악질이 났습니다. 그런데 아들을 대신 할 손자를 또 출가시켜 데려가니 이게 무슨 일입니까? 난다에 이어 라훌라까지 출가하면 우리 왕국은 이제 누가 이어간단 말입니까? 제발 제 손자 라훌라를 돌려보내 주소서."

숫도다나왕은 아들 앞에 무릎을 꿇고 간절하게 애원했다. 깔루다이 시인이 이 모습을 보고 가슴 아픈 시를 지어 혼자 읊조렸다.

> 애통하다, 이런 일 어찌 있으리.
> 늙은 아버지가 젊은 아들 앞에
> 무릎 꿇고 간절하게 비는 모습
> 천신도 야차도 눈물 흘리누나.
>
> 손자를 돌려 달라는 할아버지
> 이제는 눈물도 말라 버렸네.
> 아들 보내고 손자마저 보내니
> 여인들, 혼절할까 마음 쓰리네.
>
> 나라의 제왕인들 무얼 하나.
> 천만 권세와 백만 보화보다
> 행복이 더 좋아 떠난다는데
> 막을래야 막을 길이 없구나.

붓다는 아버지의 애끓는 호소를 듣고도 꿈쩍하지 않았다. 숫도다나 선왕은 마음을 접어야만 했다. 대신 그는 붓다를 향해 제안을 했다. 앞으로는 부모가 동의하지 않는 어린아이의 출가는 삼가달라고 했다. 붓다는 이를 받아들였다. 그러나 붓다는 라훌라의 출가를 철회할 필요는 없었다. 라훌라 이후부터 규정을 적용하기로 했다.

붓다는 어쩌면 더 많은 사람들을 구제하기 위해 고향을 방문한 것인지 몰랐다. 붓다는 동생과 아들을 출가시켰고 많은 동족들을 출가시켰다. 그것은 마치 재난의 행성을 필사적으로 탈출하려는 비장한 의식 같았다. 후일 붓다가 입멸하기 전에 전쟁이 일어나서 샤까족은 멸족의 운명을 맞았는데, 출가한 이들은 그 운명의 흐름에서 모두 벗어났다. 이것이 붓다의 선견지명이었는지 배려였는지는 아무도 몰랐다.

069. 아버지께 가르침을 베풀다

붓다는 까삘라와스뚜를 떠나기 전 왕궁에서 공양을 했다. 공양을 마친 후 선왕은 붓다에게 말했다.

"세존이시여, 태자가 왕궁을 떠나 어둡고 깊은 숲에서 고행하고 있을 때 어떤 사람이 와서 '당신의 왕자는 죽었소.'라고 했지만 나는 그것을 믿지 않았습니다. 나는 그에게 '내 왕자는 진리를 깨닫기 전까지는 결코 죽지 않는다.'고 힘주어 말했습니다. 마침내 나의 아들은 이렇게 위대한 붓다가 되셔서 늙은 애비를 기쁘게 해주십니다."

그러자 붓다는 말했다.

"선왕이시여, 당신의 전생에 어떤 이가 뼈를 가지고 와서 '당신의 아들이 죽었소. 이것이 당신의 죽은 아들의 뼈입니다.' 했으나 당신은 그때도 믿지 않으셨지요. 금생의 일도 마찬가지입니다."

"무슨 말씀이신지, 전생에도 이런 똑같은 일이 있었다는 것입니까? 자세히 알고 싶습니다. 들려주소서."

붓다는 선왕의 청을 받아 전생 이야기를 시작했다.

"옛날에 호법護法이라는 바라문이 있었습니다. 그는 물론 집안사람들 모두가 보시를 행하고 계율을 잘 지켰기 때문에 얻은 이름입니다. 그 집에 아들이 있었는데 역시 호법이라고 불렀습니다. 아버지는 아들을 먼 곳으로 유학 보냈습니다. 아들 호법은 훌륭한 스승 밑에서 공부했는데 5백의 제자들 사이에 끼어 학예를 닦은 지 오래지 않아 으뜸이 되었습니다. 어느 날 스승의 아들이 죽었습니다. 스승은 물론 5백의 제자와 친척들이 슬퍼하였으나 호법은 슬퍼하지 않았습니다. 5백의 제자들이 장례를 치르고 돌아와 스승의 아들이 젊어서 죽은 것을 아까워 하고 있을 때, 호법은 자기 집안에는 젊어서 죽는 일이 없이 늙어서만 죽는다고 말했습니다. 이 이야기를 들은 스승은 호법의 말을 확인하고자 어린 염소의 뼈를 가지고 호법의 고향집에 가서 아버지 호법에게 뼈를 내보이면서 아들이 죽었다고 했습니다. 그러나 아버지 호법은 믿지 않았습니다. 호법의 스승은 아버지에게 물었습니다.

'바라문이여, 젊어서 죽지 않는 당신의 집 가풍에는 반드시 이유가 있을 것입니다. 그 까닭을 알고 싶습니다.'

아버지 호법은 시를 읊어 답했습니다.

바른 법을 행하고
거짓말하지 않으며
삿된 행위를 피해
더러운 업을 여의었나니

이런 젊은이는 죽지 않네.

선하지 않은 법에 물들지 않고
악한 벗 버리고 선한 벗 친하며
보시할 땐 마음으로 기뻐하고
보시 후에는 뉘우치지 않으며
사문·바라문·나그네와

행자와 거지·가난한 이에게
우리는 음식을 공양하나니

이런 젊은이는 죽지 않네.

우리는 아내를 가벼이 여기지 않고
아내도 남편을 가벼이 여기지 않으며
어디서나 청정한 수행을 함께 닦나니
이런 미덕을 갖춘 여인의 아들은
총명하고 지혜가 깊거니

이런 젊은이는 죽지 않네.

 아버지 호법의 게송을 들은 스승은 '올바른 진리는 계행을 닦고 수호하는 이를 보호합니다. 나는 당신을 시험했지만 당신은 속지 않았습니다. 당신의 아들은 건강하게 잘 지내고 있으니 걱정하지 마십시오.'하고 돌아갔습니다. 그리고 공부를 마친 호법에게 많은 제자를 거느려 보냈습니다. 선왕이시여, 그때의 아버지가 당신이시며 그 스승은 지금의 사리뿟따입니다. 호법을 따라온 제자들은 지금의 비구들이고 아들 호법이 바로 저였습니다."

붓다의 이야기를 들은 선왕은 믿음을 향한 강한 의지가 생겼다. 신심이 생기자 붓다의 설법이 훨씬 잘 이해되었다. 특별히 청하여 들은 설법이 그런 경우였다. 그것은 인도 사회에 오래 전부터 뿌리내리고 있는 네 가지 계급의 차별을 타파하는 설법이었다.

"인간이 이 세상에 태어나는 것은 생사를 끝없이 윤회하면서 각각의 생에서 행한 행위의 결과가 반영된 것입니다. 빈부귀천의 종자가 따로 있지 않다는 말씀입니다. 살아 있는 동안 착하게 살고 좋은 일을 하면 귀하고 좋은 신분으로 태어나고, 그 반대로 살면 천한 신분으로 나거나 심지어 동물의 몸을 받을 수도 있습니다. 살아 있는 동안 어떻게 사느냐가 중요하지 사람이 본래부터 신분의 차별을 가지는 것은 아닙니다.

선왕이시여, 붓다가 발견한 진리는 바다와 같습니다. 모든 강물이 한 바다에 들어와 섞여도 바다의 짠 맛이 변하지 않는 것과 같이 붓다의 가르침은 모든 인간을 차별하지 않고 받아들입니다. 바라문·끄샤뜨리야·바이샤 수드라를 가리지 않고 평등하게 받아들입니다. 바닷물이 그런 것처럼 그들은 모두가 한 몸이며 한 형제인 것입니다.

더구나 인간은 지수화풍의 네 가지 요소가 모여서 산 생명이 됩니다. 거기에 차별은 없습니다. 바라문의 네 가지 요소와 수드라의 네 가지 요소가 달라서 차이가 있는 게 아닙니다. 사람이 의도를 가지고 하는 행위에 따른 결과가 다를 뿐입니다. 네 가지 요소는 이 세상에서 늘 모였다가 흩어집니다. 모인 상태로만 영원하지도 않고 흩어진 상태로만 영원하지도 않습니다. 그러므로 '나'라는 특별한 실체가 없게 마련입니다. 바라문과 끄샤뜨리야와 바이샤와 수드라의 구분은 진리의 가르침과 아무 관련이 없이 사람들이 일부러 만든 것입니다. 이는 진리와 멀리 있으므로 언젠가는 무너질 것입니다.

선왕이시여, 인생은 무상한 것입니다. 이것이 변치 않는 진리입니다. 인간은 늙고 병들고 죽는 괴로움을 피할 수 없습니다. 나는 늙음과 병과 죽음의 괴로움에서 벗어나 절대평화의 대자유를 얻고자 출가했습니다. 나는 오랜 수행 끝에 죽음을 두려워하지 않게 되었으며 모든 고뇌가 끊어 없어진 절대평화의 세계에 도달했습니다.

선왕이시여, 인생은 무상하고 괴로운 것입니다. 이 괴로움에서 벗어나는 길은 나에 대한 집착을 버리는 것으로만 가능합니다. 탐욕과 성냄과 어리석음을 버리면 가능합니다. 그런 뒤에는 '네 가지의 성스러운 진리'를 깨닫고 '여덟 가지의 올바른 길'을 실천하십시오. 또한 열두 가지의 연쇄의 법칙이 어떻게 이루어지는지를 성찰하면 행복한 경지에 이를 수 있습니다."

숫도다나왕은 확고부동한 신심의 바탕 위에서 붓다의 설법을 들으니 머릿속이 시원하게 뚫리는 체험을 하게 되었다. 그는 자기도 모르는 사이에 성인의 반열에 들어서고 있었다. 그러나 붓다의 고향 방문이 오래 갈 수는 없었다. 작별의 시간이 서서히 다가왔다.

070. 어머니가 가사를 공양하다

붓다가 고향을 떠나기 전에 마하빠자빠띠 고따미 선왕비가 붓다를 찾아와 손수 지은 가사를 공양하겠다는 뜻을 밝혔다.

"세존이시여, 지금 입고 계신 낡은 가사 대신 새로운 가사를 제자들이 만들고 있다고 들었습니다. 그리고 가사가 만들어지는 대로 까삘라와스뚜를 떠나신다고 알고 있습니다. 이 어미가 세존을 위해 새 가사를 만들었습니다. 제 손으로 직접 물레를 돌려 실을 만들고 베를 짜서 만든 것입니다. 모쪼록 이 가사를 받아주시옵소서."

"어머니, 고맙습니다만 저는 이 가사를 받지 않겠습니다. 우리 승가에 주시면 나와 나의 제자들 모두에게 주시게 되는 것입니다."

고따미 왕비는 세 번을 간청했다. 그러나 붓다의 대답은 한결 같았다. 붓다는 출가 수행자들이 재가신도들로부터 개인

소유의 공양물을 받지 않도록 해 온 터였다. 자기 자신부터 이 원칙을 지켜야 했다. 그러자 속가의 장인인 숩빠붓다가 분위기를 부드럽게 했다.

"세존이시여, 고따미의 가사를 받아주시옵소서. 고따미는 친어머니를 대신하여 당신을 정성껏 키워주신 분입니다. 낳은 지 일주일이 되는 날부터 키우기 시작했으니 친어머니나 다름없지요. 고따미는 세존께서 오신 이후 이미 삼보에 귀의하고 세존으로부터 다섯 가지 계율도 받아 수행의 경지 또한 높게 올라갔습니다. 고따미는 절대로 사적인 공양물을 드리는 것이 아니오니 고따미의 가사를 허락해 주소서."

"고따미의 가사를 승가 전체에 주신다면 받아들이겠습니다."

붓다는 어머니가 한 땀 한 땀 정성스레 바느질하여 지은 가사를 승가 전체의 이름으로 받고서는 보시의 공덕에 대해 설법했다.

"세상에는 네 가지의 보시가 있습니다. 첫째는 주는 사람에 의해 청정해지는 보시입니다. 주는 사람은 착한데 받는 사람이 사악한 경우가 이것입니다. 둘째는 받는 사람에 의해 청정해지는 보시입니다. 베푸는 사람이 사악한 사람일지라도 받는 사람이 자비롭다면 그 보시는 받는 사람에 의해 청정해지는 보시입니다. 셋째는 주고받는 쪽 모두가 불순한 마음으로 거래하는 경우여서 보시의 의미가 퇴색하는 경우이고, 넷째는 양쪽 모두 선의와 자애로운 마음으로 주고받으니 이런 보시가 최상의 보시라고 하겠습니다."

붓다의 설법은 쉽고 단순했지만 감동적이었다. 붓다가 들려준 보시의 네 가지 형태는 사람들 사이에 무언가 주고받는 일이 생길 때 생각해볼 수 있는 보편적인 유형이었다. 주는 사람도 기쁘고 받는 사람도 기쁜 보시. 이것이 보시의 진정한 가치라는 가르침이었다. 고따미는 기쁜 마음으로 붓다에게 경배했다. 제자들 모두에게 가사가 마련되자 붓다는 제자들을 데리고 까삘라와스뚜를 떠났다.

071. 샤까족 왕자들이 귀의하다

붓다가 까삘라와스뚜를 떠날 때 가장 애가 끊어지는 사람은 야소다라였다. 그녀는 왕궁으로 작별인사를 하러 찾아온 어린 라훌라를 껴안고 한참을 울었다.

'아들아, 모쪼록 아버지를 따라서 위대한 성자가 되어라. 어미가 바라는 것은 그것뿐이다. 그런 후 이 어미도 이끌어다오. 남편도 아들도 없는 이 궁에서 내가 무슨 낙으로 살겠느냐.'

마음은 이랬으나 말이 차마 나오지 않았다. 라훌라 역시 떠나는 내내 발걸음이 가볍지 않았다. 사리뿟따는 라훌라의 교육 지도를 맡고 있었으므로 어린 라훌라 곁을 내내 지키고 있었다. 소년은 이따금 뒤를 돌아보며 어머니를 향해 손을 흔들었다. 야소다라는 아들의 천진난만한 표정 때문에 더 슬펐다.

 일행이 다 떠나고 난 뒤 미처 출가하지 못한 몇몇 젊은이들이 모였다. 그들은 샤까의 왕족들이었다. 아난다, 아누룻다, 밧디야, 바구, 데와닷따, 깜빌라 등도 출가에 뜻이 있었으나 부모의 반대에 부딪쳐 뜻을 이루지 못했다. 비록 시기는 놓쳤지만 지금이라도 뒤따라가면 가는 도중이라도 붓다 행렬을 만날 수 있을 것 같았다.

"우리도 다 같이 떠나자."
"더 큰 세상으로 나아가 더 큰 공부를 해보자."
"세존께서는 누구나 붓다가 될 수 있다고 하셨다."
"이렇게 왕궁에 갇혀서 편안하게 살면 뭐하나."
"붓다를 따라가자."
"붓다로 살자."

 왕자들은 의기투합했다. 그런데 성문을 빠져나가는 게 쉽지 않았다. 샤까족의 출가는 왕명으로 엄격하게 한정되었다. 외아들은 출가 금지, 아들이 둘이면 하나만 가능, 다섯이면 셋까지 가능… 이런 식으로 제한을 두었으므로 출가를 원한다고 다 이루어지지 않았다. 왕자들은 그보다 더 엄격했다. 까뻴라 왕국으로서는 개인의 종교적 성취도 중요했지만 지나친 인구 유출도 막아야 했다. 그러니 왕자들의 뒤늦은 합류가 쉽지만은 않았다.

5백 명 가까이 되는 샤까족 청년들이 출가할 때 성문 밖에서 머리를 깎아주는 전담 이발사가 있었다. 그가 우빨리(Upāli)였다. 우빨리는 청년들이 일생의 중대사를 결행하는 과정에서 중요한 역할을 맡고 있었다. 새로 머리를 깎은 청년들 중에는 우빨리에게 감사를 표하며 자신이 가진 것을 보시하는 이들도 많았다. 짧은 기간 동안 많은 재물이 생겼지만 우빨리는 성문을 지키는 병사들에게 이 재물을 대부분 나누어 주었기에 성문 병사들과 각별한 관계였다.

"우빨리를 설득해 보자."

"우리가 성문 밖으로 나갈 수 있도록 도와달라고 해보자."

"그는 성문 병사들과 친하니 어렵지 않을 거야."

우빨리는 커다란 마차를 빌려 물건을 잔뜩 싣고 그 속에 왕자들을 들어가게 했다. 그는 문지기 병사들에게 말했다.

"후발대로 가서 붓다께 보시물을 전해야 한다네. 보시를 하고 싶어 하는 사람들이 내게로 자꾸 가져오는구먼… 빨리 가져다주고 돌아오겠네."

결국 왕자들은 성문을 무사히 빠져나와 국경 언저리에 이르렀다. 그들 역시 우빨리에게 감사를 표하며 많은 패물과 금은보화를 주었다.

"우빨리야, 고맙다. 여기 이 금은보화를 가져가거라. 우리는 필요가 없다. 너는 우리를 위해 좋은 일을 했으니 이것으로 보답을 하고 싶구나. 잘 돌아가거라."

"왕자님들은 부디 소원을 성취하소서!"

우빨리가 돌아가다 생각하니 '왕자님들의 소원 성취'는 그리 간단한 일이 아니었다. 자기가 돌아가면 왕자들이 모두 사라진 사건을 조사하게 될 테고, 그들의 출궁을 도운 게 들통나면 왕족 부모님들의 진노를 살 터였다. 벌을 받을 게 뻔한 상황인데 돌아가기에는 너무 위험했다. 그는 왕자들에게 받은 금은보화를 나무에 걸어두고 발길을 다시 돌렸다.

'아무 부족한 것 없는 왕자들이 집을 떠나 진리를 공부하러 간다는데 도대체 그 진리가 얼마나 좋은 것인가. 붓다께서는 아무런 차별도 두지 않는다 하시니 나같이 신분이 천한 사람도 왕자들과 함께 수행해서 안 될 게 뭔가. 이참에 나도 왕자님들을 따라가는 게 낫겠다. 금은보화들이야 인연 있는 사람들이 가져가겠지.'

우빨리는 오던 길을 되돌아서 왕자들과 곧 합류했다.

"왕자님들, 소인도 붓다께 가는 길에 함께 하도록 해주소서. 이대로 돌아간들 저는 왕자님들을 출궁시킨 죄를 추궁당해 큰 벌을 받을 것입니다. 듣자하니 붓다께서는 누구든 정진하면 깨달을 수 있다 하십니다. 제가 그 사람이 될 수는 없겠는지요."

"좋다, 안 될 일이 있겠느냐. 더구나 너는 우리의 은인 아니냐. 같이 가자!"

이렇게 해서 모두 일곱 명의 길손들이 함께 길을 나서게 되었다. 그들은 걸음을 빨리하여 붓다 일행을 곧 따라잡을 수 있었다. 붓다와 그 일행은 태자가 처음 출가하여 스스로 머리를 깎은 아노마강 인근의 아누쁘리야 망고숲에서 머물고 있었다. 붓다는 일곱 명의 젊은이들이 다가오는 것을 보고 그들을 반겼다. 그들 중에는 사촌 동생들도 있었다. 그중 하나인 아난다가 붓다를 향해 경배하고 또록또록한 목소리로 말했다.

"세존이시여, 저희는 모두 붓다의 가르침에 따르고자 하나이다. 저희를 제자로 받아주소서."

붓다는 이들 모두를 기쁘게 받아들였다. 붓다는 이들이 왕궁을 어렵게 빠져나온 이야기를 재미있게 들었다.

"하하하, 우빨리가 아니었으면 힘들었겠구나. 잘했다 우빨리야. 왕자들을 짐 속에 숨기다니 어떻게 그런 생각을 다 했느냐. 너 역시 왕자들 못지않게 지혜롭구나.

너희들 일곱 명이 함께 출가를 하나, 나는 우빨리를 먼저 선임제자로 받아들이겠다. 모든 일에는 과보가 있는 법이다. 이번 일에 우빨리의 공이 가장 크다. 게다가 그는 겸손하고 착하다. 그러니 충분히 선임 제자가 될 만하다. 이의가 있느냐?"

"없습니다. 우빨리는 공이 큽니다. 선임이 될 만합니다."

"좋다. 이제부터 너희들은 우빨리를 손윗사람으로 공경해야 한다. 그게 바로 수행이다. 승가는 다투지 않고 화합해야 하며, 그 본바탕은 '내가 누구입네' 하는 아상을 내려놓는 것이다."

"세존의 말씀을 잘 따르겠나이다."

일설에는 여섯 왕자들이 붓다에게 우빨리의 선임제자 요청을 먼저 하고 붓다가 이를 수용했다고도 한다. 경전이나 구전으로 전해오는 이야기는 조금씩 변형되기 마련이다. 많은 전승들에 이들이 왜 무탈하게 궁중을 나오게 되었는지 붓다가 궁금해 하는 대목은 나오지 않는다. 그러나 이야기의 전체 진행 과정을 보면 붓다가 먼저 제안을 하는 게 훨씬 흥미롭다. 왕자들은 그때까지 여전히 아상을 가지고 있었으며 붓다는 예상치 못한 방식을 써서 왕자들의 아상을 단박에 깨트린 것이다.

아무튼 이발사 우빨리는 왕자들의 인사를 받게 되었다. 승가가 된 이상 이발사도 왕자도 아무런 차별이 없었다.

'이건 분명 현실이 아니다. 꿈이다. 내가 왕자님들과 동등하게 대접을 받는다니!'

072. 우빨리·아난다·아누룻다가 후일 십대제자가 되다

우빨리는 붓다에 대한 믿음이 매우 컸다. 그 결과 열심히 수행정진해서 곧 깨달음을 성취했다. 무엇보다 그는 붓다가 제정한 계율을 우직하게 잘 지켰다. 승가 내부에 계율에 대한 논란이 일어날 때 그는 현명한 판단을 내리곤 했으므로 붓다로부터 칭찬을 받았다. 그래서 그의 별칭이 '계율을 제일 잘 지키는 우빨리 비구'였다.

함께 간 왕자들도 수행을 열심히 하여 대부분 깨달음에 도달했는데 데와닷따와 아난다만 깨달음에 이르지 못했다. 데와닷따는 붓다에 대한 질투심이 강했고 이로 인해 후일 붓다를 배신하는 길을 가게 되었다. 아난다는 붓다의 마지막 25년을 가까운 거리에서 수행하며 비서 같은 역할을 했지만 이는 자기 수행에 매진하기보다 붓다의 설법을 경청하는 것을 더 좋아했기 때문이었다. 하지만 그는 붓다 입멸 후 붓다의 말씀을 기록하는 과정에 참여해 놀라운 기억력으로 구술경전 확립에 큰 공헌을 세웠다. 수많은 경전에 '나는 이와 같이 들었다[여시아문如是我聞]'로 시작하는 경우는 대체로 아난다의 이야기이다.

아난다는 붓다 입멸 후 마하깟사빠의 주도로 진행된 1차 결집 준비 과정에 잠시 제외된 적이 있었다. 아직 아라한의 경지에 이르지 못했다는 외형상의 이유가 있었지만, 그보다는 붓다가 자연 목숨을 연장할 수 있었음에도 불구하고 가까이에서 이를 요청하지 않은 잘못이 있었다. 도반들은 이를 아난다의 큰 잘못이라고 추궁했다. 1차 결집 준비 모임에서 제외되자 아난다는 혹독한 정진 수행에 매진했고 얼마 지나지 않아 아라한과를 얻었다. 아난다가 아라한과를 얻은 때는 1차 결집 하루 전날이었다.

아누룻다는 붓다의 사촌동생으로서 수행자의 대열에 뒤늦게 참여한데다 문제가 좀 있었다. 그는 숲속 생활이 잘 맞지 않았다. 곱게 자란 습성이 아직 가시지 않아서인지 몰라도 게을렀다. 그는 붓다의 설법 시간에도 종종 졸았는데, 설법을 끝낸 붓다가 아누룻다를 따로 불러 말했다.

"아누룻다여, 너는 어째서 집을 나와 도를 배우느냐?"

"생로병사와 근심 걱정의 괴로움이 싫어 그것을 버리려고 집을 나왔습니다."

"그런데 너는 설법을 하고 있는 자리에서 졸고 있으니 어떻게 된 일이냐?"

아누룻다는 몹시 부끄러웠다. 샤까족의 자존심도 구겨져 버렸다. 그는 자기 허물을 크게 뉘우치면서 붓다께 맹세했다.

"세존이시여, 이제부터는 이 몸이 부서지는 한이 있더라도 다시는 졸지 않겠습니다."

아누룻다는 한다면 하는 성격이었다. 붓다의 꾸중이 오히려 대분심을 일으켰다.

'자신이 본래 붓다라는데 나는 지금 설법 시간에 졸음의 유혹을 못 참아서 고작 졸고 앉아 있는가. 이러려고 출가했는가.'

그렇게 스스로를 다그치자 모든 욕망의 유혹에서 벗어나 붓다와 같은 깨달음을 얻겠다는 마음이 솟구쳐 오르기 시작했다. 아누룻다는 밤에도 자지 않고 뜬눈으로 정진하다가 마침내 눈병이 나고 말았다. 붓다가 그를 타일렀다.

"아누룻다여, 너무 애쓰면 조바심과 어울리고 너무 게으르면 번뇌와 어울리게 된다. 너는 그 중간을 취하도록 하라."

그러나 아누룻다는 부처님 앞에서 졸지 않겠다고 맹세한 일을 상기하면서 타이름을 들으려 하지 않았다. 아누룻다의 눈병이 날로 심해졌다. 붓다는 의사 지와까에게 아누룻다를 치료해 주도록 당부했다.

지와까는 뛰어난 의사였다. 그는 빔비사라왕의 명령으로 붓다와 수행자들의 건강을 돌보는 일을 했다. 지와까는 '살아

남아서 다른 사람을 이롭게 한다'는 뜻을 가진 이름이었다. 지와까의 어머니는 마가다 왕국 라자그리하의 미모가 출중한 유녀 살라와띠였다. 와이샬리에 암바빨리가 있다면 라자그리하엔 살라와띠가 있다고 사람들은 이야기했다.

오래전, 살라와띠는 원치 않는 임신을 하게 되자 아기를 낳은 다음 쓰레기 더미에 버렸다. 때마침 아와야 왕자가 빔비사라왕을 알현하기 위해 왕궁으로 가다가 까마귀에게 둘러싸여 있는 쓰레기더미 속 갓난아기를 보았다. 왕자는 아기가 살아 있는 것을 알고 데려다 후궁에서 기르도록 했다. 아기 이름을 '살아 있다'는 뜻으로 '지와까'라고 지었는데, 아기는 이 이름 외에 '왕자의 보호로 양육되었다'는 뜻으로 꾸마라밧짜라는 이름도 가지게 되었다.

지와까는 성장한 다음 탁실라의 유명한 의사를 찾아가서 7년 동안 의술을 배웠다. 그런 후 고향으로 돌아오는 길에 대부호 아내의 병을 고쳐주고 많은 돈과 노비와 마차까지 얻었다. 지와까는 아와야 왕자에게 돌아와 길러주신 은혜에 감사하며 처음으로 번 많은 돈을 왕자에게 주었지만 왕자는 돈을 받지 않았다. 아와야 왕자는 오히려 자기의 후원에 지와까의 거처를 마련해 주었다. 지와까는 그곳에 머물면서 빔비사라왕의 병까지 고쳐주게 되었다. 빔비사라왕이 지와까에게 상으로 궁녀들을 주고자 하였으나 지와까는 궁녀보다 보람된 일을 원했다. 그러자 왕이 명했다.

"지와까야, 그러면 너는 이제부터 나와 왕궁의 여인들과 깨달으신 분과 비구 승단을 돌보도록 하라."

그래서 지와까는 붓다와 그 제자들을 돌보는 의사가 되었다.

아누룻다의 증세를 살펴본 지와까는 붓다에게 이렇게 보고했다.

"아누룻다 존자가 잠을 자면서 눈을 쉰다면 치료할 수 있습니다. 하지만 그가 잠을 자지 않으려고 하니 큰일입니다."

붓다가 다시 아누룻다를 불러 말했다.

"아누룻다여, 잠을 좀 자거라. 생명을 가진 모든 육신은 먹지 않으면 죽는 법이다. 눈은 잠으로 먹이를 삼고, 귀는 소리로 먹이를 삼으며, 코는 냄새로, 혀는 맛으로, 몸은 감촉으로, 생각은 현상으로 먹이를 삼는다. 그리고 여래는 열반으로 먹이를 삼는다."

아누룻다는 끝내 고집을 버리지 않았다.

"여래께서는 눈은 잠으로 먹이를 삼는다고 말씀하지만 저는 차마 잘 수 없습니다."

아누룻다는 마침내 앞을 볼 수 없게 되었다. 그는 시력을 완전히 잃었다. 육안肉眼을 잃어버린 아누룻다의 일상생활은 말할 수 없이 불편했다. 어느 날 그는 해진 옷을 깁기 위해 바늘귀를 꿰려 했으나 꿸 수가 없었다. 그는 혼잣말로 중얼거렸다.

'세상에서 복을 지으려는 사람이 나를 위해 바늘귀를 좀 꿰어 주었으면 좋겠네.'

이때 누군가 그의 손에서 바늘과 실을 받아 바늘귀를 꿴 다음 해진 옷을 기워 준 사람이 있었다. 그 사람이 붓다인 것을 알고 아누룻다는 깜짝 놀랐다.

"아니, 여래께서는 늘 복을 지으시는데 또 무슨 복을 지을 일이 있으십니까?"

"아누룻다여, 이 세상 복을 지으려는 사람들 중엔 내가 으뜸이니라. 나는 아무리 복을 지어도 복이 배고프다. 아누룻다여, 그런 복들 중에 다음의 여섯 가지가 특히 그러하니라. 이런 복은 아무리 지어도 질리지 않느니라. 이웃에게 베풀기, 누군가를 가르치기, 스스로 참아내기, 진리를 전하기, 모든 생명을 사랑하기, 위없이 높고 밝은 깨달음을 추구하기. 내가 지은 이런 복은 나 자신을 위하는 게 아니라 모든 생명을 위한 것이니라. 아누룻다여, 너도 마땅히 이런 마음으로 계속 복을 짓도록 하여라. 복은 받는 게 아니라 짓는 것이니라."

"세존이시여, 감사하나이다."

아누룻다는 복 짓는 일의 무한공덕에 대해 붓다로부터 생생한 가르침을 받고 환희심이 솟았다. 그는 비록 육안을 잃었으나 힘써 정진한 끝에 마음의 눈[천안天眼]이 열리는 신통의 경지에 올랐다. 붓다의 뒤를 따라 출가한 이들 일행 중 우빨리와 아난다와 아누룻다는 붓다의 십대제자가 되었다.

073. 샤까족과 꼴리야족이 물싸움을 하다

고향에 다녀온 지 얼마 지나지 않아 숫도다나 선왕의 병세가 악화되었다. 붓다는 와이샬리에서 까삘라와스뚜 근교로 거처를 옮겨서 만일을 대비했다.

그해에 가뭄이 심했다. 로히니강이 바닥을 드러낼 정도로 물이 부족했다. 이 강을 사이에 두고 있는 샤까족과 꼴리야족의 농부들은 조금이라도 더 강물을 끌어오기 위해 애를 썼다. 모를 먼저 심은 꼴리야족 농부들이 샤까족 농부들에게 말했다.

"이보시오, 강바닥 물이 모자라니 어차피 이번 농사는 어렵겠소. 우리가 모를 먼저 심었으니 논에 물을 흠뻑 주면 우리라도 잘될 게 아니오. 그쪽은 논빼미가 작기만 하니 어차피 큰 수확은 고대하기 어렵지 않소. 한쪽이라도 잘 되는 게 나으니 우리가 물을 끌어 쓰는 게 당연하지 않겠소."

샤까족 농부들도 가만히 있을 수 없었다.

"그걸 말이라고 하시오. 당신들을 위해서 우리보고 먼저 죽으라고? 그럼 우리는 가을 농사철에 당신들 집 앞에 가서 구걸이라도 하란 말이오? 파종을 늦게 했다고 물을 쓰지 말라니 누가 그런 법을 만들었단 말이오."

"물을 나눠 쓰면 어차피 둘 다 죽지 않겠소. 하나라도 사는 게 낫지 둘 다 죽는 게 좋겠소?"

"그러면 당신네들이 먼저 죽으시오. 우린 물 대는 걸 포기할 수 없소."

언성을 높이기 시작하던 농부들은 점점 과격해졌다. 삿대질을 시작하더니 마침내 주먹다짐까지 하게 되었다. 그리고 두 종족 사이에 오래 잠복해 있던 서로에 대한 비난이 터져 나오기 시작했다.

"이런 문둥이 같은 놈들!"

"제 누이들과 근친하는 개돼지들!"

그러나 누가, 어떤 사람이, 정말 이렇게 표현했는지는 확실하지 않았다. 한 사람 한 사람 건너다니면서 말은 제멋대로 변질되었다. 농부들 사이에 벌어진 막말 싸움은 몸싸움으로 변하더니 주변의 농부들이 모두 몰려와 패싸움으로 번졌다. 싸우는 이유도 모른 채 분위기에 휩쓸려갔다.

두 진영 사이에 감정이 격렬해지자 종족 감정으로 번져 상층부까지 영향을 미치기 시작했다. 군대를 동원하여 전쟁이라도 할 기세였다. 실제로 샤까족은 군대를 출병시켜 성문을 막 나서고 있었다. 그건 꼴리야족도 마찬가지였다. 농사를 망치면 경제가 파탄 나고 민생이 악화되는데, 그 원인이 상대방 때문이라면 전쟁을 해서라도 제압해야 한다고 생각했다.

'내가 나서지 않으면 큰일 나겠구나!'

붓다는 로히니강으로 조용히 몸을 옮겼다. 강을 사이에 두고 양쪽 병사들이 일촉즉발의 대치 상태를 이루고 있었다. 어느 쪽이라도 먼저 화살을 당기면 전면전으로 번질 태세였다. 그때 붓다가 돌연히 나타났다. 붓다는 공중부양을 하고 결가부좌를 한 채 강물 위에 떠 있었다. 일종의 이적술이었는데, 병사들을 진정시키는 데는 효과가 있었다. 칼과 창과 활을 들고 있던 병사들이 모두 엎드렸다. 양쪽의 왕들 역시 무기를 내려놓고 몸을 낮추었다. 붓다는 공중에서 천천히 내려와 양 진영의 지도자들을 불렀다.

"그대들은 한 친족 간에 왜 싸우려 하는가?"

"우린 무시당했습니다. 저들이 우릴 개돼지라고 모욕했습니다."

"저 사람들은 우릴 문둥이라고 조롱합니다. 나라 전체가 들끓고 있습니다."

"누가 그런 말을 했는가?"

조사를 해보니 딱히 사실관계가 확인되지도 않았다. 입에서 입으로 퍼지기 시작한 말이 진짜인 것처럼 위장되어 전쟁 직전 상태까지 발전한 것이었다.

"이 강물이 중합니까, 사람이 중합니까?"

"그야, 여부가 있겠습니까. 사람이 더 중하지요."

"그런데 물보다 더 소중한 사람 목숨을 물 때문에 버리겠다는 말입니까? 이 강바닥을 피로 물들이면 무슨 이득이 있겠습니까? 세상에 이보다 더 어리석은 경우는 없을 겁니다."

모두가 머리를 숙였다. 한순간의 감정에 휘둘리어 이성적인 판단을 내리지 못한 왕족들은 특히 부끄러웠다. 붓다는 사람들을 모은 다음 '어리석은 토끼'에 대한 설법을 했다.

"옛날 어느 종려나무 숲속에 토끼 한 마리가 살고 있었지요. 토끼는 종려나무 아래 앉아서 '만일 하늘이 무너진다면 나는 어떻게 할까?' 하는 생각을 하고 있었습니다. 그때 과일 하나가 종려나무 잎 위로 떨어지면서 '풀썩' 소리를 냈습니다. 그 소리를 듣던 토끼는 '이건 하늘이 무너지는 소리지.' 하면서 뒤도 돌아보지 않고 밖으로 뛰쳐나갔습니다.

그것을 본 다른 토끼들이 "왜 그렇게 정신없이 달리는 거야?"라고 물었습니다. "그런 말 묻지 말고 너희들도 어서 도망쳐……"라고 대답하면서 토끼는 계속 뛰어갔습니다. "왜 그런지 알려줘야 도망을 치지, 왜 그래?"라고 물으니 하늘이 무너지고 있기 때문이라고 겁쟁이 토끼가 말했습니다.

"그렇다면 큰일이네!" 다른 토끼가 말하면서 겁쟁이 토끼의 뒤를 따라 뛰어갔지요. 그것을 본 모든 토끼들이 일제히 나와서 뛰기 시작했고, 그 소문은 금방 퍼져서 숲속의 동물들이 모두 나와서 달리기 시작했습니다. 사슴, 멧돼지, 물소, 호랑이, 사자, 코끼리 등의 무리들이 제각기 그 소문을 듣고서는 도망가기 시작했지요.

그 모습을 본 사자가 동물의 행렬을 향해 큰 소리로 포효했습니다. 동물들은 달려가던 길을 멈추고 그 자리에 섰지요. 사자는 동물들에게 조용히 물었습니다.

"왜 모두들 정신없이 달려가는 거야?"

"하늘이 무너진다고 해서요."

"누가 그것을 보았는데?"

"코끼리 떼가 알 겁니다."

"코끼리, 너희들은 봤니?"

"아닙니다. 저희들은 잘 모릅니다. 호랑이들이 알 겁니다."

"아니야, 우리도 잘 몰라. 물소들이 알 거야."

"우리도 아니야, 저 멧돼지들이 알 거야."

짐승들은 모두 모른다고만 대답했습니다. 사자는 차례차례로 물어가다가 맨 끝에 가서는 겁쟁이 토끼에게 "하늘이 무너지고 있는 게 사실이냐?"고 물었습니다.

"예, 정말입니다. 제가 보았습니다."

"하늘이 무너지는 것을 어디서 보았느냐?"

"종려나무 숲속에서요. 저는 무서워서 곧바로 뛰어나와 버렸죠."

사자는 모든 걸 지혜롭게 헤아릴 줄 알았습니다.

"내가 이 토끼를 데리고 그곳에 가서 하늘이 무너졌는지 보고 올 테니 너희들은 여기서 기다려라."

사자는 토끼를 등에 태우고 종려나무 숲으로 들어갔습니다.

"거기가 어느 쪽인지 말해 봐라."

사자의 말을 듣고 토끼는 부들부들 떨면서 종려나무를 가리켰습니다.

"저기 종려나무 옆입니다."

사자가 그곳에 가보니 역시 과일 몇 개가 종려나무 잎 위에 떨어져 있는 것이었습니다. 하늘이 무너진 흔적은 조금도 볼 수가 없었지요. 사자는 과일을 주워들고 토끼를 향해 말했습니다.

'이것이 네가 보았다는 하늘인가?'

여러분도 같이 따라 해보세요.

'이것이 네가 보았다는 하늘인가?'"

붓다의 이야기가 끝나자 양쪽의 군사들은 머쓱해졌다. 도망치던 동물들이 다시 숲으로 돌아오듯이 격앙되었던 마음들이 차분하게 돌아오기 시작했다. 붓다가 계속해서 말했다.

"친족들은 친하게 지내야 합니다. 친족이 화목하면 어떠한 침략도 막을 수 있습니다. 들판에 홀로 선 나무는 큰바람이 불면 쓰러지지만 숲속의 나무들은 큰 나무 작은 나무 여러 나무들이 어울려서 의지하기 때문에 큰바람이 불어도 쓰러지지 않습니다. 친족 간이 뭐가 다르겠습니까. 서로 싸우지 말고 평화롭게 지내야 번성해지고 행복해집니다. 여러분들이 물 때문에 서로 싸우고 죽여서 강바닥이 피로 채워진다면 그게 가뭄 해결에 무슨 도움이 되겠습니까. 평화만이 자유를 약속하고 번성을 보장하여 우리를 행복으로 이끌어 가는 법입니다. 이제 칼과 창을 내려놓고 적은 물일지라도 지혜롭게 나눌 방법을 이야기하세요."

샤까족과 꼴리야족은 붓다의 이야기에 크게 감화되어 싸움을 중지했다. 그러고는 감사의 뜻으로 각각 250명의 청년들을 보내어 붓다를 돌보게 했다. 그러자 붓다는 이들 모두를 출가시켜 제자로 받아들였다. 5백 명의 새로운 제자가 생겼다. 그러는 사이 숫도다나왕은 노환이 심해졌다. 붓다는 육친 아버지를 위해 까삘라와스뚜를 다시 방문했다.

074. 숫도다나왕이 세상을 뜨다

숫도다나 선왕이 병석에 눕게 되었다. 누구도 피해갈 수 없는 길이었다. 돌아보면 그의 삶은 순탄치 않았다. 일국의 왕이었건만 늦도록 자식이 없었다. 쉰 넘어 처음 왕자를 보았지만 왕비를 먼저 떠나보내야 했다. 전륜성왕의 기대를 받던 왕자가 출가 수행자가 되고자 성 바깥으로 나갔을 때는 하늘이 무너질 듯했다. 그 무렵, 출가하겠다며 간절한 목소리로 치고 들어오는 아들 목소리가 늙고 병든 왕의 귀를 아직도 울리는 중이었다.

"아바마마, 제 소원은 죽음을 뛰어넘는 일입니다. 늙고 죽어가는 고통에서 벗어날 수 있는 방법을 가르쳐 주시면 저는 이 자리에서 출가의 뜻을 버리겠습니다."

아무리 왕이어도 들어줄 수 없는 소원이었다. 아들은 누구도 피해갈 수 없는 생로병사의 고통을 해결하고자 왕위를 버리겠노라고 했다. 그리고는 해결책을 가지고 정말로 돌아왔다. 그런데 또 다른 충격이 덮쳤다. 성자가 된 아들이 돌아와서는 작은아들과 손자까지 출가시켜 데리고 가버린 것이다. 샤까족과 꼴리야족의 물싸움을 중재한 것은 좋았으나 이번에는 두 종족의 청년 5백 명을 데리고 떠나버렸다. 늙은 선왕의 마음은 더없이 쓸쓸했다. 붓다를 낳았다는 영광을 느끼면서도 손자마저 떠난 후로는 마음이 텅 비어 외로움만 깊어갔다.

선왕은 슬픔과 기쁨과 회한과 만족감이 뒤섞인 이상한 표정을 지으며 조용히 눈물을 흘리고 있었다. 늙고 죽어가는 고통에서 벗어날 수 있는 방법이야말로 지금 자신에게 필요했다. 까뻴라 왕궁의 황금 지붕 너머로 붉게 물든 저녁 하늘이 한쪽으로 기울어지고 있었다.

노쇠한 육체는 회복이 어려웠다. 선왕은 돌아올 수 없는 고통의 수렁 속으로 점점 더 빠져들고 있었다. 나라 안의 명의를 불러 치료했으나 소용이 없었다. 뼈마디가 아프고 천식은 그치지 않았다. 고통을 참는 신음소리는 옆에서 지켜보는 사람들을 더욱 가슴 아프게 했다. 일부 친족들이 왕에게 말했다.

"선왕께서는 악을 싫어하셨으며, 덕을 쌓는 일엔 조금도 쉬지 않으셨습니다. 또한 백성을 늘 편안하게 해주셨으니 이로써 선왕의 명성은 온누리에 널리 퍼졌습니다. 그런데 지금 선왕께서는 무엇을 걱정하십니까?"

그러자 선왕이 말했다.

"나는 내 한 몸 죽는 것을 괴로워하지 않는다. 하지만 나의 아들 싯다르타를 죽기 전에 다시 보지 못하는 것은 한탄스럽다. 싯다르타를 보고 싶구나. 작은아들 난다가 세간의 모든 탐욕에서 벗어나는 것을 보지 못한 채 내가 눈을 감는다면 이 또한 한탄스러울 것이다. 난다가 보고 싶구나. 아난다가 부처님의 가르침을 잘 지녀서 한 마디도 잊지 않는 것을 보지 못한 채 내가 죽는다면 이 역시 통탄스러울 일이다. 아난다도 보고 싶구나. 나의 손자 라훌라가 계행을 잘 지켜 붓다가 되는 것을 보지 못하고 죽는다면 그것도 한탄스러운 일이다. 라훌라도 보게 해다오."

선왕은 자신의 죽음에 대해 괴로워하기보다는 샤까족 후손들의 종교적 성취를 더 걱정했다. 그는 생의 마지막 순간까지 혈족의 가부장으로서 자신의 역할에 충실하고자 했다. 보고 싶은 자손들 이름을 하나씩 부르며 가는 숨을 몰아쉬었다. 왕비가 젖은 수건을 선왕의 마른 입술에 가져다 대며 속삭였다.

"마마, 우리의 자손들을 하루빨리 돌아오게 하겠나이다."

선왕의 와병 소식은 붓다에게 급하게 전해졌다. 붓다는 천안통으로 선왕의 목숨이 다했음을 보고 제자들과 까삘라와스뚜로 향했다. 붓다는 병들고 연로한 선왕의 마음을 편안하게 하는 데 주력했다. 처음 고향 방문에 들려주었던 설법에서 조금 더 쉽고 편안한 법문을 들려주었다. 선왕은 이따금 붓다에게 자신을 아버지라고 불러주기를 요청하기도 했다.

"위대한 세존이시여, 내 아들 붓다시여, 이 늙고 병든 몸을 아버지라고 한 번만 불러주소서."

"예. 그렇게 하겠습니다. 아버지! 아버지는 아들 붓다에게 몸을 주셨으니 그 공덕이 어찌 크지 않으시겠습니까. 더군다나 진리의 가르침도 잘 받아들이시고 이제는 아라한의 경지에 이르셨으니 죽음의 두려움으로부터 완전히 벗어났습니다. 제가 많은 생애 동안 쌓은 공덕과 보리수 아래에서 깨달은 진리가 아버님을 고통에서 벗어나게 할 것입니다."

"그러면 세존이시여, 거룩한 손을 제 몸에 한 번이라도 대어주시고 법문해 주소서."

붓다는 빙그레 웃으며 오른손을 뻗어 왕의 이마에 얹고서 법문을 계속했다.

"아버지, 걱정하지 마소서. 당신은 계행이 청정하여 오래 전에 마음의 때를 벗었습니다. 지금 번뇌는 없고 괴로워할 일도 없습니다. 마땅히 여래의 말씀을 잘 기억하고 생각하소서. 지금까지 행한 착한 일들의 좋은 뿌리를 믿으소서. 그 뿌리에서 좋은 열매가 달릴 것이니 이는 죽음 너머에서 이루어질 복밭입니다. 모쪼록 마음 편안하고 너그럽게 가지소서."

이복동생 난다, 사촌동생 아난다, 아들 라훌라가 붓다와 함께 임종을 지키고 있었다. 선왕은 자기 혈족들을 한 번씩 바라보더니 들릴락 말락 한 작은 목소리로 붓다를 향해 말했다. 그것은 낡은 헝겊 자루 같은 거칠고 메마른 몸에서 마지막으로 나오는 촉촉한 생명의 물기였다.

"이제 나의 소원이 이루어졌습니다. 내 아들 부처님이시여, 나는 행복합니다."

늙은 선왕은 태자였던 붓다의 손을 꼭 쥔 채 마지막 설법을 들으면서 조용히 숨을 거두었다. 세상 나이 아흔일곱, 백 년 가까이 세 들어 살던 몸을 한 아라한이 마지막에 벗어났다. 동시에 천신들의 노래가 바람결에 들려왔다.

  오, 그대는 마음씨 착하고 인자한 국왕
  아들 붓다의 지극정성 법문을 듣고서는
  고통스러운 육체의 허물 다 버리셨네.

  아들 얻은 기쁨 위에 부인 잃은 슬픔
  홀로된 며느리 바라보며 애태우던 날들
  가슴 조이던 파란만장했던 세월도 잠깐

  세상에 변치 않는 것은 아무것도 없어라.
  영원하지 않음을 바라는 건 인생의 헛꿈
  아들을 스승으로 둔 임종은 행복도 하다.

선왕이 운명하자 전국에 포고령이 떨어졌다.

선왕께서 붕어하셨다.
모든 백성들은 웃고 떠드는 것을 삼가며 흰 옷을 입으라.

선왕의 유해는 붓다의 가르침에 따라 화장하노라.

왕국 전체가 커다란 슬픔에 잠겼다. 까삘라가 비록 약소국이긴 했어도 주변 강대국들 사이에서 정치적 안정을 유지하고 있었던 이유는 선왕의 기품과 지도력 덕분이었다. 그 기둥이 무너짐으로써 일어나게 되는 국운의 쇠퇴를 백성들 모두는 짐작하고 있었다.

'작은 나라들은 이제 의지할 곳을 잃었다. 왕 중의 왕이 가셨다. 나라의 위엄은 사라졌다.'

까삘라와 같은 부족 중심 국가체제를 가진 나라들은 강력한 전제왕권 중심의 큰 나라에 대항하여 싸울 수가 없었다. 그나마 숫도다나 재세 시에는 세력 균형이 어느 정도 유지되고 있었으나 이제는 그마저 기대하기 힘들게 되었다. 싯다르타의 출가는 샤까족에게 그런 점에서 더욱 뼈아픈 일이었다.

왕궁은 장례 준비에 분주해졌다. 난다와 아난다와 라홀라는 왕의 관을 메게 해 달라고 붓다에게 청했다. 붓다는 이를 허락했다. 붓다 역시 숫도다나왕의 관을 메고자 했다. 그러자 많은 사람들이 위대한 성자인 붓다가 육친 아버지의 관을 멜 수 없다고 반대했다.

"여러분의 뜻을 잘 압니다. 붓다가 관을 메지 않으면 출가 비구는 부모 은혜도 모른다고 비난하는 사람들이 생길 것입니다. 그 때문에 난다와 아난다와 라훌라가 관을 메는 것입니다. 붓다 역시 이들과 똑같은 비구이니 문제될 게 없습니다."

여러 이야기가 오간 후, 붓다는 관을 드는 대신 향로를 들고 다비장으로 가는 것으로 정해졌다. 전하는 이야기에는 사천왕들이 사람 모양을 하고 와서 붓다 대신 관을 메었다고 하는데 이는 붓다의 선친에 대한 예우의 표현이었을 것이다. 붓다를 대신하여 관을 들려면 세 명의 혈족 비구 외에 천신들 정도는 되어야 하지 않을까. 옛사람들은 그렇게 믿고 싶었을 것이다.

가장 좋은 전단향나무 위에 불이 들어갔다. 잠시 뒤 선왕의 시신은 거대한 불꽃 속에서 사그라들기 시작했다. 여기저기서 슬픈 곡소리가 울렸다. 울부짖거나 기절하는 사람들이 속출했다. 선왕비인 마하빠자빠띠, 태자비였던 야소다라의 울음소리가 특히 구슬펐다. 까뻴라의 백성들에게 전륜성왕의 희망이었던 싯다르타 왕자는 비구가 되어 돌아와 백성들 앞에 다시 섰다. 붓다는 이들의 마음을 어루만지는 설법을 했다.

"대중들이여, 오늘 나는 육친의 아버님을 보내는 자리에 서 있는 아들입니다. 어려서는 전륜성왕의 포부를 안고 백성들과 왕가의 희망으로 자라났지만, 저는 모든 영광을 버리고 출가자의 길로 나섰습니다. 그리고 대자유를 얻어 절대평화의 안락함에 마침내 도달했습니다. 이제 그 평화와 행복을 모든 사람들에게 나눠주려 합니다. 그러므로 나는 '아버지의 아들'이 아니라 '도달한 사람'이요, '나눠주는 사람'으로 살아갑니다.

우리들의 일생은 저 타오르는 불꽃 속에 스러지는 육신처럼 잠깐을 살다가 갑니다. 세상에 영원한 것은 아무것도 없으며 모든 것은 변합니다. 여래는 이것을 보는 사람입니다. 여러분 모두 볼 수 있습니다. 저 불길이 비록 사납지만 우리들 욕망의 불길은 더 사납기만 합니다. 그 불길을 꺼야 합니다. 욕심과 성냄과 어리석음의 세 가지 독과 이별해야 합니다. 스스로를 늘 잘 돌아보고 이웃을 위해 착한 일을 많이 하는 게 좋습니다. 인생 다른 길이 없습니다. 부지런히 정진하는 길만이 인간의 길입니다.

대중들이여, 정진의 가장 쉬운 길이 방일하지 않는 것[아빠마다, appamāda]입니다. 인생은 아무 생각 없이 흐리멍덩한 상태로 부주의하게 살아서는 안 됩니다. 욕망을 일으키는 형상, 소리, 냄새, 맛, 감촉 등에 마음을 빼앗기는 게 방일[빠마다, pamāda]입니다. 나쁜 행위로만 마음이 몰려가는 것도 방일이며, 좋은 행위를 하지 않으려는 것도 방일입니다. 마음은 좋은 쪽으로 가지 않으면 반드시 나쁜 쪽으로 가게 마련입니다. 대중들이여, 삶의 좋은 방향은 아빠마다에 있습니다. 부지런히 정진하는 길만이 인간의 길이란 말은 이런 뜻입니다."

사람들은 모두 숙연해졌다. 붓다는 죽음을 조금도 슬퍼하지 않았다. 그는 죽음을 초월하는 진리의 길을 사람들에게 보여주고 들려주었다. 장례를 마친 붓다는 선왕의 유해를 수습하여 황금의 함에 담아 탑묘에 안치했다. 사람들이 왕이 간 곳을 자세하게 물었다. 붓다가 말했다.

"선왕께서는 좋은 곳으로 가셨습니다. 인간의 번뇌를 다 여읜 이들만이 나시는 청정한 하늘 세계[정거천淨居天]입니다. 이곳에서는 더 낮은 단계로 환생하는 법이 없으며 준비를 마치는 대로 열반에 듭니다. 선왕의 육신은 저 불꽃 속에 사라지고 없지만 선왕께서 구한 진리의 정신은 이렇듯 청정한 하늘 세계로 나아갔습니다. 진리를 가까이하세요. 진리가 여기 있습니다. 착하게 사세요. 착하게 살아야 합니다."

075. 여인들이 구도에 나서다

숫도다나 선왕이 세상을 떠난 지 얼마 안 되었을 때였다. 붓다가 까삘라성 밖에 있는 니그로다 동산에 잠시 머물고 있던 어느 날, 마하빠자빠띠 선왕비가 예고도 없이 동산으로 찾아왔다. 선왕비는 붓다에게 공손히 예배한 다음 옛날의 아들에게 간곡하게 부탁했다.

"세존이시여, 나의 귀여운 아들, 한때 싯다르타라는 이름을 가졌던 붓다시여! 싯다르타 태자가 떠난 밤의 공포를 나는 아직 잊지 못합니다. 맹수와 독충이 들끓는 험한 산속에서 더럽고 냄새나는 옷을 입은 채 가시덩쿨에 누워 잠을 자는 태자의 모습을 생각하면서 제가 어찌 잠자리에 편히 들었겠습니까. 그런 태자가 위대한 성자가 되어 성으로 돌아오시더니 이번에는 작은아들과 손자마저 출가시켜 데리고 가셨습니다. 이제 부왕마저 떠나셨으니 저는 이 넓은 하늘 아래 혈혈단신입니다. 이제는 저도 출가하여 세존 곁에서 수행의 길을 걸으렵니다. 세존이시여, 자애롭고 인자한 분이시여, 저 같은 여성들도 출가할 수 있는 길을 열어 주소서."

선왕비의 목소리는 간절하고 구구절절했지만 붓다의 목소리는 짧고 단호했다.

"안 됩니다."

"저는 감옥 같은 궁성보다 진리가 있는 자유로운 숲이 훨씬 좋습니다. 세존이시여, 제게 자유를 주소서. 제발!"

"안 됩니다."

"세존이시여, 우리나라에만 해도 저 같은 여인이 수백 명이 있습니다. 이들 모두를 구원해 주소서. 제발! 허락하소서!"

"안 됩니다."

붓다는 자기를 키워 준 이모의 간절한 소원을 세 번에 걸쳐 거절했다. 이상과 현실이 다른 점을 붓다도 인정해야 했다. 붓다는 남녀평등을 가르쳤다. 그런 이유로 여성을 승가에 받아들이면 사회 전체가 대혼란에 빠질 수 있었다. 종교 간의 갈등은 물론 일반인들 사이에서도 반발이 일어날 수 있었다. 더욱 중요한 것은 비구 승단 조직 속에 여성 출가자가 합류하게 되면 배움이 확고하지 않은 비구들에게도 위험한 상황이 생기게 될 터였다. 여건이 조성되기에는 아직 더 많은 시간이 필요했던 것이다. 그래서 붓다는 양모의 간절한 요청에도 불구하고 여성의 출가를 공식적으로 인정할 수 없었다.

선왕비가 붓다로부터 출가 청원을 거절당하는 모습을 바라보는 이들이 있었다. 이들은 붓다를 따라 출가한 샤까족과 꼴리야족 청년들의 어머니거나 부인들이었다. 창졸지간에 남편과 아들을 잃은 여인네들은 어떻게 살아야 하나. 이들은 붓다에게 구슬픈 울음소리로 질문하고 있었다. 붓다는 난감했지만 모두를 긍휼하게 바라보았다.

"여인들이여, 나의 승단에 들어와 가사를 입으려 하지 마십시오. 집에서 청정한 계행을 닦아 깨달음에 이르면 됩니다. 목숨이 다할 때까지 그렇게 하소서."

선왕비와 그 일행들은 붓다의 태도가 완강하고 단호하자 풀이 죽어 물러났다. 이런 일이 있은 뒤 붓다는 제자들을 이끌고 까삘라를 떠나 와이샬리의 숲으로 옮겨갔다. 까삘라와 스뚜는 도시가 텅 비어버린 듯했다. 선왕이 서거하고 선왕비를 비롯한 많은 여인들은 출가를 거부당한 채 시름에 잠겨 있었다. 선왕비는 붓다가 떠난 남쪽 하늘을 바라보며 굳은 결의를 다졌다.

와이샬리는 문명이 흥성하던 와르지국의 수도였는데 지난해 커다란 재앙을 겪었던 곳이었다. 심한 가뭄과 역병이 창궐하여 거리마다 시체가 넘치고 악취가 진동했다. 릿차위족을 이끌던 와르지 연맹의 왕은 곤경에 빠졌다. 대중의 공의는 위대한 성자의 도움을 요청하는 쪽으로 모아졌고 이 일에 붓다가 적임자로 천거되었다. 와르지는 마가다국에 사신을 파견하여 위대한 성자 붓다를 와이샬리로 파견해 줄 것을 공식적으로 요청했다. 빔비사라왕은 붓다가 자신의 나라를 떠나는 게 마음에 들지 않았다. 더구나 정치적으로 적대국이었던 와르지 연맹의 재난은 그에게는 일종의 기회였다. 왕은 대놓고 거부할 수 없었다. 붓다의 뜻을 따르겠다고 답하자 일이 성사되기에 이르렀다. 적대국이라도 사람은 살려놓고 보는 게 정치의 도리였다. 이것은 붓다의 뜻이기도 했다.

붓다 일행은 닷새를 걸어 갠지스강에 이르렀다. 강을 건너면 바로 와르지 연맹의 땅이었다. 사람들이 붓다를 환영하기 위해 많이 나와 있었다. 그곳은 가뭄과 기아와 전염병이 창궐하는 공포의 땅이었다. 이제 붓다가 가면 신통술이라도 써서 문제를 해결해야 할 판이었다. 사람들을 향해 진리를 설한다고 해서 비가 내릴 것도 아니지 않는가. 이 일을 어찌할 것인가.

붓다는 강 건너의 와르지 땅을 바라보며 역대 모든 붓다의 자애로운 마음을 떠올렸다. 그분들의 수많은 보시 공덕과 자기 헌신을 떠올렸다. 붓다는 모든 붓다의 마음을 이어나갔다. 제자들은 물론 어느 누구도 붓다가 무얼 하는지 알 수 없었다.

바람 한 점 없는 공중에 구름이 뭉게뭉게 생겨나기 시작했다. 잠시 뒤엔 바람이 불고 바싹 마른 풀잎이 힘겹게 흔들렸다. 허공이 미세한 소리로 진동하기 시작했다.

고~오~, 고~오~

세상 끝에서 엄청나게 큰 날개를 가진 새가 소리 없이 날아오는 것만 같았다. 붓다는 평정 상태에서 잠시 눈을 감았다. 크고 길게 호흡을 한 번 하고는 눈을 떴다. 바람이 거세게 불더니 구름이 하늘을 덮어 나갔다.

붓다가 강을 건너자 거짓말처럼 비가 내리기 시작했다. 거기서 와이샬리까지 이르는 사흘 내내 비는 대지를 흠씬 적셨다. 무슨 법문이 이보다 즉효가 있을 것이며 무슨 설명이 더 필요할까. 붓다의 와르지 방문은 와이샬리 사람들에겐 그 자체로 기적의 선물이었다. 가뭄과 역병이 한 성자의 방문과 함께 사라지기 시작했다. 이것이 바로 위대한 성자가 가지는 위신력이었다. 너도 나도 앞다투어 붓다의 제자가 되려 했다.

"글쎄 말이야, 붓다께서는 어떠한 도술도 부리지 않으셨대!"

"맞아. 강을 건너 와르지 땅에 발을 내리자마자 비가 내렸지!"

"전륜성왕도 이렇게는 못 하실 걸!"

붓다에 대한 믿음과 감사가 '보배의 노래'라는 게송으로 이어졌다. 이 노래는 일주일 동안 와이샬리 거리를 울렸다. 아난다를 비롯한 5백 비구들과 와르지 연맹의 많은 백성들이 함께 불렀다. 그러는 동안 거리의 시체들은 다 치워지고 민생은 점차 정상화되었다. 게송의 노랫말은 다음과 같다.

여기 있는 모든 생명은 행복할지니
마음을 가다듬어 이 말을 들으소서.
존귀한 생명들은 귀 기울여 들으소서.
밤낮으로 재물을 올리는 인간들에게
자애를 베풀어 괴로움에서 지켜주소서.

이 세상과 천상과 내생의 어떤 보배라도
여래와 견줄 만한 것은 아무것도 없나니
이런 진리의 보배로 모두가 행복해지리다.

와이샬리의 재앙이 극복되자 사람들은 붓다와 그 제자들에게 와이샬리 근교의 큰 숲에 2층 강당(중각강당)을 지어 기증했다. 붓다가 선왕의 장례를 치르고 돌아온 곳이 바로 여기였다. 국경을 초월한 절대존경과 신임의 증표로 붓다가 머무는 곳. 모든 차별이 없어야 한다고 가르치는 붓다가 실제로 살고 있는 곳. 여기에 누군가가 찾아오고 있었다.

마하빠자빠띠는 붓다에게 세 번씩이나 출가를 요청했다가 세 번 다 거절당했지만 결심한 뜻을 굽히지 않았다. 선왕비는 며칠 뒤 스스로 머리를 깎은 다음 비단옷 대신 누더기를 걸치고 맨발로 붓다가 떠난 길을 따라나섰다. 출가 사문의 모습을 하고 와이샬리로 향하는 선왕비를 보고 많은 여인들도 그 뒤를 따랐다. 모두 삭발을 해서 누가 누군지를 알아보기도 어려웠다. 우아하고 고귀한 자태의 여인들은 헐벗고 굶주리며 피부는 그을려서 보기 흉하게 변했다. 발은 더 형편없었다. 부르트고 물집이 잡혀 터지고 돌부리에 채어 피가 흐르기도 했다. 그래도 그녀들은 비장했다.

이 여인들은 무엇 때문에 길을 떠나는가.
홀어머니나 떼과부가 된 5백의 여인들은
출가한 아들이 보고팠는가 남편이 그리웠는가.

아니어요, 우리도 붓다처럼 살기를 원해요.
한 달을 걷고 또 걸어 그리운 붓다께 가서

향기로운 말씀 듣고 새처럼 자유롭고 싶어요.

가련한 여인들은 이 길 외엔 갈 곳도 없답니다.
붓다의 가르침은 모든 생명이 무차별이라는데
여인들은 정녕 진리의 언덕에 이르지 못하는가요.

말씀해 주세요 붓다여, 대답해 주세요 붓다여!
출가할 수 없다면 우리는 무슨 기쁨으로 사나요.
이번에는 기필코 붓다의 대답을 듣겠나이다.

 마하빠자빠띠 선왕비와 그 일행은 이런 마음으로 똘똘 뭉쳤다. 그 발원 오직 하나로 까삘라와스뚜에서 와이샬리까지 걸어서 왔다. 처음부터 대규모 인원은 아니었다. 오는 도중에 사람이 점점 불어 5백 명까지 늘어났다. 집단 출가를 원했으나 이미 세 번이나 거절당한 사안이어서 쉬운 일이 아니었다. 출가를 원하는 샤까족과 꼴리야족 여인들은 그렇게 붓다 앞에 다시 나타났다.
 청정 고요한 와이샬리 숲에 수많은 여성들이 웅성거리며 애원하는 소리가 들리기 시작했다. 그 소리를 처음 들은 사람은 아난다였다. 아난다의 얼굴을 본 마하빠자빠띠는 자기들이 여기까지 찾아온 뜻을 말하면서 여성의 출가를 붓다가 허락하시도록 해달라고 부탁했다. 아난다는 붓다에게 이를 알렸다.

"세존이시여, 지금 밖에 까삘라에서 맨발로 걸어온 마하빠자빠띠 일행이 여성의 출가를 애원하며 있습니다."

붓다의 대답은 전과 마찬가지였다. 그러자 아난다는 마하빠자빠띠가 어린 태자를 키우느라 애썼던 과거를 회상시키면서 다시 여성의 출가를 간청했다. 그래도 붓다의 대답은 한결같았다. 세 번이나 거절당했을 때 아난다는 붓다에게 이렇게 물었다.

"세존이시여, 만일 여성일지라도 출가하여 붓다의 가르침대로 수행에 힘쓴다면 남자만큼 수행의 성과聖果를 얻을 수 있겠습니까?"

잠시 침묵이 이어지더니 붓다가 말씀했다.

"그렇다, 여인도 이 법에 귀의하여 지극한 마음으로 수행하면 성스러운 과보를 얻을 수 있다."

이 대답에 용기를 얻은 아난다는 다시 한 번 마하빠자빠띠의 은혜를 들면서 여성의 출가를 허락해 줄 것을 간청했다. 붓다가 대답했다.

"출가한 사문은 청정한 계율을 닦고 세속의 애착을 떠나야 한다. 그런데 여인은 세속의 애착이 강하므로 도에 들기 어렵다. 그리고 여인이 출가하면 청정한 법이 이 세상에 오래 갈 수 없다. 그것은 잡초가 무성한 논밭에는 곡식이 자라지 못하는 것과 같다. 가정에 여인이 많고 사내가 적으면 도둑이 들기 쉽듯이, 이 교단에 여인이 출가하면 청정한 법이 오래가지 못하게 될 것이다."

"그러면 정녕 안 된다는 말입니까? 청정한 법을 오래 가게 하는 방법이 있지 않겠습니까."

"그렇다, 아난다여, 방법이 있기는 있다. 물이 넘치지 않도록 둑을 쌓는 것과 같이 교단의 질서를 위해 따로 여덟 가지 특별한 계율[니팔경계尼八敬戒]을 마련하는 게 방법이다. 출가한 여인은 반드시 이 여덟 가지 계법을 지켜야 한다."

마침내 마하빠자빠띠의 출가가 허락되었다. 최초의 비구니가 이렇게 탄생됐다. 1호 비구니의 탄생은 곧 비구니 승단 구성으로 이어지게 되고 이로 인해 비구·비구니·우바새(남성 재가불자)·우바이(여성 재가불자)의 사부대중이 비로소 기틀을 잡게 되었다. 그 숨은 공로자가 바로 아난다였다.

이 사건은 세계 종교 역사에서 최초로 여성을 받아들인 경우로 기록된다. 그만큼 양성 불평등 문제의 기원이 오래되었다는 뜻이다. 아난다의 청원이나 붓다의 선택이 당대 종교의 양성평등 문제에 절대적인 영향력을 미쳤다고 볼 수 있지만 내부를 잘 들여다보면 섬세한 전제조건이 있다. 바로 비구니들에게만 적용되는 '여덟 가지의 특별한 계율'이다. 여성도 출가할 수 있다가 아니고, '여덟 가지의 특별한 계율'을 지키는 여성만 출가할 수 있다는 점이 중요했다.

여기에는 수긍하기 어려운 조항들이 있다. '출가한 지 100년이 된 비구니라도 이제 갓 계를 받은 비구에게는 절을 해야 한다'든가 '비구는 비구니를 경책할 수 있지만 비구니는 비구를 경책해서는 안 된다'는 조항이 그것들이다. 오늘의 기준으로 보자면 터무니없는 내용들이지만 당시로서는 불가피한 측면이 있었다. 붓다는 여성 출가가 승단 전체에 미치는 여러 가지 부작용을 생각해야 했고, 샤까족 귀족 여성들의 교만함을 바로잡기 위한 강한 규율이 필요했다. 이러저러한 불평등성에도 불구하고 당대의 여성 출가는 그 자체로 차별 철폐에 관한 획기적인 정책이었다. 그 최초의 수혜자가 바로 마하빠자빠띠였다.

마하빠자빠띠는 흔히 고따미[구담미瞿曇彌]라고 불리기도 한다. 이는 샤까족 여성이라는 뜻이다. 싯다르타의 성씨가 고따마인 것도 같은 원리다. 고따마는 샤까족 남성의 통칭이다. 고따미는 싯다르타의 이모이자 양모로서 최초의 비구니가 되는 기록을 가졌다.

제13장

교화의 바다가 펼쳐지다

076. 세 곳에 귀의하다

붓다가 사슴동산에서 초전법륜을 펼친 이래 제자의 숫자가 점점 늘어가자 개인 규율만으로 승가를 유지하는 게 쉽지 않았다. 붓다는 상황에 맞추어 자연스럽게 규범을 만들기로 했다. 초기에 만들어진 것이 삼귀계였다. 정식 구족계를 받아 비구가 되기 전에 '오라, 비구여!' 하는 형식만으로 제자로 인증되는 시기가 있었다. 그러다가 출가자와 재가자를 가리지 않고 제자를 받아들일 때는 삼보에 귀의한다는 의사 표명이 있어야 했다. 즉 삼귀계의 약속은 초기 교단의 중요한 지침이었다. 이발사 출신의 우빨리는 계율에 매우 철저하였는데 그는 궁금한 것을 붓다에게 곧잘 여쭈어서 문제를 해결하곤 했다.

"세존이시여, 삼보에 귀의하는 것 중에 붓다께 귀의한다는 게 있습니다. 이것은 여기 계신 우리의 스승이신 여래께 귀의

한다는 뜻입니까?"

 말하자면 우빨리는 '붓다'를 역사적 인간 고따마 싯다르타에 국한해야 하는지 다른 어떤 것으로 확장해야 하는지를 물은 것이다. 이에 대해 붓다는 다음과 같이 이야기했다.

 "우빨리여, 붓다는 지금 네게 이야기하고 있는 내가 아니다. 붓다의 본질은 깨달음이다. 깨달음은 온갖 진리의 모습을 환히 아는 것이다. 또한 깨달음이란 모든 목숨붙이 중생이 무명의 어둠 속에서 긴 잠을 자고 있는 것을 일깨우는 실천이기도 하다. 그러므로 붓다는 깨달음을 아는 것이고 깨달음을 실천하는 것이다. 실제로 깨닫고, 그 깨달음대로 살며, 다른 사람에게 그 깨달음을 전하는 모든 주체가 붓다이다."

 "그러면 세존이시여, 붓다께 귀의한다는 말씀 속에는 삼세三世의 붓다께 귀의하는 뜻도 있는 것입니까?"

 "그렇다, 당연히 삼세의 붓다께 귀의하는 것이다. 붓다는 진리의 몸으로 사는 진리체[법신法身]이기 때문이다. 깨달음은 전생에도 있었고 금생과 내생에도 있는 것이다. 우빨리여, 이것은 깨달음에 대해 알고 실천하는 것이 지금 여기에서만 일어나는 일이 아니라는 뜻이다. 길고 긴 영원의 시간 속에서 살아가는 깨달음의 수많은 주인공에 대해 믿고 의지해야 한다는 의미이다."

 "잘 알겠습니다. 세존이시여, 그러면 가르침[법法]에 귀의한다는 것은 구체적으로 어떤 것입니까?"

"일단 '귀의한다'는 말 자체는 욕심이 끊어진 상태로 간다는 의미이다. 이것은 곧 모든 욕망이 끊어진 대자유의 세계로 간다는 말이기도 하다. 우빨리여, 그러므로 깨달음을 통해 대자유의 세계로 나아가겠다고 다짐하고 발원하는 행위가 가르침에 귀의한다는 뜻이다."

"알겠나이다, 세존이시여, 그러면 승가에 귀의한다는 것은 무슨 뜻입니까?"

"우빨리여, 붓다의 제자들은 여러 차원이 있다. 출가 수행하는 이들 중에는 재가신도들이 배울 것이 있는 이도 있고 배울 것이 많지 않은 이도 있다. 하지만 이들 모두는 진리를 배우고 실천하려는 공덕을 쌓는다. 출가자는 그 자체로도 이미 복밭[복전福田]이다. 이들 중 세상 모든 것의 실체가 없다는 것만을 뼈저리게 깨달은 이들을 성문聲聞이라 부른다. 여기서 나아가 12연기를 깨달으면 연각緣覺이 되고, 모든 것을 깨달았으면서도 해탈하지 않고 이 세상에 남아 가여운 목숨붙이들을 구제하려는 이를 일러 보살菩薩이라고 부른다. 성문과 연각과 보살을 일러 세 개의 승가[삼승三乘]라 하니 승가에 귀의한다 함은 이들 훌륭한 출가자들을 믿고 따른다는 말이다."

붓다로부터 세 가지의 거룩한 보물에 대한 설법을 들은 우빨리는 이번에는 삼귀의에 대한 형식에 대해 여쭈었다.

"세존이시여, 만약 삼귀계를 받을 때, 먼저 법보法寶를 일컬은 뒤에 부처님을 일컬으면 삼귀의가 성립되나이까?"

"분명히 몰라서 차례를 바꿔 말했다면 죄가 되지 않고 삼귀의가 성립된다. 그러나 차례를 알면서도 그 순서를 바꿔 말했다면 죄가 되고 삼귀의는 성립이 되지 않는다."

"만약 부처님과 가르침만을 일컫고 승가를 말하지 않아도 삼귀의가 성립됩니까? 만약 가르침과 승가만을 일컬었을 때는 어떠합니까?"

"성립이 되지 않느니라."

077. 네 가지 규범이 만들어지다

이 같이 해서 삼귀계의 내용과 형식이 비로소 갖추어지게 되었다. 삼귀계만으로 비구가 될 수 있었던 시기는 승단의 인원이 적고 비구들이 수행하는 곳도 여러 곳으로 확산되지 않았을 때였다. 붓다를 중심으로 해서 가까이 있었기 때문에 계율이 없어도 지장이 있거나 다른 사람에게 폐 끼치는 일은 없었다. 비구들이 여러 곳에 흩어져 지내게 되고 비구들의 수가 많아짐에 따라 점차 문제가 생겨났다. 그래서 비구 생활의 기본적 규범이 우선적으로 정해졌다. 이 규범은 붓다의 제자들이 아닌 다른 수행자들도 일반적으로 지켜오던 것이었다. 네 가지 항목으로 이루어져 있는데 '네 가지 의지처'라 하여 사의 四依라고 표현한다. 의지처는 필수품이란 뜻이다. 네 가지 필수품은 출가자의 의식주와 약물에 대한 초기 규범으로서 다음과 같다.

첫째, 출가한 비구는 걸식을 해야 한다. 걸식한 음식은 끓이거나 조리하지 않고 먹을 수 있는 것이어야 하며, 제때에 먹어야 하고, 저장해 두어서는 안 된다. 또 식사는 오전 한 끼만 해야 하며, 병자는 증세에 따라 두 끼를 먹어도 좋고 때를 지키지 않아도 좋다. 오전 중에 신도로부터 식사를 초대받은 경우는 걸식하지 않아도 좋다. 공양을 받은 비구는 초대한 신도를 위해 반드시 법을 설해 주어야 한다. 비구는 음식을 반드시 발우에 담아서 먹어야 한다.

둘째, 출가한 비구는 분소의糞掃衣만을 입는다. 분소의는 똥을 닦는 데 쓰거나 청소를 하는데 쓰이는 헌 천으로 만든 옷을 일컫는다. 모든 욕망을 내려놓은 출가자가 마음의 검소함을 실천하기 위해 입는 가사를 말하므로 무소유의 상징으로 보면 된다.

셋째, 출가한 비구는 나무 아래서 기거한다. 나무 아래서 참선을 하고 설법을 하고 잠을 자는 것을 원칙으로 했다. 출가자는 집을 떠나 수행하기 때문에 큰 나무 아래나 숲속 생활이 자연스러웠다. 그러나 이렇게 사는 것은 현실적으로 쉽지 않았다. 특히 단체생활을 해야 하는 승가의 경우, 다양한 형태의 거처가 필요했다. 다만 출가 비구의 거처 선정 원칙을 나무로 정한 것은 인도의 풍토 환경과 무관하지 않았으며 붓다의 깨달음 과정에 대한 존중의 뜻도 있었다.

넷째, 출가한 비구는 진기약陳棄藥만을 복용한다. 진기약은 동물의 대소변이나 이것을 원료로 해서 만든 약을 말한다. 그러나 꿀이며 기름이며 그 밖의 보통 약을 복용하는 것은 허락했다. 아프지도 않는데 어떤 목적을 위해서 먹거나 기호로 먹는 약은 허용하지 않았다.

출가자들이 규범적으로 지켜야 할 의식주의 세 요소와 치료약 등에 관한 네 가지 기본적인 생활 규범은 승단이 형성되기 이전부터 사실상 지켜져 온 것들이다. 다만 이 같은 생활 규범을 재확인 하는 것은 최소한 이 같은 생활을 각오한 이들에게만 출가가 허용된다는 뜻이 강했다.

비구는 최소한의 필수품을 제외하고는 아무것도 가지지 않으며 철저한 금욕생활을 해야 했다. 걸어 다니는 것[행行]과 머무는 것[주住]과, 앉는 것[좌坐]과, 잠자는 것[와臥]에 대해서도 규율이 정해졌다. 이것을 비구의 네 가지 위의[사위의四威儀]라고 한다. 이 네 동작은 인간의 일상생활에 있어서의 기본 동작이다. 사람의 몸가짐은 이러한 네 동작들 가운데 어느 하나에 있다고 간주되기 때문에 사위의는 비구의 몸가짐에 대한 기초 수행법이라고 할 수 있다.

078. 사념처가 수행의 기본이다

비구의 기초 몸가짐 수행인 사위의는 붓다가 늘 강조하는 사념처四念處 수행의 하나인 신념처身念處의 직접적 대상이었다. 사념처는 스승의 도움 없이 자기 혼자 수행할 수 있는 '네 가지 알아차림'을 가리켰다. 몸에 대한 알아차림[신념처身念處], 느낌에 대한 알아차림[수념처受念處], 마음에 대한 알아차림[심념처心念處], 법에 대한 알아차림[법념처法念處]이 곧 그것이다.

붓다가 '여덟 가지의 올바른 길[팔정도八正道]'을 설할 때 언급하던 '마음챙겨 머문다[정념正念]'에 해당하는 수행법이 여기에 해당했다. 이것은 '올바르게 선정에 든다[정정正定]'는 단계로 이어지는 것이니 사념처 수행은 팔정도 실천의 중요한 과정에 해당하는 것이었다. 이는 다섯 비구를 대상으로 사슴동산에서 진리를 처음 설할 때 이미 드러난 바 있었다.

"수행자들이여, 그대들은 네 가지의 성스러운 진리를 잊지 않아야 한다. 그러려면 어찌 해야 하는가. '마음챙겨 머문다[정념正念]'는 것을 명심하라. '나'라는 존재는 해체해야 한다. 몸뚱이(신), 느낌(수), 마음(심), 심리현상(법)들로 해체해서 이 중의 하나에 집중한 뒤, 그것이 곧 무상이요 괴로움이요 무아라고 통찰하라. 세상에 대한 욕심과 싫어하는 마음을 버리고 근면하게 분명히 알아차리고 마음챙기며 머무는 것이 구체적인 수행 방법이다. 이런 행동은 항상 거룩하다.

수행자들여, 내가 지금까지 거룩한 행동이라 말한 것들은 생각이나 말처럼 쉽지 않다. 어려움을 해결할 수 있는 방법은 무엇인가. 그것은 '올바르게 선정에 든다[정정正定]'는 것이다. 올바른 선정이란 초선과 제2선과 제3선과 제4선에 들어 머무는 것이다. 이러한 삼매 혹은 선禪의 경지에 들기 위해서는 감각적 욕망, 악의, 해태(나태함)·혼침(게으름·무기력함·졸음), 들뜸·후회, 의심이라는 다섯 가지 장애[오온五蘊]를 반드시 제거해야 한다. 명심하라. 나의 가르침은 '올바르게 선정에 든다'는 것을 빼고 이야기할 수 없다. 수행자들이여, 이런 행동은 항상 거룩하다."

그래서 사념처 수행은 '마음챙겨 머문다[정념正念]'는 수행과 '올바르게 선정에 든다[정정正定]'는 수행이기도 했다. 다만 팔정도가 수행생활 전반에 관한 실천윤리였다면 사념처는 보다 세밀하고 정교화 된 방법론을 제시한다는 차이가 있었다.

붓다의 전법과 교화는 정교하고 치밀한 논리의 바탕 위에서 꽃을 피웠다. 그는 진리에 도달하는 모든 수행 과정을 경험했으므로 인간의 몸이 겪을 수 있는 다양한 경우를 친절하게 안내할 수 있었다. 사념처는 붓다가 제자들에게 직접 제시할 수 있는 분명하고 확고부동한 수행의 방법론일 수밖에 없었다. 그것은 사념처가 붓다가 직접 체험한 수행 가이드였기 때문이다. 붓다가 말했다.

"오직 하나의 바른 가르침[일승도一乘道]이 사람들을 깨끗하게 정화시켜서 괴로움에서 벗어날 수 있도록 하느니 이 가르침이란 곧 '네 가지 알아차림[사념처四念處]'이다. 만약 어떤 사람이 '네 가지 알아차림'을 닦는다면 성현의 법을 가까이하는 것이며, 성현의 법을 가까이하면 성현의 도를 가까이하는 것이며, 성현의 도를 가까이하면 감로의 법을 가까이하는 것이며, 감로의 법을 가까이하면 나고 늙고 병들고 죽음과 근심·슬픔과 괴로움을 면하게 될 것이며, 나고 늙고 병들고 죽음과 근심·슬픔·괴로움을 면한다면 이런 사람에 대해서는 고통을 여읜다고 말할 수 있는 것이다."

그런 다음에 붓다는 '몸에 대한 알아차림'부터 안내했다. 그것은 수행자가 스스로 자기 몸에 대해 주의력을 불러일으켜 지속시켜 나감으로써 몸의 움직임을 면밀히 주시하도록 하는 것이었다. 또한 붓다는 출가자들이 시체가 썩어가는 모습을 보면서 몸에 대한 애착을 다스릴 수 있도록 했다.

'그대 몸의 들숨과 날숨에 대해 알아차려라…, 몸의 행동에 대해 알아차려라…, 시체를 주의집중해서 관찰하여라…, 해골에 살과 피와 힘줄이 뒤엉켜 있는 모습을 주의집중해서 관찰하여라…, 뼈가 삭아 티끌로 변한 모습을 주의집중해서 관찰하여라…'

붓다는 처절한 고행 중에 인간의 몸에 대한 해부학적 지식을 터득했으며 동시에 몸에 대한 집착에서 벗어날 수 있었다. 그것은 역설적이게도 육체의 과도한 고행이 가져다준 선물이기도 했다.

> 사람의 몸은 뼈와 힘줄로 엮여 있고
> 살로 덧붙여지고 피부로 덮여 있어
> 있는 그대로 보이지 않는다네.
>
> 위장, 간장, 심장, 폐장, 신장, 비장
> 온갖 내장으로 가득 찬 자루엔

콧물, 점액, 땀, 피도 가득 차 있지.

어디 그뿐인가, 아홉 구멍에서는
항상 더러운 것이 흘러나온다네.

눈에서는 눈곱, 귀에서는 귀지
코에서는 콧물, 입에서는 가래
몸에서는 땀과 때를 배설하지.

어리석은 자는 무명에 이끌려서
이런 몸을 아름다이 여긴다네.

이런 몸뚱이를 가지고 있으면서
거만하거나 남을 업신여긴다면
통찰이 없는 게 아니고 무엇인가.

붓다는 느낌에 대한 알아차림도 이런 방식을 활용했다. 즉 상세한 연습 프로그램을 통해 수행할 수 있도록 배려한 것이다. '즐거운 느낌, 괴로운 느낌, 즐겁지도 괴롭지도 않은 느낌, 육체적인 즐거움, 정신적인 즐거움, 육체적인 괴로운 느낌, 정신적인 괴로운 느낌, 즐겁지도 괴롭지도 않은 육체적인 느낌, 즐겁지도 괴롭지도 않은 정신적인 느낌' 등 아홉 가지 느낌에 대해 주의를 기울여 그것의 정체를 있는 그대로 분명하게 인지하도록 했다. 이는 곧 괴로움을 느끼게 되는 지점을 인지하는 연습 프로그램이다. 이를 통해 괴로움의 정체를 제대로 파악하려는 것이었다.

마음에 대한 알아차림은 순간순간 마음에 생겨난 갖가지 상태를 그때그때 정확히 인지할 것을 제시하는 수행법이다. 붓다가 파악한 대상은 모두 열여섯 가지였다.

"수행자여, 마음속에서 변화무쌍하게 일어나는 여러 모습들이 어떻게 발생하고 소멸하는지를 주의집중해서 관찰하여라. 그래야 영원불변하는 것이 없다는 진리를 발견하는 능력이 갖추어지게 된다. 마음의 상태 열여섯 가지만 집중하면 된다. 그것은 무엇인가. '탐욕이 있는 마음, 탐욕이 없는 마음, 성냄이 있는 마음, 성냄이 없는 마음, 어리석음이 있는 마음, 어리석음이 없는 마음, 침체된 마음, 산만한 마음, 커진 마음, 커지지 않은 마음, 위있는 마음, 위없는 마음, 집중된 마음, 집중이 안 된 마음, 벗어난 마음, 벗어나지 못한 마음'이 이에 해당한다.

붓다는 이 바탕 위에서 법에 대한 알아차림을 마지막으로 강조했다.

"수행자여, 우리 몸은 무엇으로 이루어졌느냐? 이 몸뚱이는 기본적으로 물질[색色]이 아니더냐. 이것은 나고 늙고 병들고 죽는 과정을 반복하므로 영원하지 않고 변하는 것이다. 생명을 유지하기 위해 잠깐 모인 것일 뿐이다. 수행자여, 우리는 물질이 아닌 마음으로도 살아가지 않느냐. 그런데 마음이라는 것은 자세히 보면 감정도 있고 개념도 있고 인식작용 같은 것을 거치지 않느냐. 이렇게 물질[색色], 감정[수受], 개념[상想], 인식[행行], 마음[식識] 등과 같은 다섯 가지[오온五蘊]는 무더기로 뭉쳐서 장애를 일으키기 때문에 우리는 마치 '나'라는 주체가 있어서 이 모든 것들을 관장할 수 있다고 착각을 하는 것이다. 잘 살펴보면 이 다섯 가지는 그때그때 변하기 때문에 '나'라고 하는 주체가 없는 것이다. 이것은 끝없이 생겨나고 소멸하는 과정을 되풀이할 뿐이다. 그러므로 이 다섯 가지는 모두 부질없는 것이다. 이는 곧 '나'라는 실체가 부질없다는 말이기도 하다. 수행자여, 이것을 주의집중해서 잘 관찰하는 것이 법에 대한 알아차림이다.

이런 식으로 '나'라는 실체가 없음에도 불구하고 거기에 집착하는 우리의 모습[오취온五取蘊]을 알아차리는 것도 '법에 대한 알아차림'이다. 그러고는 여섯 가지 감각기관[육입처六入處]에 대해서 알아차려야 한다. 또한 일곱 가지의 깨달음의 요소[칠각지七覺支]를 알아차리고, 마지막으로 네 가지의 성스러운 진리[사성제四聖諦]에 대해 알아차려야 한다. 이것이 사념처의 마지막 단계인 '법에 대한 알아차림'의 궁극이다.

그러니 모든 수행자는 명심하라. 네 가지의 알아차림[사념처 四念處]을 기본으로 익히면 그는 붓다의 제자라고 할 수 있다."

붓다는 형이상학적인 희론을 배격했다. 윤회의 고통을 이야기했으나 과거에 얽매이지 않도록 제자들을 경계시켰다. 붓다는 지금 이 순간을 중시했다. 그것이 진리의 중요한 모습이었다. '지금 이 순간'은 연기의 법칙을 어떻게 이해하고 체득하는가가 관건이었다. 원인과 조건이 끝난 것을 과거라 하고, 원인과 조건의 작용이 아직 일어나지 않은 것을 미래라 한다면, 지금 이 순간 즉 현재는 원인 작용은 끝났지만 조건 작용이 일어나지 않은 상태를 말했다. 과거로부터 이어져 미래를 이어나가는 결정적 계기가 지금 이 순간, 즉 현재인 것이다. 그러므로 우리의 삶은 과거에 붙들리는 동시에 미래로 이어지는 '오직 이 순간'의 연속 작용일 뿐인 것이다.

붓다는 설법할 때 게송을 종종 곁들였는데, 어떤 게송들은 반복적으로 나타나기도 했다. 사념처 가르침 역시 이 게송과 무관하지 않았다. 붓다는 「한밤의 슬기로운 님의 경」에서 이렇게 노래했다.

    과거를 돌이키지 말고
    미래를 바라지 마라.

과거는 사라졌고
미래는 오지 않았다.

현재에 일어나는 법을
바로 여기서 통찰하라.

정복되지 않고 흔들림 없이
그것을 알고 수행하라.

오늘 해야 할 일에 열중하라.
내일 당장 죽을지 어찌 알 것인가?

대군을 거느린 죽음의 신에게
결코 굴복하지 말라.

이와 같이 열심히 수행하는 이를
한밤의 슬기로운 님, 고요한 해탈의 님이라
나는 부른다네.

079. 나도 밭을 갈고 씨를 뿌린 후에 먹는다

붓다가 마가다 왕국의 한 바라문 촌에 머물고 있을 때였다. 바라문 바라드바자는 씨를 뿌릴 밭을 갈려고 5백 개의 쟁기를 소에 메었다. 붓다가 발우를 들고 그의 집으로 갔을 때 그는 마침 음식을 나눠주고 있었다. 음식을 받기 위해 한쪽에 서 있는 붓다를 바라보며 바라드바자는 말했다.

"사문, 나는 밭을 갈고 씨를 뿌립니다. 밭을 갈고 씨를 뿌린 후에 먹습니다. 당신도 밭을 갈고 씨를 뿌리십시오."

바라드바자의 이 말은 아무 노동도 하지 않고 음식 공양을 받는 사문에 대한 평소의 태도를 보여주었다. 빈정거림이자 일종의 질책이었다. 붓다가 말했다.

"바라문, 나도 밭을 갈고 씨를 뿌리오. 갈고 뿌린 다음에 먹소."

"하지만 우리는 지금까지 당신의 멍에나 호미 그리고 작대기나 소를 본 일이 없습니다. 그런데 당신은 어째서 나도 밭을 갈고 씨를 뿌린 다음에 먹는다고 하십니까? 당신이 밭을 간다는 것을 우리들이 알아듣도록 말씀해 주십시오."

붓다는 쉽고 자연스러운 언어로 바라문이 알아들을 수 있도록 설명했다. 마치 노래 같았다.

믿음은 나의 종자요 고행은 비며
지혜는 나의 멍에와 호미요, 부끄러움은 쟁기 자루며
의지는 잡아매는 줄이고
생각은 나의 호미날과 작대기입니다.

몸을 근신하고 말을 조심하며
음식을 절제하여 과식하지 않고
나는 진실로써 김을 매며
온화한 성질은 나의 멍에를 벗겨줍니다.

노력은 내 황소
나를 절대자유의 경지로 실어다 주지요.
물러남 없이 앞으로 나아가 그곳에 이르면
근심 걱정이 사라진답니다.

나의 밭갈이는 이렇게 이루어지고
단 이슬의 열매를 가져옵니다.
이런 농사를 지으면 온갖 고뇌에서 풀려나
대자유의 즐거움을 누리게 됩니다.

이때 밭을 가는 바라문 바라드바자는 신선한 충격을 받았다. 게으르고 볼품없는 사문인 줄만 알았던 붓다가 게송의 형태로 자연스럽고 아름답게 법을 설하자 자기 마음속의 온갖 때가 다 벗겨지는 것 같았다. 붓다의 지혜에 감화된 그는 커다란 청동 발우에 우유죽을 하나 가득 담아 붓다에게 공양을 올렸다.

"존자 고따마께서는 우유죽을 드십시오. 존자야말로 정말로 밭을 가는 분이시고, 단 이슬의 열매를 가져다주시는 분입니다."

그러나 붓다는 이를 사양했다.

"이것은 바르게 보는 사람의 행동이 아닙니다. 눈뜬 사람들의 생활 방법은 게송을 읊고 대가를 바라지 않고 오로지 진리에 따르는 것입니다. 번뇌의 때를 다 없애고 나쁜 행위를 소멸해 버린 사람에게는 다른 음식을 드려야 합니다. 그것은 공덕을 바라는 이에게 복밭이 될 것입니다."

"그러면 이 우유죽은 누구에게 드려야 합니까?"

"신·인간·사문·바라문을 포함한 여러 중생 가운데서 완전한 사람[여래如來]과 그의 제자를 제외하고 이 우유죽을 먹고 소화시킬 사람은 아무도 없습니다. 그러니 이 우유죽일랑은 생물이 없는 물속에 버리십시오."

바라드바자가 우유죽을 물속에 쏟아버리자 부글부글 소리를 내면서 많은 거품이 끓어올랐다. 바라드바자는 모골이 송연하여 두려움에 떨면서 꿇어앉아 말했다.

"놀라운 일입니다. 존자 고따마여, 넘어진 사람을 일으켜 주듯이, 덮인 것을 벗겨 주듯이, 길 잃은 이에게 길을 가르쳐 주듯이, 혹은 '눈이 있는 자 빛을 보리라.' 하여 어둠 속에서 등불을 비춰 주듯이, 존자께서는 여러 가지 방편으로 진리를 밝혀 주셨습니다. 저는 존자 고따마께 귀의하고 진리와 그것을 수행하는 스님들의 모임에 귀의합니다. 저는 고따마 곁에 출가하여 완전한 계율을 받겠습니다."

밭을 가는 바라드바자는 그 길로 붓다 곁에 출가하여 완전한 계율을 받았다. 그 후 얼마 되지 않아 사람들을 멀리하고 홀로 부지런히 정진하여 마침내 더없이 청정한 수행의 궁극을 스스로 깨달았다.

080. 출가한 비구가 아이를 낳으면 어찌하는가

붓다가 와이샬리에 머물고 있을 때 가뭄과 흉작으로 비구들은 걸식하기 힘들었다. 깔란다까 마을 출신인 수딘나는 그 고장에서도 재산이 많은 집안의 아들이었으나 믿음이 굳었기 때문에 출가하여 수행승이 되었다. 수딘나는 생각했다.

'요즘처럼 걸식하기 어려운 때는 여러 스님들을 우리 고향

집 가까이에 모시고 가서 지내면 어떨까. 그러면 의식衣食에 어려움 없이 수행에만 전념할 수 있을 것이고, 우리 친족들도 이 기회에 보시를 하여 복덕을 짓게 될 것이다.'

그리하여 수딘나는 비구들과 함께 깔란다까로 갔다. 수딘나의 어머니는 자기 아들이 여러 스님들과 함께 돌아왔다는 말을 듣고 기뻐하며 찾아가 만났다.

"수딘나, 이제는 집에 돌아가 살자. 네 아버지는 돌아가셨고 집안에 남자라고는 없으니 많은 재산이 나라에 몰수될 형편이다. 네가 이 집안을 돌보지 않으면 어찌 되겠느냐?"

그러나 수딘나는 청정한 생활을 즐기고 도 닦는 뜻이 굳어 그런 말에 조금도 흔들리지 않았다.

"어머니, 이 세상에 사람으로 태어나기는 어렵고 불법을 만나기는 더욱 어렵습니다. 지금 이 몸으로 대자유를 얻지 못하면 언제 해탈하겠습니까? 어머니, 수행자가 집으로 다시 돌아가서 사는 것은 어렵습니다."

수딘나의 어머니는 몇 번이고 간청하다가 헛수고인 줄 알고 집으로 돌아갔다. 이튿날, 어머니는 며느리를 곱게 꾸며 데리고 와서 애원했다.

"네가 정 그렇다면 자식이나 하나 두어 너의 대를 잇게 해다오."

"그것쯤은 어려운 일이 아닙니다."

수딘나는 승낙했다. 이때는 아직 정교하고 엄격한 계율이 제정되기 전이었으므로 수딘나로서는 그 일은 별로 허물되지 않으리라 생각했다. 당시 인도 사회에서는 출가한 바라문이 집으로 돌아와 혼인을 하는 일이 흔했다. 수딘나는 전통 종교의 이런 풍습을 자연스럽게 받아들였다.

그는 아내의 팔을 끼고 숲속으로 들어가 음행을 했다. 그 후 수딘나는 부정한 짓을 행한 뒤부터는 항상 마음이 언짢아 우울한 나날을 보냈다. 함께 수행하던 벗들은 수딘나가 우울해 하는 것을 보고 이상히 여겼다.

"수딘나여, 스님은 오랫동안 청정한 수행을 쌓아 위의와 예절을 모르는 것이 없는데 요즘은 어째서 그렇게 우울해하십니까?"

"고향 방문 동안에 예전의 아내와 관계를 가졌습니다. 아이도 생겼다고 하네요. 그 뒤부터 마음이 불안하고 우울합니다."

이때 비구들은 이 사실을 붓다께 아뢰었다. 붓다는 모든 비구들을 모아 놓고 수딘나를 불러 사실을 확인했다.

"수딘나여, 너는 정말 그런 짓을 했느냐?"

"그렇습니다, 부처님. 저는 부정한 짓을 범했습니다."

"수딘나여, 출가한 비구가 아이를 낳으면 어찌하는가."

붓다는 수딘나를 꾸짖었다.

"수딘나여, 네가 한 일은 옳지 못하다. 그것은 위의가 아니며 사문의 할 일이 아니다. 그것은 청정한 행동이 아니며 중생을 위해 중생에게 맞추어 주는 행위도 아니다. 절대로 해서는 안 될 일이다. 수딘나여, 청정한 법을 수행하여 애욕을 끊고 번뇌를 없애야 절대평화의 세계에 들어간다는 것을 어찌하여 잊어버렸는가?"

붓다는 이어서 모든 비구들에게 말했다.

"차라리 남근男根을 독사의 아가리에 넣을지언정 여자의 몸을 가까이 하지 마라. 애욕에 빠지면 악도에 떨어져 헤어나기 어렵다. 애욕은 착한 법을 불태우고 모든 공덕을 없애버린다. 비구들이여, 애욕은 몸을 얽어 묶는 밧줄이요 시퍼렇게 날선 칼이다. 그 몸을 스스로 묶는 것은 어리석고, 날 선 칼날 위를 걷는 것은 위험하다. 또한 애욕은 험한 가시덤불에 들어가는 것 같고, 성난 독사를 건드리는 것 같으며, 더러운 시궁창에 뒹구는 것과 같다. 앗차! 하는 순간에 걷잡을 수 없는 게 애욕이다. 일찍이 모든 부처님들은 애욕을 떠남으로써 도를 깨닫고 열반의 경지에 들어가셨으니 이를 명심하라.

수딘나가 어리석어 잘못을 저지르고 말았으니 이제부터는 계율을 제정하여 수행자들이 지키게 하겠노라. 여기에는 열 가지 뜻이 있다. 첫째, 교단의 질서를 잡으려는 것 둘째, 대중을 기쁘게 하려는 것 셋째, 대중을 안락하게 하려는 것 넷째, 믿음이 없는 이를 믿게 하려는 것 다섯째, 이미 믿은 이를 더 굳세게 하려는 것 여섯째, 다루기 어려운 이를 잘 다루려는 것 일곱째, 부끄러운 줄 알고 뉘우칠 줄 아는 이를 편안하게 하려는 것 여덟째, 현재의 실수를 없애려는 것 아홉째, 미래의 실수를 막으려는 것 열째, 바른 법을 오래가게 하려는 것 등이다. 계를 말하려는 사람은 이와 같이 말하라. 어떤 비구가 부정한 행을 범하고 음행을 범하면 그는 빠라지까(pārājika, 바라이죄)이다. 음행, 5전 이상의 도둑질, 살인, 깨닫지 않았으면서 깨달았다고 거짓말하는 수행자는 함께 살지 못한다."

붓다는 이와 같이 비구들에게 해탈에 이르는 지침인 바라제목차波羅提木叉(prātimokṣa)를 제정하고 널리 알렸다. 이것은 교단이 생긴 지 다섯 해 만의 일이다.

이로부터 모든 계는 이 열 가지 계율 제정의 원칙에 따라 만들어졌다. 후일 붓다 입멸 후 법과 율에 정통한 제자들에 의해 붓다의 말씀을 결집하는 일이 있었는데 율에 가장 정통한 우빨리 존자는 계율 제정에 대한 최초의 사건을 수딘나의 음행으로 구술하고 확인하였다.

한편, 수딘나의 아들은 이름을 종자種子라 했고 그도 자란 뒤 머리를 깎고 출가했다. 그리고 부지런히 수행하여 마침내 아라한의 경지에 이르렀다. 신통이 자재하고 위력이 한량없어 그를 종자존자種子尊者라 불렀다.

081. 녹자모 강당이 만들어지다

꼬살라국 사왓티에 미가라 장자가 살고 있었다. 그에게 푼나왓다나라는 아들이 있었다. 미가라는 당대 최고 부호의 한 가문인 다난자야의 딸 위사카를 며느리로 맞는 행운의 주인공이 되었다. 다난자야의 부친은 멘다까였는데 그는 마가다국을 대표하는 부호였을 뿐만 아니라 인품과 덕행이 출중하여 사람들로부터 깊은 존경을 받았다. 멘다까는 붓다를 열렬히 숭모하는 신도였다. 그의 손녀딸 위사카가 일곱 살이 되었을 적에 붓다는 앙가국의 한 도시인 밧디야를 방문했다. 멘다까는 어린 손녀를 붓다께 소개하고 싶었다.

"위사카야, 너 자신의 행복을 위해, 우리 가족의 행복을 위해 붓다를 찾아뵙고 가르침을 들어라."

할아버지의 당부에 따라 위사카는 5백 명의 시녀를 동반하고 붓다 앞에 나아가 가르침을 들었다. 총명한 소녀는 첫 날 깨달음의 첫 번째 단계인 예류과에 들었다. 예류과는 '흐름에 든 사람'이란 뜻으로 일곱 번 생 이내에 해탈하는 경지를 말한다. 붓다와 위사카는 그런 만남으로 인연을 맺었다. 일곱 살 소녀가 예류과에 든다는 이런 일들은 도무지 예사롭지가 않다. 그녀의 비범한 모습에도 7이라는 완전수가 들어 있다는 점은 이야기에 풍부한 영감을 제공한다. 갓 태어난 싯다르타 태자가 동쪽을 향해 일곱 발걸음을 걷고, 그의 친모가 산후 7일 만에 운명하여 도솔천으로 돌아간다는 이야기 내용도 같은 방식이다.

전하는 이야기에는 붓다가 어린 소녀를 위한 설법을 따로 했다고 하는데 그 내용은 잘 알려져 있지 않다. 아마도 할아버지 멘다까, 할머니 짠다파두마, 아버지 다난자야, 어머니 수마나데위, 하인 뿐나 등과 함께 들었을 것이다. 이들 가족 모두가 설법을 통해 초기 깨달음을 얻었다고 되어 있다.

'사람은 왜 착하게 살아야 하는가?'

이것이 밧디야 설법의 주요 내용이었다고 바람은 증언했다. 그리고는 당시의 붓다의 말씀을 시로 응축해서 들려주었다.

> 여래는 말하노니
> 사람은 무엇으로 사는가?
>
> 착한 마음과 착한 행동보다
> 귀한 것은 없나니
>
> 이는 나보다 이웃을 위하는 삶이요
> 이웃을 위하는 삶은 곧

나와 남을
차별하지 않는 세상이니

이런 세상이 우리가 바라는
자유와 평화의 세상입니다.

일곱 살 위사카는
착하게 살아야 한다는

이 말뜻을
알겠습니까?

 이날의 법문은 위사카에게 평생 영향을 미쳤다. 위사카는 보시 공덕의 중요성에 대해 영혼이 감전되는 깨달음을 얻었고, 이를 실천하기 위해 노력했다. 그녀의 가족들은 마가다 왕국의 빔비사라왕도 어쩌지 못할 엄청난 부자였지만 이웃 꼬살라의 빠세나디왕의 요청에 따라 마가다에서 꼬살라로 이사를 가야했다. 두 왕들 사이의 정치적 거래로 멘다까 가문은 꼬살라로 거처를 옮겨 새로 자리 잡고 사는 중이었다. 그러다가 무슨 인연의 옷깃이 스쳐 지나게 되었는지 위사카는 마가라 장자의 며느리가 되어 시댁에 함께 살게 된 것이다.

그녀는 붓다와 그 제자들을 청하여 공양을 올리고 설법을 듣고 싶어 했지만 좀처럼 기회가 없었다. 어느 날, 위사카는 시아버지에게 스님들을 청하여 공양을 올리고 싶다고 말했다. 미가라는 쾌히 승낙하고 위사카에게 음식을 만들도록 일렀다.

다음 날, 스님들이 왔다고 해서 나가 본 위사카는 크게 놀랐다. 붓다의 제자들이 아닌, 발가벗은 나체 고행자들이 집안에 가득했기 때문이다. 위사카는 자기 방으로 쫓기듯이 들어가 나오려 하지 않았다. 고행자들은 미가라에게 그러한 며느리는 내쫓는 것이 좋다고 위사카를 비난했다. 미가라 장자는 자이나교의 독실한 신도였으므로 며느리와 종교가 달랐다. 아무리 종교가 달라도 잘못이 없는 며느리를 친정으로 돌려보낼 수는 없는 일이었다. 발가벗은 고행자들 앞에 나가 음식을 권하지 않는 게 무슨 잘못이란 말인가.

위사카는 시아버지에게 내쫓기어 친정으로 가는 게 아니라 자기 발로 친정에 가려했다. 잘못이 없는 며느리가 친정으로 돌아가려하자 시아버지가 만류했다. 위사카가 말했다.

"아버님, 우리 집안은 붓다를 섬기는 집안입니다. 승가를 마음껏 섬길 수만 있게 해주시면 떠나지 않겠습니다."

마가라는 흔쾌히 승낙했다. 이에 위사카는 기원정사에 머물고 있는 붓다와 그의 제자들을 초청했다. 초청을 약속한 날

하필이면 큰 비가 내렸다. 위사카는 음식을 준비하고서 하녀를 시켜 붓다를 모셔오도록 했다. 때마침 비구들은 붓다의 허락을 받아 빗물에 목욕을 하고 있었다.

'에그머니나, 절집에 스님들은 안 계시고 나체 외도들뿐이네!'

생각이 짧은 하녀는 그냥 돌아왔다. 지혜로운 위사카는 스님들이 그 시간에 빗물 목욕을 했을 것이라고 생각하고 하녀를 다시 보냈다. 하녀가 기원정사에 이르렀을 때는 스님들이 모두 집안에 들어가서 참선을 하고 있어 인적이 없었다. 하녀는 사람이 없다고 생각하고 이번에도 그냥 돌아왔다. 위사카는 하녀가 어리석어 집안에 사람이 있는데도 그냥 돌아온 줄을 알고 절에 다시 가서 큰 소리로 '공양 준비가 다 되었습니다'라고 소리쳐 알리게 했다. 하녀는 주인이 시키는 대로 했다.

붓다는 하녀를 먼저 보낸 다음 1천 2백 50인의 비구들과 함께 위사카의 집으로 향했다. 위사카는 붓다와 제자들이 공양을 마친 다음 붓다께 나아가 말했다.

"세존이시여, 제게 여덟 가지 소원이 있는데 허락하여 주십시오."

붓다가 말했다.

"위사카여, 여래는 그 바라는 것이 어떤 것인지를 알기 전에는 승낙하지 않느니라."

"세존이시여, 결코 나쁜 일이 아니므로 반드시 들어주시기 바랍니다. 첫째 소원입니다. 나그네 스님이 먼 곳으로부터 와서 머물 곳이 없을 때 저로 하여금 그 스님에게 공양하도록 허락하여 주십시오. 둘째 소원입니다. 멀리 길을 떠나는 스님이 공양 때문에 동행할 스님과 동행할 수 없을 때 저로 하여금 그 스님에게 공양하도록 허락하여 주십시오. 셋째 소원입니다. 병든 스님에게는 알맞은 음식을 공양하도록 허락하여 주십시오. 넷째 소원입니다. 병든 이를 간호하는 스님이 걸식하기 위하여 병간호를 소홀히 할 우려가 있으니 저로 하여금 병을 간호하는 스님에게도 공양하도록 허락하여 주십시오. 다섯째 소원입니다. 병든 스님에게 약을 공양하도록 허락하여 주시옵소서. 여섯째 소원입니다. 세존께서 스님들이 죽 먹는 일을 허락하시면 저는 목숨이 다하도록 죽을 공양 할 것이오니, 허락하여 주십시오. 일곱째 소원입니다. 비구 스님들께 비옷을 제공하는 것을 허락하여 주시옵소서. 여덟째 소원입니다. 비구니 스님에게는 목욕하는 옷을 공양하도록 허락하여 주십시오.

세존이시여, 이상 여덟 가지 소원을 들어주시면 저는 평생토록 이를 실천하겠나이다. 이는 제가 일곱 살 때 세존께 직접 들은 사람은 '착하게 살아야 한다'는 가르침을 제 방식대로 실천하는 길이옵니다."

붓다가 미소를 지으며 다시 말했다.

"위사카여, 그대는 무슨 이익을 바라고 이 여덟 가지 보시를 서원하는가?"

"세존이시여, 저는 스님들이 저의 공양을 받았다는 것을 생각하면 기쁜 마음이 날 것이며, 그 기쁜 마음이 온갖 죄악을 버리게 할 것이며, 죄악이 없어지면 몸의 안락을 얻을 것이며, 몸의 안락을 얻으면 마음이 안정되어지고 마음이 안정되면 능히 수도에 정진할 수 있기 때문입니다. 이 모두가 착하게 사는 마음의 뿌리를 일곱 살 때부터 심었기 때문입니다."

붓다는 위사카의 말을 듣고 그 소원을 들어주었다. 그리고 '보시는 위사카와 같은 뜻으로 해야 한다'고 말씀하시고 여러 가지 설법을 했다. 미가라는 붓다가 설법하는 동안 처음에는 숨어서 들었다. 그러나 말씀에 감동한 그는 자기도 모르는 사이에 붓다 앞에 나와 꿇어앉아서 열심히 들었다. 설법이 끝나자 그는 붓다께 귀의하여 삼귀계를 받고 즉시 불교로 개종했다. 그는 붓다의 가르침을 만난 환희심에 며느리의 손을 잡고 말했다.

"위사카야 오늘부터 너는 나의 어머니다."

이로부터 위사카는 미가라의 어머니라 불렸다. '미가라마타[녹자모鹿子母]'가 그런 뜻이다. 미가라는 며느리 때문에 교화를 받아 붓다의 제자가 되었다. 그는 붓다 앞에 나아가 머리를 조아리며 아뢰었다.

"세존이시여, 저는 여태 보시의 공덕을 모르고 살았나이다. 며느리 덕분에 붓다의 가르침을 만나 진리를 접하게 되고 여러 괴로움으로부터 벗어나게 되었습니다. 며느리가 저를 구하고 집안을 구했습니다. 며느리가 제 어머니입니다."

위사카는 시집 올 때 가지고 온 엄청난 규모의 재산을 희사하여 붓다와 그 제자들을 위한 정사를 사왓티 동쪽 동산에 지었다. 이 정사의 이름을 위사카의 다른 이름인 녹자모를 따서 녹자모 강당鹿子母講堂이라고 하였다. 이 강당은 3층으로 되어 있으며, 층마다 5백 개의 방이 마련되어 있었다. 그 규모가 얼마나 큰지 짐작이 어려울 정도이다.

녹자모 강당은 수닷따 장자가 기증한 기원정사와 함께 꼬살라 왕국의 양대 교화 거점이 되었다. 재가 청신사인 수닷따가 기원정사를 기증했다면 재가 청신녀인 위사카는 녹자모 강당을 기증함으로써 새로운 기록을 세웠다. 적어도 보시의 거룩한 규모로 보면 남녀 차별이 없었다. 붓다는 위사카의 선행을 다음과 같은 게송으로 남겼다.

무수한 꽃숭어리들 속에서
꽃목걸이를 만드는 것처럼

죽기 마련인 존재로 나면
착한 일을 많이 해야 한다.

082. 왕비 케마가 출가하다

"저는 붓다가 싫사옵니다."
"그러지 말고 뵈러 갑시다. 그분은 성자이십니다."
"그분은 미인을 싫어하신다면서요. 저 같은 사람이 가서 뭐하겠어요. 공연히 훈계만 들을 게 뻔한데, 저는 가지 않겠어요."
왕이 요청했지만 그의 아름다운 왕비는 콧방귀부터 나왔다. 케마는 붓다를 만나기 싫었다. 붓다가 몸의 아름다움에 대해 부정적인 입장을 가지고 있기 때문이었다. 붓다는 여인의 아름다움을 종기나 피고름 덩어리에 비유하곤 했다. 케마는 자신이 그런 피고름 덩어리라 생각하니 소름이 끼쳤다.
맛다국 공주 출신인 케마는 아름다웠다. 모든 사람들이 입을 모아 그녀의 미모를 칭송했다. 케마는 빼어난 용모와 자태, 그리고 황금빛 피부를 가지고 있었다. 눈은 호수처럼 깊고 푸르고 코는 얌전하게 오똑했으며 입술은 언제나 복숭앗빛으로 촉촉했다. 목소리 또한 상냥하고 낭랑했다.
케마는 마가다국 빔비사라왕을 한눈에 사로잡아버렸다. 그녀는 빔비사라왕의 세 번째 왕비가 되었다. 왕비 케마는 백성들의 존경과 사랑의 대상이었다. 거리에 나가면 왕비들은 언제나 사람들 입에 오르내리곤 했다.

"아름답기로 말하면 첫째 왕비인 웨데히가 제일이지 않을까? 꼬살라의 빠세나디왕께서는 그녀의 여동생을 우리 대왕님께 시집보내실 때 까시 땅까지 주시지 않으셨나. 거기서 나온 세금으로 웨데히 왕비의 목욕비를 쓰도록 하셨다지 않은가. 얼마나 귀하고 아름다운 분이실까?"

"무슨 소린가? 둘째 왕비가 더 낫지. 와르지 연맹 릿차위족의 쩨따까 왕비의 딸 쩰라나 말일세. 둘째 왕비님은 피부가 너무나 맑아서 투명할 정도라던데. 거긴 혈통 자체가 다르다더군 그래."

"헛소리 그만하시게. 케마 왕비는 단박에 우리 대왕님을 사로잡으셨다네. 마가다 전체에서 비교할 사람이 어디 있겠는가. 나는 실제로 케마 왕비님을 가까이에서 뵐 기회가 있었다네. 너무나 아름다워 숨조차 쉴 수 없었다네. 어떤 말로도 표현할 수 없는 아름다움 알겠는가? 안 보면 절대 모르지."

붓다는 겉으로 드러나는 인간의 미모보다 더 근원적인 아름다움을 이야기했다. 탐욕을 버리고, 화를 내지 않고, 어리석음에 빠지지 않는 게 외모의 아름다움보다 중요하다고 가르쳤다. 케마는 그런 붓다가 달갑지 않았다. 붓다와 각별한 관계에 있던 빔비사라왕은 케마를 붓다에게 인도하고 싶었다. 그 무렵 붓다는 라자그리하의 대나무동산에 머물고 있었다. 왕은 묘안을 냈다.

"케마여, 나의 아름다운 왕비여, 대나무동산이 지금 한창 아름다울 때라오. 대나무숲이 더 아름다운지 그대가 더 아름다운지 나는 그걸 좀 확인해 보고 싶소."

"왕이시여, 거기는 붓다가 계시는 곳 아닙니까? 저는 미인을 싫어하는 붓다를 만나기 싫습니다."

"케마여, 우리는 붓다를 뵈러 가는 게 아니라 대나무 숲속을 산책만 하다 오면 되는 것이니 염려하지 마시오."

왕명을 어이 거부하랴. 왕과 왕비는 대나무동산의 호젓한 숲길을 산책하면서 오후의 즐거운 한때를 보내고 있었다. 발걸음이 자연스레 승원 쪽으로 옮아갔다. 그때 붓다는 왕과 왕비의 방문을 천안통으로 알고 있었다. 두 부부가 근처까지 가까이 오자 붓다는 신통을 써서 하늘의 여신보다 아름다운 여인으로 하여금 붓다에게 부채질하게 했다.

이 모습을 바라본 케마는 넋을 잃고 말았다. 자기보다 아름다운 여인이 있는 점에 놀랐고, 저런 압도적인 아름다움이 이 지상에 있다는 점에 한 번 더 놀랐다. 케마는 스스로가 초라해졌다. 잠시 뒤 놀라운 일이 또 일어났다.

붓다 옆의 아름다운 여인은 빠른 속도로 나이를 먹어갔다.

피부에 탄력이 없어지더니 금세 쭈글쭈글해졌다. 머리는 백발로 변하고 이빨들이 다 빠지더니 마침내 쓰러져 꼼짝도 하지 않았다. 케마는 그 자리에서 주저앉아 무너지고 말았다. 미모의 끝을 생생하게 보았다. 자신 역시 예외가 아니라고 생각하자 몸서리가 쳐졌다. 그때 붓다가 왕과 왕비를 불렀다.

"대왕이시여, 오늘은 어인 일로 연락도 없이 오셨습니까?"

"세존이시여, 케마 왕비와 함께 아름다운 동산 산책을 나오게 되었습니다."

"케마여, 우리는 오늘 처음 만나는군요. 그렇지요?"

"세존이시여, 인사를 처음 올립니다. 케마라고 하옵니다."

"케마여, 여기가 아름답습니까?"

"세존이시여, 여기는 참 아름답습니다. 대나무숲과 꽃과 벌, 나비들이 모두 아름답고, 은은한 바람과 향기는 마치 극락인 듯싶습니다. 그런데 이 세상에서 가장 아름다운 여인도 있더군요."

"그 여인이 여기 쓰러져 있는 늙은 노파 아닌가요?"

"세존이시여, 그렇습니다. 제 두 눈이 다 지켜보았습니다. 이게 어찌된 일이옵니까?"

케마는 눈물이 왈칵 쏟아질 것만 같았다. 붓다가 다정한 음성으로 말했다.

"케마여, 미모에 집착하지 말아야 합니다. 세상에 그 어떤 것도 변하지 않는 것은 없습니다. 미모는 영원하지 않습니다. 젊음도 아름다움도 오래가지 못합니다. 여기 쓰러져 있는 이 늙은 여인이 곧 케마의 미래 모습입니다.

케마여, 미모보다 아름다운 게 있습니다. 마음속에서 타오르는 욕망의 불을 끄고 절대평화의 세계를 경험하는 게 그것입니다. 여래는 이를 일러 열반의 경지라 합니다. 지혜로우신 왕비여, 그대도 경험할 수 있습니다."

케마는 붓다에게 감화되었다. 가슴이 두근거리고 맥이 빨리 뛰었다. 가슴이 따뜻해지는가 싶더니 머리가 시원해지는 느낌이 찾아왔다. 그녀는 붓다의 이야기를 듣는 것만으로도 성자의 흐름에 한 뼘쯤 발을 들여놓게 되었다. 케마는 자신의 교만을 참회하고 붓다의 두 발에 경배했다. 궁으로 돌아와 여러 날이 지났다. 케마는 고민에 고민을 거듭했다. 어느 날 케마는 왕 앞에 나아가 말했다.

"대왕이시여, 케마는 출가를 하고 싶나이다. 허락해 주소서."

왕은 귀를 의심했다. 자신의 미모를 그토록 자랑하던 케마가 출가를 결행하겠다는 자체가 불가사의했다. 재가불자로서 얼마든지 붓다를 따를 수 있었다. 출가는 또 다른 문제였다. 왕궁의 안락과 호사를 버려야 했다. 탁발 걸식을 해야 했고 시종도 시녀도 없이 청빈한 무소유의 삶을 살아야 했다. 왕비가 과연 이것을 감당할 수 있을까.

빔비사라왕은 걱정 반 기대 반의 심정이었다. 그래도 왕은 붓다의 진정한 제자가 되겠다는 케마의 말에 안심이 되기는 했다. 왕은 왕비의 출가를 허락했다. 그녀는 황금 가마를 타고 출가해 비구니가 되었다.

케마는 타고난 총명함과 성실한 수행으로 비구니 제자 가운데 지혜제일로 평가받을 정도로 성장했다. 비구들도 그녀를 감당하기 어려워 마주치기를 꺼려했다. 꼬살라의 빠세나디왕이 케마와 교리 문답을 하다가 케마가 붓다와 똑같이 말을 하는 것을 보고 그녀의 설법 능력에 경의를 표할 정도였다. 그런 케마도 출가 후 얼마 지나지 않아 마왕의 유혹을 받았다.

"케마여, 당신의 아름다움과 젊음을 즐기세요. 그것은 잘못된 게 아닙니다. 누리세요. 즐기세요. 그것은 사람의 권리요 미인의 권리랍니다."

케마는 높은 지혜와 굳건한 수행의 힘으로 마왕의 유혹을 물리쳤다.

> 병들고, 무너지기 쉽고
> 악취를 풍기는 이 몸뚱이로
> 나는 시달려왔네.
>
> 하지만

애욕에 대한 집착은
뿌리째 뽑아버렸지.

모든 욕망은
스스로를 베는 칼이고
스스로를 찌르는 창이니

이 칼과 창이
우리를 난도질한다네.

마왕이여,
그대가 말하는 '욕락'은
오히려 '즐겁지 않은 것'.

내 쾌락의 즐거움은
이제 파괴되었네.

무명의 어둠 덩어리도
산산조각이 났다네.

마왕이여,

유혹의 말은
나를 이길 수 없으니
그대는 패배했다네.

나는 위없이 높고 완전한 깨달음을 얻은
최고의 스승께 귀의해
그분의 가르침을 실천함으로써
괴로움에서 벗어났다네.

케마에게는 특별한 도반이 있었다. 웁빨라완나는 기구한 운명을 겪고 비구니가 되었다. 그녀는 결혼한 뒤 남편을 어머니와 딸과 공유하는 천륜 파괴의 삶을 살았다. 출가해서 비구니가 되어 열심히 정진했는데 비구니 가운데 신통제일이라는 소리를 들었다. 붓다의 상수제자로 일컬어지는 지혜제일의 사리뿟따와 신통제일의 목갈라나처럼 케마와 웁빨라완나는 붓다의 두 비구니 상수제자로 거명된다. 두 비구니는 친자매처럼 지냈다. 살아온 삶도 다르고 미모로 인해 겪은 운명도 달랐지만, 애욕에 집착하지 않는 삶에 대해서는 똑같이 공감했다. 두 비구니에게는 이런 일화가 전해온다.

몹시 더운 여름날, 사왓티 근교에서 수행하던 케마와 웁빨라완나는 강물에 들어가 목욕을 하고 있었다. 이 모습을 바라본 마을의 건달과 악당들이 달려 들어가 두 비구니를 폭행하려 했다. 힘으로 이들을 제압할 수 없었던 두 비구니는 자신들의 눈알을 파내어 악당들에게 들이밀었다.

"자, 이것이 지금 막 얼굴에서 뽑아낸 우리들 눈알이다. 우리를 범하려거든 이 눈알을 먼저 씹어 먹어라."

"애욕은 칼이나 창보다 무섭게 사람을 찌르나니, 그대들은 스스로를 찌르고 존귀한 수행자들마저 해코지하는구나. 어찌 살아서 지옥으로 떨어지지 않으랴."

"모든 것은 영원불멸하지 않다. 피로 뒤범벅이 된 이 눈알을 먹고도 애욕에 집착하는 짓은 어리석고 어리석도다. 그래도 먹으려거든 자, 어서 먹어라."

눈알이 뽑힌 두 비구니의 깊고 어두운 눈구멍에서는 계속해서 피가 흐르고 있었다. 악당들은 두 비구니의 기상에 눌려 다리가 후들거렸다. 엎어지고 자빠지며 허둥거리다가 잘못을 참회하고 물러갔다. 얼마 후 악당들은 삼보에 귀의했다. 케마와 웁빨라완나가 실제로 자신들의 눈알을 스스로 뽑아냈는지는 알 수 없다. 아마도 신통의 힘이었을 것이다. 이런 신통은 악당들을 삼보에 귀의시키는 힘이 있었다.

케마는 왕가의 공주였다. 아름다운 미모에 당대 최대 강국이었던 마가다 왕국의 왕비까지 되었다. 아무런 부러울 게 없는 삶을 살다가 무소유의 청빈한 삶을 사는 비구니가 되었다.

케마는 미모와 젊음의 뒷면을 바라볼 줄 알았다. 그녀는 왕국에서 가장 아름다운 여인이자 지체 높은 신분이었지만, 진리를 위해 모든 것을 버리는 용기를 보여주었다.

그 어떤 지혜도 용기가 뒷받침 되지 않으면 이루어질 수 없는 게 아닐까. 왕비 케마가 이를 입증했다. 그녀는 지혜제일일 뿐만 아니라 용기제일이었다.

083. 키사 고따미가 아들을 잃고 울부짖다

키사는 얼굴이 뛰어나지도 않았고 체형도 매우 말라 있었다. 그녀는 사왓티의 어느 가난한 바라문 집안의 딸이었다. 그녀의 이름 키사는 '말라깽이'라는 뜻이었다. 키사 고따미는 사춘기가 되자 서둘러 결혼을 올려야 했다. 여인이 결혼하지 않으면 사후에 하늘 문이 닫혀서 들어갈 수도 없다고 믿던 시대였다. 그녀는 조건이 좋지 않은 남자일지라도 결혼해야 했다. 바라문의 딸이 까삘라와스뚜 출신의 돈 많은 상인의 아들과 혼례를 올렸다. 남편과 시부모는 그녀가 가난한 집안 출신이라는 이유로 박대했다. 그녀의 결혼생활은 힘들고 고통스러웠다.

그러던 어느 날 그녀는 아들을 낳았다. 이제 그녀는 그 아들의 어머니로서 당당하게 살아갈 수 있었다. 조상에게 제사를 지내는 아들을 낳는 것만으로도 어머니는 존중받았다. 그녀는 남편이나 시부모에게도 좋은 대접을 받았다. 마치 아들이 그녀의 존재 이유인 듯했다. 불행의 그림자를 떨친 그녀에게는 행복한 날들만 펼쳐졌다.

얼마 후 어린 아들이 병에 걸려 죽고 말았다. 아장아장 걷던 귀여운 모습을 다시 볼 수 없게 되자 키사 고따미는 제정신이 아니었다. 그녀는 축 늘어져 있는 아이를 안고 거리를 뛰어다녔다.

"누가 우리 아이를 좀 살려주세요."

"아직 숨을 쉬고 있소?"

"아니에요. 숨을 쉬지 않아요."

"그럼 죽은 거잖소. 죽은 아이를 어떻게 살려낸단 말이오."

사람들의 반응은 냉랭했다. 처음엔 애처로운 마음을 내었다가도 죽은 아이를 살려내라는 어머니의 이야기를 들으니 그 어머니가 제정신이 아니라고 생각하게 되었다. 딱하지만 어쩔 수 없었다. 사람들은 그녀를 외면했지만 그녀를 측은하게 여긴 한 여인이 붓다가 좋은 약을 가지고 계시니 도움을 청하라고 일러주었다. 그녀는 죽은 아이를 안고 붓다에게 달려갔다.

"세존이시여, 우리 아이를 살려낼 좋은 약을 가르쳐 주옵소서. 저는 이 아이가 없으면 살아갈 의미가 없습니다. 우리 아들을 살려주소서."

붓다는 가여운 여인에 대한 연민의 마음이 깊어졌다. 그녀를 구제하기로 했다.

"내가 당신의 죽은 아이를 살려내는 방법을 알려드리리라. 다만 조건이 있습니다. 죽은 사람이 한 사람도 없는 집에 가서 겨자씨를 얻어 와야 합니다. 그 집안에 할아버지나 할머니, 혹은 어머니나 아버지를 비롯해서 아무도 죽지 않은 집이 있다면 그 집안의 겨자씨를 얻어 오세요. 그런 다음에 다시 이야기합시다."

그녀는 죽은 아이를 안고 마을 집집마다 돌아다니며 붓다의 조건을 충족시킬 집안을 찾아다녔다. 아무리 물어도 그런 집은 없었다. 그녀는 망연자실한 채 캄캄해진 골목길을 돌아 나오다가 문득 깨달았다.

"죽은 사람들이 산 사람들보다도 더 많은 것이구나. 누구나 다 죽는 것이구나. 우리 아들은 조금 빨리 죽은 것뿐이구나!"

그녀는 아들에 대한 집착, 몸에 대한 집착, 삶에 대한 집착을 버리게 되었다. 정신을 차리고 아들을 묻어준 후 그녀는 다시 붓다를 찾았다.

"키사 고따미여, 겨자씨는 얻어 왔습니까?"

"세존이시여, 얻지 못했습니다. 온 마을 집을 다 돌아다녀

보았지만 사람 죽은 적이 없는 집은 찾지 못했습니다. 살아 있는 사람보다 죽은 사람이 훨씬 많다는 것을 알았고, 사람은 누구나 죽는다는 것을 비로소 실감했습니다."

"그렇습니다. 키사 고따미여, 바로 보았습니다. 당신의 아들만 억울하게 죽은 것처럼 슬퍼할 일이 아닙니다. 죽음은 누구도 피해 갈 수 없습니다."

"세존이시여, 가련한 이 여인을 인도해 주소서. 저는 출가하여 여래의 길을 따라가겠나이다."

이리하여 아들을 잃은 여인은 출가자의 길에 들어섰다. 키사 고따미는 초라한 복장으로 열심히 수행했다. 너절한 옷을 입고 검소하게 정진하는 모습이 인상적이었다. 그녀는 조의 粗衣제일 비구니라는 이름을 얻었다. 출가한 지 얼마 지나지 않아 그녀는 법당에서 등불을 바라보며 조용히 명상에 잠겨 있었다. 시간이 지나가면서 등잔불은 하나둘씩 사라져가기 시작했다.

사람들은 끝없이 윤회하지.
태어나면 반드시 죽고
죽으면 다시 태어난다네.

이것이 바로 무한 괴로움의 바다

고해苦海가 바로 여기라네.

열반을 얻으면 그런 일이 없다네.
괴로움의 바다에
다시는 빠지지 않으리니…

키사 고따미는 등잔불을 바라보면서 세상의 무상[제행무상 諸行無常]을 깨치게 되었다. 존재하는 것들은 어느 순간 사라진다는 것을 선명하게 알아차렸던 것이다. 그때 붓다도 천안통으로 이 모습을 보시고 키사 고따미의 마음속에 들어와 짧은 게송을 읊으셨다.

불사의 경지를 보지 못하고 백 년을 사는 것보다
찰나를 살더라도 불사의 경지를 볼 수 있다면
이보다 좋은 것은 다시 없으리. 두 번 다시 없으리.

그녀는 열심히 정진하여 마침내 깨달음을 성취한 후 깨달음의 노래를 불렀다.

저는 화살을 뿌리째 뽑아버리고
무거운 짐도 내려놓았습니다.

저는 해야 할 일을 마쳤습니다.

자식을 먼저 떠나보낸 슬픔의 화살이 마침내 그녀의 가슴에서 뽑혀 나갔다. 어깨와 등의 무거운 짐도 슬픔과 함께 내려놓게 되었다. 붓다는 훌륭한 스승이자 의사였다. 그녀의 슬픔을 치유하고 바른길을 가리켜주었다. 슬픔으로부터 놓여난 키사 고따미는 붓다가 가리켜 주는 길을 따라 걸어갔다.

084. 빠따짜라, 맨몸의 여인이 성자가 되다

빠따짜라는 사왓티의 부유한 상인의 집 딸로 태어났다. 그녀는 자신의 집에서 일하던 하인과 사랑에 빠져 야반도주하게 되었다. 임신을 하게 된 그녀는 막상 해산일이 가까워지자 친정에서 아이를 낳고 싶은 마음에 길을 떠났으나 가는 도중에 아이를 출산했다. 얼마 후 다시 두 번째 아이를 임신을 하고 이번에도 해산을 위해 친정을 향해 가는 중이었다. 가는 도중에 또 산기가 찾아왔다. 하필이면 폭풍우가 몰아치는 밤이었다. 그녀는 임시 피난처에서 고통을 견디고 있었다. 밤새 산고를 겪던 그녀는 둘째를 낳았다. 역시 길에서 낳은 아이였다. 정신을 수습해 남편을 찾으러 바깥으로 나와 보니 남편은 독사에 물려 온몸에 독이 퍼진 채 죽어 있었다.

젊어서 사랑에 눈이 멀어 하인 남편을 따라 도망자의 삶을 살았건만 돌아온 것은 죽은 남편과 길에서 낳은 아이 둘이었다. 이제 어떻게 살아야 하나. 빠따짜라는 자신의 기구한 운명에 목 놓아 울었다.

돌아갈 곳은 친정뿐이었다. 처녀의 몸으로 도망을 나와 두 아이를 안고 돌아가는 길이지만, 그래도 부모형제가 반겨주기는 할 것이었다. 빠따짜라는 두 아들을 업고 품고 하면서 다시 길을 떠났다. 도중에 강물을 만나 건너야 하는 일이 생겼다. 폭우로 물이 불어난 강물을 두 아들을 데리고 한꺼번에 건널 수 없었다.

그녀는 갓난아이를 먼저 안고 강물을 건너 내려놓은 다음 다시 강 이쪽을 건너오는 중이었다. 그런데 매 한 마리가 날아와 강 저편에 내려놓은 갓난이기를 채가려는 중이었다. 강 가운데 선 어머니는 이러지도 저러지도 못한 채 소리를 지르고 손을 흔들어 매를 쫓아내려 했다. 그러나 매는 갓난아이를 채 가지고 하늘로 날아가 버렸다.

한편 강 이쪽의 큰아이는 어머니가 강 가운데서 손짓을 하자 자기더러 강물로 빨리 오라는 줄 알고 강을 건너오다가 급류에 휩쓸려 떠내려가고 말았다. 모든 일이 순식간에 일어났다. 꿈만 같았고 거짓말 같았다. 빠따짜라는 남편과 두 아들을 잃고 실성한 사람처럼 변해갔다. 혼자서 길을 걸어오다가 고향 마을 사람을 길에서 만나게 되었다. 그녀는 가족의 안부가 그리웠다.

"아가씨, 지난밤에 폭우가 내려 산사태가 났습니다. 그래서 부모님과 오빠 모두가 깔려죽고 말았답니다. 이런 슬픈 일이 어떻게 벌어졌는지 모르겠습니다. 이제 그 집안엔 아가씨밖에 없게 되었구려."

운명은 가혹했다. 남편과 두 아들에 이어 가족 모두가 몰살되고 말았다. 그녀는 몸에 걸친 옷이 흘러내리는 줄도 모르고 알몸이 되어 거리를 헤매었다. 이때부터 '옷을 입지 않고 걷는 여인'이라는 뜻에서 빠따짜라라는 이름을 얻게 되었다. 그녀는 한없이 가련했지만 사람들은 그녀를 비웃고 조롱했다. 공중도덕을 해친다고 오물과 쓰레기를 그녀에게 던지곤 했다.

어느 날 그녀는 붓다가 머물고 있는 기원정사로 발걸음을 옮기고 있었다. 사람들이 그녀를 가로막았다. 알몸의 여인이 신성한 승원에 발을 들여놓게 해서는 안 되다는 게 이유였다. 밖이 소란하자 붓다는 이유를 살피고 그녀를 들어오게 했다. 그녀는 붓다 앞에 엎드려 흐느꼈다. 아난다가 자신의 가사를 벗어 그녀를 덮어주었다. 그녀는 한동안을 크게 울다가 마음을 진정시켰다. 그러자 붓다가 그녀를 위해 설법을 했다.

"빠따짜라여, 두려워하지 말라. 그대는 이제 안전한 곳에 이르렀다. 이곳은 그대를 보호해줄 수 있고 인도해 줄 수 있다. 지금까지 끝없는 윤회 속에서 그대가 부모, 자식, 형제를 잃고 흘린 눈물은 이 땅 위의 모든 눈물보다 많다. 빠따짜라여, 어떤 사람이 자신의 사랑하는 아들을 잃고 슬픔과 괴로움 때문에 흘린 눈물과 비교할 때 사대양의 물도 적다. 자매여, 그대는 왜 지금 방일한가? 주의하라."

후일 이 법문은 『시작을 알 수 없는 경』으로 기록되었는데, 윤회의 본질을 친절하게 설명하는 사례로 알려져 있다. 윤회는 그 시작을 알 수 없다는 이야기였다. 모든 목숨붙이들의 숙연은 그만큼 깊고 오래되었다는 뜻이다. 빠따짜라가 겪은 참혹할 정도로 기구한 운명은 이번이 처음이 아니라 아주 오래전부터 반복되어 왔다는 이야기였다. 그리고 그것이 삶의 중요한 특성이라는 말이었다. 괴로움의 반복! 이것을 벗어나기 위해 할 수 있는 일이 바로 '방일하지 않기'였다. 즉 게으르면 안 된다는 말씀이었다. 빠따짜라가 정신을 차려 붓다의 말씀을 받아들이기 시작하자 붓다는 연이어 게송을 들려주었다.

죽음이 닥쳐올 때
누구도 그를 지켜줄 수 없다.
아버지, 자식, 친척들은

그를 보호하지 못한다.

지혜로운 사람은
계율로 잘 제어하고
열반으로 이끄는 길을
서둘러 깨끗하게 한다.

만신창이가 된 그녀의 몸과 마음은 조금씩 치유되고 있었다. 붓다의 인자한 목소리와 준엄한 가르침은 그녀를 더 높은 곳으로 이끌기 시작했다. 그녀는 출가를 결심하고 붓다에게 나아가 청원했다. 빠따짜라는 붓다의 제자 가운데서도 가장 기구한 운명을 가진 비구니 제자였다. 그녀는 열심히 정진하여 나날이 성장했다.

빠따짜라는 마침내 깨달음의 경지에 올랐다. 그녀는 자신처럼 남편과 아들, 가족 친지들을 잃은 많은 여인들을 위로하고 붓다의 가르침 속으로 인도했다. 특히 샤까족이 멸망하면서 살아남은 많은 여인들에게 빠따짜라의 설법은 효과가 있었다. 여성 출가자들의 회상과 고백을 담은 『테라가타』에는 이런 기록이 있다. 빠따짜라가 말했다.

"그 아이가 어디에서 왔는지, 또 어디로 갔는지도 모르면서 당신은 슬퍼하는구려. 그 아이가 왔다가 다시 떠난 길을 당신이 안다면 그를 위해 슬퍼하지 마세요. 살아 있는 모든 것의 운명은 다 같으니…. 청하지도 않았는데 저 어딘가에서 찾아와, 허락도 받지 않은 채 이곳을 떠나는구려. 그 아이는 이와 같이 왔다 가는구려. 그 어딘가에서 와 그저 며칠 머문 후에…. 그 아이는 이곳에서 또 다른 곳을 찾아 주소를 옮겨가리. 인간의 모습을 한 채 윤회하며 스쳐지나가는 것일 뿐이니, 왔을 때와 같은 모습으로 떠나가는구려. 이것을 한탄한들 무엇 하리."

이 가르침을 들은 많은 이들은 말했다.

"당신은 제 가슴에 깊이 박혀 있는 화살을 뽑아주셨습니다. 당신은 슬픔에 빠져 있는 제게 슬픔을 제거해주셨습니다. 이제 저는 화살을 뽑아내고, 집착을 여의며, 평안을 얻었습니다. 이제 저는 삼보에 귀의하겠습니다."

빠따짜라는 여성 인권이 존중받지 못했던 시절에 가장 기구한 운명을 살았던 여인이었다. 소중한 가족 한 사람 한 사람을 잃는 참혹한 운명 속에서도 붓다의 가르침을 만나 고통의 실상을 바로 꿰뚫어 알아 깨달음에 이른 특별한 여성이었다. 그녀는 수많은 여성 출가자들의 귀감이 되어 오래도록 칭송의 대상이 되었다. 붓다의 가르침은 어떤 어려움에 닥친 사람에게도 효험이 있었다. '옷을 입지 않고 걷는 여인' 빠따짜라가 그 좋은 사례였다.

085. 웁빨라완나, 기구한 운명의 여인

"세존이시여, 이 불행한 여인을 구해주소서. 제가 도대체 무슨 숙업이 있어 이토록 고통을 받는 것이옵니까?"

붓다가 라자그리하의 대나무동산에서 설법하고 있을 때였다. 군중들 틈을 비집고 들어와 붓다 앞에 무릎을 꿇은 초췌한 여인이 흐느끼고 있었다. 목이 쉬고 목소리는 갈라져 무슨 소리인지도 정확히 알아듣기 힘들었다. 설법이 잠시 멈춘 쉬는 시간에 그녀는 막무가내로 하소연하면서 나타났다. 이럴 땐 어떻게 해야 하는가? 설법을 마저 다 하고 그녀를 위로해 주어야 하는가, 아니면 개인을 위한 설법을 먼저 하고 나머지 설법을 이어가야 하는가. 붓다의 결정은 간명했다. 붓다는 여인의 모든 걸 알고 있었다.

"가엾은 여인이여, 사람 사는 세상은 모두가 고통이니라. 그대만 특별하게 고통 받는 게 아니니라. 마음에 집착이 없으면 그 고통이 사라지니라. 사랑하는 마음, 내 소유라는 마음, 이런 마음들이 아상我相이란 걸 만드느니라. 아상을 버리는 순간 그대는 고통의 속박에서 풀려날 수 있느니라. 여인이여, 그러면 그대는 어머니와 딸과 남편으로부터 자유로워지리라."

흐느끼던 여인은 붓다가 자신의 모든 사연을 꿰뚫어 보는 지혜자요 문제를 해결해주는 의사임을 직감적으로 알아차렸다. 생지옥의 밑바닥에서 몸이 서서히 솟아오르는 느낌이었다.

'그래, 내 인생 여기가 바닥이다. 이제는 오를 일만 남았다. 위대한 분을 만났으니 이제 스승으로 모시며 남은 생을 살아가리라.'

웁빨라완나는 눈부시게 아름다운 여인이었다. 아득한 전생에서부터 원을 세우기를, 죽어서 환생할 때마다 보랏빛 청련의 꽃잎 안쪽과 같은 피부색으로 태어나게 해달라고 발원했다. 실제로 그렇게 되었다. 그녀의 이름 웁빨라완나[연화색蓮花色]는 '연꽃색'이라는 뜻이었다. 연꽃처럼 순결하고 아름다운 피부색을 지니고 있었다.

사왓티의 부유한 상인의 딸로 태어난 웁빨라완나는 행복한 어린시절을 보냈다. 부족함 없이 자랐고 부모님의 사랑을 듬뿍 받았다. 웁빨라완나는 자라서 서인도 아반티국의 웃제니에 사는 멋진 청년과 결혼하게 되었다. 신혼의 삶은 달콤하고 아름다웠다. 웁빨라완나가 임신을 하고 해산달이 가까워지자 그녀는 친정이 있는 사왓티로 갔다. 친정에서 그녀는 예쁜 딸아이를 낳았다. 웁빨라완나는 새로운 행복감으로 충만해서 노래했다.

어머니, 저를 딸로 낳아주신 어머니,
저도 딸을 낳아 어머니가 되었습니다.

낳아주고 길러주신 어머니 은혜
배 앓아 자식을 낳아보니 알겠어요.

어머니가 저를 고이 길러 시집보내듯
저도 딸아이 곱게 길러 짝 찾아줄게요.

그러나 이 여인 삼대는 노래의 내용과 정반대로 불행에 빠지기 시작한다. 임신한 아내를 처가에 보내놓고 처가를 자주 드나들던 남편이 그녀의 어머니와 불륜에 빠졌다. 웁빨라완나는 그 사실을 알고 큰 충격에 빠졌다. 어머니와 함께 한 남자를 공동 남편으로 섬겨야 하는 상황을 그녀는 견디기 어려웠다. 세상에 알릴 수도 없었고, 자결할 수도 없었다. 딸아이를 키워야 했고 사람들의 비난을 들어서도 안 되었다. 그녀는 모든 걸 참아야 했다. 웁빨라완나가 모르는 척 하자 남편과 어머니의 불륜 관계는 7년간이나 지속되었다. 어느 날 그녀는 자고 있는 일곱 살 딸아이를 눈물로 뒤돌아보며 집을 나와 정처 없이 떠돌기 시작했다.

마침내 와라나시의 길거리에서 쓰러진 그녀를 지나던 큰

상인이 구했다. 평소부터 베풀기를 좋아했던 그는 웁빨라완나를 집으로 데려와 정성껏 간호했다. 지저분한 거리의 노숙 행자처럼 보였던 여인이 자세히 보니 빼어난 미인이었다. 원기를 회복시키고 아름다운 옷을 입혀보니 천하절색이 따로 없었다. 상인은 진실한 마음으로 청혼했고 웁빨라완나는 다시 결혼식을 올렸다. 이전의 불행을 만회라도 하듯 웁빨라완나는 행복하게 살려고 노력했다. 그녀는 남편에게 헌신했고 자기 자신도 다시 사랑하게 되었다. 이따금 웃제니에 두고 온 딸아이 생각이 나긴 했지만 잊어버리려 애쓰면서 현재를 열심히 살았다.

8년의 세월이 흘렀다. 장사 일로 집을 나갔던 남편이 젊은 여인을 데려와 두 번째 부인으로 삼았다. 부호 상인이 부인을 여럿 두는 일이 흠이 되지 않는 시대였다. 웁빨라완나는 젊은 여인을 환대할 순 없었지만 그렇다고 미워하거나 질투하지도 않았다. 시간이 지나면서 이리저리 대화를 나누어 보니 그 여인이 웃제니에 두고 온 자기 딸이라는 걸 알게 되었다. 이번에는 딸과 함께 공동 남편을 섬겨야 하는 처지가 되었다.

웁빨라완나는 하늘이 무너지는 모습을 보았다. 서 있을 힘조차 없었다. 남편에게 말할 수도, 딸에게 알릴 수도 없었다. 가정의 안온함과 행복감을 그녀는 받아들일 수 없었다. 운명 자체가 생지옥이었다. 웁빨라완나는 복잡하게 헝클어진 관계를 다 끊어내고 싶었다. 그녀는 다시 집을 나와 정처 없이 걸음을 옮겼다. 그리고 도착한 곳이 붓다가 머물고 있는 대나무 동산이었다. 붓다는 그녀를 향해 다시 한번 힘주어서 말했다.

"여인이여, 보라. 갈애는 격렬하다. 갈애는 집요하고 끝이 없다. 갈애는 강하다. 갈애는 이성과 지식을 모두 태워버린다. 갈애를 없애지 않는 한 평화를 얻을 수 없다. 평화가 없으면 행복도 찾아오지 않는다."

웁빨라완나는 자신의 모든 고통이 갈애에서 나온다는 걸 깨닫기 시작했다. 그녀는 다음 날 붓다를 뵐 것을 요청했다. 붓다를 만나자 그녀는 자신의 모든 과거를 털어놓고 출가의 결심을 밝혔다. 붓다는 그녀를 따뜻하게 받아들였다. 그녀는 열심히 정진해서 얼마 후 아라한의 경지에 올랐다. 왕비 케마가 겪은 것처럼 수행 중에 마왕이 또 나타났다. 웁빨라완나 역시 마왕을 잘 물리쳤다.

"쾌락의 기쁨은 모든 곳에서 파괴되었다. 무명의 어둠덩어리는 산산조각이 났다. 마왕이여, 너는 산산조각으로 부서졌다."

"그래도 이런 호젓한 곳에 혼자 명상하고 앉아 있으면 악당들이 달려들 텐데 그들이 무섭지 않느냐?"

"나는 두렵지 않다. 공포는 내게서 달아났다. 나는 속박에서 풀려났다. 나는 자유롭다."

웁빨라완나는 수행을 열심히 하여 신통의 경지에 오르게 되었다. 붓다는 그녀를 신통제일의 비구니로 불렀다. 웁빨라완나는 빛나는 피부 못지않게 빛나는 마음씨를 가지고 있었다. 동료들을 깊이 배려하고 재가신도들에겐 공경과 흠모의 대상이 되었다.

그런데 웁빨라완나는 비구니가 되었어도 너무 아름다웠다. 이것이 문제였다. 평소에 웁빨라완나를 사모하던 마을의 한 청년이 그녀의 암자에 숨어 있다가 탁발하고 돌아오는 그녀를 겁탈했다. 힘에 눌려 어쩔 수 없었지만 웁빨라완나는 이미 애욕의 실체를 꿰뚫어 볼 줄 아는 지혜가 있어서 굳이 이 사실을 숨기지 않았다. 그녀는 다른 수행자들에게 이 사실을 고백하고 처분을 기다렸다. 이 사건으로 인해 새로운 논란이 생겼다.

'번뇌를 제거한 아라한에게도 정욕에 대한 만족감이 있는가?'

누가 답할 수 있겠는가. 붓다가 말했다.

"번뇌를 제거하고 깨달음에 이른 아라한은 애욕에 빠지지 않는다. 정욕에 만족하는 일도 없다. 웁빨라완나 비구니는 아무 잘못이 없다."

아름다움은 찬미의 대상만이 되지 않는다. 아름다움은 때로 소유와 정복의 대상이 되고, 변치 않으려는 끈질긴 욕망의 주인공이 되기도 한다. 그래봐야 다 지나가는 구름이요 흘러가는 물결과 다르지 않다. 웁빨라완나는 아름다운 미모로 인해 기구한 삶을 살았지만 붓다의 가르침을 만난 후 비로소 자유와 행복을 찾게 되었다.

086. 순다리가 붓다를 유혹하다

붓다가 꼬살라 왕국의 사왓티에 있는 기원정사에 머물며 교세를 확장해 나가자 당대의 주요 종교였던 자이나교를 비롯한 여러 외도들은 자신들의 입지를 불안해 했다. 그들은 온갖 방법을 동원하여 붓다와 그 제자들을 해코지하려 했으며 주도권을 빼앗기지 않으려 애를 썼다. 순다리 사건과 친차 사건이 대표적이었다.

순다리는 사왓티의 최고 미녀로 알려진 여인이었다. 외도들은 그녀를 은밀히 불러 붓다를 만나러 간다고 사람들 앞에서 소문을 내달라고 부탁했다.

"순다리, 당신의 빼어난 미모라면 고타마 붓다를 유혹할 수 있을 것이야. 붓다와 그 제자들은 아름다운 미녀도 피고름 덩어리로밖에 보지 않는단 말일세. 기분 나쁘지 않은가? 자네는 이 나라 최고의 미녀 아닌가. 붓다를 유혹해서 성공한다면 당신은 붓다보다 더 유명해질 걸세. 어때, 한번 도전해 보겠나?"

사악한 혓바닥은 달콤해서 순다리로서 거부하기 힘들었다. 순다리는 옷을 화려하게 차려입고 기원정사를 자주 들락거리기 시작했다. 사람들이 물어보면 큰 소리로 당당하게 말하곤 했다.

"부처님을 만나러 간답니다."

"설법도 마치고 다들 나오는데 무슨 일로 간단 말이냐?"

"나는 부처님께 설법을 들으러 가는 게 아니라 부처님을 만나러 간단 말입니다."

사람들은 그 뜻을 잘 이해하지 못했다. 순다리가 기원정사를 드나들면서 사람들의 관심을 받기 시작하자 외도들은 살인청부업자를 불러 큰돈을 주고 순다리를 살해한 후 기원정사 앞마당에 묻어버렸다. 그리고는 순다리가 실종되었다고 소문을 냈다.

순다리 실종사건은 빠세나디왕의 귀에까지 들어갔다. 특별수사 명령이 떨어졌다. 조사해보니 순다리가 기원정사를 드나들면서 붓다와 사귄다는 해괴한 첩보가 입수되었다. 마침내 수사팀은 기원정사 앞마당에서 순다리의 시체를 찾았다. 소문은 흉흉하게 돌았다.

"붓다의 제자들이 스승의 음행을 감추기 위해 순다리를 죽였다더라!"

 범인이 누군지 확실하지도 않은데 일단 소문부터 퍼졌다. 제자들은 거리에서 탁발하는 동안 온갖 욕설을 들으며 수모를 감내해야 했다. 그런 가운데서도 붓다는 태연했다. 일주일만 지나면 결과가 저절로 드러난다고 했다.

 붓다가 이야기한 시간이 지나자 사건의 전말이 밝혀졌다. 청부살인업자 둘이 술집에서 다투다가 술이 취해 큰 싸움을 벌이게 되었다. 그들은 서로 격분한 끝에 비밀을 폭로하고 말았다. 싸움을 말리러 온 병사가 그 이야기를 듣고 왕에게 보고했다. 왕이 이들을 불러 조사하니 순다리를 살해한 진범임이 밝혀졌다. 그리고 그 배후도 드러나게 되었다. 살인범들은 자신의 죄를 스스로 읊으며 성내를 돌아다니다 처형당했다. 살인교사범들 역시 같은 벌을 받았다.

 이 일로 인해 붓다를 욕하던 사람들은 스스로 부끄러워했다. 외도들은 설자리가 좁아졌으며 민심은 붓다에게 더욱 유리하게 전개되었다. 붓다를 공격하려던 기획이 오히려 역효과를 낸 셈이었다. 붓다의 제자들은 참고 견디는 인욕의 교훈을 몸소 체험했다. 그런 점에서 이 사건은 승가의 계율 유지가 왜 중요한지에 대한 중요한 선례가 되었다. 자신의 미모에 우쭐거리던 순다리는 붓다를 유혹한 대가를 크게 받았다. 그녀는 외도들이 붓다를 공격하기 위해 끌어들인 수단에 불과

했다. 미리 알았더라면 어찌 그렇게 큰 횡액을 만났겠는가. 당시 사왓티에 활약하던 거리의 시인은 순다리의 죽음을 애통해하며 이런 시를 지어 불렀다.

 천하절색의 아름다운 미녀 순다리
 그녀는 남자들의 여왕이고 싶었네.

 붓다를 유혹해 보라는 꾐에 넘어가
 우쭐거리는 교만에 빠지고 말았지.

 살인자의 칼에 목을 내준 순다리
 죽는 이유도 모른 채 죽고 말았네.

 안타깝고 애통하구나 그 아름다움
 예쁘지 않았더라면 죽지 않았으리.

087. 친차가 붓다를 음해하다

붓다에 대한 외도들의 공격이 이로써 끝난 것은 아니었다. 이번에는 친차라는 여인이 붓다의 아이를 임신했다고 소동을 피우는 사건이 발생했다. 그녀 역시 눈부시게 아름다웠다. 외도들의 사주를 받은 그녀는 기원정사 인근에 은신처를 만들어 저녁이면 기원정사로 들어가는 척하였고 이른 새벽에 기원정사에서 나오는 척하였다. 마침내 사람들의 의심을 받게 되자 그녀는 태연한 목소리로 말했다.

"부처님과 자고 오는 길이지요."

사람들이 믿지 않자 몇 달 뒤에 그녀는 불룩해진 배를 안고 나타나서는 붓다가 자기를 임신시켰다고 떠들고 다녔다. 만삭달이 다 되자 그녀는 제대로 몸도 가누지 못할 정도로 배가 커진 모습을 하고 설법하는 붓다 앞에 다시 모습을 나타냈다. 그녀는 붓다를 손으로 가리키며 악담을 퍼부었다.

"여기, 이 뱃속의 아이는 당신의 아이입니다. 출산일이 다 가오는데 당신은 내게 무슨 준비를 해주셨나요? 집도 음식도 마련해 주지 않고 어떻게 그렇게 모른 척 하고 있는지 대중들 앞에서 부끄럽지도 않으신가요?"

대중들은 당당한 친차의 태도에 당황하기 시작했다. 그들은 친차와 붓다의 얼굴을 연달아 바라보며 침을 꼴깍 삼키고 있었다.

"친차여, 진실을 아는 사람은 너와 나 뿐이지 않느냐."

"당연하죠. 당신과 나만 알고 있는 결과가 바로 이것이죠."

그녀는 표독스럽게 말하며 자신의 불룩한 배를 가리켰다.

그러자 신도들 틈에 숨어 있는 외도들이 소란을 피우기 시작했다.

"고타마 붓다는 속 다르고 겉 다르다!"

"낮에는 진리를 말하고 밤에는 여자를 탐하는구나!"

선동은 불타는 들판에 불어오는 세찬 바람과 같아서 무서운 속도로 사람들의 감정을 건드렸다. 여기저기서 웅성거리는 소리가 났다. 붓다와 제자들은 딱히 취할 조치가 없었다. 이 모습을 본 제석천이 흰 쥐의 모습으로 변해 그녀의 치마 속으로 들어갔다. 그리고는 바가지를 엎어서 치마에 동여매 놓고 있는 끈을 이빨로 갉아 끊어버렸다. 바가지가 텅 소리를 내며 굴러 떨어졌다. 친차의 배는 순식간에 꺼져버렸다. 기세 등등하던 그녀의 태도도 갑자기 꺾였다.

친차는 사람들 손에 이끌려 기원정사 밖으로 쫓겨났다. 그녀가 몇 걸음 걷는 순간 땅이 둘로 갈라지더니 불꽃이 솟아올랐다. 그녀는 그 속으로 떨어졌다. 수단과 방법을 가리지 않는 외도들의 공격이 또 한 여인을 죽음에 이르게 했다. 사왓티에서 붓다의 삶은 이렇게 험난한 측면이 있었다.

088. 천불의 아바타를 보여주다

이제 사왓티의 이교도들에게 남은 건 신통술 대결뿐이었다. 붓다와 대결해서 이기기 위해선 그 길만이 살길이었다. 신도는 점점 줄어들고 있었고 설법을 통해서는 붓다를 능가할 수도 없었다. 그들은 사람들을 부추겨 붓다와의 신통술 대결을 유도했다.

붓다는 본인 스스로 다양한 신통 능력을 가지고 있었지만 본인은 물론 제자들에게도 신통술 사용을 엄격히 금했다. 신통에 의존하기 시작하면 출가자들 사이에 차별이 생기게 되고, 그렇게 되면 승가가 일치단결할 수 없는 상황이 생기게 될 것이었다. 그보다 더 본질적인 것은 깨달음의 본질이 신통이라는 결과물이 아니기 때문이다.

'깨달으면 신통술을 부릴 수 있다.'

사람들이 이렇게 믿게 되면 깨달음이 왜곡된다는 점에서 더욱 그랬다.

이런 일은 여러 곳에서 자주 일어났다. 한번은 붓다가 나란다의 바바리암라 동산에 머물고 있을 때 견고堅固라고 하는 남자 신도가 찾아와 신통술을 보이면 사람들이 더욱 붓다를 믿고 따를 것이라고 했다. 붓다는 그의 청을 거절하고 그 이유를 다음과 같이 설명했다.

사왓티의 기적(신통력)을 표현한 부조

"내가 몸소 체득한 신통은 몇 가지가 있습니다. 그중 신족통神足通이란 한 몸으로 여러 몸을 나타내기도 하고 여러 몸을 합쳐 한 몸을 만들어 내기도 하며 또는 나타내고 숨기기도 합니다. 산과 장벽을 지나되 허공과 같이 걸리지 않고, 땅 속에 출몰하되 물속에서처럼 자유로우며, 물 위로 다니되 땅 위와 같고 허공에 앉되 날개 있는 새와 같습니다. 큰 신통력과 위력으로 해와 달을 손으로 만지고 몸으로 범천梵天에 이르기도 합니다. 어떤 신도가 비구의 이러한 신통을 보고 아직 믿음을 얻지 못한 사람에게 이것을 이야기하면 그 사람은 '저 비구니는 간다리라는 주문을 외어 그러한 신통을 얻은 것이다.'라고 할 것입니다. 이것은 오히려 불법佛法을 비방하는 결과를 가져오지 않겠습니까? 그러므로 나는 신통 변화 같은 것을 부질없게 여기어 비구들에게 금하도록 한 것입니다.

타심통이란 남의 마음을 관찰하여 '너의 뜻은 그렇고 네 마음은 이렇다.'고 말하는 것입니다. 이것을 보고 믿음을 얻은 이가 아직 믿음을 얻지 못한 사람에게 이야기한다면, 그 사람은 '저 비구는 마니가라는 주문을 외어 그런 신통을 얻은 것이다.'라고 할 것입니다. 이것은 오히려 불법을 비방하는 결과가 되지 않겠습니까? 그러므로 나는 이런 허물을 보고 신통 변화 같은 것을 부질없게 여기어 비구들에게 금하도록 한 것입니다."

이로 보면 신통술이 사람들에게 결국 진리를 제대로 전할 수 없다고 한 붓다의 뜻을 헤아릴 수 있다. 경전에는 이 이야기 뒤에 술사들의 주문과는 다른 신통술을 이야기하고 있는데 그것이 바로 교계통教誡通이다. 이는 신통술이라기보다 정법 가르침의 다른 표현이다. 그러니까 붓다는 신족통과 타심통의 문제점을 이야기한 후에 그 대안으로 교계통을 거론하는 것이었다.

"교계통이란 여래가 이 세상에 출현하여 사문이나 바라문들에게 '그대들은 이렇게 생각하고 저렇게는 생각하지 마라. 이런 일은 하고 저런 일은 해서는 안 된다. 이것은 내버리고 저것을 취해라.'라고 가르쳐 훈계하는 것입니다. 그들은 모두 어둠을 떠나 밝음을 찾고 죄악을 버리고 공덕을 성취하게 됩니다. 이렇게 출가하여 정진 수행하므로 계행이 갖추어지고 선정이 갖추어지며 지혜가 갖추어져 아라한의 지위를 얻게 되는 것입니다. 이 세 가지 신통은 여래가 스스로 체득하여 가르치는 것입니다."

그러자 견고는 붓다의 말씀을 듣고 기뻐하면서 그대로 실천했다고 전한다. 그대로 실천했다는 말은 교계통에 따랐다는 뜻이다.

붓다가 깨달음에 이르는 과정에 터득한 신통은 여섯 가지로 알려져 있다. 자유자재로 모든 것을 볼 수 있는 천안통, 모든 전생을 보는 숙명통, 어떤 소리도 다 들을 수 있는 천이통, 다른 사람의 마음을 아는 타심통, 자유자재로 몸을 변화시키고 이동시키는 신족통, 모든 번뇌를 끊어버릴 수 있는 누진통 등이다. 교계통은 육통의 범주에 들지 않는다. 그럼에도 불구하고 붓다는 견고에게 교계통의 중요성을 강조하기 위해 일부러 신족통과 타심통 이야기를 꺼내든 것이다.

사람들이 제일 경이롭게 바라보는 것은 아무래도 신족통이었다. 이는 자기 두 눈으로 현장에서 직접 확인이 가능하기 때문에 압도적인 영향력을 미치게 된다. 강물 위를 걸어서 건넌다든가, 몸을 두 개로 나누어 보여준다든가 하는 방식이 대표적인 사례였다. 붓다 역시 이런 신통을 구사한 적이 없지 않았다. 아주 드물게, 어쩔 수 없는 방편으로 사용하긴 했었다. 그런데 사왓티의 이교도들이 공개적으로 도전장을 내고 신통술 대결을 벌이자고 제안해 온 것이었다.

상대를 하지 않고 피하는 게 능사는 아니었다. 그러면 저들은 붓다가 실력이 없기 때문에 대결을 피하려 한다고 헛된 소문을 퍼뜨릴 게 뻔했다. 이에 대해서는 붓다의 제자들도 붓다의 입만 바라보는 입장이었다. 스승의 엄명으로 신통술을 자제하는 제자들이 대부분이었다. 그래도 몇몇은 이참에 차라리 실력을 마음껏 보여줌으로써 사왓티 지역에 교세를 확실하게 뿌리내리기를 원했다. 붓다도 그런 제자들의 마음을 잘 헤아렸다. 꼬살라의 왕 빠세나디는 아직은 자이나교 교도였으므로 붓다의 정식 제자가 아니었다. 왕도 이 대결을 은근히 부추기고 있었다.

더 문제인 것은 며칠 전 동틀 무렵에 제석천이 찾아와 간청을 한 일 때문이었다. 그는 환생한 붓다의 친모를 위해 도리천에서 설법해야 한다고 붓다에게 강력하게 주청을 올린 상태였다. 어머니를 제도하는 일은 붓다에게 중요했다. 도리천에 가려면 어차피 신통을 써야 했다. 어떤 제자에게도 이야기하지 않았지만 붓다는 그럴 용의가 있었다. 그래도 신통을 쓰는 건 쓰는 거였다. 그럴 바엔 대중들 앞에서 절대적이고 압도적인 신통을 못 쓸 이유도 없었다. 붓다는 마침내 결심했다. 신통을 보이리라! 어머니를 제도하려는 목적과 붓다의 가르침을 믿지 않는 사왓티 사람들을 믿게 하려는 목적을 위해서였다.

'붓다는 지금부터 4개월 뒤에 사왓티 동쪽 망고숲에서 신통을 보이겠노라.'

그렇게 해서 기원정사 인근의 망고나무 숲이 대결 장소로 정해졌다. 사람들이 구름처럼 몰려들었다. 붓다와 제자들, 이교도들, 왕과 일반 백성들에 이르기까지 망고숲 동산은 군중으로 인해 발 디딜 틈이 없었다. 이교도들이 먼저 다양한 이적을 펼쳐보였다. 그것이 어떤 형태인지 기록은 자세하지 않다. 추측컨대 오늘의 마술 비슷한 수준이었을 것으로 짐작된다. 이에 비하면 붓다의 이적은 상상을 초월하는 수준이었다.

차례가 되자 붓다는 좌정하여 명상에 들었다. 잠시 뒤 공중에 떠올라서 쌍신변雙身變을 펼쳐 보였다. 상반신에선 불이 뿜어져 나왔고 하반신에서는 물이 뿜어져 나왔다. 그러더니 이번엔 하반신에서 불이 뿜어져 나왔고 상반신에선 물이 뿜어져 나왔다. 계속해서 몸의 앞쪽과 등쪽, 오른쪽 눈과 왼쪽 눈, 귀, 코, 어깨, 손, 옆구리, 다리, 발가락, 손가락 등에서 불과 물이 번갈아가며 뿜어져 나왔다. 피부의 모든 털구멍에서는 여섯 색깔의 빛이 쏟아져 나왔다. 여기저기서 탄성이 터져 나왔다. 대중들은 입을 다물 수가 없었다. 붓다의 이적은 다른 이교도들의 이적과 비교조차 불가했다. 붓다는 쌍신변의 이적을 보이는 사이사이에 대중을 향해 설법도 했다.

그런 다음 이번에는 망고지기가 올린 망고를 통해 또 한 번의 이적을 펼쳤다. 붓다는 망고 하나를 먹은 다음 그 씨앗을 땅에 심었다. 사람들은 붓다의 일거수일투족을 뚫어지게 쳐다보고 있었다. 망고 씨앗을 심은 자리가 잠시 뒤에 들썩거리기 시작했다. 그러더니 싹이 나오고 그 싹이 무서운 속도로 하늘을 향해 뻗어 올라가기 시작했다. 순식간에 거목으로 자라난 망고나무에 망고 열매가 주렁주렁 달렸다. 잠시 뒤에 망고 열매 하나하나가 붓다로 변해 공중 가득히 나타나기 시작했다. 붓다는 망고 열매를 통해 자신의 아바타를 천 개나 만들어 공중에 띄우는 중이었다. 이를 천불화현千佛化現이라고 한다.

모든 사람들이 다 보았다. 환희에 차서 기절하거나 합장을 하며 눈물을 흘리는 이도 있었다. 빠세나디 국왕조차 붓다의 이적에 감복하여 무릎을 꿇고 붓다를 향해 경배했다. 붓다는 천 개의 아바타와 질의응답을 했다. 각각의 아바타가 질문하면 붓다가 대답을 하고 붓다가 경행을 하면 아바타들은 각기 다른 일을 하면서 독립적인 활동을 보여주었다.

이적 대결 자체가 성립되지 않았다. 이날의 대결로 붓다의 위신력은 더욱 강화되었다. 사람들은 앞다투어 붓다의 제자가 되기를 청했다. 망고숲의 쌍신변과 천불 아바타의 이적이 겉으로 드러난 신통이라면 아무도 눈치채지 못하는 붓다의 신통이 또 있었다. 사람들은 놀라운 이적에 도취해서 붓다가 아무도 몰래 현장에서 빠져나간 것을 알지 못했다.

사람들이 열광에 들떠 있는 사이 붓다는 어머니를 제도하기 위해 도리천으로 올라갔다. 때는 마침 여름 안거철이었다. 사람들은 붓다가 보이지 않아도 별 걱정을 하지 않았다. 붓다는 안거 중일 테니까.

붓다는 도리천에서 3개월을 지냈다. 도솔천에서 천신으로 환생해 도리천에 내려와 있던 생모를 위해 붓다는 많은 설법을 했다. '친어머니 제도'라는 목적 덕분에 천신들도 붓다로부터 제도 받을 수 있는 기회를 얻게 되었다. 이들은 모두 붓다를 예경하고 극진히 모시면서 더 간절하게 발원 수행했다.

지상에서 신통술을 통해 천상으로 올라간 아들을 만난 마야 왕비의 심정은 어땠을까. 낳은 지 7일 만에 생이별을 한 아들을 다시 만나는 어머니의 기쁨을 마야 왕비는 한껏 누렸다. 두 사람 사이는 이미 육친의 모자 관계가 아니었다. 위대한 성자와 그에 의해서 제도되는 천신의 관계였다. 마야 왕비는 깨달음을 얻은 이후에 기쁨의 법열을 만끽했다. 천신들 중에 역사를 기록하는 사관은 마야 왕비의 심정을 대신하여 이런 노랫말을 남겼다.

낳은 지 이레 만에 생사로 헤어진 어린 아들이
위대한 성자 되어 어미를 보려 하늘에 오르셨네.

그 옛날 룸비니 동산에서 꽃나무가지로 맺은 인연
세상에 나와서는 성큼성큼 일곱 발자국을 걸었지.

목숨붙이들의 근심걱정 덜어주려는 장한 아들
지상의 일들 정신없이 바쁜데 예까지 오르셨네.

이제 불타던 번뇌 망상 모두 꺼져 날아갔으니
세존께서 보여주신 이 길만이 영원한 기쁨일세.

제자 아누룻다는 천안天眼이 열린 수행자였다. 그는 붓다가 도리천에서 모친을 위해 설법하는 것을 지켜 본 유일한 목격자였다. 일설에는 붓다가 3개월간 소식이 없자 아누룻다가 도리천까지 찾아와 붓다의 지상 하강을 간청했다고 한다. 남방 상좌부 주석 전통에 따르면 당시 이 천상 설법이 열린 것을 알고 붓다를 찾아가 그 법을 전수 받은 것은 사리뿟따였다고 한다.

신통제일의 목갈라나는 붓다가 도리천에서 3개월을 보낸 뒤에 상까샤(Saṅkāśya)로 내려온다는 이야기를 듣고 거기 가서 세 줄기 보배의 계단[삼도보계三道寶階]을 통해 내려오는 붓다를 맞이했다. 물론 그는 사리뿟따를 비롯한 다른 제자들에게도 이 사실을 알림으로써 신통제일이라는 명성을 자연스럽게 얻었다.

남방 상좌부 주석 전통에 따르면, 당시 계단에서 내려오는 붓다를 최초로 맞이한 것은 비구니 계열의 신통제일인 웁빨라완나였다고 전한다.

제14장

이 사람을 보라

089. 빠세나디왕이 귀의하다

빠세나디는 꼬살라의 왕이다. 아버지는 사위국의 마라왕이었으나 어머니의 신분은 종이었다고 알려져 있다. 어려서 딱까실라에 유학하여 학문을 쌓았으니 호학형 군주라고 할 수 있다. 그는 기질이 용맹하고 박학다식했으며 학자나 바라문과 학예를 논하기 좋아했다. 후일 그는 붓다에게 귀의한 후 많은 국정 자문을 받는다. 붓다는 꼬살라나 마가다국을 비롯한 여러 강대국들에 대해 전반적으로 좋은 영향을 미치고 있었으며 빠세나디왕과도 원만한 관계를 유지하고 있었다.

샤까족은 빠세나디왕과는 혼인 관계에 있었으므로 당장 전쟁이 일어날 염려는 없었다. 그러나 샤까족 입장에서는 까삘라를 실제적으로 지배하고 있는 꼬살라의 왕이 존경스럽지만은 않은 것도 사실이었다. 자존심 센 샤까족은 빠세나디가 샤까족 여인을 아내로 맞고 싶다고 하자 힘으로 상대방을 억누르려는 포악한 이미지를 떠올렸다.

때는 붓다가 성도한 직후 아직 사슴동산에 있을 때였다. 빠세나디왕은 샤까족 여인을 아내로 맞이하기 위해 사신을 까삘라성으로 보냈다. 그는 샤까족이 말을 듣지 않으면 무력으로 뜻을 관철하겠다고 위협했다. 샤까족은 그들의 여인을 빠세나디왕에게 시집보내고 싶지가 않았다. 성이 난 샤까족들은 종족회의에서 말했다.

"우리는 혈통이 좋은 종족이다. 무엇 때문에 종의 자식과 혼인을 하겠는가."

그러나 빠세나디왕이 군사를 일으켜 침략할 것을 생각하면 거역하기도 어려웠다. 샤까족은 보내자는 쪽과 보낼 수 없다는 쪽으로 뜻이 갈라져 아무런 결론을 얻지 못하고 있었다. 그때 샤까족의 왕 마하나마가 특별한 제안을 했다. 마하나마는 숫도다나왕이 실질적으로 퇴임을 하고 그 뒤를 이어 왕위에 오른 인물이었다. 그는 붓다의 사촌동생으로서 아누룻다의 형이기도 했다.

"여러분, 빠세나디왕은 성품이 포악합니다. 그가 여기 오게 되면 우리는 멸망하고 말 것입니다. 내가 꼬살라로 가서 빠세나디왕을 만나 보겠습니다."

마하나마는 그의 종의 딸 가운데서 용모가 단정한 와사바깟띠아를 곱게 꾸며 빠세나디왕에게 데리고 갔다. 그는 빠세나디왕에게 와사바깟띠아를 자신의 딸이라고 속였다. 왕은 매우 기뻐하며 부인으로 삼았다. 와사바깟띠아는 오래지 않아서 잉태를 했고 달이 차자 용모가 단정한 아들을 낳았다. 이름이 위두다바였다.

빠세나디왕은 위두다바 왕자를 매우 사랑했다. 왕은 왕자가 열여섯 살이 되자 외가에 가는 것을 허락했다. 그리하여 위두다바 왕자는 까삘라에 가서 자신의 출생에 관한 내력을 알게 되는데 여기에는 두 가지의 판본이 있다. 전해듣기형과 직접듣기형이 그것이다. 전해듣기형 이야기는 다음과 같다.

왕자의 친모인 와사바깟띠아는 샤까족에게 편지를 띄워 위두다바에게 왕자에 합당한 예우를 해달라고 부탁한다. 샤까족은 회의를 열어 위두다바를 객사에서 머물게 하면서 나이어린 왕자와 공주들을 모두 지방으로 여행을 보낸다. 위두다바는 까삘라와스뚜에서 며칠 간 머물다 돌아온다. 위두다바가 떠나자 궁녀들이 방을 청소한다. 궁녀들은 노예의 아들이 묵은 방이라고 중얼거리면서 물과 우유로 방을 닦는다. 아직 떠나지 않았던 위두다바의 일행 중 한 사람이 그 이야기를 우연히 듣고 위두다바에게 달려와 급박하게 알린다.

다음은 직접듣기형이다. 위두다바 왕자가 열여덟 살이 되어 외가를 방문한 이유는 당대 최고를 자랑하는 샤까족들의 궁술을 연마하기 위해서였다. 왕자가 방문할 당시 까뻴라와스뚜에서는 붓다가 설법할 강당 공사가 한창이었다. 아직 철이 없던 위두다바는 시종들과 함께 강당에 들어가 붓다가 앉을 높다란 사자좌에 앉아 놀고 있었다. 이 광경을 본 샤까족들이 놀라서 화를 내며 '종년의 자식이 버르장머리가 없다'고 수군거렸다. 위두다바가 이 이야기를 듣고는 탐문을 계속하여 자기 출생의 비밀을 마침내 알게 되었다.

외가인 까뻴라와스뚜에서 위두다바 왕자가 심한 모욕감을 느낀 것은 사실이었다. 그는 마음 깊은 곳에서 보복을 결심하며 치를 떨었다. 그러는 사이 위두다바는 태자가 되어 공식적인 왕위 계승자가 되었다. 그러나 태자가 된 지 얼마 되지 않아 태자의 출생 비밀이 빠세나디왕의 귀에 들어가게 되자 정치적으로 격변이 일었다. 숨겨진 비밀 바로 알기는 결국 위두다바의 왕위 찬탈과 샤까족의 멸망을 초래하게 된다.

샤까족의 멸망은 이 책의 마지막 부분에서 다루어진다. 그 이유는 붓다의 혈족 공동체의 패망이 열반의 대척점에 있다고 보기 때문이다. 붓다는 자기 종족의 안녕과 평화보다는 인류 공동의 행복을 위한 길을 걸었다. 그 길을 함께 걸어간 수많은 사람들 중 빠세나디왕은 유독 드라마틱한 면을 많이 가지고 있었다.

빠세나디왕에겐 5백 명이 넘는 부인들이 있다고 전한다. 그

중 제일 부인인 말리까 부인은 독실한 불자였다. 그녀는 원래 말리꽃(자스민) 화원에서 일하던 천한 신분이었다고 한다. 우연한 기회에 빠세나디에게 발탁이 되어 제일 부인의 지위까지 올랐다. 그녀는 외도를 숭상하는 왕의 마음을 돌리기 위해 무던히 노력했다. 항상 온화하며 부지런한 말리까부인에 대한 빠세나디왕의 사랑과 신뢰는 두터웠다. 그러나 빠세나디왕의 어머니와 후궁들은 말리까 부인을 미워하고 질투했다.

어느 날, 빠세나디왕의 어머니와 후궁들은 외도들과 결탁하고 말리까 부인을 모함하여 해치고자 했다. 그것을 알게 된 빠세나디왕은 외도들과 후궁들을 죽이려 하였다. 그러나 말리까 부인은 왕에게 그들을 살려주도록 간청했다. 왕은 원수를 용서하라는 말리까 부인의 간청에 감동하여 그들을 용서했다. 왕은 자비를 가르치는 붓다에게 외도들과 다른 면이 있음을 알았다.

빠세나디왕은 성품이 포악한 면이 있었으나 한편으로는 학문을 숭상해 종교인들과 만나 담론하기를 좋아했다. 당시 불교는 신흥 교단이었으므로 빠세나디왕은 불교에 대해 그다지 관심을 갖고 있지 않았다. 뿐만 아니라 자기의 행동이 불교의 계율과 붓다의 가르침에 어긋나므로 의식적으로 피하기도 했다.

그 무렵, 한 바라문이 지극히 사랑하던 외아들이 갑자기 죽었다. 아들을 잃은 바라문은 침식을 잃고 죽은 아들을 생각하며 헤매다가 붓다를 만났다. 붓다가 까닭을 묻자 바라문은 죽은 아들을 잊지 못해 그렇다고 말했다. 붓다가 바라문에게 말했다.

"바라문이여, 귀하고 사랑스러운 사람은 슬픔과 눈물과 근심과 괴로움과 번민을 가져다줍니다."

그러나 바라문은 붓다의 이야기를 믿지 않고 이렇게 말했다.

"고따마여, 귀하고 사랑스러운 사람이 어찌 슬픔과 눈물과 근심과 괴로움과 번민을 가져다줍니까? 귀하고 사랑스러운 사람은 기쁨과 즐거움을 가져다줍니다."

바라문은 돌아와 장바닥에서 노름하는 사람들에게 붓다의 이야기를 들려주고 누가 옳은가 물었다. 그러자 도박꾼들은 한결같이 '사랑이 생기면 기쁨과 즐거움이 있을 뿐'이라고 말했다. 그리하여 붓다와 바라문이 주고받은 이야기는 온 성안에 퍼지고 드디어는 빠세나디왕의 귀에까지 들렸다. 왕은 말리까 부인에게 붓다의 말씀이 진실한가 물었다.

"부인, 당신이 존경하는 그 성자님은 이상하지 않소? 세간에 들리는 이야기로는 '사랑이 근심과 괴로움을 가져다준다.'고 합디다. 어떻게 생각하시오. 이게 가당키나 한 말이요?"

말리까부인은 웃으며 대답했다.

"왕이시여, 정녕 그렇습니다. 믿기지 않으면 붓다를 찾아가 그 까닭을 여쭈어 보세요."

그러나 빠세나디왕은 붓다에게 가기를 꺼려했다. 그러자 왕비는 먼저 사람을 보내 알아봐도 좋을 것이라고 권했다. 빠세나디왕은 생각했다.

'붓다는 결코 허튼말을 하지 않을 것이다. 그러나 믿기지 않는다. 왜 귀하고 사랑스러운 사람에게 슬픔과 눈물과 근심과 괴로움과 번민이 생기는가? 귀하고 사랑스러운 사람은 기쁨과 즐거움을 가져다주지 않는가?'

빠세나디왕은 나리앙카 바라문을 붓다에게 보내어 자세하게 알아 오도록 했다. 나리앙카 바라문은 붓다에게 가서 빠세나디왕의 말을 전하고 그 까닭을 물었다. 붓다가 말했다.

"나리앙카여, 만일 사랑하는 어머니가 죽었을 때 그대는 슬프지 않고, 울지 않고, 괴로워하지 않고, 번민하지도 않겠는가? 이러한 것은 모두가 어머니에 대한 사랑이 있기 때문에 생기는 것이니라. 어머니의 경우만이 아니다. 사랑하는 모든 사람 사이에 있는 일이니라.

나리앙카여, 사랑하기 때문에 사랑하는 사람에게 불행한 일이 있을까 근심을 하고 괴로워하며, 사랑하기 때문에 사랑하는 사람과 헤어질까 근심을 하고 괴로워하며, 사랑하기 때문에 사랑하는 사람이 죽거나 불행한 일을 만나면 슬퍼하고 괴로워하고 울며 번민하는 것이 아니냐. 때문에 사랑이 생기면 거기에는 슬픔과 눈물과 근심과 괴로움과 번민이 생긴다고 하는 것이니라. 세상의 이치가 그런 것이니라. 사랑이 있기 때문에 슬픔이 생기는 것이니라."

빠세나디왕은 붓다의 이야기를 전해 듣고 애욕에 찬 생활은 슬픔과 괴로움과 번민을 가득 잉태한다는 것을 깨달았다. 모든 사물과 현상 속에 이중적 속성이 있다는 것을 직감적으로 알아차린 것이다. 세상 좋을 것도 없고 나쁠 것도 없다는 가르침이 가슴에 확 다가왔다. 왕은 부인이 이제야 제대로 보이기 시작했다.

"부인, 당신이 왜 그토록 붓다를 존경하는지 나도 조금은 알 것 같소. 그분께 같이 가봅시다."

이튿날 왕은 부인을 대동하고 기원정사로 향했다. 엄청난 규모의 호위대와 풍악대를 대동하는 왕의 행차는 실로 대단했다. 그러나 기원정사 입구에 닿아도 붓다는 마중 나오지 않았다. 붓다는 국왕이 찾아와도 자리에서 일어날 줄 몰랐다. 왕은 예를 갖추고 싶은 마음이 싹 달아났다. 아무리 성자라고 해도 붓다는 너무 젊었다. 나이도 왕과 동갑내기였다. 왕은 기분이 슬며시 언짢아졌다. 그는 자리에 털썩 앉으며 붓다에게 다짜고짜 질문부터 던졌다.

"고따마여, 그대는 위없이 높고 밝은 깨달음을 얻었다고 스스로 말씀하셨다 들었습니다. 여러 사람이 전하는 이 말은 거짓이거나 과장된 것이 아닙니까? 그 말은 참으로 법다운 말입니까? 아니면 다른 사람이 법을 해치기 위해 꾸민 말입니까?"

"대왕이시여, 그 말은 진실입니다. 나는 위없이 높고 밝은 깨달음을 얻었습니다."

"고따마여, 뿌라나 깟사빠, 빠꾸다 깟짜야나, 아지따 께사깜발라, 막칼리 고살라, 산자야 벨랏티뿟따, 니간타 나따뿟따와 같은 여섯 분의 수행자도 세상이 칭송하는 훌륭한 스승들입니다. 이들은 나이도 많고 오래도록 수행했으며 그 이름이 널리 알려져 있으나, 스스로 위없이 높고 밝은 깨달음을 얻었다고 하지는 않습니다. 그러나 고따마께서는 아직 젊고 출가한 지도 오래지 않은데 어떻게 위없이 높고 밝은 깨달음을 얻었다고 자신할 수 있었습니까?"

붓다가 말했다.

"대왕이시여, 작아도 가벼이 여길 수 없는 것이 네 가지가 있습니다. 끄샤뜨리야의 왕자는 어리더라도 가벼이 여길 수 없으며, 독사와 불씨가 비록 작아도 가벼이 여길 수 없으며, 비구는 젊어도 가벼이 여길 수 없습니다. 왕자는 적을 단칼에 벨 수 있으며, 독사는 적은 독으로도 생명을 앗아갈 수 있으며, 불씨는 들판 전체를 태울 수 있고, 비구는 누구든 위대한 성자가 될 수 있는 법입니다. 그래서 이들 넷은 가벼이 여길 수 없습니다."

빠세나디왕은 자기의 물음이 어리석은 것을 금세 깨달았다. 그는 부끄러웠다. 붓다의 비유는 정확하고 섬세하고 아름다웠다. 왕이 묵묵히 있자 붓다는 즉시 게송을 읊었다.

불씨는 비록 작아도
그 태우는 힘은
한량이 없네.

섶을 태우고,
이윽고는
촌락을 모두 태우네.

허세와 의심으로 가득 찬 왕의 마음이 아름다운 게송 한 편으로 허물어지기 시작했다. 붓다의 가르침이 왕의 내면으로 쳐들어와 거대한 물결처럼 일렁거렸다. 왕의 태도가 공손해지기 시작했다. 붓다를 부르는 호칭 자체가 달라졌다.

"여래께서는 왜 '내게 보시하면 많은 복을 얻지만, 다른 사람에게 보시하면 복을 적게 얻는다. 내 제자에게는 보시하되 다른 사람에게는 보시하지 말라.'고 말씀하시는지요? 만일 어떤 사람이 이런 말을 한다면 그는 여래를 헐뜯는 것이 아니겠습니까?"

"왕이시여, 나는 그런 말을 한 적이 없습니다. 만약 비구가 먹다 남은 밥을 물에 던지면 벌레들이 먹을 것이며, 그것만으로도 복을 받을 것인데 어찌 사람에게 보시하는 것을 막겠습니까. 대왕이시여, 나는 다만 '계율을 가진 이에게 보시하는 것은 계율을 범한 이에게 하는 보시보다 그 복이 많다.'고 말할 뿐입니다."

빠세나디왕은 속으로 찬탄했다. 붓다의 이야기는 전혀 강압적이지도 않으며 사리분별에 어긋남이 없으며 논리적으로도 적확했다. 논쟁을 좋아하는 왕과 잘 맞았다. 왕은 대화에 점점 재미가 붙었다.

"세존이시여, 참으로 훌륭하십니다. 계율을 가진 이에게 보시하는 것은 계율을 범한 이에게 하는 보시보다 공덕이 큽니다. 세존이시여, 외도들은 사문 고따마는 환술幻術을 써서 세상 사람들을 현혹시킨다고 합니다. 세존이시여, 여기에 대해서 말씀해 주십시오."

"대왕이시여, 살생하는 이는 그 죄를 헤아리기 어렵지만 살생하지 않는 이는 받는 복이 한량없습니다. 도둑질하는 이는 죄가 한량이 없으나 도둑질을 하지 않는 이는 받는 복이 한량없습니다. 음탕한 이는 받는 죄가 한량없으나 음탕하지 않은 이는 받는 복이 한량없습니다. 삿된 소견을 가진 이는 죄가 한량없으나 바른 소견을 가진 이는 받는 복덕이 한량없습니다. 내가 아는 환술이란 바로 이런 것이며, 이것은 삿된 소견을 가진 사람의 눈에는 현혹시키는 것으로 보이지만 바른 소견을 가진 사람의 눈에는 아름다운 진리입니다."

왕은 너무도 쉽고 편안한 사례로 정곡을 찌르는 붓다의 말솜씨에 감복했다. 왕 자신도 젊은 시절부터 수사술 공부를 많이 했지만 이런 유창한 논변은 본 적도 들은 적도 없었다. 왕은 붓다를 스승으로 모시기로 결심했다.

"세존이시여, 세상 사람을 비롯하여 악마들까지도 이 환술을 깊이 알면 큰 행복을 얻을 것입니다. 앞으로는 외도들이 내 나라 안에 들어오는 것을 금하겠습니다. 그리고 붓다와 붓다의 제자들과 신도들이 항상 저의 궁중에 출입하고 머무는 것을 환영합니다. 또한 필요한 모든 물건은 언제든지 공양하겠습니다."

붓다가 미소를 지으며 말했다.
"대왕이시여, 축생에게 보시해도 복을 받는데 외도이지만 계를 지닌 사람에게 보시하는 것을 끊어서야 되겠습니까. 누구에게나 가리지 말고 보시해야 합니다."

빠세나디왕은 붓다의 후덕한 성품에 깊이 감화되었다. 배

타적인 외도들에 비할 수가 없었다. 이 첫 번째 만남 이후에 빠세나디왕은 그 유명한 붓다의 쌍신변과 천불 아바타 사건을 친히 경험하게 된다. 그는 붓다의 위대한 사상과 상상을 초월하는 이적술에 압도당해 확실하게 개종을 하고 평생 불교 교단의 좋은 후원자가 되었다. 왕은 붓다와 동갑이었으며 비슷한 시기에 운명했다. 붓다가 종교 지도자로서 여법하게 열반에 들었다면 빠세나디왕은 붓다에게 마지막 예경을 올리러 왔다가 왕자의 반란으로 길에서 객사하고 말았다.

090. 지혜로운 신하가 왕을 깨우치다

붓다가 사왓티의 기원정사에 머물 때였다. 어느 날 빠세나디왕은 나라 일로 성 밖에 나가 있었다. 그때 왕의 어머니는 백 살에 가까운 나이로 오래 전부터 병석에 누워 있었는데, 불행히도 왕이 나가고 없는 사이에 운명을 달리했다. 지혜로운 신하 불사밀은 효성스런 왕이 이 불행한 소식을 들으면 얼마나 슬퍼할까 염려한 끝에 어떤 방편을 써서라도 왕의 슬픔을 덜어 주어야겠다고 생각했다. 그는 5백 마리의 코끼리와 말과 수레를 화려하게 장식하고 수많은 보물과 기녀들을 실은 뒤 만장을 앞세워 풍악을 울리면서 상여를 둘러싸고 성 밖으로 나갔다. 왕의 일행이 돌아오는 도중에 만날 수 있도록 하기 위해서였다. 왕은 호화로운 상여를 보고 마중 나온 불사밀에게 물었다.

"저것은 어떤 사람의 장례 행렬인가?"

"성 안에 사는 어떤 부잣집 어머니가 돌아가셨답니다."

왕은 다시 물었다.

"저 코끼리와 말과 수레는 어디에 쓰려는 것인가?"

"그것들을 염라왕에게 바치고 죽은 어머니의 목숨을 대신하려고 한답니다."

왕은 웃으면서 말했다.

"어리석은 짓이다. 목숨이란 멈추게 할 수도 없지만 대신할 수도 없는 것. 한 번 악어의 입에 들어가면 구해낼 수 없듯이 염라왕의 손아귀에 들면 죽음을 면할 수 없다."

"그러면 여기 5백 명의 기녀들로 죽은 목숨을 대신하겠다는 요량입니다."

"기녀도 보물도 다 쓸데없는 짓이다."

"그러면 바라문의 주술과 덕이 높은 사문의 설법으로 구원하겠다고 합니다."

왕은 껄껄 웃으면서 말했다.

"다 어리석은 생각이다. 한 번 악어 입에 들어가면 나올 수 없는 것, 생이 있는데 어찌 죽음이 없겠는가. 부처님께서도 한 번 태어난 자는 반드시 죽는다고 말씀하셨거늘."

이때 불사밀은 왕 앞에 엎드려 말했다.

"대왕님, 말씀하신 바와 같이 모든 생명 있는 것은 반드시 다 죽는 법입니다. 너무 상심하지 마십시오. 태후께서 돌아가셨습니다."

왕은 이 말을 듣고 놀라며 깊은 한숨을 쉬었다. 왕은 한참을 말없이 있다가 입을 열었다.

"착하구나 불사밀이여, 그대는 미묘한 방편으로 내 마음을 위로해 주는구나. 그대는 참으로 좋은 방편을 알고 있다."

빠세나디왕은 성으로 들어가 여러 가지 향과 꽃으로 돌아가신 어머니께 공양하고 나서 기원정사로 수레를 몰았다. 전에 없이 한낮에 찾아온 왕을 보고 붓다가 물었다.

"이 대낮에 웬일이시오?"

"세존이시여, 어머님께서 돌아가셨습니다. 백 살에 가까운 어머님은 매우 노쇠했지만 저는 한결같이 공경해 왔습니다. 만약 이 왕의 자리로 어머님의 죽음과 바꿀 수 있다면 저는 왕위뿐 아니라 거기에 따른 말과 수레와 보물과 이 나라까지도 내놓겠습니다."

붓다가 말했다.

"너무 슬퍼하지 마십시오. 살아 있는 모든 목숨은 반드시 죽는 법입니다. 모든 것은 바뀌고 변하는 것, 아무리 변하지 않게 하려 해도 그렇게 될 수는 없습니다. 마치 질그릇은 그대로 구운 것이건 약을 발라 구운 것이건 언젠가 한번은 부서지고 마는 것과 같지요. 네 가지 두려움이 몸에 닥치면 그것은 막을 수 없는 것입니다. 그 네 가지란 늙음과 질병과 죽음과 무상입니다. 이것은 그 어떤 힘으로도 막아낼 수 없습니다. 마치 큰 산이 무너져 사방에서 덮쳐누르면 아무리 발버둥쳐도 빠져나올 수 없는 것과 같습니다. 견고하지 못한 것은 아예 믿을 것이 못됩니다. 그러므로 법으로 다스려 교화하고 법 아닌 것을 쓰지 마십시오. 법으로 다스려 교화하면 그 몸이 무너지고 목숨이 끝난 뒤에 천상에 태어나지만, 법 아닌 것으로 다스리면 죽은 뒤에는 지옥에 떨어질 것입니다."

왕은 붓다에게 고하였다.

"참으로 그렇습니다. 세존의 말씀을 듣고 나니 여러 가지 슬픔과 근심이 사라집니다. 나라 일이 많으니 이만 물러가겠습니다."

빠세나디왕은 자리에서 일어나 붓다에게 절을 올리고 가벼운 마음으로 물러갔다.

091. 물속에 가라앉은 돌은 떠오르라 축원해도 떠오르지 않는다

용모가 뛰어난 가미니伽彌尼는 이른 아침 부처님을 뵙고 여쭈었다.

"부처님이시여, 바라문은 스스로 잘난 체하면서 하늘을 섬깁니다. 어떤 중생이 목숨을 마치면 바라문은 마음대로 죽은 이를 천상에 나도록 한다는 것입니다. 원컨대 법의 주인이신 부처님께서도 중생들이 목숨을 마치거든 천상에서 태어나게 해 주십시오."

부처님께서는 말씀하셨다.

"가미니여, 내가 너에게 물을 테니 아는 대로 대답하라. 어떤 사람이 게을러서 정진하지 않고, 산목숨을 죽이며, 주지 않는 것을 가지고, 사음을 행하며 거짓말을 하고, 그릇된 소견을 가지는 등 온갖 나쁜 업을 지으면서 살았다고 하자. 그가 죽을 때 많은 사람들이 와서 '당신은 게을러 정진하지 않고 그러면서 악업만을 행했습니다. 당신은 그 인연으로 목숨이 다한 뒤에는 반드시 천상에서 태어나십시오.'라고 했다 하자. 가미니여, 이렇게 여러 사람이 축원했다고 해서 그가 천상에 태어날 수 있겠느냐?"

"그럴 수는 없습니다."

"그렇다. 게으른 그가, 더구나 온갖 나쁜 업을 지은 그가 축원을 받았다고 해서 천상에 태어날 수는 없는 것이다. 비유를 들면, 저쪽에 깊은 못이 하나 있는데 어떤 사람이 거기에 크고 무거운 돌을 던져 넣었다. 마을 사람들이 못가에 모여서 '돌아, 떠올라라' 하고 축원을 하면 그 크고 무거운 돌이 그들 소원대로 떠오를 수 있겠느냐?"

"그럴 수는 없습니다."

"그렇다. 그가 천상에 태어날 수 없는 것도 이와 마찬가지이다. 왜냐하면 나쁜 업은 검은 것이어서 그 깊음으로 저절로 밑으로 내려가 반드시 나쁜 곳에 떨어질 것이기 때문이다. 또 어떤 사람은 부지런히 정진하면서 묘한 법을 실행하고 온갖 착한 업을 닦는다고 하자. 그가 목숨을 마칠 때 여러 사람이 모여서 '당신은 부지런히 정진하면서 묘한 법을 실행하여 온갖 착한 업을 이루었습니다. 당신은 그 인연으로 목숨이 다한 뒤에는 반드시 나쁜 곳에 가서 지옥에 떨어지십시오.'라고 저주했다면 어떻게 될까. 그가 과연 그들의 저주대로 지옥에 떨어지겠느냐?"

"그렇지 않습니다."

"그렇다. 그것은 당치도 않은 말이다. 왜냐하면 착한 업은 흰 것이어서 그 깊음으로 저절로 위로 올라가 반드시 좋은 곳에 이를 것이기 때문이다. 이를테면, 기름병을 깨뜨려 못물에 던지면 부서진 병조각은 밑으로 가라앉지만 기름은 물 위로 떠오르는 것과 같은 이치이다.

이와 같이 목숨이 다한 육신은 흩어져 까마귀와 새가 쪼아 먹고 짐승들이 뜯어먹거나 혹은 태우거나 묻히어 마침내는 흙이 되고 만다. 그러나 그 마음의 업식業識만은 항상 믿음에 싸이고 정진精進과 보시布施와 지혜에 싸여 저절로 위로 올라가 좋은 곳에 난 것이다.

가미니여, 산목숨을 죽이지 않고, 주지 않는 것을 가지지 않으며, 사음과 거짓말을 하지 않고, 사특한 소견에서 벗어나는 좋은 길이 있다. 이른바 팔정도八正道가 위로 오르는 길이며 좋은 곳으로 가는 길이다."

부처님께서 이와 같이 말씀하시니 가미니와 여러 비구들이 다들 기뻐하면서 받들어 행했다.

092. 쭐라빤따카, 바보가 성자가 되다

붓다의 뛰어난 제자가 아니라도 보석처럼 빛나는 제자도 더러 있다. 이 이야기는 똑똑한 형과 바보 아우의 이야기로 사왓티에 오래 전해지는 이야기이다.

형 마하빤타카는 용모가 출중하고 지혜도 높았다. 일찍이 붓다의 승가에 출가하여 스승과 도반들에게 칭찬받으며 정진했다. 그는 아라한의 경지에 올라 최상의 즐거움을 누리다가 문득 동생 생각이 났다.

'내 동생도 함께 수행을 하여 이 기쁜 생활을 즐기면 좋을 텐데…'

동생 쭐라빤따카는 머리가 썩 좋지 못했다. 그래도 형을 바라보면서 자신도 붓다의 제자가 되고 싶다는 생각을 했다.

"형님, 저도 붓다의 제자가 될 수 있을까요? 이렇게 집에만 있으니 내 신세가 밥벌레나 다름없다는 생각이 들어요."

"기특하구나. 그러면 내가 일러주는 두 가지 말을 두 달 동안 외워라! 만약 외우지 못하면 이 절에서 나가야 한다."

"알겠습니다. 형님!"

그 두 가지 말이란 '길들인 코끼리는 성내지 않는다. 가라앉은 물은 먼지가 없다.'였다. 쭐라빤따카는 이 두 문장을 외우려고 열심히 노력했다. 그러나 외우고 나면 곧 잊어버리고 외우고 나면 다시 잊어버렸다. 약속한 두 달이 되어 형 앞에 섰을 때 쭐라빤따카는 오직 코끼리와 물이라는 것만 겨우 기억해내고는 '코끼리는 크다. 물은 차다.'고 말해 버렸다. 형은 기가 막혀서 쭐라빤따카를 절집에서 쫓아내고 말았다.

쫓겨난 쭐라빤따카는 '나같이 머리 나쁜 사람이 어떻게 부처님 제자가 될 수 있겠는가?'라고 생각하며 길거리에 쪼그리고 앉아 구슬피 울고 있었다. 마침 붓다가 대중들과 그 길을 지나가다가 울고 있는 청년을 발견했다.

"너는 얼마 전에 형과 함께 절에 들어온 아우가 아니냐? 여기서 왜 울고 있느냐?"

쭐라빤따카는 그간의 일을 붓다에게 모두 말씀드렸다. 사람들은 쭐라빤따카의 바보스러움을 비웃었다. 그러자 붓다는 모여 있는 사람들에게 쭐라빤따카의 전생 이야기를 해주었다.

쭐라빤따카는 여러 세상 전 훌륭한 학자였는데 성정이 까탈스럽고 인색했다. 사람들이 무엇을 배우려고 와도 가르쳐주지 않았다. 다음 세상에 돼지를 치는 사람으로 태어났는데 돼지 5백 마리를 끌고 큰 강을 건너면서 돼지들이 무서워 꿀꿀거리는 것을 보고는 화가 나서 밧줄로 돼지 주둥이를 묶어버렸다. 그래서 돼지는 숨을 못 쉬고 죽어버렸다. 그 다음 생애는 소 치는 사람으로 태어났는데 소가 말을 안 듣는다고 진흙으로 입을 막아서 소가 모두 죽어버렸다. 그러한 과보가 현 세상에 영향을 미쳤다. 훌륭한 학자와는 정반대인 기억을 못하는 답답한 바보가 되었던 것이다.

그러나 또 한편으로 보면 이들 형제는 출생에서부터 기이한 사연을 안고 있었다. 이들의 부모는 라자그리하에 사는 장자의 딸과 그 집의 하인이었다. 두 사람 사이에 정분이 나서 멀리 도망을 갔다가 아이가 생겼다. 산달이 가까워지자 산모는 친정으로 돌아가고자 했으나 하인은 처벌이 두려워 함께 오지 못했다. 산모가 혼자서 집으로 오는 도중에 그만 길에서 아이를 낳았다. 그래서 '길'이라는 뜻의 빤타카라는 이름을 아이에게 주었다. 둘째를 임신했을 때도 역시 똑같은 상황이 발생했다. 그래서 큰 아이에게는 마하(큰), 작은 아이에게는 쭐라(작은)이라는 뜻을 더했다. 결과적으로 형제의 이름은 '큰길이', '작은길이'라는 뜻을 가지게 되었다. 이루어지기 어려운 불안한 사랑 끝에 세상에 나온 두 아들은 걸출한 형과 우매한 동생으로 갈라졌다. 그 동생이 형에게 혼이 나서 울고 있다가 붓다에게 모든 상황 설명을 하게 되었던 것이다.

붓다는 그런 쭐라빤따카를 제자로 삼았다. 쭐라빤따카는 붓다의 제자가 된 뒤에도 머리가 나빠 공부가 제대로 되지 않았다.

> 쓸데없는 말을 하지 말고
> 착한 마음을 항상 가져
> 몸으로 죄를 짓지 말지니,
> 이 같이 행하는 사람은
> 능히 세상을 제도할 수 있다.

위의 글귀를 3년이 지나도록 외우지 못했다. 쭐라빤따카는 열등감에 빠져 기원정사 담장 옆에 쭈그리고 앉아 한탄했다.

'세상에 나 같은 바보가 또 어디 있겠는가? 나는 짐승 같은 식충이에 불과하다. 부처님 법은 내게는 천부당만부당한 것이다.'

붓다는 쭐라빤따카를 자상하게 위로했다.

"걱정 말아라, 쭐라빤따카여! 자신이 어리석은 줄 아는 사람은 이미 어리석은 사람이 아니니라. 참으로 어리석은 사람은 자신이 어리석다는 사실을 모르는 사람이니라."

붓다는 쭐라빤따카에게 빗자루를 주며 말했다.

"이 빗자루로 기원정사 안팎을 깨끗이 쓸고 닦도록 하라!"

쭐라빤따카는 빗자루를 받아 기원정사 경내와 주변을 쓸고 또 쓸었다. 그러던 어느 날 쭐라빤따카는 불현 듯 이상한 생각이 떠올랐다.

'붓다께서 내게 빗자루를 주신 것은 기원정사를 쓸라는 것이 아니라 내 마음의 번뇌를 쓸라는 것이로구나!'

붓다의 뜻을 알아차린 쭐라빤따카는 기원정사 안팎을 쓸면서 마음의 티끌도 함께 쓸어냈다. 그 후로 마음이 청정하고 맑아지면서 마침내 아라한이 되었다. 붓다는 쭐라빤따카가 아라한이 된 것을 천안통으로 보고 찾아가 물었다.

"쭐라빤따카여, 빗자루는 어떻게 했느냐?"

"제 마음의 먼지를 쓸어냈습니다."

"착하고 착하도다. 너는 기원정사 안팎을 쓸었으나 실은 네 마음의 티끌을 쓸었느니라! 그것은 온 세상의 티끌을 쓸어낸 것이나 다름이 없느니라!"

093. 거문고 줄로 비유하다

소나 꼴리위사는 재산이 많은 장자의 집안에 태어나 맨발로 땅을 밟은 적이 없이 자랐다. 그는 맨발로 땅을 밟지 않고 자랐기 때문에 발바닥에 털이 까맣게 나 있었다. 마가다의 빔비사라왕은 이 소문을 듣고 괴이하게 생각하여 소나를 왕궁으로 불러와 그의 발바닥을 살펴보았다. 빔비사라왕은 소나의 괴이한 발바닥의 인연을 알 수 없어 소나와 그 집안사람을 데리고 붓다의 처소로 가서 그 까닭을 여쭈었다.

붓다는 소나가 전생에 지은 공덕으로 현세에는 재산이 많은 장자의 집안에 태어나 맨발로 흙을 밟지 않고 자라게 되었다고 설했다. 그리고 소나의 장래에 대해서 묻는 빔비사라왕의 물음에 보시의 공덕과 계율을 지킨 공덕으로 인해 소나는 장차 하늘에 날 것이라고 말씀했다. 소나는 붓다의 말씀을 듣고 그 자리에서 출가했다.

출가한 소나는 열심히 수행을 하리라 결심을 했으나 뜻과 같지가 않았다. 어느 날, 걸식을 위하여 마을로 들어갔는데 그날따라 험한 자갈길을 많이 걸어야 했다. 발은 돌에 부딪히고 나무뿌리와 가시에 찔려 찢어지고 터져서 피가 나고 쓰리고 아팠다. 처음으로 당하는 아픔을 견디다 못해 그는 이렇게 생각했다.

'나는 출가하여 수행하고 있지만 아직 번뇌를 끊지 못해 이만한 괴로움도 참지 못하는구나. 차라리 집에 돌아가 있는 재산을 모두 풀어 보시하고 내세의 공덕을 쌓는 것이 좋겠다. 이만한 괴로움도 참지 못하면서 장차 더한 괴로움을 어떻게 이겨내겠는가. 집에 돌아가 보시의 공덕이나 지으며 편안히 지내는 것이 좋겠다.'

그는 집으로 돌아가기 위해 짐을 챙기기 시작했다. 이것을 본 비구가 그 까닭을 묻자 소나는 정직하게 대답했다. 비구는 붓다에게 가서 소나가 집으로 돌아가려 한다고 전했다. 붓다가 소나를 불러 물었다.

"소나, 저 비구가 한 말이 정말이냐? 너는 집으로 돌아가려 하느냐?"

"세존이시여, 저 비구의 말은 정말입니다. 저는 출가한 수행인의 생활이 어떠한지도 모르고, 그만 기쁜 마음에 출가하여 남보다 더 잘 수행하고자 노력했습니다. 그러나 몸이 뜻과 같지 않습니다. 지금까지 맨발로 흙을 밟은 적이 없는 저는 맨발로 걸어 다니면서 걸식을 하고 산과 숲에서 지내자니 발바닥은 터지고 찢기어 피가 나고, 그 고통이 심해 이제는 더 견딜 수가 없습니다. 이래서야 어떻게 수행을 하겠습니까. 세존이시여, 저는 집에 돌아가 집안일을 잇고 보시를 많이 해 공덕을 쌓을까 합니다."

붓다가 소나에게 물었다.

"소나, 네가 나에게 오기 전에는 무엇으로 소일을 하였느냐?"

"세존이시여, 음악을 좋아해서 거문고를 즐겨 탔습니다."

"거문고 줄이 너무 팽팽하게 당겨져 있을 때는 소리가 어떠하더냐?"

"제 소리가 나지 않습니다."

"거문고 줄이 늘어져 있을 때는 소리가 어떠하더냐?"

"역시 제 소리가 나지 않습니다."

"소나야, 거문고 줄이 지나치게 팽팽하지도 않고 늘어져 있지도 않아 알맞게 매어져 있을 때는 그 소리가 어떠하더냐?"

"세존이시여, 그때는 제 소리가 나고, 아름다운 소리가 나며, 어떠한 곡조라도 맞추어 탈 수가 있습니다."

"소나야, 수행도 그와 같으니라. 너무 게을러도 안 되지만 지나치게 고행만 하는 것도 장애가 된다. 알맞게 중도를 취해야 하느니라."

"세존이시여, 무엇이 중도입니까?"

"중도란 가운데라는 뜻이 아니니라. 어느 쪽으로도 치우치지 않는 것을 말하는 것이니 양 극단을 떠나 조화로운 관계를 만드는 것이니라. 뼈를 깎는 정진이 지나치면 마음이 격앙되어서 안정된 상태를 유지하지 못하고, 정진이 완만하면 나태에 빠지는 법이니라. 그러므로 소나여, 여러 감각기관이 모두 평등할 수 있도록 지켜야 하느니라."

소나는 붓다의 말씀을 듣고 속가로 돌아가려는 마음을 다시 접었다. 그리고 더욱 더 용맹정진하여 마침내 아라한의 경지에 올랐다.

094. 법을 보는 것이 여래를 보는 것이다

붓다가 라자그리하의 대나무동산에 머물 때였다. 사왓티의 바라문 가문 출신 왁깔리 존자는 세 가지 『웨다』 능통했는데 처음부터 붓다에게 눈을 뗄 수가 없었다. 붓다 가까이 있기 위해서 출가했고, 먹고 씻는 때를 제외하고는 온통 붓다 생각뿐이었다. 그런 그가 라자그리하의 어떤 도공陶工의 집에서 앓고 있었다. 병이 날로 위독해지며 회복하기 어려웠다. 그는 곁에서 간호하고 있는 스님을 불러서 말했다.

"도반이여, 미안하지만 세존께서 계시는 죽림정사에 가서 제 말을 전해 주었으면 고맙겠습니다. 내 병은 날로 더해 회복할 수 없을 것 같습니다. 마지막 소원으로 세존을 한 번 뵙고 예배를 드렸으면 싶은데, 이 몸으로 죽림정사까지 갈 수가 없습니다."

간호하던 도반 수행자는 붓다를 찾아가 왁깔리의 소원을 전했다. 붓다는 그 길로 성 안에 있는 도공의 집으로 왔다. 왁깔리는 붓다가 오는 것을 보자 자리에서 일어나려고 앓는 몸을 뒤척였다. 붓다는 왁깔리의 머리맡에 앉아 뼈만 앙상하게 남은 그의 손을 잡고 일어나지 못하게 한 다음 말했다.

"왁깔리여, 그대로 누워 있거라. 일어날 것 없다. 병은 좀 어떠냐, 음식은 무얼 먹느냐?"

왁깔리는 가느다란 소리로 말했다.

"세존이시여, 병 때문에 고통이 심합니다. 음식은 통 먹을 수가 없습니다. 병이 자꾸 깊어지니 소승은 이제 소생할 가망이 없습니다."

"왁깔리여, 너는 어떤 후회되는 일이나 원통하게 생각되는 일은 없느냐?"

"저는 적지 않은 후회와 원통하게 생각되는 일이 있었습니다."

"그렇다면 계율을 어긴 일이 있단 말이냐?"

"스승이시여, 저는 계율을 어긴 일이 없습니다."

"계율을 어기지 않았다면 무슨 번뇌가 있을 것이며, 후회할 일이 있겠는가?"

"세존이시여, 저는 죽기 전에 마지막으로 부처님을 찾아가 뵙고 예배를 드리고 싶은데 몸을 움직일 수 없는 것이 후회되고 원통합니다."

이 말을 들은 붓다는 다정하고 부드러운 목소리로 마치 어미 새가 새끼 새에게 먹이를 주듯 왁깔리에게 진리를 설했다.

"왁깔리여, 이 썩어질 몸뚱이를 보고 예배를 해서 어쩌자는 것이냐! 법을 보는 사람은 나를 보는 사람이요, 나를 보는 사람은 법을 보아야 한다. 그러므로 나를 보려거든 법을 보아라."

이어서 붓다는 또 이렇게 말했다.

"왁깔리여, 어떻게 생각하는가? 눈은 항상한가, 무상한가?"

"무상합니다, 세존이시여."

"그러면 무상한 것은 괴로움인가, 즐거움인가?"

"괴로움입니다, 세존이시여."

"그러면 무상하고 괴로움이고 변하기 쉬운 것을 두고 '이것은 내 것이다. 이것은 나다. 이것은 나의 자아다.'라고 관찰하는 것이 타당하겠는가?"

"그렇지 않습니다, 세존이시여."

"왁깔리여, 어떻게 생각하는가? 귀는… 코는… 혀는… 몸은… 정신적인 영역을 관장하는 마노(mano, 意)는 항상한가, 무상한가?"

"무상합니다, 세존이시여."

"그러면 무상한 것은 괴로움인가, 즐거움인가?"

"괴로움입니다, 세존이시여."

"그러면 무상하고 괴로움이고 변하기 쉬운 것을 두고 '이것은 내 것이다. 이것은 나다. 이것은 나의 자아다.'라고 관찰하는 것이 타당하겠는가?"

"그렇지 않습니다, 세존이시여."

"비구여, 잘 배운 성스러운 제자는 모든 감각적 욕망으로부터 자유로워져서 해탈한다. 해탈하면 해탈했다는 지혜가 있다. '태어남은 다했다. 청정 범행은 성취되었다. 할 일을 다해 마쳤다. 다시는 어떤 존재로도 돌아오지 않을 것이다.'라고 꿰뚫어 안다."

왁깔리는 붓다의 이야기를 듣고 지혜의 눈을 떴다. 그는 아라한과를 얻은 후 편안하게 입멸했다.

095. 아들 비구가 어머니 비구니를 냉대하다

꾸마라깟사빠는 빠세나디 국왕의 양자였다. 그의 어머니는 비구니였다. 처음에 왕자 신분이었던 그는 어머니가 비구니인 것을 알고 붓다에게 귀의했다. 그때가 일곱 살 때였다. 꾸마라깟사빠의 어머니는 마가다국의 라자그리하에 살던 평범한 부인이었다. 그녀는 남편을 졸라 비구니가 되겠다며 출가를 허락받았다.

그녀는 라자그리하의 승가를 책임지고 있는 데와닷따의 허락 하에 그곳 비구니 수행처로 갔다. 수행 중에 그녀는 자기가 임신했다는 사실을 알게 되었다. 배가 점점 불러오자 동료 비구니들이 그녀를 데리고 데와닷따에게 가서 자초지종을 말했다. 데와닷따는 그녀를 더 이상 받아들일 수 없다고 했다. 그녀는 출문 조치를 받고 가정으로 다시 돌아가야 하는 상황이었다. 그녀는 붓다가 머물고 있는 기원정사를 찾았다. 부정한 여인이라는 지탄을 받을 수 없다고 했다. 그렇다고 집으로 돌아갈 수도 없다고 했다. 라자그리하에서 사왓티까지 찾아온 그녀의 이야기를 들은 붓다는 우바이 위사카와 우빨리 등에게 조사를 위임했다. 그 결과, 출가 전에 임신한 사실이 확인되었다.

이렇게 해서 태어난 아들이 바로 꾸마라깟사빠였고 붓다의 요청에 따라 빠세나디왕의 양자로 들어가게 되었던 것이다. 그 아이가 다시 일곱 살이 되어 붓다에게 귀의했으니 인연이란 참으로 묘했다. 꾸마라깟사빠는 열심히 정진하여 아라한의 경지에 올랐다. 그가 읊은 게송은 이렇게 전해진다.

깨달음은 불가사의하다.
가르침은 더 기적이다.
스승의 성취는 놀랍다.
제자도 그랬으면……

영원의 시간을 거쳐
자신 한 몸 얻었는데
그중 이것이 마지막
이것이 최후의 몸이다.

거듭나고 죽는 윤회 속
다시 태어나지 않으리.

어머니 비구니는 이런 아들의 모습을 가까운 곳에서 흐뭇한 모습으로 바라보고 있었다. 출가 수행자라도 어머니는 어머니였다. 아들은 아라한과를 얻은 후에도 더욱 조용히 정진하여 깊은 숲속으로 들어가 12년 동안 일체 밖으로 나오지 않았다. 아들을 볼 수 없게 되자 어머니는 수행도 제대로 되지 않았다. 그녀는 깊은 숲속 아들이 있는 수행처를 찾아갔다.

아들을 만나자마자 눈물을 흘리면서 아들의 이름을 불렀다.

아들은 이미 대도인이었다. 어머니를 반갑게 맞으면 어머니가 계속해서 아들에게 집착할 것이고, 이로 인해 어머니의 수행 생활이 어려워질 것이라고 판단했다. 아들은 어머니를 단호하게 냉대했다.

"당신은 비구니 맞습니까? 아직도 아들에 대한 집착을 버리지 못했단 말입니까?"

어머니 비구니는 충격에 빠졌다.

"네가 내게 어떻게 이럴 수 있느냐? 너를 낳기 위해 내가 얼마나 고생과 수모를 겪은 줄 아느냐?"

그래도 아들은 눈 하나 깜짝하지 않았다. 추상같은 목소리가 되풀이되었다. 어머니는 비탄에 빠져 돌아올 수밖에 없었다. 그녀는 이 일을 계기로 스스로를 돌아보았다. 자식에게 부끄러웠다. 집착을 끊어야 한다고 배웠으면서도 자기 자신부터 실천하지 못했다. 그녀는 대분심을 일으켜 마침내 아라한과를 성취하게 되었다. 두 모자 사이의 아라한 성취를 옆에서 지켜본 비구들이 붓다께 질문을 했다.

"스승이시여, 두 모자는 모두 아라한과를 얻었습니다. 만약 그들이 데와닷따의 승가에 있었다면 아라한과 성취가 어려웠을 것입니다. 다행히 붓다께로 와 붓다에 의지해서 아라한과를 얻은 게 아닌지요?"

붓다가 말했다.

"아라한과를 이루는 사람은 결코 남에게 의지하지 않는다. 자기에게만 의지한다."

붓다는 정진 수행 과정에서의 '자기중심'을 강조했다. 꾸마라깟사빠는 붓다의 제자들 중에서도 재기 넘치는 법문을 잘하는 경우였다. 붓다가 임신한 출가 비구니를 관용으로 받아들이지 않았다면 인연을 맺을 수도 없는 만남이었다.

096. 라훌라를 가르치다

붓다의 아들 라훌라는 어려서 멋모르고 출가하여 그 길로 붓다를 따라 숲 생활을 해야 했다. 어머니 야소다라의 목소리가 그리워 잠 못 드는 밤도 많았다. 생각해 보면 아버지의 유산을 받으라는 어머니 말에 아버지를 뵈러 갔다가 열두 살 나이에 덜컥 법의 유산을 받게 되었으니 그로서는 스스로의 선택에 의해 출가를 한 것은 아니었다. 그러니 수행 정진에 자발성이 부족한 것도 사실이었다. 애초에 사리뿟따에게 머리를 깎이고 사미계를 받을 때부터 간절한 결기가 없었다. 스승으로부터 받은 열 가지 계율은 지키기가 좀처럼 쉽지 않았다. 온통 하지 말라는 것뿐이었다.

"첫째, 산목숨을 죽이지 말라. 부처님과 성인과 스님을 비롯하여 날아다니고 기어다니는 보잘것없는 곤충에 이르기까지 목숨이 있는 것은 무엇이건 내 손으로 죽이거나 남을 시켜 죽이거나 죽이는 것을 보고 좋아하지 말라. 벌레가 있는 물은 걸러 먹고 등불을 가리며 고양이를 기르지 마라. 은혜를 베풀고 가난한 사람을 구제하여 편히 살게 하며, 죽이는 것을 볼 때에는 자비심을 내라. 이 사미의 계를 범하면 사미가 아니다.

둘째, 훔치지 마라. 금과 은이나 바늘 한 개, 풀 한 포기까지라도 주지 않은 것은 가지지 마라. 상주물常住物이나 시주의 물건이나 대중의 것, 나라의 것, 개인 소유물을 빼앗거나 훔치거나 속여 가지지 마라. 세금을 속이거나 찻삯 뱃삯을 안 내는 것은 모두 훔치는 행위이다. 옛날 어떤 사미는 대중이 공양할 떡 두 개를 훔쳐 먹고 지옥에 떨어진 일이 있다. 차라리 손을 끊을지언정 옳지 못한 물건은 가지지 말아야 한다. 이 사미의 계를 범하면 사미가 아니다.

셋째, 음행하지 마라. 일반 신도의 오계五戒에서는 삿된 음행만 못 하게 했으나 집을 나온 수행자의 십계十戒에서는 음행은 모두 끊어야 한다. 세상 사람들도 음욕으로 인해 몸을 망치고 집안을 망하게 하는데, 세속을 떠난 수행자가 어찌 음욕을 범할 것인가. 나고 죽는 근본은 음욕이니, 음란하게 사는 것은 청정하게 죽는 것만 못하다. 이 사미의 계를 범하면 사미가 아니다.

넷째, 거짓말하지 마라. 거짓말에는 네 가지가 있다. 하나는 허황된 말이니, 옳은 것을 그르다 하고 그른 것을 옳다 하며, 본 것을 못 보았다 하고 못 본 것을 보았다 하며 진실치 않은 것이다. 둘은 비단결 같은 말이니, 구수한 말을 늘어놓으며 애끓는 정열로 하소연하여 음욕으로 이끌고, 슬픈 정을 돋우어 남의 마음을 방탕하게 하는 것이다. 셋은 나쁜 말이니, 추악한 욕지거리로 남을 꾸짖는 것이다. 넷은 두 가지로 하는 말이니, 이 사람에게는 저 사람 말을 하고 저 사람에게는 이 사람 말을 하여 두 사람 사이를 이간하고 싸움 붙인다. 처음에는 칭찬하다가 나중에는 비방하며, 만나서는 옳다 하고 딴 데서는 그르다 한다. 거짓 증거로 벌을 받게 하거나 남의 결점을 드러내는 말들은 모두 거짓말이다.

범부로서 성인의 자리를 깨달아 증득했다고 하는 것은 큰 거짓말이다. 그 죄는 가장 중하다. 남의 급한 재난을 건지기 위해 자비심으로 방편을 써서 하는 거짓말은 죄가 되지 않는다. 옛날 어떤 사미는 늙은 비구의 경 읽는 소리를 비웃어 개 짖는 소리 같다고 했다. 그 비구는 아라한이므로 사미를 불러 곧 참회하게 했다. 그래서 겨우 지옥은 면했으나 개의 몸을 받았다. 사람의 입에는 도끼가 있어 나쁜 말 한마디로 몸을 찍는다. 이 사미의 계를 범하면 사미가 아니다.

다섯째, 술 마시지 마라. 술은 사람을 취하게 하는 독약이다. 한 방울도 입에 대지 말고 냄새도 맡지 말며 술집에 머물지도 말고 남에게 술을 권하지도 마라. 어떤 신도는 술을 마시고 다른 계율까지 범한 일도 있지만, 출가 수행자가 술을 마시는 것은 말할 수 없는 허물이다. 술 한 번 마시는 데에 서른여섯 가지 허물이 생기니 작은 죄가 아니다. 술을 즐기는 사람은 죽어 똥물지옥에 떨어지며 날 때마다 바보가 되어 지혜의 씨가 없어진다. 차라리 구정물을 마실지언정 술은 마시지 마라. 이 사미의 계를 범하면 사미가 아니다.

여섯째, 꽃다발을 사용하거나 향을 바르지 마라. 꽃다발과 화려한 옷과 여러 가지 패물로 장식하거나 향수나 연지나 분 같은 것을 바르지 마라. 세속에서도 청렴하고 결백한 사람들은 사치를 싫어하는데, 하물며 세속을 떠난 사람이 어찌 화려한 사치를 즐길 것인가. 수수하게 물들인 누더기로 몸을 가리는 것이 마땅하다. 이 사미의 계를 범하면 사미가 아니다.

일곱째, 노래하고 춤추거나 악기를 사용하지 말며 가서 구경하지도 마라. 부처님께 공양하고 중생을 교화하는 음악도 있기는 하지만, 지금 생사 문제의 해결을 위해 세속을 버리고 출가한 신분으로 어찌 올바른 공부는 하지 않고 노래 같은 것을 즐길 것인가. 옛날 어떤 신선은 여자들이 아름다운 목소리로 노래하는 것을 듣다가 신통력을 잃어버렸다 한다. 구경만 해도 그렇거늘 몸소 부름에 있어서랴. 노름도 해서는 안 된다. 모두 수도하는 마음을 어지럽히고 허물을 만드는 것이다. 이 사미의 계를 범하면 사미가 아니다.

여덟째, 높고 넓은 큰 평상에 앉지 마라. 높고 넓은 큰 평상에 앉는 것은 거만한 것이니 복을 감소시키고 죄보를 불러들이게 된다. 비단으로 만든 휘장이나 이부자리 같은 것도 사용하지 말아야 한다. 풀로 자리를 만들고 나무 밑에 사는 생활을 해야 할 텐데, 어찌 높고 넓은 큰 평상에 앉아 허망한 이 육신을 편하게 할 것인가. 이 사미의 계를 범하면 사미가 아니다.

아홉째, 제때 아니면 먹지 마라. 천신들은 가볍고 맑아 아침에 먹고, 짐승은 둔탁해서 오후에 먹으며, 귀신은 겁이 많아 밤에 먹는다. 그러나 부처님 법은 중도中道이니 정오에 먹는다. 많이 먹으려 하지 말고 맛을 탐해 먹으려고도 하지 마라. 오후에 먹지 않으면 여섯 가지 복이 생긴다. 아귀들은 항상 굶주려 발우 소리만 들어도 목구멍에서 불이 일어난다는데 어찌 제때도 아닌데 먹을 것인가. 이 사미의 계를 범하면 사미가 아니다.

열째, 금은보석을 가지지 마라. 금은보석은 모두 탐심을 기르고 도를 방해하는 물건이다. 손에 쥐지도 말아야 할 텐데 수행자가 이런 것을 탐해서 될 것인가. 이웃의 가난을 생각하고 항상 보시를 해야 한다. 돈을 벌려고 하지 말며 모아 두지도 말고 장사하지 말며, 보물 같은 것으로 기구를 장식해서는 안 된다. 이 사미의 계를 범하면 사미가 아니다."

소년 라훌라는 이 벅찬 금지조항들을 다 지키기 어려웠다. 특히 한창 성장기라 1일 1식을 견디기 어려웠다. 라훌라가 아침마다 배고파 훌쩍이자 이 소식을 들은 붓다는 어리거나 병자들에 한해 조식을 허용하도록 예외 조항을 두기로 했다.

라훌라의 또 다른 고민거리는 수행 생활의 기쁨보다는 따분함에 있었다. 그래서 그는 재미삼아 종종 거짓말을 했다. 악의는 없었으나 대중을 골탕 먹이는 효과는 있었다. 대중들이 붓다 있는 곳을 물으면 반대로 가르쳐주는 경우가 이런 경우에 해당했다.

라훌라는 주로 암발랏티까에 머물렀다. 이곳은 붓다가 마가다 왕국을 방문했을 때 주로 머물던 두 장소 사이에 있었다. 라자그리하의 그릿다꾸따산(영축산)과 죽림정사가 있는 웰루와나 사이였다. 라훌라는 집중 정진하는 수행자가 많은 이곳을 좋아했다. 그것은 그가 정진에 집중한다기 보다 붓다가 이곳에서 수행하는 수행자들을 칭찬하기 때문이었다. 라훌라 역시 붓다에게 칭찬받고 싶었다. 그러나 그는 이곳에서 수행에 정진하기 보다 거짓말놀이를 즐겼다. 이 소식은 붓다에게도 들어갔다.

붓다는 라자그리하의 대나무숲 다람쥐 보호구역에 머무는 동안 라훌라 존자를 만나러 직접 암발랏티까로 갔다. 멀리서 붓다가 오는 모습을 본 라훌라는 대야에 씻을 물을 받은 다음 붓다를 기다렸다.

"라훌라야, 수행은 잘 되느냐?"

"예. 세존이시여, 사리뿟따 존자께서 잘 지도해 주고 계십니다."

"라훌라야, 너는 이곳 생활이 재미가 있느냐?"

라훌라는 침묵한 채 아무 말도 하지 않았다. 붓다는 대야에 물을 조금 남기고 버린 다음 라훌라에게 물었다.

"라훌라야, 이 대야에 물이 얼마나 있느냐?"

"조금 있습니다. 세존이시여."

"조금 있으면 넉넉하고 풍요롭겠느냐, 보잘것없겠느냐?"

"보잘것없습니다."

"라훌라야, 일부러 거짓말을 하고서도 부끄러워하지 않는 수행자의 모습도 이처럼 보잘것없다. 지금 네 모습이 이와 다르지 않다. 알겠느냐?"

붓다는 조금 남아 있는 물마저 다 버리고 라훌라에게 다시 물었다.

"라훌라야, 이 대야에 물이 버려지는 것을 보았느냐?"
"네, 보았습니다."
"라훌라야, 일부러 거짓말을 하고서도 부끄러워하지 않는 수행자는 자신의 쌓은 성취와 공덕을 이처럼 하루아침에 쏟아버리고 마는 것이다. 그나마 남아 있는 공덕마저 없애는 네 모습이 이와 다르지 않다. 알겠느냐?"

라훌라는 얼굴이 벌게지면서 아무 말도 하지 못했다. 붓다는 대야를 뒤집어서 다시 한 번 말하고, 빈 대야를 바로 세워놓고 또 말했다. 뒤집히는 성취, 텅 빈 인격 등을 말하기 위해 붓다는 대야의 비유를 활용했다. 그것은 거짓말의 위험성을 경계시키기 위한 일종의 교육적 처방이었다. 붓다는 아들을 크게 야단치는 대신 차근차근 타일러가는 방식을 택했던 것이다.

"라훌라야, 다시 물을 받아 오너라. 그리고 내 발을 씻어다오."
"예, 세존이시여"
"라훌라야, 내가 발을 씻은 이 물을 너는 마실 수 있겠느냐?"
"안 될 것 같습니다."
"왜 안 되느냐?"
"물이 때로 인해 더러워졌기 때문입니다."

"이 대야에 물을 버리고 거기에 탁발 음식을 받아먹을 수 있겠느냐?"

"세존이시여, 그것도 안 됩니다."

"왜 안 되느냐?"

"물을 비웠다고는 하나 여전히 대야는 더럽기 때문에 음식을 담을 수 없습니다."

"라훌라야, 잘 아는구나. 너도 이와 같다. 더러운 물이 있던 대야에 음식을 담을 수 없는 것처럼, 너 역시 출가 수행자의 모습은 있어도 마음이 진실하지 않고 더럽혀져 있으니 진리를 담을 수 없는 것이다."

라훌라는 크게 뉘우쳤다. 장난삼아 재미삼아 시작한 거짓말이 이처럼 큰 잘못인지 미처 깨닫지 못한 차에 붓다로부터 호된 질책을 받은 것이었다. 붓다는 라훌라가 가질 수도 있는 교만함과 우쭐거림을 제어하기 위해 특별한 당부도 잊지 않았다. 붓다는 이번에는 거울을 들고 라훌라에게 말했다.

"라훌라야, 이 거울로 너는 무엇을 할 수 있느냐?"

"저 자신을 비춰볼 수 있습니다."

"그렇구나. 거울은 너 자신을 비추는구나. 그런데 네가 하는 온갖 행위들은 네 가지의 경우로 비춘다. 너 자신에게도 나쁘고 남에게도 나쁜 행위가 있다. 이런 행위는 네 양심의 거울에 그대로 비출 것이므로 너도 모를 리 없다. 또한 이것은 모든 악행의 근원이기 때문에 피해야 한다. 너 자신에게 좋고 남에겐 나쁜 행위도 있다. 반대로 너 자신에게 나쁘지만 남에게 좋은 행위도 있다. 이런 행위들도 가급적 피해야 한다. 너에게 좋고 남에게도 좋은 행위가 있다. 그런 행위가 모든 선행의 뿌리가 된다. 라훌라야, 거울에 이런 행위가 늘 비추도록 하려면 어떻게 하면 좋겠느냐?"

"……"

"평소에 거울을 잘 닦아야 하지 않겠느냐. 이것이 바로 수행이다. 수행이란 마음을 깨끗하게 하여 무엇이든 비출 수 있는 상태로 만드는 것이다. 흐린 물에 둥그런 보름달이 제대로 보이겠느냐? 진리를 담으려면 먼저 네 마음의 물이 맑아야 하듯 거울도 맑아야 하는 것이다. 수행자는 마음의 거울을 닦는 사람이다. 너에게도 좋고 남에게도 좋은 행위를 늘 비추는 거울을 '선행을 비추는 거울'이라 한다. 모든 수행자는 평범한 거울을 '선행을 비추는 거울'로 바꾸는 사람들이다. 그렇지 않으려면 무엇 하러 수행을 하겠느냐?"

붓다는 대야와 거울의 비유를 통해 소년 라훌라를 크게 깨우치도록 도왔다. 붓다라고 해서 라훌라에 대한 아버지의 자애로움과 연민심이 왜 없었겠는가. 아들에게 맞는 수준의 이야기를 통해 붓다는 라훌라의 교만함을 바로잡으려 노력했다. 라훌라는 스무 살이 되어 비구계를 받았고 이후로 정진하여 아라한의 경지에 도달했다. 그는 잘 참아내는 인욕보살로 불리기도 했는데 여기엔 가슴 아픈 일화가 있었다.

붓다가 사왓티의 기원정사에 머물고 있을 무렵, 사리뿟따와 라훌라는 함께 성에 들어가 걸식을 하고 있었다. 이를 본 어떤 외도가 두 사람을 골려 줄 생각을 했다. 붓다가 평소에 인욕을 가르치므로 붓다의 아들 라훌라와 붓다의 제자 가운데 가장 뛰어난 사리뿟따가 붓다의 가르침을 얼마나 잘 실천하는지 시험해 보고 싶었던 것이다.

그는 사리뿟따의 발우를 빼앗아 모래와 자갈을 잔뜩 넣은 다음 그것으로 다짜고짜 라훌라의 얼굴을 내리쳤다. 피가 철철 흐르는 라훌라의 얼굴은 모래와 흙이 뒤엉켜 금세 엉망진창이 되어버렸다. 라훌라는 자기를 내리친 외도를 바라보았다. 그는 일말의 가책도 없는 표정으로 빙글거리며 라훌라를 바라보았다. 이때 사리뿟따가 라훌라에게 말했다.

"라훌라여, 그대는 붓다의 제자가 되었으니 마음에 독을 품지 말도록 해야 하며, 자비한 마음으로 중생을 가엾이 여겨야 한다. 세존께서 늘 이르시기를 '참는 것은 가장 유쾌한 일이다. 오직 지혜로운 사람만이 부처님의 계율을 듣고 범하지 않는다.'고 하셨다. 우리는 스스로 마음을 다잡아 인욕하는 것으로 도배를 삼자. 방자한 마음으로 악을 행하는 것은 자신을 불에 던지는 것과 같다. 교만은 재앙을 불러오지만 인욕은 수행의 가장 큰 힘이다."

라훌라는 피가 흐르는 얼굴을 물에 씻으면서 혼자서 말했다.

"나의 아픔은 잠깐이지만 그의 오랜 괴로움은 어찌 될 것인가. 나는 성내지는 않으나 그의 일을 생각하면 슬프구나. 붓다께서는 '사문은 인욕으로 덕을 삼아야 한다.'고 가르치셨다. 이 사람의 포악함을 내 어찌 미워하랴. 붓다의 가르침을 일러 주어 그의 어리석음을 깨우치고자 하나, 그는 시체와 같아 느낌이 없으니 어찌 가르치랴."

폭행을 가한 외도는 사리뿟따와 라훌라가 성내지 않고, 오히려 그를 가엾이 여기는 것을 보고, 두 사람을 한껏 비웃고는 떠나갔다. 사리뿟따와 라훌라는 돌아와 이 일을 붓다에게 고했다. 붓다가 말했다.

"악을 행하면 마음이 편치 못하며 늘 두려움을 느낀다. 그러나 인욕하면 마음의 평화를 얻는다. 참고 자비를 행하면 근심이 없어진다. 세상의 모든 것은 믿을 것이 못 되지만 인욕만은 믿어도 좋으니라. 인욕은 튼튼한 큰 배와 같아서 난관을 극복하여 건너게 한다. 오늘 내가 부처가 된 것도 인욕의 힘 때문이니라."

라훌라는 출가 초기에 가졌던 교만한 생각을 버리고 인욕 정진하여 붓다의 제자 중에서 밀행密行제일이 되었다. 정해진 계율을 세세한 것까지 잘 지키고 실천하는 데 으뜸이라는 뜻이다. 『테라가타』에는 스스로 읊은 네 개의 게송이 전한다.

    사람들은 나를 '축복받은 라훌라'라고 부르네.
    나는 두 가지 행운을 누리고 있지.
    하나는 내가 붓다의 제자라는 점이고
    다른 하나는
    일체의 도리를 꿰뚫어 보는 눈을 가지고 있다는 점이네.

    번뇌 모두 사라져 이제 헛된 삶을 받는 일 없네.
    나는 존경받아야 할 사람
    공양받아야 할 사람
    세 가지 명지明知를 체득한 사람
    불사를 얻은 아라한이라네.

    사람들은 갖가지 욕망에 눈이 멀어
    삿된 올가미에 걸리고
    망집에 들씌워져
    그물에 걸린 물고기같이
    해태懈怠란 이름의 친족들에 얽매여 있네.

나는 애욕을 떠나
악마의 속박을 끊고
애착을 뿌리 뽑아
서늘해지고
평안해졌노라.

097. 사리뿟따가 사자후를 토하다

사왓티에서 안거를 마친 붓다의 승가는 이제 지난 3개월간의 수행에 대한 내부 점검 시간을 가져야 했다. 지난 기간 동안 자기의 잘못을 스스로 이야기하고 동료 도반들이 지적해 주는 이야기를 겸허하게 들어야 하는 시간이 다가오고 있었다. 동쪽 하늘에 보름달이 훤하게 솟아오르고 있었다. 한 비구가 낭랑한 목소리로 먼저 말했다.

"비구들이여, 지난 3개월 동안 함께 지내면서 나의 말과 행동이 진리에 부합하지 않은 것이 있으면 말씀해 주십시오. 내가 혹시 지탄받을 일을 했다면 말씀해 주십시오."

고개를 들어 바라보니 그는 바로 붓다였다. 좌중이 잠잠해졌다. 붓다는 똑같은 이야기를 한 번 더 했다. 붓다는 그렇게 세 번을 물었다. 아무도 이야기하지 않자 사리뿟따가 나섰다.

"세존이시여, 당신의 말과 행동 가운데 법도에 어긋나는 것은 보지도 듣지도 못했습니다. 세존의 한 말씀 한 말씀이 곧 법이요, 하시는 행동 하나 하나가 다 해탈에 이르는 길입니다. 우리 역시 그 길을 따라 수행을 흡족하게 성취할 수 있었나이다."

사리뿟따의 이야기를 필두로 여러 비구들이 각자의 소회를 말하고 동료들을 위한 조언을 아끼지 않았다. 회합이 끝나고 난 뒤, 이제 각자의 길로 떠나야 했다. 사리뿟따가 먼저 세존께 작별인사를 했다.

"세존이시여, 안거를 마쳤으니 이제 여러 곳을 다니며 수행하고자 합니다."

"그렇구나. 사리뿟따여, 그대는 그대가 가고픈 곳으로 가거라. 무명의 어둠속에 있는 이들에겐 밝은 빛의 세계를 보여주고, 진리에 목마른 이들에겐 진리의 샘물을 건네 주거라. 그대는 가고 싶은 곳으로 가거라."

사리뿟따가 나가고 난 후, 한 사람 한 사람씩 붓다에게 작별을 하는 과정에 한 비구가 다가와서 붓다에게 날카로운 목소리로 고했다.

"스승이시여, 이번 안거에서 저는 많이 불편했습니다. 사리뿟따는 매우 교만했습니다. 그는 붓다의 제일제자라고 늘 으스대며 사람을 보아가며 차별했습니다. 오늘 저와 마주칠 때는 어깨를 치고 지나가면서 사과의 이야기는 조금도 하지 않앉습니다."

이름 모를 이 비구는 사리뿟따가 이미 나가버린 것을 알고 붓다에게 마음껏 사리뿟따를 비난하고 있는 중이었다. 누군가를 비난하고 질책하려면 그가 있는 자리에서 공개적으로 하는 게 승가의 전통이었다. 그러나 이 비구는 붓다에게만 은밀하게 사리뿟따의 잘못을 고하고 있었다. 그런들 무슨 일이 있으랴 싶었을 것이다.

사리뿟따 존자 목상

헌데 붓다의 태도는 매우 신속하고 단호했다. 붓다는 목갈라나와 아난다를 급히 불러 길 떠난 사리뿟따를 다시 돌아오게 했다. 또한 비구들을 모두 다시 강당에 모이게 조치했다. 목갈라나가 사리뿟따를 찾으러 떠난 후 아난다는 생각했다.

'붓다의 수석제자인 사리뿟따처럼 마음챙김을 철저히 하는 수행자가 동료 수행자를 비난할 일은 없다. 붓다도 그걸 모를 리 없다. 그럼에도 불구하고 회의를 다시 소집하는 것은 사리뿟따로 하여금 사자후를 토하게 하여 승가의 기강을 새로 잡

으시려는 것일 게다.'

생각이 여기에 이르자 아난다는 동료 비구들을 향해 이렇게 외쳤다.

"강당으로 빨리 다 모이시오. 오늘 밤 사리뿟따의 사자후를 들으실 겁니다."

떠나간 사리뿟따가 돌아오고 모든 비구가 강당에 모이자 사리뿟따를 비난한 비구의 얼굴이 창백해지기 시작했다. 붓다가 사리뿟따를 향해 말했다.

"사리뿟따, 그대가 떠난 뒤 저 비구가 나를 찾아와 그대의 교만함에 대해 증언을 했다. 그대가 붓다의 제일제자라고 으스대며 사람을 보아가며 차별하고, 자기랑 마주치면 어깨를 치고서도 사과를 하지 않았다고 했다. 저 비구의 말이 사실인가?"

주위가 냉랭해졌다. 삼자대면의 진실게임이 정점을 향해 달려가는 중이었다. 이윽고 대중을 향해 사리뿟따가 입을 열었다.

"세존이시여, 몸에 대한 마음챙김이 확립되지 않았다면 저는 동료 비구를 때리고 화해하지 않고 유행을 떠났을 것입니다. 대지는 똥, 오줌, 침, 피, 고름 등을 깨끗하거나 더럽거나 간에 싫어하거나 피하지 않고 받아들입니다. 저도 땅과 같이 광대하고 무량한 마음으로 화를 내거나 나쁜 마음을 품지 않고 머뭅니다.

　세존이시여, 몸에 대한 마음챙김이 확립되지 않았다면 저는 동료 비구에게 상처를 주고 화해하지 않고 유행을 떠났을 것입니다. 물은 똥, 오줌, 침, 피, 고름 등을 깨끗하거나 더럽거나 간에 싫어하거나 피하지 않고 다 씻어버리며, 불은 똥, 오줌, 침, 피, 고름 등을 깨끗하거나 더럽거나 간에 싫어하거나 피하지 않고 태워버리며, 바람은 똥, 오줌, 침, 피, 고름 등을 깨끗하거나 더럽거나 간에 싫어하거나 피하지 않고 다 날려버립니다. 이렇듯이 제 마음은 씻고 태우고 날려 버립니다. 청소부는 똥, 오줌, 침, 피, 고름 등을 깨끗하거나 더럽거나 간에 싫어하거나 피하지 않습니다. 다 떨어진 넝마를 입은 찬달라(불가촉천민)가 깡통을 들고 이 마을 저 마을 구걸을 다녀도 언제나 겸손합니다. 잘 길들여진 뿔 잘린 황소 역시 도로나 거리를 돌아다녀도 뿔로 사람을 해치지 않습니다. 세존이시여 제 마음은 대지와 같고 물과 불과 바람과 같고, 청소부와 같고 찬달라와 같고 뿔 잘린 황소와도 같아 어떤 원한도 없고 성냄도 없습니다.

　세존이시여, 마치 한 남자가 기름이 질질 새고 있는 구멍 난 냄비를 사용하듯이 저도 구멍이 나서 새고 있는 이 몸에 머물고 있습니다. 세존이시여, 몸에 대한 마음챙김을 확립하지 않았다면 저는 동료 비구에게 상처를 주고 화해하지 않고 떠났을 것입니다."

사리뿟따 장로가 아홉 가지 비유를 들어 자신의 청정행을 설명하자 땅이 지진이 난 듯 아홉 번이나 흔들렸다. 또한 장로가 짠달라의 구멍 난 냄비로 자신을 비유하자 아직 수다원과를 얻지 못한 비구들은 눈물을 참지 못하고 울먹였고 아라한과를 성취한 비구들도 잔잔한 감동을 느꼈다. 장로가 이렇게 사자후를 토하자 근거 없이 중상했던 비구는 잘못을 후회하며 부처님 발아래 무릎을 꿇고 자신이 근거 없이 장로를 비방했음을 실토했다.

"세존이시여, 제가 잘못했나이다. 근거도 없이 청정한 수행자를 모함하고 비방한 잘못을 참회하나이다."

붓다는 단호하게 말했다.

"그대는 붓다에게 참회하기 전에 사리뿟따에게 먼저 참회해야 한다."

비구가 사리뿟따 앞으로 나아가 무릎을 꿇고 엎드려 말했다.

"존자여, 제가 잘못했나이다. 스스로 마음챙김을 잘 하지 못해 질투하는 마음이 올라왔고, 이에 붓다께 나아가 몰래 존자님을 비방했나이다. 저의 잘못을 참회하나이다. 용서하여 주시옵소서."

붓다가 사리뿟따에게 말했다.

"사리뿟따여, 이 어리석은 비구를 용서해 주어라. 그렇지 않으면 그의 머리가 일곱 조각으로 갈라질 것이다."

사리뿟따가 일어나서 비구에게 다가갔다.

"비구의 허물을 용서합니다. 제게 허물이 있었다면 비구도 저를 용서하십시오."

이날은 자자회가 두 번이나 열린 셈이었다. 대중이 모인 자리에서 자신의 잘못을 고백하고 타인에 대한 불만과 아쉬운 점을 함께 논의하는 게 붓다가 만든 승가의 전통이었다. 이는 안거 기간 동안에 대한 일종의 평가회였는데, 이날의 사례로 보면 얼마나 공정하고 준엄했는지 잘 헤아릴 수 있다.

사리뿟따는 자신을 비방한 동료 비구를 직접 경책하지 않은 채 마음챙김의 중요성을 역설함으로써 모든 출가자들이 스스로를 돌아보는 기회를 다시 한 번 가지도록 했다. 붓다의 상수제자다웠다.

098. 희대의 살인마를 교화하다

어느 때 붓다는 사왓티에 들어가 밥을 얻은 다음 성 밖에 있는 숲길을 지나가다 소치는 사람과 밭을 가는 농부들을 만났다. 그들은 길을 가는 붓다를 보자 만류했다.

"세존이시여, 그 길로 가시면 안 됩니다. 그 길에는 앙굴리말라(Aṅgulimāla)라는 무서운 살인귀가 있어 닥치는 대로 사람을 죽입니다. 사람을 죽인 다음 손가락을 잘라 목걸이를 만들어 걸고 다닙니다. 제발 그 길로 가지 마십시오."

붓다는 태연했다.

"내게는 두려움이 없소."

붓다는 이렇게 말씀하고 길을 떠났다. 얼마 안 가서 앙굴리말라가 갑자기 칼을 치켜들고 나타나 붓다에게 달려왔다. 붓다는 조용히 걸어갔다. 앙굴리말라는 있는 힘을 다해 뛰었으나 이상하게도 붓다에게 가까이 다가설 수 없었다.

"사문아, 거기 섰거라!"

붓다는 걸음을 멈추고 돌아서서 앙굴리말라를 바라보았다. 그는 붓다의 자비스럽고 위엄 있는 모습을 대하자 한 발짝도 떼어 놓을 수가 없었다. 조금 전까지의 살기가 순식간에 사라져 버렸다. 이때 붓다가 조용히 말했다.

"앙굴리말라여, 나는 여기 이렇게 멈추어 있다. 너는 어리석어 무수한 인간의 생명을 해쳐 왔고 나를 해치려 하지만 나는 여기 이렇게 멈추어 있어도 마음이 평온하다. 너를 가엾이 여겨 여기에 왔다."

이 말을 듣자 앙굴리말라는 문득 악몽에서 깨어나 제정신으로 돌아왔다. 마치 시원한 물줄기가 훨훨 타오르던 불길을 꺼버린 듯했다. 그는 칼을 내던지고 붓다 앞에 꿇어 엎드렸다.

"저의 어리석음을 용서해 주십시오. 그리고 오늘부터 저를 제자로 받아 주십시오."

그는 붓다를 따라 기원정사에 가서 설법을 듣고 지혜의 눈을 뜨게 되었다. 이튿날 앙굴리말라는 바리때를 들고 밥을 빌러 나갔다. 그가 나타났다는 소문을 듣고 거리의 사람들은 두려움에 떨었다. 그가 찾아간 집의 부인은 해산하기 위해 산실에 들었다가 그가 왔다는 이야기를 듣고 너무 놀란 끝에 해산을 못하고 말았다. 그 집 사람들에게 무서운 저주를 받은 앙굴리말라는 빈 바리때를 들고 기원정사로 돌아와 눈물을 흘리면서 붓다께 도와주기를 호소했다.

"앙굴리말라여, 너는 곧 그 집에 가서 여인에게 '나는 이 세상에 난 뒤로 아직 산목숨을 죽인 일이 없습니다. 이 말이 사실이라면 당신은 편안히 해산할 것입니다'라고 말하라."

앙굴리말라는 놀라서 말했다.

"세존이시여, 저는 아흔아홉 사람의 목숨을 빼앗았습니다."

"도道에 들어오기 전은 전생이다. 세상에 난 뒤라는 말은 도를 깨친 뒤를 말한다."

그는 곧 그 집에 가서 붓다가 시킨 대로 했더니 부인은 편안히 해산을 했다. 그러나 그에게 원한이 있던 사람들은 돌과 몽둥이를 들고 나와 그를 치고 때렸다. 온몸이 피투성이가 되어 겨우 기원정사로 돌아온 그는 붓다께 여쭈었다.

"세존이시여, 원래 저는 남을 해치지 않는다는 뜻에서 아힘사까(Ahiṁsaka, 불해不害)라는 이름을 가졌으면서 어리석은 탓으로 많은 생명을 죽였습니다. 그리고 씻어도 씻기지 않는 피 묻은 손가락을 모았기 때문에 앙굴리말라(손가락 목걸이)라는 이름을 얻었습니다. 그러나 이제는 붓다께 귀의하여 깨달음을 얻었습니다. 소나 말을 다루려면 채찍을 쓰고 코끼리를 길들이려면 갈고리를 씁니다. 그런데 붓다께서는 채찍도 갈고리도 쓰지 않으시고 흉악한 제 마음을 다스려 주셨습니다. 저는 오늘 악의 갚음을 받았고, 바른 법을 들어 청정한 지혜의 눈을 떴으며, 참는 마음을 닦아 다시는 다투지 않을 것입니다. 세존이시여, 저는 이제 살기도 원치 않고 죽기도 바라지 않습니다. 다만 때가 오기를 기다려 열반에 들고 싶을 뿐입니다."

앙굴리말라가 처음부터 살인귀는 아니었다. 그는 마음이 밝은 수행자로서 훌륭한 스승 밑에서 도를 닦는 아힘사까였다. 하루는 스승과 일행이 모두 외출을 한 뒤 집에는 아힘사까와 스승의 부인만 남았다. 부인이 다가와 젊은 수행자를 유혹하였으나 아힘사까는 이를 거부했다. 무시당한 부인은 외출에서 돌아온 남편에게 아힘사까가 자기를 욕보이려 했다고 거짓말을 했다. 스승은 부인의 말을 믿고 제자에 대해 치를 떨었으나 그를 쉽게 벌 줄 수도 없었다. 제자를 벌하는 순간 자기 교단이 쑥밭이 될 게 뻔했기 때문이다. 그는 묘안을 생각했다.

"아힘사까야, 너는 나의 말을 믿느냐?"

"예. 스승님의 가르침을 믿사옵니다."

"너는 내 제자들 중에서도 가장 뛰어나다. 이제 네게 높은 깨달음에 가장 빨리 이르는 비결을 가르쳐 줄 테니 실행할 수 있겠느냐?"

"여부가 있겠습니까."

"너는 지금 당장 나가서 사람들을 닥치는 대로 죽여 백 명의 손가락을 꿰어서 목에 두르고 다녀라. 그러면 하늘나라에 다시 태어나리라. 아무에게도 말하지 말고 너 혼자만 행해야 하느니라."

"네. 분부를 받들겠습니다."

이렇게 하여 아힘사까는 살인귀가 되었다. 나라의 왕은 군대를 보내 아힘사까를 처단하려 했다. 아힘사까는 어느새 아흔아홉 사람을 죽이고 마지막 한 명을 남기게 되었다. 이를 안 어머니가 숲으로 아힘사까를 찾아가 애원했다.

"어머니, 여기는 어인 일이십니까? 이 아들은 이제 한 사람만 더 죽이면 마침내 도를 이루게 됩니다. 도를 이루면 어머니도 구원해 드릴테니 조금만 기다려 주십시오."

"아들아, 지금 병사들이 너를 죽이러 오고 있단다. 네가 도를 이루기 전에 죽을 것이니 어쩌면 좋겠느냐. 그렇게 도가 좋거든 이 어미를 죽여 도를 이루려무나. 자, 마지막으로 나를 죽여라."

붓다가 이를 천안통으로 보고 사왓티성 밖의 숲길을 일부러 찾아갔던 것이다. 그때 사람들이 붓다를 만류하여 간곡하게 읍소했던 것이니 다시 들어보면 이와 같다.

"세존이시여, 그 길로 가시면 안 됩니다. 그 길에는 앙굴리말라라는 무서운 살인귀가 있어 닥치는 대로 사람을 죽입니다. 제발 그 길로 가지 마십시오."

붓다는 아무 걱정 없이 편안한 마음으로 말했다.

"내게는 두려움이 없소."

붓다가 이렇게 이야기한 데에는 살인귀를 구원하고자 하는 마음도 있었지만, 그 어머니를 가엾이 여겨 자식이 제 어머니 죽인 죄까지 받아 지옥에 떨어지지 않도록 하는 마음도 컸다. 어머니는 자신이 지옥에 갈지언정 자식이 지옥에 떨어지는 것은 보지 못하는 법이다. 이런 어머니를 구원하지 않으면 누구를 구원하랴. 두려움이 없다는 것은 바로 이런 커다란 자비심을 말하는 것이다.

제15장

수난과 영광이 함께하다

099. 왕들과 장군이 귀의하다

꼬살라의 빠세나디왕은 불교에 귀의한 후 성정이 평안하고 온순해졌다. 즐기던 전쟁 대신 평화를 사랑하게 되었다. 국제간 문제는 가급적 협상을 통해 해결하고자 했다. 때문에 인접한 국가의 왕들과 자주 만났다. 만나면 붓다에 대한 이야기를 즐겨했다. 빠세나디왕은 마가다의 빔비사라왕이며 왐사(Vaṃsā)국 꼬삼비의 우데나 왕을 비롯한 이웃 다섯 나라의 왕들을 초청하여 함께 기원정사로 가서 붓다의 설법을 직접 듣기도 했다. 인도 사회의 큰 변화가 일어나는 중이었다.

외도들은 혼비백산했다. 빠세나디왕이 불교에 귀의했을 때 충격을 받은 그들은 다섯 왕들이 함께 붓다를 찾아가자 더 큰 충격을 받았다. 붓다의 사상과 그 실천은 단순한 유행이 아니었다. 신흥 종교인 불교가 인도 전역을 석권할 기미를 보였다. 이런 현상은 외도들의 생활에 직접 영향을 주었다. 불교의 팽창은 왕과 백성들의 후원으로 교단을 유지하고 있는 외도들에게는 커다란 위협이었다. 붓다를 향한 왕과 일반의 신뢰를 되찾아야 한다는 생각이 급했다. 시기, 질투, 모함, 유혹, 살인…, 그것이 외려 부작용을 더 키웠다. 붓다의 등장은 마가다와 꼬살라를 비롯한 주요 나라에서 외도의 소멸을 촉진시키고 있었다.

왕이 불교에 귀의하자 외도를 따르던 많은 사람들 가운데서 개종자가 늘었다. 특히 귀족과 장자와 대신과 그 사회의 유력한 사람들이 불교에 귀의하기 시작했다. 불교로 개종한 사람 가운데 대표적인 사람은 와이샬리의 총사령관 시하 대장군이었다.

와이샬리는 얼마 전에 가뭄과 질병으로 크게 고통 받은 와르지 연맹의 수도였다. 붓다가 이곳 왕의 요청을 받아들여 마가다의 라자그리하에서 닷새를 걸어 갠지스강을 건너자 폭우 기적을 일으킨 바로 그 땅이었다. 당시 많은 백성들이 붓다에게 환호를 보내긴 했지만 현실적인 종교의 벽은 만만치 않았다.

와이샬리는 자이나교의 발상지로도 유명한 곳이다. 자이나교의 발상지에서 자이나교의 유력한 신도인 총사령관이 불교로 개종한 사실은 자이나교 이외의 외도들에게도 큰 충격을 주었다. 당시 인도 종교계에서 가장 큰 세력을 가진 자이나교가 신흥 종교인 불교에 의해 침식된다면 세력도 약한 작은 외도의 교단이 설 곳은 조만간 없어지리라 생각했기 때문이다.

시하 장군은 본래 열렬한 자이나교의 신도였다. 그는 스승인 니간타 나따뿟따의 영향을 받아 불교가 나쁜 종교라는 생각을 가지고 있었다. 그래도 릿차위족의 지도자들은 붓다의 사상과 인품을 좋게 말했다. 스승이 아무리 반대를 해도 귀인을 자기 눈으로 직접 보고 싶다는 시하 장군의 마음을 막을 수는 없었다. 어느 날 붓다를 만난 그는 붓다의 인품에 감화를 받아 자이나교를 버리고 불교에 귀의하고자 했다. 붓다는 시하 장군을 만류했다.

"시하 장군, 당신과 같이 사회적인 지위가 높은 사람이 믿음을 가볍게 바꾸어서는 안 됩니다. 깊이 생각해서 하십시오."

붓다로부터 환영의 인사를 받을 줄 알았던 시하 장군은 의외의 상황에 당황했다. 기존의 종교를 버리면 그들에게 피해가 갈 것이므로 이를 잘 헤아려야 한다고 붓다는 말하고 있었다. 붓다의 배려심은 시하 장군을 더욱 감복시켰다.

"세존이시여, 그래도 저는 붓다께 귀의하겠나이다. 오늘부터 붓다와 붓다의 제자들에게만 공양을 올리겠나이다. 허락하여 주소서."

붓다의 태도 또한 변함이 없었다.

"시하 장군이여, 갑자기 자이나교를 떠나면 안 됩니다. 수행인들을 배척해서도 안 됩니다. 더욱 그들에게 보시하는 일을 끊어서는 안 됩니다. 그들도 불교 승단의 청정 비구 대하듯이 대해야 합니다."

시하 대장군은 세 번에 걸쳐 붓다에게 귀의 요청을 했다. 붓다는 그의 진정성과 간절함을 충분히 확인한 후에야 귀의를 받아들였다. 붓다가 이렇게 한 데에는 이유가 있었다. 아무리 옳은 일도 과격하면 바라지 않던 일이 일어나는 법이다. 그래서 붓다는 시하 대장군에게 중도中道를 취할 것을 가르쳤다. 또 시하 장군과 같이 와이샬리 지방의 주요한 인물이 갑자기 개종했을 때 일어날 사회적 물의를 사전에 막고 싶기도 했다. 그것은 시하 장군 본인에게도 이롭지 않다고 생각했다.

붓다는 다른 믿음을 가진 이들에게 개종을 강요하지 않았다. 이것은 종교로서 불교가 가지고 있는 특별한 성격이었다. 강요하지 않는 가르침. 이런 특성이 시하 장군을 더욱 끌어들였다. 시하 장군은 외도에 대한 부처님의 너그러움과 자기를 아끼는 자비심에 더욱 감동했다. 그리하여 불교의 비구와 자이나교의 수행인과 다른 교단의 수행인들을 차별하지 않고 대등하게 대하려고 노력했다. 그러나 세상일이 어디 순탄하기만 하랴. 붓다가 염려하던 일이 벌어지고 말았다. 주도권을 빼앗긴 자이나교도와 이교도들이 가만히 있지는 않았다. 흉흉한 소문이 돌기 시작했다. 시하 장군은 와이샬리 지방의 주민들과 외도들로부터 심한 비난을 받았다.

"시하 장군이 소를 잡아서 붓다의 제자들에게 공양을 했단다!"

"시하 장군이 살생을 했단다!"

"자이나교에서 불교로 개종을 하더니 장군이 이상해졌다!"

시하 장군의 살우 공양은 소를 숭상하는 인도 사람들에게 용서할 수 없는 반사회적인 처사였다. 살생을 엄중히 금하는 자이나교에서 불교로 개종 하자마자 지은 처사이므로 불교 교단도 함께 지탄을 받았다. 시하 장군의 반사회적인 처사가 불교로 개종했기 때문에 생겼다고 본 것이다.

거센 비난의 물결은 오래지 않아서 잠잠해졌다. 붓다를 해코지하려는 외도들의 모함이란 것이 밝혀졌기 때문이다. 시하 장군 곁을 오랫동안 지키던 수행원의 소행이었다. 치명적인 배신은 측근에서 일어난다는 말은 만고에 귀감이 되는 말이다. 수행원은 곧 모함죄를 받게 되었다. 이 사건 역시 불교를 해치기는커녕 도리어 돕는 결과를 가져 왔다. 시하 장군은 모함을 한 자이나교의 수행인을 체포하여 벌을 주려고 했다. 그러나 곧 붓다의 가르침을 받아들였다.

"시하 장군, 사람은 누구나 잘못을 저지릅니다. 잘못을 저지른 사람으로 하여금 잘못을 깨달아 뉘우치도록 용서해 주어야 합니다. 잘못을 용서하지 않고 벌을 주면, 벌을 받은 그는 원한을 갖고 더욱 나쁜 길에 빠질 것입니다. 벌을 주는 것은 그의 죄를 없애기 보다 더 큰 죄를 짓게 합니다. 너그럽게 용서하고 그로 하여금 잘못을 깨닫고 뉘우치도록 하면 그의 죄는 없어집니다."

시하 장군은 모함한 외도를 용서했다. 와이샬리 사람들은 자기를 모함한 자를 용서하는 시하 장군이나 붓다의 자비심에 감동하여 앞다투어 붓다에 귀의했다.

100. 아난다가 위기에 처하다

붓다가 사왓티의 기원정사에 머물고 있을 때였다. 아난다는 이른 아침에 바리때를 들고 사왓티로 들어가 걸식을 마친 뒤에 돌아오다가 심한 갈증을 느꼈다. 마침 우물에서 물 긷는 여인을 보고 물을 청했다.

"이 보시오, 내게 물 한 사발만 주시오."

여인은 잠시 주저하며 말했다.

"소녀는 천한 종족 마등가摩登伽의 딸 마등기摩登祇이옵니다."

신분이 천해서 출가 비구를 마주하기 어렵다는 뜻이었다. 마등가는 남자 백정을 통칭하는 이름이고 마등기는 그 집안 여자를 지칭하는 이름이었다.

"괜찮습니다. 소승은 사문이라 빈부귀천의 구별을 두지 않소."

아난다는 다시 물을 청했다. 마등기는 기뻐하며 바가지에 맑은 물을 떠 건넸다. 아난다는 물을 천천히 마시고 기원정사로 돌아갔다. 존자가 돌아간 뒤에 존자의 빼어난 용모와 우아한 말소리가 마등기의 가슴에 깊이 새겨졌다. 아난다라는 이름 속에는 '기쁨', '환희'라는 뜻이 있었다. 아난다는 붓다의 사촌동생이었으며 스무 살 무렵에 샤까족 청년들이 대거 출가할 때 함께 출가했다. 아난다는 이목구비가 반듯하고 수려하며 세속의 여인들은 물론 출가자나 재가자가 보아도 매혹될 정도로 아름다웠다. 신들도 찬탄하여 노래 부르기를 이렇게 했다.

> 얼굴은 밝은 보름달 같고
> 눈은 푸른 연꽃 같은데
> 불법의 큰 바닷물이
> 그의 마음속으로 흘러갔도다.

그를 한 번 보기만 하면
사람들은 크게 기뻐하고
붓다를 뵈러 온 모든 이들
잘 인도하여 화목케 하네.

 붓다는 아난다의 출중한 용모가 수행에 방해가 될 것을 염려하여 아난다에게만 어깨를 가리는 옷을 입도록 허락했다. 그리고 붓다 곁에서 시봉하도록 함으로써 여인들의 유혹으로부터 멀어지도록 했다.

 하지만 이게 다 무슨 소용인가. 마등기는 그녀의 어머니에게 아난다 존자를 만난 인연과 그를 사모하는 심정을 고백하고, 기어이 그를 남편으로 맞이하게 해 달라고 호소했다. 그리고 어머니에게 특별한 주술을 써서 아난다 존자를 자기 집으로 끌어 오도록 청했다. 그러나 어머니는 거절했다.

 "아가, 내 주술이 아무리 신통하다 해도 욕심을 여읜 사람과 죽은 사람에게는 효과가 없단다. 하물며 그 존자의 스승인 붓다는 덕이 높아서 빠세나디왕도 우러러 받드는 분이시다. 만일 주술로 존자를 끌어왔다가 일이 잘못되면 우리 집안은 멸문을 당할지도 모른다."

 하지만 마등기는 '불타는 가슴을 억누를 수 없으니. 그러면 죽는 수밖에 없다.'라고 하면서 나자빠지고 말았다. 자식 이기는 부모가 어디 있으랴. 어머니는 딸을 위해 주술을 부리기로 했다. 땅에 흰 소의 마른 똥을 펴서 단을 만들고, 그 위에 흰 띠풀을 쌓아 불을 붙이고, 타오르는 불꽃에 백팔 개의 연꽃을 던지며 천지신명에게 빌었다.

"아난다 존자가 이곳에 오도록 해주소서."

이때 아난다 존자는 기원정사에 있다가 마음이 어지러워지며 불현듯 마등가의 집을 향해 걸어가는 중이었다. 마등가는 이 사실을 딸에게 말했다.

"아가야, 네 소원이 이루어지는구나. 아난다 존자가 지금 이리로 오고 있단다!"

딸은 미칠 듯이 기뻐하며 아난다를 위해 좌상과 침대를 준비했다. 아난다가 마등가 집에 이르자 모녀는 향을 사르고 꽃을 흩으며 그를 맞이하여 화려한 좌상에 앉게 했다. 그때 아난다 존자는 악몽을 꾼 듯 커다란 공포를 느꼈다.

'아, 내가 환술에 홀려 이제 타락하게 되는구나!'

존자는 붓다를 향해 구원을 빌었다. 붓다는 천안통으로 아난이 마등가의 주술에 빠진 것을 보고 게송을 읊기 시작했다.

계율의 못물은 맑고 시원하여라.
모든 사람 번뇌를 씻어 주나니
지혜로운 이는 여기로 들어오라.

무명의 어둠은 길이 소멸되리라.

이것은 모든 성인의 외우신 말씀
나 이제 이 못물 속에 있나니
나의 제자는 이리로 돌아오라.

무명의 어둠은 길이 소멸되리라.

 잠시 뒤 마등가의 주술은 위력이 사라지고 말았다. 아난다는 다시 정신이 맑아졌다. 주위를 둘러보니 사태가 파악됐다. 마등기는 옷을 반쯤 벗은 채 아난다의 애정을 절절히 갈구하고 있었다. 아난다는 그녀의 희롱을 단호하게 뿌리쳤다. 그녀는 뛰쳐나가는 존자를 잡아 달라고 어머니에게 다시 호소했다.
 "아가야, 안 된다. 이것은 필시 부처님께서 구원하신 것이다. 보아라, 내 주술의 힘이 사라지고 말았다."
 "부처님의 주술이 어머니의 주술보다 더 셉니까?"
 "그렇다. 부처님의 주술은 우리 주술에 비할 게 아니니라. 모든 인간과 천상의 주술은 부처님의 한 생각으로 소멸되고 만단다."
 마등가의 주술에 빠져 위기 직전까지 갔다가 돌아온 아난다는 붓다의 처소에 나아가 엎드렸다. 자기의 계와 정과 지혜의 힘이 부족하여 마등가의 주술에 떨어지게 된 것을 울면서 참회했다.

붓다는 상심한 아난다를 위해 법문을 설했다. 먼저 붓다는 손바닥으로 한 줄기 광명을 내어 아난다의 오른쪽을 비췄고, 아난다는 머리를 돌려 오른쪽을 봤다. 왼쪽을 비추니 아난다는 머리를 돌려 왼쪽을 돌아봤다.

"아난다야, 지금 네 머리가 어째서 좌우로 흔들렸느냐?"

아난다가 대답했다.

"여래께서 미묘한 보배의 광명을 저의 왼쪽과 오른쪽으로 보내시니, 저는 그 광명을 보느라 머리가 저절로 좌우로 흔들렸습니다."

붓다가 다시 물었다.

"여래의 광명을 보기 위해 머리를 흔들었다고 하니 네 성품이 흔들렸느냐? 나는 손을 스스로 펴고 구부렸을 뿐 보는 성품은 펴거나 구부리지 않았다. 너는 어찌하여 본래의 성품을 잃어버리고 움직이고 흔들리느냐?"

붓다의 경책과 같은 설법에 아난다는 자신의 허물을 금세 깨달았다. 그리고 흔들리지 않는 신심으로 가득 찼다.

한편 주술에 의해 끌려왔던 아난다 존자를 다시 놓아 보낸 후 마등기 역시 밤새 울었다. 그녀는 쉽게 포기하지 않았다. 이튿날 아침 아난다 존자가 걸식하러 나오는 기회를 다시 노렸다. 그녀는 화려한 새 옷에 갖가지 꽃다발 장식으로 몸을 꾸미고 앉아 존자가 지나가는 길목을 지켰다. 마침 아난다가 다가오자 등불을 쫓아가는 여름 벌레처럼 존자의 뒤를 따라갔다. 존자가 발을 멈추면 같이 멈추고 걸어가면 따라 걸었다. 그렇게 마을에서 성 밖으로, 마침내 기원정사까지 따라오자 존자는 부끄러워 붓다에게 사실대로 고하고 구원을 빌었다. 붓다가 그녀를 불렀다.

"그대는 아난다 존자의 어디가 그토록 좋은가?"

"저는 아난다 존자의 눈도 좋고, 귀도 좋고, 코도 좋고, 입도 좋고, 몸의 모든 것이 다 좋습니다."

"그대여, 눈에는 눈곱이 있고, 귀에는 귀지가 있고, 코에는 콧물이 있으며, 입에는 침이 있고, 몸에는 피고름이 흐르는데, 그것이 그리 좋다는 말인가?"

"거룩한 분이시여, 저는 아난다 존자의 모든 것이 좋을 뿐입니다. 그의 아내가 되고 싶습니다. 이 마음이 정말 죄가 되는지요?"

붓다는 빙그레 웃음을 지었다. 잠시 침묵이 흘렀다.

"네가 만일 아난다의 아내가 되기를 원하거든 부모의 승낙을 얻어오너라."

순간 마둥기는 자신의 귀를 의심했다. 심하게 꾸지람을 받을 줄 알았는데 붓다는 오히려 소원을 들어줄 태세였다. 그녀는 집으로 뛰어가 그 부모와 함께 붓다 앞에 다시 나타났다. 붓다는 말했다.

"아난다는 머리를 깎은 사문이니, 네가 만일 그의 아내가 되려면 먼저 머리를 깎고 집을 나와야 한다. 그리 할 수 있겠느냐?"

그녀는 조금도 망설이지 않았다. 붓다의 가르침을 따라 머리를 깎은 후 일체의 꽃다발 장식물을 벗어 버리고 법복을 입은 수행자가 되었다. 어느 날 붓다가 다시 말했다.

"마등기야, 애욕이란 모든 죄의 근본이며 괴로움의 씨앗이니라. 단맛보다 쓴맛이 몇 만 갑절이 되느니라. 이 애욕 때문에 모든 목숨붙이들은 지옥·아귀·축생의 세계를 벗어나지 못하는 것이니라. 마치 여름밤 부나비와 벌레들이 타는 등불에 몸을 던져 죽는 것과 같이 어리석은 범부들도 욕심의 불꽃에 몸을 던지는 것이다. 그러나 지혜 있는 이는 달라서 욕심을 멀리하여 애욕의 불속에서 벗어나는 것이다."

붓다의 설법은 하얀 포목에 물이 드는 것처럼 스며들어 그녀의 마음을 깨끗하게 했다. 그녀는 차츰 탐욕의 장애에서 벗어나 도를 얻게 되었다. 한 유혹이 이렇게 지나가고, 한 수난이 우여곡절 끝에 이렇게 넘어갔다. 진리의 영광으로 가는 길이 쉽지만은 않았다.

101. 우데나왕이 불상을 만들다

붓다가 까우샴비(Kauśāmbi, 코삼비)국에 머물고 있을 때 마간디야라는 아름다운 여인이 있었다. 그 미모를 비할 사람이 없다고 해서 무비無比라는 이름을 얻었다. 아버지 마인제摩因提는 세상에서 가장 아름다운 자기 딸이 세상에서 가장 훌륭한 사람의 아내가 되어야 한다고 생각했다. 때마침 까우샴비를 방문한 붓다를 본 마인제는 붓다야말로 자기 딸의 남편감이라고 생각했다. 마인제는 딸 마간디야를 데리고 붓다 앞에 나아갔다.

"사문 고따마시여, 제 딸 마간디야는 보시는 바와 같이 이 세상에서 가장 아름다운 여자입니다. 항상 옆에 두고 사랑해 주십시오."

붓다는 봄바람 같은 미소를 지으며 말했지만 목소리는 가을 물보다 차가웠다.

"마인제여, 수행자를 유혹하면 안 됩니다. 그대의 딸은 조금도 아름답지가 않습니다. 머리끝에서 발끝까지 아름다운 곳이라곤 하나도 없으니 어서 데리고 돌아가세요."

거만한 얼굴로 붓다를 바라보고 있던 무비는 코웃음을 치며 돌아갔다. 붓다로부터 거절을 당한 마인제는 딸을 까우샴비의 우데나왕에게 보였다. 마간디야의 아름다움에 매혹된 우데나왕은 그녀를 후궁으로 삼았다. 붓다에 대해 나쁜 감정을 품고 있던 마간디야는 붓다를 존경하는 우데나왕의 사마와띠 왕비를 해코지함으로써 붓다에게 욕을 보이고자 했다.

사마와띠는 밧다와띠의 밧다와띠야 장자의 딸이었다. 밧다와띠에 질병이 돌자 장자는 가족을 데리고 친구인 고시따가 살고 있는 까우샴비로 피난을 왔다고 한다. 난민 수용소에 있던 첫날에 아버지가 돌아가고 둘째 날에 어머니가 돌아가자 그녀를 불쌍히 여긴 밋따의 양녀가 되었다. 후일 우데나왕이 그녀에게 반해서 결혼했으며 첫째 왕비가 되었다. 그녀는 꼽추 시녀 꾸줏따라를 통해서 붓다의 가르침을 듣고 환희심이 생겨 붓다를 존경하게 되었다. 붓다에게 앙심을 품고 있던 마간디야에게 마침내 기회가 왔다.

"사마와띠 왕비가 이름 모를 낯선 남자와 간통을 했다! 거기서 생긴 아이를 몰래 가져다 버렸다!"

그녀는 왕실 의사를 협박하여 죽은 쥐의 몸을 적당히 주물러 사산아인 것처럼 꾸몄다. 꼼짝 못 할 증거 앞에서 왕비는 하소연할 길이 없었다. 마간디야의 아름다움에 현혹된 우데나왕은 마간디야의 모함을 믿고 왕비를 활로 쏘아 죽이라고 명했다. 왕궁의 뜰 복판에 왕비를 세워 두고 백 개의 화살을 쏘았다. 왕비는 눈을 지그시 감고 자비로운 마음으로 붓다를 생각했다. 그녀는 자기를 해치는 사람들을 용서해 줄 것을 붓다께 빌었다. 그러자 화살들이 왕비의 몸을 세 번 돌고 다시 날아와 왕의 발 앞에 떨어졌다. 왕은 몸을 부들부들 떨다가 다리에 맥이 풀려 그 자리에 주저앉아 버렸다. 잠시 뒤 정신을 수습한 왕은 왕비에게 간신히 물었다.

"그대는 천녀天女인가? 아니면 용녀龍女인가? 아니면 나찰녀羅莉女인가?"

왕비가 대답했다.

"대왕이시여, 저는 천녀도 아니고 용녀도 아니며 나찰의 여자도 아닙니다. 부처님의 정법을 듣고 오계를 받아 어기지 않는 신도일 뿐입니다. 대왕이시여, 저는 부처님의 신도로서 대왕을 가엾이 여깁니다. 어찌 부처님을 음해하고 부처님의 제자를 모함하는 사람의 말을 들으십니까? 대왕이시여, 저는 지극한 자비심으로 대왕과 저를 해치려는 이들을 구제해 주도록 부처님께 기원했습니다. 대왕께서는 어둠의 목소리에 홀려 저를 해치고자 하였으나 저는 부처님의 빛나는 자비심을 향한 발원 때문에 어떤 상처도 입지 않았습니다. 어둠은 빛을 이길 수 없습니다. 대왕이시여. 지금 곧 부처님께 나아가 귀의하고 마음의 안정을 얻으십시오."

우데나왕은 정신이 번쩍 들었다. 진상을 조사하여 범인을 색출하고 일벌백계로 다스렸다. 그러고는 붓다를 찾아가 죄를 빌며 가르침을 청했다. 붓다가 우데나왕에게 말했다.

"대왕이시여, 남자에게는 네 가지 나쁜 점이 있습니다. 첫째는 여자의 요사한 말을 듣고서 진실을 믿지 않고 거짓을 믿는 것입니다. 둘째는 아내를 보물과 같이 귀하게 여긴 나머지 부모를 나쁘게 생각하는 것입니다. 셋째는 여색을 가까이 하는 것입니다. 이는 설사 보시를 한다 해도 깨끗한 행이 끊기게 됩니다. 넷째는 음행에 빠지는 것입니다. 음행에 빠지면 사물의 옳고 그름을 판단하지 못합니다. 대왕이시여 남자에게는 이러한 네 가지 나쁜 점이 있습니다."

우데나왕은 크게 뉘우쳤다. 다시는 그러한 잘못을 저지르지 않겠다고 서약한 다음 삼귀계를 받았다. 사마와띠는 마간디야가 쏜 화살을 자애의 마음으로 무력하게 만들었으므로 붓다를 그녀를 일러 '자애가 가득한 마음으로 머무는 자들 가운데서 으뜸'이라 칭찬했다.

비온 뒤에 땅이 더 굳어진다고 했던가. 이런 과정을 거친 이들은 신심이 더욱 강해졌다. 우데나왕은 붓다를 스승으로 받들기 시작했다. 다른 왕들이 그런 것처럼 그 역시 붓다에게 국정 자문을 광범위하게 요청했다. 다섯 나라의 왕들이 모여 붓다를 찾아 갔을 때 제왕의 길에 대해 물은 사람이 바로 우데나왕이었다.

"세존이시여, 나랏일에 대해 여쭙나이다. 왕의 공덕과 과실에 대해서 말씀해 주십시오."

붓다가 제왕학에 대해 말했다.

"대왕이시여, 왕의 과실에는 열 가지가 있습니다. 첫째, 왕위를 찬탈하면 정통성을 잃어버리니 이는 중대한 잘못입니다. 둘째, 대신과 관리의 제약을 받아 자유롭게 판단하지 못하면 이도 또한 잘못입니다. 셋째, 백성이 조그만 허물을 지어도 용서하지 않고 사납게 성을 내어 혹독하게 벌하면 이는 잘못입니다. 넷째, 아랫사람의 잘못을 용서하지 않고 크게 성내어 관직을 빼앗고 재산을 몰수하고 그 아내와 자식들을 빼앗는다면 이 역시 잘못입니다. 다섯째, 논공행상에 인색한 것도 잘못입니다. 여섯째, 삿되고 아첨하는 말을 좋아하고, 말로는 선한 정치를 한다 하면서 실제로는 바른 법에 의하지 않는다면 이는 잘못입니다. 일곱째, 선왕先王의 법도에 따르지 않고 정실인사를 하는 것은 잘못입니다. 여덟째, 인과를 믿지 아니 하고 본능에 따라 몸과 말과 뜻으로 악업을 짓고 백성을 널리 구제하지 않고 선법을 행하지 않는 것은 잘못입니다. 아홉째, 선과 악과 정과 사를 구별하지 못하면 잘못입니다. 열째, 방종하고 방탕하면 잘못입니다. 만약 국왕이 이 같은 열 가지 과실을 범하면 아무리 많은 재물과 큰 군대를 가지고 있어도 끝내는 백성과 신하의 신망을 잃고, 재난이 닥쳤을 때 이기지 못하고 말 것입니다.

대왕이시여 왕의 공덕에는 열 가지가 있습니다. 첫째, 정통성의 존귀함이며 둘째, 자재함이며 셋째, 성질이 온화한 것이며 넷째, 너그러운 것이며 다섯째, 논공행상이 분명하고 두터운 것이며 여섯째, 바른 말을 믿고 받아들이는 것이며 일곱째, 선왕의 법도에 비추어 인사를 신중하게 하는 것이며 여덟째, 선법을 행하는 것이며 아홉째, 선과 악, 옳고 그름을 잘 분별하는 것이며 열째, 방종하지 않고 방탕하지 않는 것입니다. 만약 국왕이 이와 같은 공덕을 성취하면 비록 재물이 없고 대군이 없어도 오래지 않아 나라는 저절로 풍요해질 것입니다.

대왕이시여, 만약 왕이 신하와 백성의 충성심과 성실함을 살피지 아니하고, 또 저마다의 능력을 살피지 아니 하고서 정실에 따라 자리를 마련하고, 정실에 끌려 녹을 정하면 이는 나라의 힘을 쇠약하게 합니다. 또 왕이 신하와 백성들의 충성심과 성실함과 능력을 잘 살펴 적재적소에 사람을 쓰되 그에 맞는 녹을 주지 않으면 이는 나라의 힘을 쇠약하게 합니다. 또 왕이 방일하여 나라의 일을 소홀히 하면 나라의 힘을 쇠약하게 하며, 국가 재정을 지키지 아니하면 나라의 힘을 쇠약하게 하며, 선법을 닦지 아니하고 악법을 행하면 나라의 힘을 쇠약하게 합니다."

다섯 왕들이 다 같이 들었다. 어느 한 나라에 해당하는 이야기가 아니었다. 모두에게 필요한 보편적인 내용이었다. 그것이 붓다 설법의 힘이었다. 왕들은 붓다의 말씀을 깊이 간직하고 실제로 행할 것을 다짐하고 돌아갔다. 이때 우데나 왕은 붓다에게 까우샴비 방문을 청했다. 붓다가 왕의 청을 허락했다. 까우샴비에 머무는 동안 우데나왕은 매일같이 붓다와 그 제자들에게 공양하고 설법을 들으면서 기쁨에 찬 나날을 보내고 있었다.

그러던 어느 날, 붓다가 잠시 까우샴비를 떠났다. 외도들과의 이적 대결을 위해서 사왓티로 떠났던 것이다. 붓다는 그곳에서 천불 아바타와 쌍신변의 이적을 보인 이후 종적을 감추었다. 아무도 붓다의 간 곳을 몰랐지만 사실은 도리천에 올라 어머니와 천신들을 위해 3개월 설법 중이었던 것이다.

곧 돌아오리라 생각했던 붓다가 돌아오지 않자 우데나왕은 근심병을 얻었다. 여러 가지로 치료를 했으나 우데나왕의 병은 낫지 않았다. 신하들은 왕의 병을 낫게 하는 방법을 상의했다. 왕의 병은 붓다가 그리운 병이므로 불상을 조성해서 옆에 모시면 나을지도 모른다고 생각했다. 일종의 예술치료이자 심리치료법이었다.

신하들은 왕의 허락을 받아 우두산牛頭山에서 나는 가장 훌륭한 전단향栴檀香나무로 높이 다섯 자 크기의 불상을 조성했다. 완성된 불상을 보자 우데나왕의 병은 씻은 듯이 나았다. 이렇게 해서 최초의 불상이 조성되었다. 한편, 빠세나디왕도 우데나왕의 이야기를 전해 듣고 붉은 황금으로 높이 다섯 자의 불상을 조성해서 늘 곁에 두고 경배했다. 이것이 두 번째 불상의 탄생이었다.

102. 데와닷따가 비참하게 최후를 맞다

데와닷따는 붓다의 가까운 친척이었다. 그는 야소다라의 남동생이었으니 붓다와 데와닷따는 처남과 매형 사이이기도 했다. 아난다의 형이라는 설도 있다. 데와닷따는 승부욕이 강해 어려서부터 싯다르타를 이기고 싶어 했다. 싯다르타가 출가한 후 붓다가 되어 고향에 돌아왔을 때 아난다, 밧디야, 아누룻다, 바구, 낌빌라 등의 석가족 청년들, 이발사 우빨리와 함께 출가했다.

데와닷따는 붓다의 승가에 합류하여 초기 12년 동안은 열심히 정진했다. 그러나 수행에 별다른 진전이 없었다. 그는 붓다가 자기를 싫어하기 때문에 남과 같은 지도를 해 주지 않는다고 생각했다. 그러한 생각은 붓다가 자기를 시기하여 자기의 수행을 남모르게 방해한다는 생각으로 발전해 나갔다. 붓다가 방해하면 어차피 도는 이룰 수 없다고 생각한 그는 차츰 나태해졌다. 그럴수록 붓다와 같은 존경을 한 몸에 받고 싶은 욕망에 사로잡혔다.

그는 자신의 욕망과 이익을 위해서는 신통력을 가져야겠다고 생각했다. 당시 인도 종교계는 종교 지도자가 행하는 기적 내지는 신통력에 따라 평가를 받고 있었다. 때문에 데와닷따는 늘 신통력을 얻고 싶어 했다. 남들로부터 주목 받고 싶어 하는 욕망! 붓다가 제자들에게 신통을 금하는 제일 중요한 이유를 데와닷따는 노골적으로 드러냈다.

그 무렵 붓다는 죽림정사에 머물렀다. 혹심한 가뭄으로 식량 사정이 극도로 나빠졌다. 굶어 죽는 백성들이 속출했고 비구들은 더 이상 걸식할 수 없었다. 그때 비구들 가운데 신통력을 가진 비구가 허공을 날아가 숲속에서 과일을 따와서는 굶주린 비구들을 먹였다. 데와닷따는 그 비구의 신통력이 부러웠다. 붓다에게 신통력을 가르쳐 달라고 졸랐다.

"세존이시여, 지금 상황이 엄중하옵니다. 이대로 가면 승가 모두 영양실조에 걸릴 것입니다. 수행은커녕 목숨 부지도 힘들 것이옵니다. 먹을 것을 구해 올 수 있도록 신통력을 가르쳐 주소서."

"그리할 수 없다."

"저도 대중을 사랑합니다. 대중을 위해 공양할 수 있게 신통술을 가르쳐 주소서. 이런 신통은 나쁜 게 아니잖습니까."

그러나 붓다는 데와닷따의 숨은 뜻을 알기 때문에 허락하지 않았다. 데와닷따는 꼰단냐 등 5백의 상좌上座 비구들에게 차례로 간청했으나 뜻을 이루지 못했다. 그는 드디어 다사발라 깟사빠[십력가섭十力迦葉]의 처소에 가서 사사를 받아 신통력을 얻게 되었다. 다사발라 깟사빠는 초전법륜의 다섯 비구 가운데 한 사람인 왑빠를 이른다. 왑빠는 아난다의 스승이기도 했다.

데와닷따는 소년의 몸으로 변한 후 뱀 일곱 마리로 몸을 장식했다. 그런 다음 마가다국의 태자인 아자따삿뚜(Ajātasattu)의 궁에 날아 들어가 그의 무릎에 앉는 신통을 보여주었다. 아자따삿뚜는 뱀 일곱 마리와 함께 등장한 소년을 보고 소스라치게 놀랐다. 데와닷따는 아자따삿뚜 태자의 존경을 받고 그날 이후 매일 같이 5백 대의 수레에 실은 음식물을 공양 받았다. 그때 비구들은 붓다에게 데와닷따의 일을 고했다. 붓다가 이를 듣고 말했다.

"비구들이여, 아자따삿뚜 왕자가 5백 대의 수레에 5백 개의 음식 항아리를 싣고 갈 때마다 데와닷따는 이전에 쌓아올린 공덕을 까먹게 된다. 결국 데와닷따는 자신이 얻은 명성 때문에 신통도 잃고 파멸할 것이다. 바나나 열매가 바나나나무를 죽이고, 대나무 열매가 대나무를 죽이고, 갈대 열매가 갈대나무를 죽이고, 암노새의 새끼가 어미를 죽이듯이 사악한 사람은 오히려 사사로이 얻은 것으로 인해 파멸할 것이니라."

데와닷따는 수행자라기보다 야심가이자 지략가였다. 그는 아자따삿뚜 태자와 가까이 지내면서 태자가 부왕으로부터 하루 속히 왕위를 계승받고 싶어 하는 것을 알았다. 데와닷따는 태자의 그러한 생각에 여러 가지로 부채질을 했다. 아자따삿뚜 태자의 두터운 신임을 얻게 된 데와닷따는 붓다로부터 아예 교단를 빼앗으리라 생각했다. 이 같은 생각을 했을 때 그는 이미 신통력을 잃고 있었으나 그것을 깨닫지 못했다. 그는 붓다에게 나아가서 공손한 태도로 말했다.

"세존이시여, 당신은 이미 늙었고 기력은 쇠약합니다. 교단을 이끌어 가기에 힘이 들 것입니다. 앞으로는 당신을 대신해서 제가 설법을 하고 교단을 이끌어 가겠습니다. 저에게 교단을 맡겨 주십시오."

붓다가 말했다.

"데와닷따여, 나의 제자 가운데 사리뿟따나 목갈라나 같이 총명하고 아라한과를 얻은 사람이 많아도 그들에게 교단을 맡기지 않고 있다. 하물며 너와 같이 지혜가 없는 이에게 교단을 맡기겠느냐."

데와닷따는 붓다로부터 보기 좋게 거절당하자 앙심을 품게 되었다. 데와닷따는 함께 출가한 도반道伴들과 함께 교단을 파괴하고자 준비했다. 그는 대중을 향해 자기가 세운 다섯 가지 법을 말하고 그를 지지하는 사람은 자기를 따르라고 했다.

그 다섯 가지 법은 다음과 같았다.

첫째, 유락乳酪을 먹지 않는다. 그것은 송아지를 굶게 만들기 때문에 죄가 된다.
둘째, 물고기와 짐승의 살코기를 먹지 않는다. 그것은 중생의 목숨을 끊기 때문에 죄가 된다.
셋째, 걸식만을 한다. 공양의 초대를 받아 신도의 집에 가서 식사를 하면 죄가 된다.
넷째, 옷은 분소의만을 입는다. 재가신도로부터 옷을 얻어 입는 것은 죄가 된다.
다섯째, 나무 밑에서만 산다. 지붕 밑에서 거처하면 죄가 된다.

데와닷따는 보다 엄격한 계율을 주장했다. 그는 수행의 원리주의자임을 자처했고 자기가 붓다보다 뛰어나다는 것을 보이고 싶었다. 다섯 가지 법은 법 자체의 진정성보다는 대중의 지지를 얻는 데 목적이 있었다. 데와닷따는 산대[주籌]를 들고 대중을 향하여 말하였다.

"이 다섯 가지가 법이며 계율이니, 붓다의 가르침이라고 인정하는 장로는 이 산대를 잡으시오."

자리에 있던 60명의 장로는 아무도 호응하지 않았다. 신참 비구 5백 명이 그 산대를 잡았다. 데와닷따는 네 사람의 비구와 함께 5백 명의 신참 비구를 데리고 가야시르샤[상두산象頭山]로 가버렸다. 교단 분열의 조짐이 보였다. 아자따삿뚜 태자는 수레 5백 채에 좁쌀을 실어다 주었다. 가야시르샤에 들어간 데와닷따는 붓다 흉내를 내며 지냈다. 아자따삿뚜 태자의 힘을 입은 데와닷따의 교단은 라자그리하 일대에서 상당한 교세를 갖기에 이르렀다.

데와닷따는 정치 권력과 강고하게 유착했다. 그는 아자따삿뚜 태자에게 부왕을 죽이고 왕위에 오를 것을 권했다. 아자따삿뚜 태자가 왕위에 오르면 자신은 자연스레 교법의 왕이 될 터였다.

"태자마마, 너무 오래 기다리시다간 기회를 놓치는 법입니다. 지금 빔비사라왕은 많이 연로했으니 나라를 다스리기에 힘이 부칩니다. 왕자님께서 나서야 합니다."

데와닷따는 붓다의 제자이자 친척으로서 붓다가 금한 여러 계율들을 스스로 무너뜨렸다. 아들로 하여금 그 아버지를 처단하라는 이야기는 붓다의 가르침에 들어 있지도 않았다. 간사한 독사의 혓바닥 같은 말 놀림으로 다른 사람을 기망하라는 이야기도 붓다의 가르침에는 없었다. 마침내 아자따삿뚜 태자는 부왕인 빔비사라왕을 유폐시키고 왕위에 올랐다. 교주에 대한 배신과 부왕에 대한 패륜 행위가 마가다국에서 일어났다.

데와닷따는 아예 붓다를 살해할 계획을 세웠다. 칼 잘 쓰는 자객을 보내어 붓다의 목숨을 빼앗으려 했다. 그러나 붓다의 곁에까지 간 자객은 어찌된 영문인지 몸을 꼼짝도 할 수가 없었다. 붓다가 왜 그렇게 떨고만 있느냐고 물었을 때 자객은 그 자리에 엎드려 붓다께 용서를 빌었다. 붓다를 해치려던 자객은 도리어 붓다의 충실한 제자가 되었다.

한번은 데와닷따의 무리들이 영축산에서 내려오는 붓다를 향해 큰 바위를 굴렸다. 그들은 바위가 붓다의 머리에 떨어지도록 했으나 바위는 굴러 내려오다가 좁은 골짜기에서 멎었다. 파편 몇 조각이 날아와 붓다의 발에 상처를 조금 냈을 뿐이다. 걱정이 된 제자들이 붓다 주위에 모이자 붓다는 담담하게 말했다.

"여래는 폭력에 의해 목숨을 잃는 법이 없다."

부왕을 죽이고 왕위를 찬탈한 아자따삿뚜왕은 마음이 괴로웠다. 특히 오역죄五逆罪를 지은 사람은 무간지옥에 떨어진다는 붓다의 말씀이 자꾸만 걸렸다. 게다가 아버지 빔비사라왕이 붓다를 독실하게 믿었던 사실도 아자따삿뚜에겐 큰 부담이었다. 그는 붓다가 불편했다. 라자그리하를 떠났으면 좋으련만 떠나지 않으니 걱정은 날로 커져갔다. 아자따삿뚜왕은 데와닷따만 만나면 물었다.

"존자 데와닷따여, 당신은 오역죄를 지으면 지옥에 떨어진다고 했는데 나는 직접 아버지를 죽였습니다. 나도 지옥에 떨어지겠나이까?"

"대왕은 두려워하지 마시오. 무슨 재앙이 있으며, 무슨 허물이 있습니까? 누가 재앙을 만들었기에 그 갚음을 받습니까. 대왕께서는 악한 반역을 하지 않았으니 걱정할 일이 아닙니다."

데와닷따의 말은 왕의 마음을 편안하게 해주지 못했다. 때마침, 데와닷따는 붓다를 살해할 새로운 계획을 꾸미는 중이었다. 아자따삿뚜왕에게는 날라기리(Nālāgiri) 혹은 다나빨라(Dhanapāla)라고도 불리는 아주 사납고 큰 코끼리가 있었다. 데와닷따의 계획은 이 날라기리에게 술을 먹여 걸식하는 붓다를 습격하도록 하는 것이었다. 왕은 데와닷따의 계교에 찬성했다. 그것은 손 안 대고 코푸는 격이었다. 마음에 부담만 주는 귀찮은 존재가 없어진다 생각하니 왕은 기분이 슬며시 좋아졌다. 왕과 데와닷따는 머리를 맞대고 맞장구를 쳤다.

"사문 고따마가 참으로 모든 걸 다 안다면 내일은 라자그리하로 걸식을 나오지 않을 것이다. 만약 그가 와서 코끼리에게 밟혀 죽는다 해도 그것은 우리의 잘못이 아니다. 사람들은 일체지一切智라고 믿었던 고따마에게 속았다고 할 것이다."

다음 날 아침, 붓다는 여느 때와 다름없이 가사를 입고 발우를 들고, 라자그리하 성내로 들어와 걸식을 했다. 그때 데와닷따는 사나운 코끼리에게 술을 먹여 붓다가 오는 길목에 풀어 놓았다. 사람들은 조바심을 내며 이를 구경했다. 코끼리가 붓다를 향해 돌진했다.

"세존이시여, 빨리 몸을 피하셔야 합니다!"

뒤따라오던 비구들이 소리쳤다. 붓다는 태연하게 앞으로 나아갔다. 사납게 돌진해 오던 코끼리는 눈에 보이는 모든 것을 파괴하려는 기세였다. 그때 군중 속에 있던 한 여인이 안고 있던 아이를 떨어뜨렸다. 아이는 자지러지게 울었다. 코끼리가 갑자기 아이를 향해 돌진하기 시작했다. 사람들은 모두 비명을 질렀다. 그러나 누구 하나 나설 수 없었다. 이때 붓다는 날라기리가 들을 수 있도록 신통력을 써서 말했다.

"날라기리야, 사람들이 네게 술을 먹인 것은 나를 죽이기 위해서이다. 저 울고 있는 아이에게 가지 말고 내게 오너라."

아이를 향해 날뛰며 달려가던 성난 코끼리 날라기리가 붓다의 음성을 듣고 갑자기 온순해졌다. 코끼리는 붓다에게 다가와 그 앞에 유순하게 엎드렸다. 붓다가 술 취한 코끼리를 조복시키는 사건을 취상조복醉象調伏이라고 표현한다. 코끼리가 유순해지자 붓다는 오른손으로 코끼리의 이마를 만져주며 말했다.

"날라기리야, 사람을 해쳐서는 안 된다. 모든 살아 있는 것에 대해 자비심을 가지도록 해라."

술 먹인 코끼리를 풀어놓고 높은 다락에 올라 이 광경을 지켜보고 있던 아자따삿뚜왕과 데와닷따는 기절초풍을 했다. 아자따삿뚜왕은 갑자기 두려움을 느꼈다. 코끼리는 마치 제자가 스승을 따라가는 것처럼 붓다를 따라가고 있었다. 왕은 술 취한 코끼리가 성 밖으로 나가서는 안 된다고 생각했다. 붓다가 성문을 나가자 곧 성문을 닫도록 했다. 코끼리는 성문에 막혀 붓다를 따라갈 수 없게 되자 스스로 앞발을 들어 자기 코를 밟아 질식해 죽고 말았다.

데와닷따의 회유에 속아 가야시르샤로 떠났던 와이샬리 출신의 갓 출가한 5백 비구들은 어떻게 되었을까. 이들 모두를 데려오라는 붓다의 특별 지시를 받은 사리뿟따와 목갈라나는 가야시르샤로 함께 떠났다. 수많은 대중에게 둘러싸여 데와닷따가 설법을 하고 있는 곳에 두 상수 제자가 찾아가자 데와닷따는 기분이 우쭐해졌다.

"존자들은 잘 오셨소. 그대들은 붓다 제자 중의 쌍두마차가 아니오. 전에는 나의 법을 인정하지 않더니 이제야 승복하시는 모양이구려. 늦었지만 지금도 괜찮소이다. 내가 다 받아주리다. 자, 존자들이여, 나는 지금 등이 아파서 그렇지 않아도 좀 쉬어야 할 판이었소. 그대들이 나를 대신해서 대중에게 설법을 좀 해주시오."

그는 붓다를 흉내 내어 가사를 네 겹으로 접어서 깔고 붓다처럼 오른쪽 옆구리를 땅에 대고 눕는다는 것이 그만 왼쪽 옆구리를 땅에 대고 누웠다. 그는 마치 들여우처럼 등을 구부리고 코를 골며 잠들었다. 이때 사리뿟따와 목갈라나는 5백 명의 비구들에게 여러 가지로 설법하여 그들 전부를 데리고 돌아왔다. 지혜제일 사리뿟따와 신통제일 목갈라나에게 설법을 맡긴 데와닷따의 자만심이 불러온 결과였다. 그는 자만심 때문에 그의 교단이 무너질 위기에 처한 것도 몰랐다. 5백 명의 비구가 떠난 뒤에 깨어난 데와닷따는 제정신이 아니었다.

코끼리 사건이 있은 뒤로 아자따삿뚜왕은 크게 뉘우쳐 붓다 앞에 나아가 참회했다. 아자따삿뚜왕은 매일같이 붓다를 찾아뵙거나 공양에 초대했으며, 매일같이 붓다와 붓다의 제자들로부터 설법을 듣고 있었다. 데와닷따의 왕궁 출입은 금해졌다. 어느 날, 궁으로 아자따삿뚜왕을 찾아 갔다가 궁중에 들어가지도 못하고 돌아오던 데와닷따는 길에서 연화색蓮華色 비구니를 만났다. 연화색 비구니는 데와닷따에게 부처님을 해치는 것은 옳은 일이 아니라고 꾸중했다. 이 말을 들은 데와닷따는 격분한 마음을 참지 못하고 연화색 비구니를 주먹으로 때려 죽였다.

연화색 비구니를 때려 죽인 데와닷따는 치미는 분노와 시기심을 억누를 길이 없어 스스로 열 손가락에 독을 바르고 붓다를 찾아 갔다. 데와닷따는 붓다에게 다가가 붓다의 발등을 손톱으로 긁었다. 그러나 붓다의 발등은 마치 바위와 같이 굳었다. 도리어 그의 손톱이 찢기어 자신의 살을 찔렀으므로 그는 그 자리에서 죽고 말았다. 어떤 경전에는 데와닷따가 땅 속으로 빨려들어 산 채로 지옥에 떨어졌다고 한다.

데와닷따가 승단의 화합을 깨뜨린 것과 부처님 몸에 피를 낸 것과 미친 코끼리를 풀어 놓은 것과 연화색 비구니를 죽인 것과 열 손가락에 독을 바른 것 등 이 다섯 가지 일을 5역逆이라고 한다.

103. 아자따삿뚜왕이 참회하다

마가다국의 빔비사라왕은 늙도록 아들이 없어 항상 근심에 쌓여 있었다. 어느 날 왕을 찾아 온 관상쟁이가 말했다.
"대왕마마, 지금 살아 있는 한 선인이 죽으면 반드시 왕의 태자로 환생할 것입니다."
요사스러운 예언이었다. 믿어야 할지 무시해야 할지 마음만 공연히 심란해졌다. 헌데 예언이란 치명적인 유혹이어서 틈만 나면 화려한 혓바닥을 놀려 귓가에 와 속삭이는 것이었다.
'죽여 완전히 없어지는 게 아니라 환생을 한다는데 나쁜 것

도 아니지 않는가! 그래 한번 해 보자.'

왕은 관상쟁이가 예언한 히말라야 선인을 찾았다. 그의 운명은 3년을 남겨두고 있다고 했다. 선인이 죽기를 기다릴 수 없었다. 왕은 마음이 급해 선인에게 자살을 명령했다. 그러나 선인이 이를 거부하자 왕명 거부 이유로 그를 처형했다. 선인은 운명하면서 복수를 다짐했다.

"세상에 이런 법이 어디 있소? 아들을 얻기 위해 도인을 죽이다니! 모든 일은 과보가 있는 법. 왕은 가장 가슴 아픈 방식으로 되갚음을 받으리다. 원수! 원수! 원수!"

과연 선인이 죽은 지 오래지 않아서 왕비는 아이를 잉태했으며 달이 차서 아들을 낳았다. 왕은 곧 관상쟁이를 불러와 아이의 상을 보고 점을 치도록 했다. 관상쟁이는 아이의 상을 보고서 말했다.

"이 아이는 태어나기 전에 전날의 일로 원한을 품었기 때문에 자란 뒤에는 반드시 아버지를 해칠 것입니다."

기가 막혔다. 어느 장단에 춤을 추어야 할지 막막했다. 기분 나쁜 예언은 차라리 안 듣느니만 못했다. 왕은 예언의 주술력을 견디기 어려웠다.

"아이를 높은 누각에서 떨어뜨려라. 그래도 죽지 않으면 하늘의 뜻으로 알고 키우리라."

신하들이 왕명을 받들어 아이를 높은 누각에서 떨어뜨렸으나 손가락 하나만 부러졌을 뿐 생명은 무사했다. 왕은 하늘의 뜻으로 알고 어쩔 수 없이 키우기로 했다. 선인을 죽이고 그 대가로 태어났으므로 입태된 영은 자연히 원한을 품었다. 왕자의 이름이 아자따삿뚜인 것은 이런 연유가 있었다. '태어나기 전부터 원수, 미생원未生怨'라는 뜻이었다. 왕자를 죽이려 했던 빔비사라왕은 왕자를 양육하는 사이에 정이 들어 깊이 사랑하게 되었다. 예언은 점차 잊혀졌다.

성장한 아자따삿뚜 왕자는 데와닷따 존자를 존경하고 신뢰했다. 데와닷따는 아자따삿뚜 왕자가 자기를 신뢰하고 존경하는 것을 이용하여 부왕을 살해하고 왕위를 찬탈하도록 부추겼다. 데와닷따는 아자따삿뚜의 전생 이야기를 들려줬다.

"왕자님, 지금의 빔비사라왕은 왕자님의 아버지가 아니라 원수입니다. 지혜롭고 현명한 선인을 일부러 살해했으니 그가 원한을 품고 왕비의 몸에 입태하게 되었지요. 그 아이가 바로 왕자님이신 겁니다. 지금 부왕을 치지 않으면 부왕이 먼저 왕자님을 치실 겁니다."

세 치 혀란 간교한 것이다. 결국 관상쟁이의 예언이 이루어진 셈이었다. 왕자가 부왕을 처음부터 살해하려 한 것은 아니었다. 아자따삿뚜 왕자는 왕위를 찬탈하기 위해 아버지를 유폐시켰다. 왕이 된 아자따삿뚜는 빔비사라왕이 있는 곳에 아무도 출입하지 못하게 했고, 일체의 음식을 주지 못하도록 엄명을 내렸다. 불심이 깊은 빔비사라왕은 자신의 딱한 처지를 두고 다음과 같은 게송을 지었다.

>가장 훌륭한 그 말씀
>널리 퍼져 끝이 없나니
>세상은 모두 서로 전하고 익혀
>조금도 싫증을 내지 않았다.

>어느 것도 그것과 짝할 수 없는
>말씀하신 그 좋은 가르침
>몸을 핍박하는 괴로움 중에서
>굶주림의 괴로움보다 더한 것이 있으랴.

어머니인 웨데히(Vedehi, 위제희韋提希) 왕비는 울면서 아들에게 아버지의 구명을 간청했다. 그러나 정권에 눈이 어두워진 아자따삿뚜왕은 듣지 않았다. 아버지를 정말로 굶겨 죽일 작정이었다. 왕비는 생각 끝에 깨끗하게 목욕을 하고 꿀과 밀가루를 섞어 자기 몸에 발랐다. 그리고 빔비사라왕이 갇혀 있는 곳으로 갔다. 빔비사라왕은 왕비의 몸에 바른 꿀과 밀가루로 연명했으며 왕비의 옷에 달린 구슬 속 포도주로 목을 축였다.

왕비는 왕궁 깊숙한 감옥에 갇힌 왕을 면회 간다네.
아무 잘못 없이 아들에게 왕좌를 빼앗긴 남편을 위해
그녀는 간수 몰래 벗은 몸에 꿀과 밀가루를 바르고
굶주린 왕의 배를 채워주려 밤마다 면회를 간다네.

얼마나 배고팠을까, 왕이시여, 제 몸을 핥아 드세요.
간수에게 들키면 이 밤의 만찬도 바람에 날아갈 판
조금씩 소리 나지 않게, 살아 있다는 소문도 없이
목숨만이라도 부지해서 매일같이 저를 만나주세요.

왕비의 마음은 이랬는데, 낮말은 새가 듣고 밤 말은 쥐가 듣는다고 했던가. 부왕이 오래 굶어도 죽지 않자 이를 조사한 새 왕이 그 이유를 알게 되었다. 아무것도 모르는 척 하려던 간수가 어쩔 수 없이 왕에게 보고했다.
"왕이시여, 빔비사라왕은 건강하게 잘 지내십니다. 왕비께서 날마다 몸에 꿀반죽을 바르고 옷에 장식된 구슬에 포도즙을 채워 오십니다. 부왕께서는 이를 드시고 기운을 차리셨으며 부처님의 제자이신 목갈라나 존자와 부루나 존자가 하루도 빠짐없이 찾아와 법문을 설해줍니다. 법문을 들은 부왕께서는 표정과 정신이 더욱 맑아지십니다."
"뭣이라? 이 깊은 지하 감옥 속에 붓다들의 제자가 어떻게 들어온단 말이냐?"

"대왕이시여, 그분들은 성자의 경지에 이르신 분들이라 신통력이 대단하십니다. 도저히 막을 수가 없사옵니다."

"그건 그렇다 치자. 왕비가 부왕에게 먹을 것을 가져다주었다고?"

"예, 대왕이시여, 저희들은 왕비님의 몸을 수색할 수 없사옵니다."

아자따삿뚜왕은 이번에는 친모인 왕비를 협박했다. 그는 이성을 잃고 자기 친모에게 칼을 겨누었다.

"어머니는 역적을 도왔으므로 역적이오. 붓다의 제자들도 다 악당이오. 사람을 홀리는 주문으로 이 나쁜 부왕을 여러 날 죽지 않게 했기 때문이오."

이때 지혜로운 신하 월광月光 대신과 의사 지와까가 왕 앞에 나아가 말했다.

"대왕이시여, 아득한 옛날부터 온갖 나쁜 임금이 있어 왕위에 빨리 오르기 위해 그 부왕을 죽인 자가 무려 1만 8천 명이나 됩니다. 그러나 무도하게 그 어머니를 죽였단 말은 아직 듣지 못했습니다. 대왕께서 만약 부모 모두를 살해하신다면 왕족의 이름을 더럽히게 될 것입니다. 이런 일은 백정이나 망나니 같은 저 천민 찬달라들이나 할 수 있는 일입니다. 저희는 차마 볼 수 없으므로 여기 더 머물러 있을 수 없습니다."

두 신하가 물러나려 하자 아자따삿뚜왕은 깜짝 놀라 만류했다. 왕은 왕실 의사인 지와까를 바라보며 말했다.

"그대는 나를 도와주지 않겠소?"

"대왕마마, 어머니를 살해 해서는 안 됩니다."

천 번 만 번 맞는 말이었다. 왕은 이 말을 듣고 크게 뉘우쳤다. 그는 어머니를 향한 칼을 거두었다. 그러나 왕은 깊은 골방에 자기 어머니를 가두어 다시 나오지 못하도록 했다. 왕비는 골방에 갇히기 전에 마지막으로 왕을 면회했다.

"대왕이시여, 당신은 아자따삿뚜가 어렸을 때 그를 죽이는 것을 허락하지 않으셨습니다. 자라난 뒤에 반드시 아버지를 해칠 것이라는 예언에 대비하지 않으셨지요. 이제 그런 일이 정말 일어나나 봅니다. 오늘이 제가 대왕을 뵙는 마지막 날이라니 우리들 운명은 왜 이리 가혹한지 모르겠습니다. 부디 몸조심하시고 부처님께 기도를 올리세요. 저 또한 기도하겠나이다."

왕비는 부왕에게 이렇게 말하고 난 뒤 그 아들인 아자따삿뚜에게 또 이렇게 이야기했다.

"왕이시여, 우리 손자 기바耆婆가 병을 앓고 있다면서요. 근심이 많으시겠습니다. 부왕께서도 당신이 어려서 아플 때 밤잠을 못 자가며 지극히 간병을 하셨답니다. 그런 아버지를 저렇게 고생시켜서는 안 됩니다."

왕비는 이렇게 이야기하고 골방에 갇혔는데 날마다 붓다를 향해 기도를 했다. 붓다는 허공으로 몸을 날려 왕비에게 다가와 극락세계에 태어나는 방법에 대해 설했다.

빔비사라왕은 끝내 죽음을 면치 못했다. 음식물을 전혀 주지 않는 데도 왕이 여전히 기품을 잃지 않고 있자 아자따삿뚜왕은 그 까닭을 물었다.

"부왕이시여, 아무것도 음식을 먹지 않는데 왜 아직 살아 계시는 건가요?"

빔비사라왕은 열린 창문으로 부처님을 향해 예배하기 때문에 아직 살아 있다고 말했다. 아자따삿뚜왕은 그 말을 듣고 빔비사라왕이 일어서지 못하도록 두 발에 상처를 내고 독극물을 넣으라고 간수에게 명령했다. 그리고 창문을 막아버렸다.

아자따삿뚜왕은 빔비사라왕이 어린 자기를 정성스레 간병했다는 어머니의 말에 가슴이 자꾸만 찔렸다. 그는 양심의 가책에 시달리기 시작했다. 아자따삿뚜왕은 곧 신하들을 빔비사라왕에게 보내 모셔오도록 했다. 빔비사라왕은 가까이 다가오는 사람들의 요란한 발소리를 듣고서는 보다 괴로운 고문을 당할까 두려워 기절했다. 그리고 그 길로 절명하고 말았다. 오래지 않아서 어머니 웨데히 왕비도 죽었다. 빔비사라왕이 죽은 때는 붓다 열반 8년 전이었다.

빔비사라왕의 죽음은 아자따삿뚜왕의 마음을 늘 괴롭혔다. 그래서 그는 기회 있을 때마다 데와닷따로부터 어떤 위안이라도 받고 싶었다.

어느 날, 왕은 데와닷따에게 아버지를 죽인 자기도 지옥에 떨어지는가 물었다. 데와닷따는 아자따삿뚜왕에게 죄가 없으니 근심할 일이 아니라고 했다. 그래도 왕의 마음은 편안치 않았다. 데와닷따와 왕이 주고받은 말은 왕사성 안에 퍼졌다. 걸식을 나온 비구들이 이야기를 듣고 붓다께 돌아가 데와닷따의 말이 옳은가 여쭈었다. 그때 붓다는 다음과 같이 게송을 읊었다.

어리석은 이는 말하기를
재앙의 과보가 없다고 하나,

내가 미래를 관찰하건대
받는 과보가 이미 정해졌네.

"마가다국의 아자따삿뚜왕은 비록 부왕을 죽이기는 했으나 오래지 않아 내게 와서 평등한 믿음을 가질 것이며, 목숨이 끝난 뒤에는 지옥에 떨어질 것이다."

붓다는 아자따삿뚜왕의 미래를 자세하게 설했다. 아자따삿뚜왕은 무수한 생을 거쳐 악업이 다하면 출가하여 벽지불이 된다고 했다. 벽지불은 스승 없이 홀로 수행하여 깨달아 그 깨달음의 세계에 머물러 즐기는 독각獨覺을 말한다. 아자따삿뚜왕이 벽지불이 될 수 있는 이유는 무엇인가. 같은 5역죄에 드는 죄를 범했지만 국왕이나 부모를 해친 죄와 붓다를 해친 죄에 차이가 있다는 메시지였다. 아자따삿뚜는 친부 살해죄에도 불구하고 먼 미래세에 벽지불이 된다고 했다. 이게 붓다의 말씀이었다. 이 이야기는 많은 논란을 불러일으켰다.

붓다의 예언이 있은 다음 날, 아자따삿뚜왕의 미래세에 대한 이야기를 들은 한 비구가 걸식을 위해 왕궁으로 갔다. 비구를 본 아자따삿뚜왕은 성문지기에게 샤까족 비구 가운데 데와닷따 존자 외에는 들이지 말라고 이미 명령하지 않았느냐며 꾸지람을 내렸다. 그러자 문지기는 비구를 문밖으로 내몰았다. 이때 그 비구가 왕을 향해 아자따삿뚜왕은 죽어서 지옥에 떨어질 것이며, 끝내는 벽지불이 될 것이며, 그것은 뿌리가 없는 믿음 때문이라고 말했다. 그리고 붓다에게서 들은 아자따삿뚜왕의 미래를 이야기했다.

왕은 비구가 돌아간 다음 붓다에게 왕자 기바를 보내어 비구의 말을 확인했다. 궁으로 돌아온 기바는 실제로 붓다가 그와 같이 말씀했다고 알리고 왕이 직접 붓다를 찾아가 뵙도록 권했다.

"기바야, 그 사문 고따마는 주술이 있어서 능히 사람을 굴복시키며 외도와 이단자로 하여금 그의 가르침을 받게 한다고 들었다. 때문에 나는 사문 고따마를 만날 자신이 없다. 기바야, 네가 보기에는 사문 고따마가 참으로 일체의 지혜를 가졌더냐? 참으로 일체의 지혜를 가진 것을 안 뒤에 가서 만나도록 하겠다."

아자따삿뚜왕이 붓다가 참으로 일체의 지혜를 가졌는지 의심하고 있을 무렵, 데와닷따가 사나운 코끼리에게 술을 먹여 왕사성에 들어와 걸식하는 부처님을 해칠 계획을 세웠다. 일체지를 가졌다면 아예 성 안으로 오지도 않았을 텐데, 당당하게 들어와서는 미친 코끼리까지 조복시켰으니 붓다의 위신력은 짐작이 불가능했다. 아자따삿뚜왕은 그래서 더욱 두려움을 느꼈던 것이다.

이때는 꼬살라의 빠세나디왕이 아직 살아 있을 때였다. 아자따삿뚜왕의 어머니이며 빔비사라왕의 왕비인 웨데히 부인은 빠세나디왕의 누이동생이었다. 빠세나디왕은 웨데히 부인을 빔비사라왕에게 시집보낼 때 까시 땅을 분양해 주었다. 까시에서 얻어진 세금을 웨데히 부인의 목욕 비용에 쓰도록 하기 위해서였다. 이제 웨데히 부인이 죽었으므로 빠세나디왕은 아자따삿뚜왕에게 까시를 돌려달라고 요구했다. 아자따삿뚜왕은 빠세나디왕의 요구를 거절했다. 그래서 두 나라 사이에 전쟁이 일어났다.

처음의 전투에서 빠세나디왕은 패했으나, 두 번째 싸움에서는 빠세나디왕이 아자따삿뚜왕을 포로로 붙잡아 붓다 앞으로 데리고 갔다. 빠세나디왕은 붓다에게 아자따삿뚜왕을 놓아주겠다는 뜻을 밝혔다. 붓다는 빠세나디왕의 뜻을 칭찬했다. 이때 붓다는 아자따삿뚜왕에게 특별한 이야기를 하지 않았다. 다만, 빠세나디왕에게 '착하오 대왕이여, 그를 놓아 보내면 그는 안락함을 얻고, 또 좋은 일을 할 것이오.'라고 했을 뿐이었다.

석방되어 라자그리하로 돌아온 아자따삿뚜왕은 '안락함을 얻고 좋은 일을 한다.'는 붓다의 이야기가 귀에서 떠나지 않았다. 부왕에 대한 죄책감과 붓다를 해치려 했던 죄책감에 늘 괴로워하고 있던 그에게는 이해가 잘 되지 않는 말씀이었다. 왕은 신하들에게 괴로운 마음을 토로했다. 그때 기바 왕자는 붓다를 찾아가 뵙도록 왕에게 다시 권했다. 일설에는 붓다의 주치의인 지와까의 영향이 컸다고 한다. 왕은 5백 마리의 암코끼리를 대동하고 대신들과 함께 붓다를 찾아갔다. 무엇이든 묻고 싶었다.

"세존이시여, 사람들은 무엇 때문에 죄를 짓습니까?"

붓다가 말했다.

"나와 남에게 집착하기 때문에 죄를 짓습니다."

"집착과 탐애의 뿌리는 무엇입니까?"
"그것은 무지無知입니다."
"무지의 뿌리는 무엇입니까?"
"행동과 생각이 변하는 것입니다."
"그것은 왜 변합니까?"
"본래부터 변하는 것이기 때문입니다."
"왜 본래부터 변합니까?"
"꼭두각시나 허깨비와 같이 아무것도 없는 것이기 때문에 변합니다."
"누가 변화를 시킵니까?"
"변화를 짓는 주체가 없이 변화합니다."
"그러면 어떻게 헤아립니까?"
"헤아릴 수가 없습니다."
"그렇다면 의심은 어디서 일어납니까?"
"근거가 없기 때문입니다."
"그것은 무슨 뜻입니까?"
"근거가 없기 때문에, 가령 말을 들으면 의심하게 됩니다."
"도란 무엇이며, 믿음이란 어떤 것입니까?"
"음욕과 어리석음과 분노 등을 벗어나면 그것을 도라 하며, 마음이 변하지 않는 것을 믿음이라고 합니다."

아자따삿뚜왕은 새삼스럽게 무릎을 꿇고 붓다께 고했다.

"세존이시여, 훌륭하십니다. 하신 말씀과 같습니다. 사람들이 이 말씀을 믿지 않는 것은 자기 탓입니다. 저는 악한 사람의 말을 듣고 아버지를 죽였습니다. 그것은 나라를 탐하고 재물과 영화를 탐했기 때문입니다. 저는 탐욕 때문에 지은 죄로 인하여 의심을 풀 수가 없었습니다. 이 의심 때문에 무엇을 해도 편안하지 않고 음식도 소화가 되지 않았습니다. 마음은 항상 두려워 마치 지옥 속에 있는 것과 다름이 없었습니다. 세존이시여, 지금도 저는 두려워하고 있습니다. 세존만이 오직 저를 보호할 수 있습니다. 부디 제 마음을 편하게 해 주십시오. 무거운 죄를 가볍게 해 주십시오."

왕은 매일같이 붓다와 그 제자들에게 공양하고 설법을 들었다. 아자따삿뚜왕의 신앙생활에 대한 일화는 많다. 그는 죽림정사에 1만의 등불을 켜 꺼지지 않게 했고, 매일같이 훌륭한 꽃을 붓다께 바쳤다. 그런 어느 날의 일이다. 아자따삿뚜왕은 죽림정사에 1만 개의 등불을 켜고 불이 꺼지지 않도록 병사들로 하여금 지키도록 했다. 병사들은 기름을 갈아넣으며 지켰으나 아자따삿뚜왕의 등은 모두 꺼지고 말았다. 이때 오직 하나의 등불만이 꺼지지 않고 켜져 있었다. 그 등은 가난한 노파가 켠 등이었다. 이 노파는 밥을 굶으며 이 집 저 집에서 얻은 돈 2전으로 기름 다섯 홉을 사서 등을 켰다. 이 일은 부자의 재물로 인한 성의가 가난한 이의 지극한 정성에 미치지 못함을 아자따삿뚜왕으로 하여금 깨닫도록 했다. 이 가난한 여인의 등불 이야기는 꼬살라의 빠세나디왕 이야기에도 똑같이 나온다.

또 왕의 화원에서 일하는 일꾼은 어느 날 왕에게 드릴 꽃을 가지고 가다가 붓다를 만나게 되자 드릴 것이 없어 그 꽃을 바쳤다. 화원의 일꾼은 왕명을 어기게 되어 아내와 함께 크게 걱정을 하고 있었다. 이때 제석천이 하늘 꽃을 한 바구니 채워주었다. 그것을 가지고 왕에게 간 화원의 일꾼은 사실대로 이야기를 하고 죽을죄를 지었으니 벌을 달게 받겠다고 말했다. 아자따삿뚜왕은 자기의 믿음이 목숨을 바치는 이 일꾼만 못함을 느끼고 크게 깨달았다.

104. 나라가 망하지 않는 일곱 가지 준칙

이 같이 믿음이 날로 커져가는 아자따삿뚜왕에게 전쟁을 피할 수 없는 중대한 일이 생겼다. 마가다국의 부근에 와르지국이 있었다. 그들은 마가다국에 예속되어 있었으나 힘을 합하여 반기를 들었다. 왕은 대신들을 불러놓고 말했다.

"와르지국은 나라가 부강하고 백성이 많으며 땅이 기름지다. 해마다 풍년이 들고 진기한 것이 많이 나는 것만을 믿고 나에게 굴복하지 않으니 공격해서 정복하고야 말겠다."

왕은 바라문 출신인 어진 신하 왓사까라(Vassakāra, 우사雨舍)에게 자기 대신 붓다를 찾아뵙고 가르침을 받아오도록 분부했다. 왓사까라는 5백 대의 수레에 기마 2천 마리와 부하 2천 명을 데리고 영축산으로 향했다. 그는 붓다 앞에 공손히 꿇어앉아 여쭈었다.

"마가다의 왕 아자따삿뚜는 세존께 머리 숙여 거처가 편안하고 기력이 좋으신지 안부를 여쭈셨습니다."

붓다가 대답했다.

"고맙소. 왕과 백성들과 당신도 평안하십니까?"

왓사까라는 찾아온 뜻을 말했다.

"대왕께서는 와르지국과 뜻이 맞지 않아 여러 신하들과 의논한 끝에 그 나라를 정복하기로 했습니다. 그래서 세존의 가르침을 듣고자 저를 보낸 것입니다."

붓다는 왓사까라에게 말했다.

"내가 일찍이 와르지국에 머무르면서 본 일인데 그 나라 사람들은 모두 부지런하고 법도를 잘 지킵니다. 나는 그들을 위해 나라를 다스리는 데 필요한 일곱 가지 법을 말한 적이 있소. 만일 지금도 그것을 실행하고 있다면 그 나라는 날로 더욱 흥할지언정 쇠약해지지는 않을 것입니다."

왓사까라는 합장을 하고 간절한 마음으로 여쭈었다.

"세존이시여, 그 일곱 가지 법을 제게 들려주십시오. 어떻게 실행하는 것입니까?"

붓다는 아난다를 불러 대화를 시작했다. 이것은 국가 운영에 관한 유명한 칠불쇠법七不衰法, 즉 나라가 망하지 않는 일곱 가지 준칙이었다.

"아난다여, 너는 와르지 사람들이 자주 모임을 가지고 바른 일을 서로 의논하여 몸소 지킨다는 말을 들은 일이 있느냐?"

"그렇다고 들었습니다."

"그렇다면 어른과 젊은이들은 서로 화목하여 갈수록 흥할 것이다. 그 나라는 언제나 안온하여 누구의 침략도 받지 않을 것이다. 너는 또 와르지의 왕과 신하가 화목하고 윗사람과 아랫사람이 서로 공경한다고 들은 일이 있느냐?"

"그렇다고 들었습니다."

"그렇다면 그 나라는 언제나 안온하여 갈수록 흥성하고 누구의 침략도 받지 않을 것이다. 너는 와르지 사람들이 법을 만들어 삼가야 할 것을 알고 예의를 어기지 않는다고 들은 일이 있느냐?"

"그렇다고 들었습니다."

"그렇다면 그 나라는 누구의 침략도 받지 않을 것이다. 또 와르지 사람들은 부모에게 효도하고 어른을 공경하여 순종한다고 들은 일이 있느냐?"

"그렇다고 들었습니다."

"그렇다면 그 나라는 누구의 침략도 받지 않을 것이다. 그들이 조상을 공경하여 제사를 지낸다고 들은 일이 있느냐?"

"그렇다고 들었습니다."

"그렇다면 그 나라는 누구의 침략도 받지 않을 것이다. 너는 또 그 나라의 부녀자들이 정숙하고 진실하며 웃고 농담할 때라도 그 말이 음란하지 않다고 들은 일이 있느냐?"

"그렇다고 들었습니다."

"그렇다면 그 나라는 누구의 침략도 받지 않을 것이다. 너는 그 나라 사람들이 수행자를 공경하고 계행이 청정한 이를 존경하고 보호하며 공양하기를 소홀히 하지 않는다고 들은 일이 있느냐?"

"그렇다고 들었습니다."

"그렇다면 어른과 젊은이들은 서로 화목하여 갈수록 더 흥성할 것이다. 그래서 그 나라는 언제나 안온하여 누구의 침략도 받지 않을 것이다. 나라를 다스리는 이가 이 일곱 가지 법을 실행하면 어떤 적이라도 그 나라를 위태롭게 할 수 없을 것이다."

이 말을 듣고 있던 왓사까라는 붓다에게 고했다.

"와르지국 사람들이 이 일곱 가지 중에서 하나만을 지닐지라도 치지 못할 것인데, 하물며 일곱 가지를 다 지킨다면 더 말할 것도 없습니다. 세존이시여, 뜻을 잘 알겠습니다."

그는 일어나 붓다께 예배하고 자리를 떠났다. 이 일은 고스란히 아자따삿뚜왕에게 보고되었다. 왕은 전쟁을 일으키지 않기로 했다. 위대한 사상과 위대한 스승이 있어서 가능한 일이었다. 그러나 평화가 영원히 이어지는 것은 아니었다. 왓사까라는 무력 침략 전쟁 대신 상호불신과 기만을 통해 와르지국 스스로 국력이 약해지는 방책을 택했다. 와르지국은 불멸 3년 후에 마가다 군대에 의해 정복되었다.

아자따삿뚜왕은 붓다의 열렬한 후원자요 불교 전파의 중요한 공로자였다. 그는 붓다 입멸 시 기절하여 쓰러졌다가 마하깟사빠의 방편으로 소생하였으며, 붓다의 사리 가운데 8분의 1을 얻어 탑을 세운 장본인이었다. 붓다에게 귀의한 뒤로는 당시 인도의 어떤 제왕보다도 불교 사업을 가장 많이 했다. 하지만 아자따삿뚜왕은 친부 살해의 주인공이었다. 그도 똑같은 업보를 받았다. 아들 우다이밧다에 의해서 시해당하고 말았다.

105. 샤까족이 멸망하다

아기 붓다가 태어났을 당시 샤까족 백성들이 부르던 노래가 있었다. 그들은 전륜성왕을 기대했다. 강대국들 틈에 끼어 늘 불안했던 샤까족은 세계를 제패할 위대한 왕을 꿈꾸고 있었다. 그 기대를 한 몸에 받고 태어난 왕자가 바로 싯다르타였다.

> 새 왕자님이 태어나셨으니
> 우리는 이제 근심이 없네.
> 샤까족은 왕위를 계승하고
> 이 나라는 강성대국이 되리.

그러나 싯다르타는 군사력에 의한 힘의 왕 대신 사상과 철학을 통한 성인의 길을 가고자 했다. 싯다르타는 실제로 성자의 상징인 붓다가 되었으며 수많은 사람들의 존경을 받기에 이르렀다.

붓다의 나라 까삘라 왕국과 혈족인 샤까족은 영광과 번영을 누릴 수만은 없었다. 까삘라는 힘이 약한 나라가 당할 수밖에 없는 냉혹한 국제 정치의 현실 속에서 근본적으로 벗어나기 어려웠다. 게다가 종족의 자존심과 선민의식이 너무 강해서 부작용을 초래하기도 했다. 이 두 가지 조건이 샤까족을 불행에 빠트렸다. 붓다는 샤까족이었으며 위기에 빠진 샤까족의 유일한 희망이었다.

붓다가 사왓티의 기원정사에 머물 때였다. 빠세나디왕은 말리까 부인과 함께 기원정사를 찾아갔다. 빠세나디왕은 평소와 같이 기원정사의 문 앞에서 수레를 내렸다. 칼은 풀어서 호위군사에게 맡기고 안으로 들어가 붓다의 설법을 듣고 있었다. 그때 위두다바 태자가 기원정사 밖에서 기다리고 있는 왕의 호위병과 신하들을 모두 죽이고 왕위를 찬탈했다. 왕과 왕비가 밖에 나왔을 때는 참혹한 주검이 널려 있을 뿐이었다. 이것은 빠세나디왕이 태자의 출생 비밀을 알고 그 지위를 박탈함으로써 벌어진 일이었다. 샤까족 노예를 아내로 맞아들여 낳은 아들이 태자의 지위까지 오르자 왕은 격심한 분노로 인해 태자를 내치려 했다. 위두다바가 살 수 있는 유일한 길은 분노에는 분노로 대항하는 것뿐이었다. 그는 붓다의 기원정사 입구에서 쿠데타를 일으켰다. 아들에 의해서 아버지가 쫓겨나고, 태자에 의해 왕이 축출되는 대정변이었다.

빠세나디왕과 말리까 부인은 까삘라성을 향해 망명의 길을 떠났다. 7일 낮과 밤을 걸어 까삘라성 밖 마을에 겨우 도착했다. 이미 날이 어두워 성문은 닫혀 있었다. 지칠 대로 지친 왕과 왕비는 물가에 가서 나물 씻는 사람으로부터 무를 얻어 굶주린 배를 겨우 채웠다. 그러나 왕은 갑자기 복통이 나서 죽고 말았다. 아무도 믿을 수 없는 허무한 죽음이었다. 빠세나디는 일세를 호령하던 왕이었다. 아들에게 배신을 당해 비참하고 초라하게 생을 마감했다.

빠세나디왕의 죽음을 통고 받은 샤까족은 왕의 죽음을 애통해 하며 장사를 치러주었다. 부왕의 죽음을 전해들은 위두다바왕은 속으로 쾌재를 불렀다. 비록 쿠데타를 일으켰지만 존속살해의 죄를 지은 것은 아니지 않는가. 부왕이 피난길에 스스로 죽었으니 죄의식도 별로 없었다. 그리고는 이때야말로 옛날 샤까족으로부터 받은 모욕을 보복할 때라고 생각했다. 위두다바는 대군을 몰아 까삘라와스뚜를 향해 진격했다. 까삘라는 이제 바람 앞의 등불 신세였다.

붓다만이 희망이었다. 붓다만이 전쟁을 막을 수 있었다. 붓다는 아무 말 없이 걸어 나갔다. 위두다바왕의 군대가 지나는 길가, 마른 나무 밑에 앉아서 위두다바의 군대가 오기를 기다리고 있었다. 위두다바왕은 붓다의 모습을 보고 수레에서 내려 절을 올렸다. 붓다의 나이도 어언 팔십을 바라보고 있었다.

"세존이시여, 잎이 무성한 나무를 버려두고 어찌하여 가시가 많은 마른 나무 아래, 뙤약볕 속에 앉아 계십니까?"

"잎이 무성한 나무는 지금은 비록 그늘이 있지만, 그 무성한 잎인들 얼마나 오래 가겠소. 내가 가시나무 아래 앉아 있어도 편안한 것은 나의 샤꺄족을 불쌍히 여기기 때문이오."

위두다바왕은 생각했다.

'옛부터 전하는 말에 한창 전쟁을 하다가도 사문을 만나면 군사를 거두어 돌아가라 했는데, 지금 여래를 만났으니 어찌 나아갈 수 있겠는가. 여래는 지금 자기 종족을 보호하시려는 거구나!'

위두다바왕은 군대를 되돌려 돌아갔다. 그러나 며칠 뒤에 다시 대군을 몰아 까뻴라와스뚜로 진격했다. 붓다는 이때도 마른 나무 아래 앉아 있었다. 위두다바왕은 다시 군대를 거두어 돌아갔다. 세 번째도 그랬다. 마른 나무 아래에서 세 번째로 돌아온 붓다의 얼굴과 몸에서는 광채가 사라지고 옷 빛깔이 변했다. 이를 본 아난다가 걱정스레 말했다.

"세존이시여, 스승님을 모신 지 여러 해가 되지만, 지금과 같은 변화는 보지 못했습니다."

"아난다야, 슬프구나! 지금부터 7일 뒤에 샤꺄족이 멸망할 것이다."

이때 목갈라나와 아난다가 나섰다.

"세존이시여, 샤꺄족을 구원하소서."

"세존이시여, 종족의 멸망을 막을 분은 세존밖에 계시지 않습니다."

붓다가 말했다.

"애통하구나! 나는 전쟁을 세 번이나 막았다. 그래도 되지 않는다면 이는 속세의 죄업 때문이니라. 내가 왜 잎이 무성한 가지를 놓아두고 마른 나뭇가지에 앉아 있었겠느냐? 시드는 가지는 비록 풍요롭지 못해도 친족의 그늘이니라. 나는 샤까족과 함께 했노라. 또한 내가 가시 많은 나무 아래 앉아 뙤약볕은 쬐고 있었던 것은 샤까족의 수난을 함께 하고자 함이었느니라. 이제 모든 게 인연 따라 갈 것이니라."

위두다바왕이 네 번째 군사를 일으켰을 때 붓다는 나가지 않았다. 위두다바왕은 까삘라와스뚜를 마음껏 공격했다. 샤까족은 본래가 긍지가 높고 교만한 만큼 전쟁에도 용감했다. 위두다바왕이 어려서 궁술을 배울 정도로 샤까족은 활을 잘 쏘았다. 샤까족의 화살 앞에 꼬살라의 군대는 일시 후퇴했다. 그러나 다음 날, 위두다바왕은 까삘라성을 포위하고 전면 공격을 감행했다. 까삘라 왕국으로서는 버티면 버틸수록 희생만 커질 뿐이었다. 위두다바는 성문을 열고 항복할 것을 요구했다.

"투항하면 백성들은 살려주겠다."

"투항하면 왕성을 불태우지 않겠다."

샤까족은 갑론을박 끝에 성문을 열고 투항했다. 그러나 위두다바왕은 약속을 지키지 않았다. 잔인한 광기와 무서운 복수심에 불타오른 왕은 종족 몰살을 명령했다. 병사들은 샤까족을 살육하기 시작했다. 죽이는 방법도 참혹하기 짝이 없었다. 진압군 병사들은 샤까족들을 창으로 찌르고 칼로 난자하며 목숨을 유린했다. 성 안은 금세 유혈이 낭자한 인간 도살장이 되었다. 땅에 하반신만 파묻힌 채 쇠맷돌에 상반신이 갈려 죽은 사람도 부지기수였다. 성인의 단계에 오른 사람도 7만 7천이나 죽었다. 지옥이 따로 없었다. 샤까족의 왕 마하나마는 위두다바왕 앞에 나아가 말했다.

"나는 까뻴라의 왕 마하나마요. 내가 저 못의 물속에 들어가 잠겼다 나오는 동안만이라도 샤까족을 놓아주시오."

위두다바왕은 그가 물속에 얼마나 오래 잠겨 있겠는가 싶어 승낙했다. 왕이 물속에 들어가 잠기자 살아남은 샤까족들은 풀려나 뿔뿔이 달아났다. 곧 나오리라고 믿었던 위두다바왕은 마하나마왕이 물속에서 나오지 않자 병사를 시켜 물속을 살펴보도록 했다. 마하나마왕은 머리를 풀어 나무뿌리에 묶고 나무를 꼭 껴안은 채 죽어 있었다. 보고를 받은 위두다바왕은 코끝이 찡해졌다.

"까뻴라의 왕은 백성을 위해 저와 같은 죽음을 택하는데, 나는 작은 분을 참지 못하고 수많은 인명을 살육했구나. 다 부질없는 일이다. 전쟁은 여기서 끝낸다."

위두다바왕은 마하나마왕의 시체를 거두어 장사를 지내고

까삘라국의 왕을 새로 세운 다음 사왓티로 돌아갔다. 돌아가는 도중 니그로다 정원에서 샤까족 여인들을 발견하고 잡아서 희롱했다. 여인들이 반항하자 왕은 다시 격분했다. 주변 일대의 여인들을 다 찾아내서 전부 죽여 버렸다. 미친 광증의 피바람이 그렇게 불어갔다.

붓다는 위두다바의 군대가 물러간 후 샤까족 여인들이 몰살당한 니그로다동산을 방문했다. 붓다는 영가를 위로하는 법문을 한 후 제자들에게 인과법에 대해 말했다. 그 말씀을 노래로 바꾸면 이런 형태가 되었다.

> 이곳은 법을 설하던 아름다운 동산
> 꽃 피고 새 날고 평화가 숨쉬던 곳
> 이제는 쓸쓸한 폐허가 되고 말았네.
>
> 아리따운 여인들 왜 피흘려야 하나.
> 옛날 사무친 원한이 피를 불렀나니
> 나는 이곳에 다시 돌아오지 않으리.
>
> 증오는 증오를 낳고 복수는 복수를
> 전쟁을 전쟁을 낳고 미움은 미움을
> 반복하고 거듭해서 낳을 뿐이라네.

어둠에 묻힌 사람들은 알지 못하네.
나고 늙고 병들고 죽는 윤회의 길
이 길을 끊는 이만이 자유인이라네.

이제 폐허 되어 쓸쓸히 버려진 땅
나고 늙고 병들고 죽는 윤회의 땅
나는 이곳에 다시 돌아오지 않으리.

젊은 날에 느낀 잠깐의 모욕감 때문에 한 종족을 멸망시킨 복수는 정당한 것인가. 붓다는 제자들에게 인과법에 대해 말하면서 위두다바가 일주일 안에 과보를 받을 것이라고 했다. 과연 위두다바는 일주일 만에 죽고 말았다. 그는 회군하는 길에 강변에서 야영하다가 홍수에 휩쓸려 병사들과 함께 물고기 밥이 되었다.

샤까족의 죽음과 침략군의 죽음을 바라보는 두 가지 시선이 있다. 붓다는 속세의 죄업에 대해서도 말했고 전생의 악업에 대해서도 말했다. 먼저 속세의 죄업론이다. 샤까족은 종족 우월주의에 사로잡혀 자만심이 강했다. 꼬살라왕의 왕비 요청에 노예를 샤까족 공주로 속여 결혼시킨 게 화근이 되었다. 그것이 결국 종족 멸망의 원인이 되었다. 노예의 아들인 위두다바왕은 후일 이 사실을 알고 용서하는 마음보다 복수하려는 마음이 더 컸다. 힘이 약한 나라를 침략하여 무고한 목숨들을 유린했다. 증오는 증오를 낳고 전쟁은 전쟁을 낳을 뿐이라는 붓다의 가르침을 따르지 않았다.

다음은 전생의 악업론이다. 침략군은 수많은 인명을 살상하고 사왓티로 회군하는 길이었다. 그들은 아찌라와띠 강가에서 야영했다. 위두다바를 비롯해 샤까족을 직접 살해한 병사들은 강둑에 천막을 쳤다. 그들은 전생부터 많은 악업을 지었다. 전생과 금생에 악업을 짓지 않은 병사들은 강변에 천막을 쳤다. 밤이 되자 개미떼들이 엄청나게 나타나서 강둑의 병사들을 괴롭혔다. 강둑의 병사들은 강변으로 자리를 옮기고 대신 강변의 병사들이 강둑으로 천막을 옮기게 되었다. 병사들은 모두 깊은 잠에 들었다. 간밤에 강의 상류 쪽에 폭우가 쏟아져 갑자기 강물이 불어났다. 강변에 천막을 쳤던 왕이며 병사들은 손 쓸 틈도 없이 물귀신이 되었다. 그 소식을 듣고 붓다가 말했다.

"전생에 샤까족들은 강물에 독약을 풀어서 많은 물고기들을 죽게 한 일이 있었느니라. 그들이 저지른 그 불선업 때문에 오늘의 이런 불행을 겪게 되었느니라. 수행자들이여, 또한 보아라. 홍수는 얼마나 무서운 것인가. 전생과 금생에 악업을 짓지 않은 병사들은 개미들이 나타나 그 목숨을 구해주지만,

위두다바왕을 비롯해 악업을 지은 병사들은 홍수에 휩쓸려 저세상으로 가지 않았느냐. 죽음과 쾌락의 관계도 과보와 마찬가지니라. 거센 홍수가 잠자는 마을을 휩쓸어가듯 죽음이라는 홍수도 감각적인 쾌락에 도취해 있는 중생들을 휩쓸어가느니라. 주의하고 유념하라. 인생은 생각보다 훨씬 깊다."

이 사건과 관련한 붓다의 게송이 『담마빠다(Dhammapada)』에 이렇게 전한다.

> 오로지 꽃을 따는 데
> 집착하고 있는 사람을
> 죽음은 휩쓸어간다.
> 잠든 마을을 홍수가 휩쓸어가듯

이 게송은 보편적 교훈을 감추어서 노래한다. 느끼고 이해하는 사람마다 다 다를 터이다. 아상我相이 강하면 결국 다른 사람과 충돌한다. 위두다바왕과 샤꺄족 사이의 악연이 이런 경우이다. 자만과 오만, 증오와 복수는 자기를 죽이고 우리를 해코지한다. 또 다른 메시지도 있다. 이는 현재의 삶을 탕진하지 말라는 교훈이다. 게송 형태의 시로 바꾸면 이렇게 된다.

> 아름다운 꽃이라 해서

다 좋은 건 아니다.

그 향기와 색깔에 취해
뒷날의 열매를 생각하지 않으면

시간을 탕진하거나
엉뚱한 주소에서 헤매게 된다.

오늘 내가 짓는 업에
신중하지 않으면

뒷날 찾아오는 과보는
순식간에 나를 덮친다.

내가 잠든 사이에
홍수가 밀어닥치듯.

너도
나도

속수무책으로

휩쓸려가듯.

속수무책으로 휩쓸려가는 게 인생이다. 인생은 내가 주체적으로 '살아가는' 게 아니라, 어쩔 수 없이 '살아지는' 것이다. 어둠의 강물 속을 떠내려가는 삶은 위험하다. 그래서 붓다의 유훈은 폭류 속의 피난처처럼 안전하고, 어둠을 밝히는 등불처럼 항상 빛난다. 그 유훈은 무엇인가.

"모든 현상은 소멸한다. 게으르지 말고 정진하라."

제16장

육신 생명이 간 뒤
정신 생명이 이어져 오다

106. 열반 뒤에 이런 일들이 일어나다

붓다가 대열반에 든 밤이 지나갔다. 아누룻다는 이른 새벽에 아난다를 성으로 보내어 사람들에게 붓다의 입멸 소식을 전했다. 꾸쉬나가라의 말라족들은 슬픔을 이기지 못해 탄식하며 울부짖었다. 아난다는 그들을 타일러 아누룻다와 함께 장례 준비를 했다. 다음 날 아침에 다비식을 진행하려 했으나 그럴 수 없었다. 밀려오는 조문객들의 행렬이 끝이 없었다. 일주일이 그냥 지나갔다.

붓다 열반 7일차, 말라족 사람들은 본격적으로 장례를 준비했다. 전륜성왕의 장례에 준해 시행하기로 했다. 그들은 준비한 천으로 붓다의 법구를 정성껏 감쌌다. 그런 다음 잘 탄 솜으로 법구를 한 번 더 싼다. 그 솜 위에 천을 감고 금으로 된 관에 넣어 기름을 붓는다. 그 다음에 다시 두 번째 금관에 넣어 향나무 장작더미 위에 올려놓고 화장을 한다. 대체로 이런 순서였다.

다음 날 꾸쉬나가라 사람들은 말라족의 사당인 마꾸따반다나(천관사)로 붓다의 법구를 운구했다. 준비된 장작더미 위에 법구가 안치된 금관을 올리고 불을 당기려는 순간이었다. 이상하게 여러 번 시도해도 불이 붙지 않았다. 장로 아누룻다가 소리쳤다.

"마하깟사빠 존자께서 지금 이리로 오고 계시는 중입니다. 그분은 세존의 가장 큰 제자이십니다. 그분이 오시지 않아서 장작더미에 불이 붙지 않는 것입니다. 불 넣는 일을 잠시만 미루어 주십시오."

천안통을 가진 아누룻다의 이야기는 청중을 충분히 설득했다. 아난다 역시 마하깟사빠가 간절하게 그립기는 마찬가지였다. 목갈라나와 사리뿟따가 먼저 입멸한 뒤로 붓다의 제자 중에서는 그래도 마하깟사빠가 중심을 잘 잡아줄 인물이었다. 자기처럼 아라한의 경지에 이르지 못해서도 안 되고, 아누룻다처럼 앞을 보지 못해서도 곤란한 일이었다. 붓다의 장례는 그만큼 소중했다. 일주일을 잠 한 숨 자지 못한 채 장례를 치르게 되자 아난다는 정신이 혼몽했다. 그는 졸다가 깨다가 하는 중에 마하깟사빠를 설핏 보았다.

'존자시여, 세존께서 입멸하셨나이다. 대체 어디 계신 것이

옵니까?'

그러나 아누룻다가 천안통으로 보는 것과는 달리 그것은 아난다의 간절한 바람이 만든 환상에 불과했다. 그 무렵 마하깟사빠는 5백 명의 비구들을 데리고 빠와 마을을 지나 꾸쉬나가라를 향해 부지런히 걸어오는 중이었다. 그는 오는 도중에 나체 고행자인 아지와까를 만났다. 아지와까는 만다라 꽃목걸이를 하고 빠와 마을로 가는 중이었다.

"존자시여, 그대는 혹시 마하깟사빠가 아니신가요?"

"그렇소만. 저를 어떻게 아시는지요?"

"얼굴과 옷차림새만 보아도 금세 알 수 있지요. 존자께서는 붓다의 제자, 두타제일 마하깟사빠가 분명하십니다."

"우리 스승님을 아시는지요?"

"알다마다요. 저는 나체 수행자인 아지와까라고 합니다만, 붓다를 존경합니다. 그런데 그분은 며칠 전에 열반에 드셨답니다. 이 꽃목걸이는 바로 장례 때 쓰는 것이지요. 붓다의 제자시라면 빨리 가보세요. 아마 다비식이 곧 있을 것입니다."

청천벽력 같은 소리였다. 마하깟사빠와 5백 비구들은 길거리에서 대성통곡을 했다. 파란만장한 세월이었다. 오로지 진리를 위해 가진 것을 다 버린 무소유의 청정비구들이었다. 모든 안락을 버리고 고행을 택했으며 비 피하는 지붕 대신 나무 그늘을 벗해 살아왔다. 하루 한 끼 걸식으로 살았고, 아라한의 경지에 올랐으나 가련한 이웃을 위해 지상에 더 남아 있는 수행자들이었다. 그들이 믿고 따르는 진리의 화신체가 마침내 입멸했다. 마음이 다스려지지 않았다.

마하깟사빠는 정신을 수습해야 했다. 그는 승가의 어엿한 맏형이었다. 제자들을 다독거린 후 걸음을 재촉했다.

'가자! 붓다의 법체를 보아야겠다!'

그때 늦은 나이에 출가한 수밧다(Subhaddha) 비구가 말했다.

"비구들이여, 무엇이 그리 슬픈가? 늙은 스승이 나이들어 입멸했는데 당연한 일 아닌가. 그동안 그 늙은이는 간섭만 심했다. '이것을 해라. 저것은 하지 마라.' 매사에 이런 식으로 우리의 자유를 억압하지 않았나. 이제 우리는 자유를 얻었다. 자유가 좋지 아니한가? 그런데 무엇 때문에 그렇게 처량하게 울고 있는가?"

불경스러웠다. 아무리 불만이 있어도 스승의 죽음을 좋아라 하는 태도는 삼가야 했다. 더구나 그는 샤꺄족 출신이 아닌가. 마하깟사빠는 앞일이 걱정됐다. 이제 절대지존의 스승 자리가 비었으니 온갖 환란이 일어날 터였다. 바른 가르침과 바른 계율이 흔들리고 내가 진정한 제자니, 네가 진정한 제자니 하면서 문제를 다툴 게 분명했다. 그는 붓다 사후의 일을 책임지고 총정리 해야겠다는 결심을 했다. 마하깟사빠는 속으로 아난다를 조용히 불러보았다.

"아난다여, 우리는 당신이 필요합니다. 옛날에 내가 그대에게 정진에 힘쓰지 않아 아라한이 되지 못한 일을 나무랐는데, 이제 붓다 이후의 말씀을 정리하려니 당신의 도움이 절실합니다. 당신은 붓다의 말씀을 가장 가까이에서 가장 많이 듣지 않았습니까. '이와 같이 나는 들었다!' 하면서 붓다의 말씀을 정리해야 합니다. 모쪼록 도와주소서!"

마하깟사빠 일행이 마꾸나반다나 사당에 막 도착할 때였다. 다비 장례를 진행하는 네 사람의 말라족 족장들은 장작더미에 불이 잘 붙지 않자 당황해 하고 있었다. 아누룻다가 잠시 제지하지 않았다면 불붙이기를 계속하려는 심산이었다. 먼지를 잔뜩 뒤집어쓰고 땀범벅이 된 마하깟사빠가 마침내 당도했다. 마하깟사빠는 붓다의 법구 앞에서 합장례를 올리고 오른쪽으로 세 번을 돌았다. 그리고는 아난다에게 말했다.

"아난다여, 세존의 법체를 직접 보고 싶소."

아난다는 당황스러웠다. 2중 3중으로 감싸서 금관 속에 넣은 법구였다. 게다가 지금은 장작더미 위에 있어서 불을 넣기 직전인 상태 아닌가. 아난다는 붓다의 법구 친견이 불가하다고 했다. 마하깟사빠는 아랑곳하지 않고 장작더미 위로 날아올랐다. 그 순간 굳게 잠겨 있던 관이 덜커덩 열리며 붓다의 두 발이 관 밖으로 드러났다. 관 밖으로 두 발을 내보인다는 곽시쌍부槨示雙趺의 기적이 일어났다. 이는 붓다가 마하깟사빠에게 세 번에 걸쳐 마음을 전했다는 삼처전심三處傳心 가운데 하나였다.

삼처전심은 중국 선불교에서 만들어진 이야기라고 보는데 곽시쌍부 외의 다른 두 가지는 다자탑전반분좌多子塔前半分座, 영산회상거염화靈山會上擧拈花 등이 거론된다. 붓다가 와이샬리 서북쪽의 다자탑 아래서 설법할 때 마하깟사빠가 늦게 도착하여 자리가 없자 붓다가 자기 자리를 나누어 줌으로써 붓다의 법을 제자에게 전해주었다는 것이 다자탑전반분좌 이야기이다. 붓다의 자리를 둘로 갈라 나누어 앉았다는 것은 붓다가 마하깟사빠를 자기와 동격으로 인정한다는 뜻으로 해석한다.

또한 붓다가 라자그리하의 영축산에서 설법할 때 연꽃을 들어보이자 마하깟사빠만이 그 뜻을 알고 빙그레 웃음지었다는 영산회상거염화 역시 붓다의 가르침이 말이나 문장으로 전해지는 게 아니라 마음에서 마음으로 전해진다[이심전심以心傳心]는 의미였다. 이는 마하깟사빠가 붓다 입멸 후 붓다의 가르침을 종교의 형태로 발전시킨 가장 핵심적인 제자라는 뜻이기도 했다. 붓다와 마하깟사빠는 그런 관계였다.

"마하깟사빠는 광대무변한 위엄과 덕을 갖추었으며 나와 비슷한 수도의 과정을 거쳐 혼자서라도 충분히 아라한과를 증득할 수 있느니라."

 붓다는 마하깟사빠가 붓다의 설법을 듣지 않고 홀로 수행을 하며 생활하는 것을 대중들이 의심하지 않도록 이렇게 말하곤 했다. 그 광대무변한 위엄과 덕이 오늘 붓다 입멸 다비식 직전에 다시 한 번 확인되었다. 마하깟사빠가 다가가자 관이 저절로 열리더니 붓다의 두 발이 드러난 것이었다. 사람들이 탄성을 질렀다.

 "관이 저절로 열렸다!"
 "맙소사! 붓다께서 발을 내보이셨다!"
 "기적이다!"

 평생을 걷던 발이었다. 태어나자마자 일곱 걸음을 걷고 '천상천하 유아독존'을 외치던 발이었다. 농민의 날 행사에 밭을 찾아가 벌레를 쪼아 먹는 새를 발견했던 발이었다. 생로병사의 고통을 끊기 위해 궁성 밖을 나가던 발이었다. 극심한 고행 끝에 강변에 나가 목욕을 하려다가 기절하여 쓰러진 발이기도 했다. 깨달음에 이르고서는 평생토록 가르침을 전하기 위해 돌아다닌 발이었다. 비록 푸석거리고 말라 있었으나 붓다의 발은 그 자체로 붓다가 걸어 온 길이었다. 붓다 생애 80년. 발은 마지막으로 그 의미를 전해주는 듯했다.

 마하깟사빠는 붓다의 발을 보면서 하염없이 눈물을 흘렸

다. 많은 대중들도 함께 울었다. 그때까지 눈물을 참으며 견디던 사람들 중에는 주저앉아 통곡하는 이들도 있었다. 그러나 대부분의 대중들은 붓다가 마지막에 발을 내보인 의미를 잘 알지 못했다. 그것은 누구도 알기 쉽지 않은 일이었다. 붓다와 함께 걷고 붓다와 함께 자며 붓다와 함께 진리를 전하는 일에 동참한 이들끼리만 공감할 수 있는 대보살들의 연대감이었다. 마하깟사빠는 붓다를 향해 마지막 게송을 지어 불렀다.

여래는 나지도 늙지도 않으시고
죽음도 다시 만남도 없으시니
헤어지는 슬픔도 영영 없으시리.

천상과 인간 세상에서 가장 높으시고
중생을 제도하시고자 복을 베푸심이
오늘에 이르렀도다.

내리신 가르침이 밝고 분명하시니
높이 받들어 공양하고자
머리 숙여 합장하고 예배하나이다.

마하깟사빠를 비롯한 5백 비구들이 마지막으로 붓다를 향해 예배를 올린 후 불이 들어갔다. 전단향나무는 타다닥 소리를 내며 무섭게 불타기 시작했다. 타오르던 불은 오후가 되자 곧 꺼지고 남은 온기가 새벽까지 지속되었다.

말라족 사람들은 새벽이 되자 붓다의 유해를 수습했다. 사리가 많이 나왔다. 불탄 잿더미 속에서 색깔과 모양과 크기가 제각각 다른 사리들이 보석처럼 빛나고 있었다. 그들은 사리를 수습하여 사당 내의 공회당에 모시고 7일 동안 다시 공양을 올렸다.

장례를 치르고 나자 붓다의 사리를 요구하는 나라가 많아졌다. 몇몇 유력한 나라의 왕들은 군사를 이끌고 와서 붓다의 사리를 얻어가려 했다. 서로 많이 가져가려고 하는 바람에 언쟁이 생기고 전쟁마저 불사할 태세였다.

현명한 중재자가 나섰다. 그는 덕망 있는 바라문 도나였다. 도나 바라문은 잘 알려진 바라문 학자였다고 하며 붓다의 설법을 듣고 불환과를 얻었다고 한다. 그리고 두 바나와라 분량(5백 게송 정도)의 「도나의 환호」라는 붓다를 칭송하는 시를 지었다고 한다. 그는 붓다의 사리 배분을 놓고 여러 나라 사이에서 전쟁이 일어날 것 같은 일촉즉발의 위기를 이 시를 지어 읊어서 가라앉혔다고 한다.

도나의 제안으로 붓다의 사리는 8등분 되었다. 붓다의 사리는 꾸쉬나가라의 말라족, 마가다국의 아자타삿뚜왕, 와이샬리의 릿차위족, 까삘라성의 샤까족, 알라깝빠의 부리족, 라마가마의 꼴리야족, 웨타디빠의 바라문, 빠와의 말라족이 각각 배분받았다. 이들은 자국으로 돌아가 사리탑을 세웠다. 어려운 중재를 성사시킨 바라문 도나에게는 사리를 담았던 병이 돌아가게 되었다. 그는 병탑을 세웠다. 모든 분배가 이루어진 뒤에 뒤늦게 찾아온 몰리야족은 화장터에 남은 재를 가지고 돌아가 삡팔리와나에 재로 만든 회탑을 세웠다.

붓다는 그렇게 살다 갔다. 80년을 열심히 정진했다. 그는 진리의 길을 발견했고 그 길을 걸었다. 제자들도 함께 걷도록 했다. 그 길의 가장 쉬운 모습은 '여덟 가지의 올바른 길'로 정리되었다. 붓다가 입멸한 후, 붓다가 걸어간 길은 그의 언행을 통해 전해져야 했다. 이는 또 다른 길의 모습이었다. 경전의 성립은 붓다의 살아생전과는 또 다른 길이었다.

107. 제1차 결집

붓다가 무슨 말을 어떻게 했는지를 정확히 기록하는 일이 중요했다. 종이나 나무나 돌 같은 곳에 문자로 적어놓는 것은 불경스럽게 생각되었다. 문자로 만들게 되면 사람의 발길이나 소나 말에게 밟히기도 하고, 훼손되거나 멸실되기 마련이다. 가장 안전한 곳은 인간의 머릿속이었다. '정확한 기록'은 붓다의 말씀을 그대로 외우는 것이었다. 고대 인도의 전통 종교 경전인 『웨다』가 암송되는 방식처럼 붓다의 말씀도 제자들의 기억에 의해 암송된 다음 그것이 전승되는 형태를 취했다. 그러므로 초기 결집의 핵심 과제는 누가 붓다의 말씀을 정확히 기억하고 누가 그 기억술을 보증하는가의 문제였다.

이 과정에서 가장 큰 공로자는 마하깟사빠와 우빨리와 아난다였다. 마하깟사빠가 1차 결집의 책임을 맡았다. 그는 붓다의 법맥을 잇는 상수 제자上首弟子로서 붓다의 가르침을 언어를 초월하여 전수받은 인물로 평가된다. 우빨리는 붓다의 고향인 까삘라왓스뚜의 이발사 출신인데 신분을 차별하지 않는 붓다의 가르침에 따라 출가가 허락되었고, 남달리 노력하여 계율제일의 제자가 되었다. 그 스스로가 가장 철저하게 계율을 지켰으며 붓다 승가에 계율이 제정되는 전 과정을 소상하게 알고 있었다. 아난다는 붓다의 가장 가까운 곁에서 25년간 시자 생활을 했다. 기억력이 비상하여 붓다의 이야기를 모두 암기할 수 있었다고 한다.

제1차 결집은 붓다 열반 후 맞이하게 된 첫 하안거 기간 동안 라자그리하 부근의 칠엽굴七葉窟에서 이루어졌다. 현존하는 가장 오래된 역사서 『디빠왕사(Dīpavaṃsa)』에 따르면, 제1차 결집은 붓다 입멸 후 4개월이 지나 열렸다고 기록되어 있다. 결집을 위해 장로 비구 5백여 명이 선출됐으며, 율律(Vinaya)의 암송에는 우빨리, 경經(Sutta)의 암송으로는 아난다가 뽑혔다. 이들이 붓다의 말씀을 암송하면 장로들이 검토해 불설佛說임을 승인했다. 한 사람이 암송하고 검토 후 불설로 승인되고 나면 모두가 합송했다.

붓다가 듣는 사람의 근기에 맞춰 대기설법을 하였으므로 같은 내용이더라도 표현하는 방식이 다채로웠다. 이 모든 걸 나열하고 분류하여 '원래의 말씀'을 인정하는 과정은 쉽지 않았다. 불설로 인정된 뒤 합송하는 과정은 1차 결집 과정의 하이라이트였다. 5백 비구가 스승의 말씀을 한마음으로 합송한다는 자체가 거룩한 신행활동이었다. 그것은 수행자 한 사람 한 사람이 모두 붓다가 되는 체험이었으며, 붓다 승가의 정통성을 담보하는 신성한 의식儀式이었다. 안거 기간 동안 이루어졌으니 3개월 정도로 추정한다. 참가자 대부분이 붓다의 말씀을 직접 접한 경우여서 가장 믿을 만한 구송 경전이라고 할 수 있다. 이후에 여러 차례 새로운 결집이 시도되었지만 그 모두가 1차 결집에서 기초했다.

초기의 수행자들은 붓다의 원래 말씀을 나누어 암송하고 이를 구술전승으로 이어 나갔으며 불멸 5백 년쯤 지난 뒤에야 문자로 정착되기 시작했다. 오늘날 전해지는 모든 경전은 1차 결집의 암송으로부터 비롯된다고 보면 된다. 5백 년간 외워

암송한 기억력이 오늘날 인류의 자산이 된 것이다.

이 과정에서 가장 큰 역할을 한 인물은 아난다이다. 아난다의 매력은 출중한 기억력과 잘생긴 외모에만 있지 않다. 그는 붓다 곁에서 붓다 이야기 듣기를 너무 좋아하다가 정작 그 자신은 아라한과를 얻지 못한 '비운의 최측근'이다. 붓다 입멸 직전에 후회의 눈물을 흘리는 장면은 열심히 수행하지 못한 스스로를 자책하는 자기 정직성을 보여준다. 그러고는 용맹정진하여 붓다 입멸 후 뒤늦게 아라한과를 얻는다. 육신 생명의 붓다로부터 승인받지 않고 정신 생명의 붓다로부터 승인받았다는 점에서 아난다야말로 불멸 직후의 첫 제자라고 할 수 있다.

아난다는 붓다 입멸 후 마하깟사빠의 주도로 진행된 1차 결집 준비 과정에 잠시 제외된 적이 있었다. 아직 아라한의 경지에 이르지 못했다는 외형상의 이유가 있었지만, 그보다는 붓다가 자연 목숨을 연장할 수 있었음에도 불구하고 가까이에서 이를 요청하지 않은 잘못이 있었다. 도반들은 이를 아난다의 큰 잘못이라고 추궁했다.

1차 결집 준비 모임에서 제외되자 아난다는 부끄러웠다. 몇몇 비구들은 '이 비구 승가에 한 비구가 비린내를 풍기면서 다니는구나.'라고 말하기도 했다. 붓다 입멸 이후 음력 5월 5일에 마하깟사빠가 제자들을 모아 붓다의 말씀을 결집하기로 결정한 이후 40일 가까이 흘렀다.

"도반들이여, 이제 여러분들에게 40일의 기회를 드립니다. 그 후에는 '우리에게 이런 어려운 일이 생겨서 해결하러 가봐야겠습니다.'라고 말하는 것은 받아들이지 않겠습니다. 그러므로 이 40일 안에 자신에게 병이나 어려운 일이 생겼거나, 스승과 은사에게 어려운 일이 생겼거나, 부모에게 어려운 일이 생겼거나, 발우를 수선하거나 가사를 만들 일이 있으면 모두 해결하십시오."

마침내 40일이 흘러 내일이면 결집이 시작되는 날이었다. 아난다는 '내일이 결집을 시작하는 날이구나. 그러나 나는 모임에 갈 수가 없구나.'라고 생각했다. 사실 붓다 입멸 이후 아난다에게는 진퇴양난의 고민이 있었다. 붓다의 다비식을 마치고 마하깟사빠 존자가 발의하며 하안거에 부처님의 가르침을 합송하기로 결의한 상태였다. 5백 명의 비구들을 선임하였으며 아난다도 그 가운데 포함되었다. 마하깟사빠는 아난다에게 숲에 들어가서 더 높은 세 가지 도(일래도부터 아라한도까지)를 얻도록 정진하라고 당부한다. 아난다 존자는 그때까지 예류과를 얻었을 뿐이다.

아난다는 숲에 들어와서 정진하려 했지만 신도들이 찾아와서 세존의 입멸을 슬퍼하자 그들에게 무상의 가르침을 가르치기에 바빴다. 보다 못한 천신이 나섰다. 아난다가 아라한이 되어 1차 합송에 참석해야 경의 결집이 가능했다. 천신은 아난다에게 절박감이 생기도록 시를 읊었다. 행정 일은 그만하고 공부하라는 권고였다.

> 숲속 깊숙이 나무 아래 들어가서
> 그대는 열반을 가슴에 간직하고
> 참선을 하소서. 게으르지 마소서.
> 이렇게 떠들썩해서 무엇하리요?

약속일이 내일로 다가오자 아난다는 절박해졌다. 몸에 대한 마음챙김으로 온 밤을 포행단 위에서 지새웠다. 아무런 특별함이 생기지 않자 아난다는 다시 골똘히 생각했다.

'세존께서는 내게 "아난다여, 그대는 참으로 공덕을 지었다. 정진에 몰두하여라. 그대는 곧 번뇌가 다한 아라한이 될 것이다."라고 말씀하셨다. 부처님들께서는 말씀을 함부로 하시지 않는다. 나는 지나치게 정진한 나머지 아무래도 마음이 들뜬 것 같다. 이제 차분하게 정진해 보자.'

아난다는 포행단에서 내려와 발 씻는 곳에 서서 두 발을 씻고 승방에 들어가 잠시 쉬기 위해 몸을 침상으로 기울였다. 두 발은 바닥에서 떨어지고 머리는 아직 베개에 닿지 않은 찰나의 그 순간, 아난다는 문득 취착이 없어져서 해탈하게 되었다.

아난다의 해탈 과정은 특이했다. 아라한의 경지에 오른다는 것은 가고, 서고, 앉고, 눕는[행주좌와行住坐臥] 네 가지 자세[사위의四威儀]와 상관이 없다는 것이 밝혀졌다. 그래서 '누가 이 교법에서 눕지 않고, 앉지 않고, 서지 않고, 걷지 않으면서 아라한이 되겠습니까?'라고 물으면 '아난다 장로입니다.'라고 말하게 된 것이다.

다음 날, 즉 하현의 다섯째 날에 제자들은 탁발을 마치고 발우와 가사를 정돈한 뒤 법회소로 모였다. 아난다도 한쪽 어깨가 드러나게 가사를 수하고 당당하게 나아갔다. 매임에서 떨어져 나온 야자열매처럼, 주황색 융단으로 만든 신들의 왕좌에 안치된 보배 구슬처럼, 구름 한 점 없는 하늘에 떠오른 보름달처럼, 막 떠오른 태양의 광선에 닿아서 꽃가루를 내뿜는 빨간 꽃술의 연꽃처럼, 지극히 깨끗하며 여러 영광으로 충만한 얼굴의 아난다는 자신이 아라한과를 얻었음을 알리듯이 그렇게 나아갔다. 아난다가 아라한의 경지에 오르자 결집의 책임자인 마하깟사빠는 기쁨의 노래를 불렀다.

오, 참으로 빛나는구나.
아난다는 아라한과를 얻었구나.

만일 스승께서 계셨더라면
오늘 아난다를 칭송하셨을 것이다.

스승님께서 해주실 칭송의 말씀을
이제는 내가 그에게 해주어야겠다.

사두(sadhu, 선재善哉), 사두, 사두!

다음은 1차 결집 과정을 서술하고 있는 빨리 율장의 주석서 『사만따빠사디까』의 서문 부분이다. 이 서술이 가장 현장감이 있는 내용을 담고 있어서 참고할 만하다.

아난다 존자가 왔을 때 마하깟사빠 장로는 비구들을 불러서 말했다.
"도반들이여, 우리는 먼저 무엇을 합송해야 합니까? 법입니까 율입니까?"
비구들이 대답했다.
"마하깟사빠 존자시여, 율은 부처님 교법의 생명(āyu)입니다. 율이 확립될 때 교법도 확립됩니다. 그러므로 율을 첫 번째로 합송해야 합니다."
"누가 그 일을 할 수 있습니까?"

"우빨리 존자입니다."

그러자 마하깟사빠 장로는 율에 대한 질문을 자신이 하겠다고 했고, 우빨리 장로는 그것을 풀이하는 역할에 동의했다.

"도반 우빨리여, 첫 번째 빠라지까(바라이죄)는 어디서 제정했습니까?"

"존자여, 와이샬리입니다"

"누구로부터 시작되었습니까?"

"수딘나 깔란다뿟따로부터 시작되었습니다."

"어떤 문제 때문입니까?"

"음행 때문입니다."

율장이 끝났을 때 대지가 진동했다. 마하깟사빠 장로는 우빨리 존자에게 '도반이여, 이것은 그대의 제자들에게 설해주시오.'라고 부탁했다. 율장의 결집이 끝나자 우빨리 장로는 상아를 아로새긴 부채를 내려놓고 법좌에서 내려와서 장로 비구들에게 절을 올린 뒤 자신의 자리에 가서 앉았다. 율을 합송한 뒤에 법을 합송하기 위해 마하깟사빠 존자는 비구들에게 물었다.

"법을 합송할 때 어떤 사람을 주인공으로 모셔서 합송해야 합니까?"

비구들은 아난다 장로가 해야 한다고 말했다. 그러자 마하깟사빠 존자는 승가에게 선언했다.

"도반들이여, 승가가 허락한다면 제가 아난다 존자에게 법에 대해 질문하겠습니다."

그러자 아난다 존자도 승가에게 선언하였다.

"존자들이여, 저는 마하깟사빠 존자께서 질문하신 법을 풀이하겠습니다."

그러자 아난다 존자는 자리에서 일어나서 한쪽 어깨가 드러나게 가사를 수하고 장로 비구들에게 절을 올린 뒤 법좌에 앉아서 상아를 아로새긴 부채를 들었다. 마하깟사빠 장로는 비구들에게 물었다.

"도반들이여, 무슨 삐따까[장藏]를 첫 번째로 합송해야 합니까?"

"존자시여, 경장입니다."

"경장에는 네 가지 합송이 있습니다. 그 가운데 어떤 것을 첫 번째로 합송해야 합니까?"

"존자시여, 긴 합송(『디가니까야』)입니다."

"긴 합송에는 서른네 가지 경들이 있고 세 가지 품이 있습니다. 그 가운데 무슨 품을 첫 번째로 합송해야 합니까?"

"존자시여, 「계온품」입니다."

"「계온품」에는 열세 가지 경들이 있습니다. 그 가운데 무슨 경을 첫 번째로 합송해야 합니까?"

"존자시여, 『범망경』은 세 가지로 계를 장엄하고 아홉 가지로 그릇된 생계와 속이는 말 등을 분쇄하고 예순 두 가지 사견의 그물을 풀어내어 십만의 세계를 진동하게 합니다. 이것을 첫 번째로 합송해야 합니다."

그러자 마하깟사빠 존자는 아난다 존자에게 이렇게 말했다.

"도반 아난다여, 『범망경』은 어디서 설하셨습니까?"

"존자시여, 라자그리하와 날란다 사이에 있는 암발랏티까의 왕의 객사에서 설하셨습니다."

"누구로부터 시작되었습니까?"

"유행승 숩삐야와 브라흐마닷따 바라문 학도입니다."

"어떤 문제에 대해서입니까?"

"칭송과 비난에 대해서입니다."

그러자 마하깟사빠 존자는 아난다 존자에게 『범망경』의 기원도 질문하고 사람도 질문하고 문제도 질문했다. 질문할 때마다 아난다 존자는 풀이했다. 풀이가 끝나면 5백 명의 아라한들이 함께 암송했다. 앞에서 설한 대로 대지가 진동했다.

108. 제2차 결집

제2차 결집이 이루어진 곳은 와이샬리였다. 이곳은 상업이 흥성했고 호수가 천 개나 있다고 전해지는 아름다운 도시였다. 와르지족, 릿차위족 등 여러 부족이 살았으며 공화국 체제를 갖춘 와르지 연맹의 수도이기도 했다. 이 도시는 남쪽의 라자그리하[왕사성王舍城], 북쪽의 까삘라와스뚜, 쉬라바스티[사위성舍衛城] 등과 연결된 교통과 상업의 요충지였다. 붓다 입멸 후 100여 년경 계율 해석 문제로 갈등이 일어나자 제2차 불전 결집이 여기에서 이루어졌다.

당시 서인도 출신의 야사(Yasa)라는 비구가 이곳을 여행할 때 와르지족 젊은 비구들이 재가자들로부터 금전을 편법으로 보시 받는 광경을 목격하고서 시시비비를 따지게 됐다. 즉, 금전을 보시 받는 행위가 계율에 어긋나는가의 여부를 새로 해석해야 하는 일이 생겼다. 따라서 제2차 결집은 계율 논쟁으로 의해 승가의 분열을 촉발시키는 계기가 되었다. 단일 교단의 성격을 지니고 있던 승가 내부가 보수파인 상좌부上座部와 진보파인 대중부大衆部로 분열되기 시작했다. 이를 근본 분열이라고 한다.

즉 불멸 후 100년 정도 지나면서 붓다로부터 직접 가르침을 받은 제자들 역시 모두 입멸했다. 붓다의 말씀은 점점 어쩔 수 없이 합송으로 암기해 온 기억의 창고로부터 꺼내서 확인해야 하는 유산이 되어 가고 있었다. 그러는 사이 승가僧伽는 점차 확대되고 사회 환경도 달라짐에 따라 사고방식에도 차이가 생겨나기 시작했다. 붓다 당대에는 예상하지 못했던 문제들이 불거지자 기존 교의와 율장만으로는 대처하는 데 한계가 있었다.

이에 따라 교단에 의견 대립이 일어났고, 그것이 확대되어 전통을 고집하는 보수파와 변화를 수용하자고 하는 진보파 사이에 충돌이 발생했다. 소금 보관 문제, 금전 시주 용인 문제, 식사 시간 연장 요구 문제 등으로 집단 의견이 나누어졌다. 상좌부와 대중부가 생기게 된 배경이다.

상좌부는 1차 결집의 정통성을 그대로 이어가려는 보수파로서 비구 7백 명이 모여 8개월 간의 합송을 통해 세력을 과시했고, 이에 대응하여 대중부는 와르지족 비구들과 같이 율장을 자유롭게 해석하려는 1만 명을 규합함으로써 교단 분열을 촉발하게 되었다. 2차 결집 이후로도 다양한 형태의 결집이 이루어졌다.

붓다의 육신 생명은 잘 가서[선서善逝] 흔적도 없지만, 붓다의 정신 생명은 제자들의 합송 전통에 힘입어 오늘까지 이어져 온다. 처음엔 구술을 통해 전승되었다. 빨리어와 산스크리트어로 정착되고 한문으로 번역되면서 한글로도 옮겨지게 된다. 경전에 대한 해석과 논쟁과 주석도 다양하고 풍부하다.

붓다의 실제 목소리는 어땠을까? 붓다는 어떤 식으로 말씀했을까? 붓다언어야말로 붓다 정신의 결정체가 아니겠는가.

불전 결집이 여러 나라에서 다양하게 일어나는 이유도 붓다의 정신 생명에 가까이 다가가고자 하는 발원 때문이다. 이 모든 것들이 '지금·여기'에서 붓다에게 이르는 길이다.

저자 약력

윤재웅

동국대학교 국어국문학과를 졸업했으며 동대학원에서 석·박사 학위를 받았다. 미당 서정주 시인에게 직접 수업을 받은 마지막 세대로, 동국대 국어교육과 교수로 재직하는 동안 '서정주 〈질마재 신화〉에 미친 〈삼국유사의 영향〉' '〈만해 한용운 한시 선역〉 주석에 대한 고찰' 등을 연구했다.

1991년 세계일보 신춘문예 문학평론으로 등단했으며, 현재 동국대학교 총장이다. 저서로 『유럽 인문 산책』 『서정주 시의 사계』와 시집 『어쩌라구』 등이 있으며, 『미당 서정주 전집』 편찬에 참여했다.

박기련

한국외대에서 페르시아어를 대학원에서 중동경제를 전공했으며, 동국대 대학원에서 노동경제를 전공으로 박사과정을 수료했다.

불교신문 기자를 시작으로 논설위원, 주간과 주필을 역임했으며, 동국대 법인 사무처장을 거쳐 법인 건학위 사무총장, 출판문화원장, 문화재위원 소임을 맡고 있다.

조계종 총무원장을 역임한 자승스님의 종책특보를 역임하며 화쟁위원회·사회노동위원회·불교포럼 등을 창립했다. 상월선원 천막결사, 자비순례, 삼보순례, 마음방생 평화순례, 인도순례 운영단장을 맡았다.

부처님의 생애 붓다 The Buddha

2024년 5월 30일 초판 1쇄 발행
2024년 6월 14일 초판 2쇄 발행

지은이 윤재웅·박기련
발행인 박기련
발행처 동국대학교 출판문화원

출판등록 제2020-000110호(2020. 7. 9.)
주소 04626 서울시 중구 퇴계로36길2 신관1층 105호
전화 02-2264-4714
팩스 02-2268-7851
홈페이지 http://dgpress.dongguk.edu
이메일 abook@jeongjincorp.com
인쇄 네오프린텍(주)

ISBN 979-11-91670-62-2 (03220)

값 32,000원

이 책의 무단 전재나 복제 행위는 저작권법 제98조에 따라 처벌 받게 됩니다.